정신의학, 인권과 법률

Martin Roth · Robert Bluglass 편저 | 한국정신장애연대(KAMI)
권오용 · 강희원 · 권자영 · 김정진 · 김혜영 · 박숙경 · 박재우 · 변정은 · 서지예
서진환 · 신권철 · 여기동 · 이선혜 · 이수정 · 정슬기 · 조흥식 · 최명민 · 최희승 공역

학지사

역자 서문

　우리나라에서 1995년 「정신보건법」이 제정된 이후 여러 차례 개정이 이루어졌으나, 이 법을 둘러싼 논의와 비판은 끊이지 않았다. 2013년 보건복지부의 개정안이 발표된 이후 이를 둘러싼 각계의 활발한 의견 개진과 활동으로, 현재 우리 사회에서 「정신보건법」에 대한 논의는 가장 뜨거운 쟁점 중 하나가 되고 있다. 특히, 「정신보건법」의 여러 조항이 정신장애인의 치료와 보호를 위한 장치이기보다는 인권을 침해하는 수단의 하나로 남용될 소지가 많다는 비판이 제기되면서, 비자의적 입원조항을 비롯한 주요 법조항의 개정에 대하여 관련 전문가와 당사자가 지속적으로 문제를 지적해 왔다. 이러한 노력의 결과, 2016년 5월 「정신보건법」 전부 개정이 이루어지고, 2016년 9월 정신질환자 정신병원 강제입원에 대한 헌법불합치 결정이 이루어졌으나, 신법에서도 여전히 인권침해 요소에 대한 논란이 일고 있다.

　이 책의 번역은 이러한 문제인식에서 출발하였다. 원서는 1980년대에 출판된 책으로, 고전문헌도 아닌데 이렇게 오래전에 집필된 서적을 번역한다는 것은 매우 드문 일이다. 때문에 여러 차례 고민하고 검토하였지만, 현재 우리 사회에 꼭 필요한 서적이란 결론을 내려 번역하게 되었다. 이는 선진국 대열에 진입한 현재 우리 사회가 정신질환으로 고통받는 이들의 치료 및 입원 관련 법률, 인권보호에 대해서는 서구보다 30여 년이나 뒤떨어져 있음을 반증하는 가슴 아픈 결론이기도 하다. 이 책은 정신의학과 정신장애인 인권 및 관련 법률에 대해 미국, 영국, 이탈리아, 독일 등과 같은 서구의 여러 나라가 치열하게 고민하고 연구하며 실천해 온 경험을 공유한 학술회의 발표 자료를 모아 놓은 것이다. 정신장애인의 보호와 감금의 근거로 사용되는 위험성 논의, 보다 인간적이고 효율적인 서비스 방안 고민 등 우리 사회의 관련 법과 정책 방향 설정에 시사하는 바가 적지 않다.

이 책의 번역에는 간호학, 법학, 사회복지학, 심리학 등 여러 분야 연구자와 실천가 18명이 참여하였다. 1장은 조흥식 교수, 2장은 정슬기 교수, 3장은 권자영 교수, 4장은 신권철 교수, 5장은 최희승 교수, 6장은 강희원 교수, 7장과 12장은 이수정 교수, 8장은 김혜영 임상심리전문가, 여기동 박사, 9장은 최명민 교수, 10장은 박재우 교수, 11장은 김정진 교수, 13장은 이선혜 교수, 14장은 권오용 변호사, 변정은 법률가, 서지예 가정법원 조사관, 15장은 박숙경 교수, 16장은 본인이 맡아서 번역하였다. 특별히, 김혜영 임상심리전문가는 공동 번역뿐 아니라 전체 번역을 꼼꼼하게 검토하여 필요한 교정 작업까지 해 주었으며, 성공회대학교 박사과정인 김정은이 여러 연구자와의 연락과 수거 검독 등의 작업을 해 주었다.

이 책은 한국정신장애연대(Korean Alliance for Mobilizing Inclusion: KAMI)의 목적사업인 연구사업의 일환으로 시작된 첫 출판물로서, 향후 우리나라 정신보건법 논의에 발전적인 기여를 하고, 관련 학문분야의 연구와 교육에서 중요한 교재 혹은 참고문헌이 될 뿐 아니라, 법률 개정을 위한 당사자 운동에도 중요한 참고자료가 될 수 있을 것으로 기대한다.

이 책의 출판을 기꺼이 맡아 주신 학지사의 김진환 사장님과 수고해 주신 편집부 여러분께 감사를 드린다.

2018년 1월
역자 대표 서진환

편저자 서문

　지난 25년간,[1] 정신질환으로 고통받는 이들의 요구가 충족되는 방식, 정신병원 입원 관계 법률 및 치료방법은 급격한 변화를 맞이했다.

　1950년대 중반은 상당히 심각한 정신장애도 효과적인 신약이 개발되어 급성기의 치료뿐 아니라 재발 가능성을 줄이는 예방도 가능했던 매우 낙관적인 시기였다. 수많은 정신병원에 적극적 노력과 드높은 열망이 스며들어 사회재활 프로그램이 활발하게 도입되었으며, 이전이었다면 정신병원에 수년 혹은 평생 입원했었을 환자들의 지역사회 복귀를 이끌어 냈다. 마찬가지로 정신장애의 원인과 치료에 대한 과학적 탐구도 급증하였다. 영국의 몇몇 정신병원이 이러한 발전에 선구자 역할을 했으며, 전 세계 많은 지역에서 이들이 도입한 관리·조직·재활 프로그램을 모방하였다. 이 운동은 퍼시 위원회(Percy Commission)의 주요 권고 사항을 시행시킨 1959년 「정신보건법」으로 이어졌다. 10~15년 동안 이 법은 정신질환과 관련하여 금세기에 발효된 입법 중에서 가장 인간적이고 창의적인 것으로 간주되어 왔다.

　그러나 1970년대에 들어서면서 이 법은 의료부권주의의 여지를 너무 많이 남긴다는 이유로 점차 공격을 받게 되었다. 환자가 자신에게 최선의 이익을 가져다줄 판단능력이 손상되거나 약화되어 있는 상태에서 의사가 비자발

---

1) 역자 주: 이 책이 처음 출판된 1985년 기준으로 지난 25년을 뜻한다.

적 치료를 시행할 권리를 갖는다는 점이 특히 비판받게 된 것이다. 많은 국가가 다시 정신병원 강제입원에 대한 법적 감독과 규제를 늘리기 시작했다. 지난 10년간 일부 국가, 특히 미국에서는 구금된 환자가 치료를 거부할 권리가 입법화되었다. 1983년 정신보건법에 포함된 개념은 바로 이러한 급격한 변화와 강렬한 논쟁 속에서 싹이 터 발달된 것이다.

이 책은 정신과 의사, 변호사, 판사, 범죄학자, 사회과학자, 보건행정가가 참여한 케임브리지 학술회의(Cambridge Conference)의 발표 자료다. 이 회의는 정신질환자의 인권을 주제로 1983년 9월 1일부터 4일까지 트리니티 칼리지(Trinity College)에서 개최되었는데 회의 개최 후, 한 달도 채 지나지 않은 1983년 9월 30일에 학술회의 내용을 반영한 새로운 법이 시행되었다. 이것을 미루어 보았을 때 정신질환자의 인권에 관해 6개 국가의 학자와 전문가가 의견을 모으고 경험을 나눌 만한 가치가 있다고 판단되었고, 이들의 공식 논문과 논의는 더 많은 청중에게 의미가 있을 것으로 기대되었다. 그리고 이러한 기대는 적중했다. 다룰 수 있는 영역에서 불가피한 한계는 있었지만, 궁극적으로는 서로의 경험과 의견을 통해 배울 수 있었고 상당한 분야를 포괄할 수 있었다. 그 주제의 일부를 서론을 통해 간략히 언급하고자 한다.

미국에서는 정신적 안녕의 회복을 위한 보호, 돌봄, 치료의 필요성을 대신하여 '위험성'이 정신질환자의 주요 입원기준이 되어 왔다. 그러나 강제입원을 시킬 때 위험성이라는 기준이 유일한 법적·도덕적 정당화 사유로 활용되면서 논쟁과 이견이 나타났고, 이 기준은 실천에서 다루기 어려운 수단임이 판명되었다. 자살위기나 타인에 대한 위해는 단지 임상적 판단의 도움을 받아 통계나 보험계리 용어로 표현될 수 있을 뿐이다. 그것은 법적인 의미로 '입증'될 수 없다.

강제입원과 관련한 결정책임을 부여받은 법원에서는 타인에 대한 임박한 위험이 있는지를 살펴보는 지침에 의존하는 경향을 보여 왔다. 그러나 법원이 법적인 목적에 필요한 정확성이 부족한 채로 위험성 예측을 판단하는 경향을 보이면서, 강제입원을 허용하는 경우를 결정하는 과정은 자의적으로 이루어졌고, 법은 혼란의 시대에 빠져들었다. 전 세계 일부 대도시에서는 병원에서 퇴원한 정신질환자와 성격장애 환자들에 의한 폭력사건이 증가하자 항의도 늘어났다.

정신질환자가 어떤 위반을 범하였을 때, 불명확한 기준으로 정신병원에 구금당하기보다 처벌을 받을 권리는 최근 점차 양도할 수 없는 인간의 권리라 주장되어 왔다. 과거에 정신과적 진단을 받은 적이 있다는 이유만으로 단순한 노출이나 음란전화 등의 사소한 범법을 저질렀을 때 장기간 격리되어서는 안 된다는 점에는 대부분 동의가 이루어진다. 그러나 개인이 반복적인 방화, 독살, 수많은 강간살인을 저지른다면 사회적 위험성에 대한 어떠한 예측이 필요하며, 그 위험성을 최소화하기 위한 대책을 객관적이고 공정하고 온정적인 방법으로 판단해야만 한다. 장기 또는 단기 형벌이나 '치료'를 대체한 '처벌'도 문제 자체를 없앨 수는 없다. 근본적으로 이 문제는 정신과학이나 법학보다도 훨씬 오래된 것이다.

정신의학과 법률 사이의 간극은 영국의 섯클리프(Sutcliffe, 요크셔 연쇄살인마) 사건과 닐슨(Nielsen) 사건2), 그리고 미국의 레이건(Reagan) 대통령 암살 미수자인 힝클리(Hinckley)의 재판과 판결에서 부각되었다. 이들은 두 지적 학문과 사회제도3)의 철학과 관행 사이에 점차 불일치가 드러난 수많은 사건 중에서 단지 잘 알려진 사례일 뿐이다. 비록 정신이상항변은 역사가 시작된 이래 받아들여져 왔지만, 이를 폐지하거나 재정의하자는 요구 역시 지

---

2) 역자 주: 데니스 닐슨(Dennis Nilsen): 1970년대 후반과 1980년대 초 영국의 연쇄살인자로 노숙인이나 동성애 남성 15명을 유인하여 교살하거나 익사시키고 시체를 토막 내어 유기함. 재판에서는 심신미약 상태임을 주장함.
3) 역자 주: 의학과 법학, 의료제도와 법률제도를 말함.

난 수십 년 동안 더 많이 부각되고 실천되어 왔다. 데블린(Devlin) 경은 "질
환이라는 개념은 끊임없이 도처에 확장되어 도덕적 책임성의 개념을 해쳐
왔다."라고 불평하기도 했다. 정신이상항변과 한정책임능력이라는 까다로
운 개념에는 실로 문제가 내재되어 있다. 그러나 역사 자료를 검토해 보았을
때 이러한 문제는 고대에도 존재하였고, 정신의학자, 변호사, 또는 어떤 특
정한 형태의 사회조직이 만들어 낸 것이 아니다.

　25년 전, 정신의학은 시설화의 악행 때문에 주로 비판받았다. 이제 그 비판
은 '탈시설화' '탈감금'이 가져온 문제로 옮겨 갔다. 영국에서는 지난 25년
간 정신과 병상 수가 반으로 줄었다. 그러나 많은 만성 정신질환자가 지역사
회로 퇴원하면서 거의 혹은 전혀 돌봄을 받지 못한다. 어떤 이는 집으로 돌
아가 친지에게 피해를 끼치고, 어떤 이는 노숙인으로 떠돌거나 도시의 거리
를 배회한다. 이들이 경범죄를 범한 후 병원 입원이 거절되면 수감되는데,
이는 교도소의 과밀화와 재소자들의 비인격화에 상당한 영향을 미친다.

　케임브리지 학술회의에서는 정신질환자의 보호 및 감독에 있어서 정신의
학, 사회, 법률 사이의 간극을 좁힐 때 마주치는 주요 딜레마를 해결하기 위
한 접근방법을 검토하였다. 또한 과거의 실수를 통하여 배우고, 보다 인간적
이고 성공적이며 사회적으로 효율적인 정신보건서비스와 교정서비스의 증진
방법을 고안하고자 하였다. 이 회의는 고(故) 벨 하이든 드 란디(ver Heyden
de Landey) 남작이 케임브리지 대학교의 트리니티 칼리지에 의학–법률 연구
장려금을 기부했기에 가능했다. 그는 이 회의에 지대한 관심을 표현했지만,
건강이 악화되어 참석하지 못했다. 그가 작년에 작고하여 이 책의 출판을 통
해 작업이 집대성되는 것을 보는 기쁨을 누리지 못함이 애석할 따름이다.

1984년 8월

마틴 로스(Martin Roth), 로버트 블루글라스(Robert Bluglass)

차 례

01

역사적 배경:
1959년 정신보건법 이후 25년

마틴 로스(Martin Roth) 저
조흥식 역

1950년대 후반은 정신질환의 치료가 급진전하고, 정신보건에 대한 자유주의적 입법과 더불어 정신질환의 원인에 대한 연구가 확대되던 시기다. 우울증 치료에 효과적인 약이 발견되었고 임상실천에서 유례없이 빠르게 적용되었다. 퍼시 위원회(Percy Commission)의 심의는 끝나가고 있었으며, 뒤이어 제정된 1959년 정신보건법은 정신질환자와 관련한 그 어떠한 입법보다도 금세기 가장 인도적인 것으로 널리 칭송받았다. 법과 정신의학 간의 더 나은 상호 이해에 대한 전망은 미래에 대한 희망찬 약속으로 가득 차 있었다.

정신과 병동에서 보다 고무적이고 적극적인 제도를 도입하고 우울증, 조현병 및 그 밖의 정신장애에 대한 새로운 치료법의 성공에 따른 변화로 정신질환에 대한 생물학적·사회적 근원에 대한 과학적 연구가 새로이 급증하게 되었다. 1954년부터 영국 정신과 병원의 병상 수가 급격히 감소되면서 낙관적 분위기는 더욱 확산되었다. 1954년 말 인구 10만 명당 344개였던 병상 수는 1978년에 이르러 인구 10만 명당 171개로, 절반 가까이 감소하였다. 같은 기간 영국 정신병원의 총 병상 수는 16만 개에서 8만 개로 줄어들었다.

이러한 감소는 장기 입원해 있던 환자들의 퇴원 때문이기도 했지만, 총 입원 일수가 줄어든 까닭이 디 컸다. 이것은 회전문 현상(rcvolving door)*의 시작 이었다. 그러나 영국 보건부는 이미 확신을 가지고 대형 정신병원을 폐쇄하 려 하였고, 이후로는 지역 일반병원에 소규모의 정신과 부서를 두어 급성 정 신질환자를 치료하려는 방안을 추진하고 있었다. 정신보건서비스의 임무는 지역사회가 맡게 될 예정이었으며, 만성 정신질환자는 시설화의 위험으로부 터 보호받을 수 있을 것이라 여겨졌다. 이러한 발전의 상당 부분은 1959년 정신보건법의 기본 철학으로부터 영감을 얻은 것이었다. 정신장애가 있는 환자들의 입원이 미래에는 강압이나 격식에 의하지 않고도 가능할 것으로 간주되었다.

정신질환자도 신체질환자가 누리는 동일한 특권과 배려를 누리고, 자신이 스스로 선택하여 병원에 드나들며, 제안된 치료를 받아들이거나 거부할 수 있 게 될 것이었다. 정신질환 때문에 자신이 처한 위험 및 필요한 치료에 대해 판 단능력이 손상된 환자들에게는 강제적으로 치료가 시행될 수 있었으나 치안 판사나 법원의 개입은 없었다. 보건사회보장성 자문 자료에 따르면, 1979년 에 전체의 10.1퍼센트를 차지한 이러한 환자들의 입원 결정권은 온전히 의료 진에게 주어졌고, 1983년 정신보건법하에서도 그 권한은 여전히 의료진에게 남아 있다. 이에 대해서는 블루글라스 교수가 더 자세히 설명할 것이다.

반(反)정신의학자들과 동맹자들

퍼시 보고서(Percy Report)를 특징지었던 향후 정신보건서비스에 대한 명

---

* 역자 주: 입원과 퇴원을 반복하게 되는 현상을 빗대어 말함.

확한 시각과 고취된 낙관론 및 확신은 당시에도 여러 방향으로부터 공격을 받아 약화되고 있었다. 정신장애 환자에 대한 돌봄, 입원, 치료를 위한 모든 절차는 곧 기본 인권의 침해라고 공격을 받게 될 운명이었다.

여러 방향에서 온 서로 다른 공격들은 서로 연관되어 있었다. 반정신의학자였던 사즈(Szasz), 랭(Laing), 에스터슨(Esterson)과 푸코(Foucault)는 정신질환은 질환이 아니라 사회적으로 일탈된 행동이라고 주장했다. 푸코에 따르면, 정신의학의 기능은 기존의 사회질서를 위협하는 '급진적 목소리'를 가진 일탈자들에게 통제를 행사하는 것이다. 정신의학은 지배계급이 사회의 기존 규칙과 관습에 반대하거나 대항하는 이들을 강압하기 위한 수단인 것이다. 하나의 이데올로기로서, 정신의학은 일방적 · 자의적 · 억압적인 방법으로 사회 내 권력 싸움의 본질을 모호하게 하고 혼란스럽게 한다. 다른 진영에서도 비슷한 비판이 제기되었다. 1980년 〈레이스 강연(Reith Lectures)〉* 에서 법률가 이안 케네디(Kennedy, 1981)는 정신과 의사의 전문성이 '누군가의 생각이 가진 가치에 대해 도덕적, 사회적, 정치적 판단을 행사'하는 것이라고 주장했다. 정신질환으로 통용되는 것은 대개의 경우 정치 전복적인 이념이거나, 인종 불평등에 대한 항의 혹은 일탈적인 성적 행동에 지나지 않는다는 것이다. 질환이라는 은유가 사상을 통제하는 경찰로 하여금 개인의 자유를 적법절차나 적절한 호소권 없이도 박탈할 수 있게 만든다. 이안 일리치(Ian Illich)는 그의 유토피아적 글에서 이러한 비판을 임상의학 전반으로 확대시켰다. 건강과 보건서비스의 탐구는 획일적인 세상 종교로 묘사되었고, 이를 전복시켜야만 인류의 안녕을 도모할 수 있다고 보았다.

질병과 고통을 경감시켜 주고 건강을 증진시켜 준다고 주장하는 동종요

---

* 역자 주: 영국 BBC에서 1948년도부터 지금까지 시행되는 유명한 라디오 교양 강연. 최초 강연자가 노벨상 수상자인 버트런드 러셀(Bertrand Russell)이었으며, 사회 저명인사가 다수 참여하는 역사와 전통이 있는 라디오 강연으로 유명함.

법, 척추교정술, 접골, 미신적 종교 행위와 보조 의술은 현재 언론매체와 고급 잡지에서 많이 토론되고 있다. 대체의학이 영국과 그 밖의 나라에서 유행하고 있고 상류층의 후원을 받고 있다. 최근에는 왕가의 일원으로부터 축복을 받았고, 한 선구자는 『타임스(The Times)』의 정식 허가를 받았다.

　　정신병원 환자에 대한 방임, 비인간적인 치료 혹은 학대 사건이 영국과 그 외 지역에서 연이어 발생했는데, 이는 반정신의학과 인권 단체의 로비에 힘을 실어 주었다. 이 문헌에서 정신과 의사들은 보수적인 편으로 묘사되지만, 역사적 기록을 보면 지난 2세기 동안 그들은 정신보건법제의 진보적 개혁의 선두에 있었다.

정치적 영역에서의 정신보건 쟁점

　　무슨 이유로 정신보건이라는 주제가 최근에 신마르크스주의 분석과 시민권 로비를 통하여 이론 및 실제에서 정치화되었는지는 분명하지 않다. 의학분과로서 정신의학의 출현이 자본주의 진화와 긴밀하게 관련이 있다는 시각은 사실하고는 거리가 멀다. 최근 연구에 의하면, 역사 시대 이래로 사회는 마음의 특정 장애 상태를 정신질환으로 인식하여 왔으며, 의학 전문가들에게 이들을 치료하는 책임을 부여해 왔다.

　　예를 들어, 정신질환은 기원전 1,000년 근동지역에서 잘 알려져 있었다. 구약에서 다윗은 골리앗의 칼을 든 팔레스타인 사람들에게 포로로 잡혀 생명의 위협을 느끼자 미친 사람 흉내를 내면서 문을 쾅쾅 두드리고 턱수염에 침을 흘렸다. 그의 전략은 대성공이었다. 팔레스타인 왕은 다윗을 정신이상이라고 진단하고 비록 적이라 할지라도 정신이상자에게 해를 가하는 것을 삼갔다. 중세 시대에는 당시의 표준적 역사와는 대조적으로 평신도 의사와 성직자 의사 모두가 정신질환자 의료의 실제와 교육에 있어 고대의 인도적 전통을 유지하였다. 이러한 현상과 함께 마귀론(demonology)과 주술에 대한 신념에서 비롯된 미친 사람에 대한 잔인한 박해 역시 이루어졌으며, 이에 대해서는 이미 수많은 저서가 나와 있다. 암흑 시대 내내 수도원 안에서 의학과 치유는 지속되었고, 11~12세기 이후로는 성당 학교 밖으로까지 뻗어 나갔다(Kroll, 1973). 17세기 말 자본주의의 성장을 위해 의학이 수용소를 대체하고 정신질환을 고안해 냈다는 푸코(Foucault)와 스컬(Scull)의 주장은 이러한 역사적 사실과 조화를 이루기 힘들다.

병원 케어와 지역사회 케어 사이의 요동

지난 140년간 정신질환자의 케어(care)는 병원과 지역사회 사이를 번갈아 가며 이루어졌다. 지난 세기, 지역 당국의 비인도적인 관리하에 있던 정신과 환자들은 이들에게 도덕적 치료를 제공해 줄 새로운 정신병원으로 엄청난 의식과 함께 이송되었다. 이 시기가 시작될 무렵 미국을 방문했던 찰스 디킨스(Charles Dickens)는 한 작은 정신병원에서 관리자와 직원들이 환자와 함께 앉아 식사하는 모습을 보고 깊은 감명을 받았다. 환자는 나이프와 포크를 사용하여 식사를 했으며, 마차 드라이브를 하고, 자아존중감을 회복시키기 위해 생산적인 작업을 하기도 했다. 지금은 마찬가지로 기세등등한 분위기 속에서 병원이 환자의 상태를 악화시킨다는 주장과 함께 수많은 환자가 다시 지역사회로 보내지고 있다. 그러나 지역사회는 이들을 거의 돌보지 않고 있으며, 제공된 시설들은 매우 불충분한 것으로 밝혀졌다. 지역사회 서비스 안에 관리쉼터, 보호주택, 적절한 의료지원, 취업, 재훈련 및 재활 등의 필수요소가 다 포함되는 일이 오히려 드문 실정이다. 어떤 국가에서는 환자의 가족들이 궁지에 처한다. 대도시로 흘러들어간 많은 환자들이 법과 충돌하고, 병원이 이들의 입원을 거부하면 교도소로 보내진다. 이것은 정신질환자를 범법자로 만드는 한 방법이다.

반정신의학의 저술에서는 이러한 경향을 '감금(incarceration)'의 해악 그리고 '탈감금(decarceration)'의 더 큰 죄악이라고 표현한다. 수많은 환자가 준비되지 않은 지역사회로 방출된다는 것이다. 그러나 캐서린 존스(Jones, 1982) 교수는 다음과 같이 설득력 있게 말한다. "만약 환자를 정신병원에서 내보내는 것이 그르고, 그들을 가두는 것도 그르다면, 우리가 그들을 위해 무엇을 해 줄 것인가?" 사실 이러한 완고하고 고통스러운 딜레마는 그 어떤 사회적 · 의료적 · 정치적 · 행정적 도움으로도 해결되거나 사라지지 않는다.

치료를 받을 권리와 치료를 거절할 권리

우리는 치료와 관련한 권리를 마주할 때 또 다른 양극 사이의 불확실성에 놓이게 된다. 정신병원에 감금된 환자의 치료받을 권리는 특히 미국에서 다수의 중요한 결정에 반영되었다(*Rouse v. Cameron*, 1966; *Wyatt v. Stickney*, 1971; *O'Connor v. Donaldson*, 1975). 각기 다른 종류의 장애에서 어떤 것이 적절한 치료인지에 대한 정의는 미해결 상태다.

치료받을 권리는 역시 법으로 제정된 치료를 거부할 권리와 정면충돌할 수 있다. 만약 환자가 적절한 돌봄을 받을 법적 자격이 있다면, 심각한 자살 위험이 있는 우울증으로 고통받고 있을 때 강제적으로 치료받을 권리 또한 있는가? 어떤 경우에는 주기적 질환의 발생 사이에 있는 환자들 및 그들의 배우자, 자녀, 친척에 의해 이 권리의 이행이 요구된다. 증상에 차도가 있을 때 통찰력이 돌아오곤 하는 조울증 환자들은 자신이 발병 상태에서 치료를 거부할 때에 자신의 생명을 보호하기 위해 적절한 조치를 취해 달라고 정신과 의사에게 지시할 수 있다. 환자가 자살할 위험이 있음을 알리는 분명하고 확립된 지표가 있는데도 이것에 주의를 기울이지 않는다면 담당 정신과 의사는 배상이나 보상을 받고자 하는 친척에게 과실로 소송당할 수 있다.

치료를 거부할 권리와 같은 원리 원칙상의 쟁점은 복합적이고 좀처럼 해결되지 않는 속성을 지닌 문제에 대해 단순한 해결책을 내어놓는다는 데에 있다. 전체 인과관계의 그물망에서 한 가닥만 집어내자면, 환자뿐 아니라 그에게 의존하는 부인과 자녀, 그리고 부모의 인권도 존재한다는 것이다.

그러나 이러한 모든 제한점에도 불구하고 최근 정신과 치료와 연관된 태도는 한걸음 진전했다. 점점 더 많은 나라가 치료는 동의할 능력이 있는 자의 온전한 동의하에서만 정상적으로 시행되어야 한다고 명시하고 있다. 어떤 법제에서는 응급 상황을 제외하고, 동의를 하기 위해 필요한 능력이 없는 것이 확실한 환자가 치료를 거부할 때 그 환자의 생명과 건강을 보존하기 위해 치료가 불가피하다는 독립적인 평가 없이는 거부권이 무시되면 안 된다고 명확하게 규정되어 있다.

정신질환과 도덕성

지난 25년간 질환이라는 개념이 한때는 도덕성의 고유 영역이라 여겨졌던 부분을 침입하고 빼앗은 정도에 대한 비판의 목소리가 종종 들려왔다. 과거 '광기'라는 이름으로 조악하게 묶였던 질환뿐 아니라 모든 유형의 정신장애가 '질병'에 포함되었다. 또한 정신과적 결함이 없는 사람만이 정신과 의사들로부터 자신의 반사회적 행동에 책임이 있고 책임질 수 있는 사람으로 간주된다는 것을 의미했다. 30여 년 전 미국의 더럼(Durham) 규정에서 정신질환은 매우 폭넓게 징의되었으며, 변론주의 사법체계에서의 변호는 정신질환의 정의를 더욱 확대시켰다. 어떤 사례에서는 조현병 등의 정신증과 마찬가지로 성격장애에서도 세상에 대한 왜곡된 인식, 동기의 혼란, 자신의 행동에 대한 통제력의 손상이 있을 수 있다고 주장되었다. 법정에서의 정신과적 증언과 정신의학의 평판 및 지위는 불가피하게 손상을 입었다. 룬(Lunn) 교수의 논문에 나와 있듯이, 유럽에서는 훨씬 더 엄격한 정신질환의 정의가 유지되었다. 덴마크의 의료법학 위원회에 따르면, 정신증으로 진단된 가해자만이 처벌에서 제외되어 정신병원에 보내질 확률이 높다. 성격장애와 정신병질(psychopathy)의 경우 다른 판결이 내려진다.

정신과 서비스 제공의 역비례 법칙

이 '역비례 법칙'은 심각한 정신장애를 지닌 상당수의 환자 집단의 필요와는 정반대로 치료 및 장기관리 시설이 위치해 있는 것을 의미한다. 이러한 현상은 여러 가지 이유로 발생한다. 영국의 정신병원은 가용한 시설에 환자가 적합하지 않다고 여겨질 때 입원을 거부할 권리가 있다. 결과적으로, 굉장히 불안한 상태이며 공격적이고 다루기 어려운 환자들의 상당수가 일반 정신병원으로의 입원이 거부되었다. 어떤 환자들은 브로드무어(Broadmoor)*나 다른 극도의 보안을 갖춘 병원에 수용되었는데, 이런 곳은 대개 부적절하고 극

---

* 역자 주: 과거에는 브로드무어 범죄정신병원(Broadmoor Criminal Lunatic Asylum)으로 알려진 영국의 유명한 치료감호소로서, 최근에는 브로드무어 병원(Broadmoor hospital)으로 명칭과 기능이 바뀜. 극도의 보안이 갖추어진 상태에서 일반 정신병원에서 관리가 어려운 정신질환자를 수용하였음.

도로 과밀해졌다. 어떤 환자들은 교도소에 가게 되었다. 버틀러 위원회 (Butler Committee)는 그러한 환자들의 대다수를 각 지역 내 설립될 특수보호병동에서 수용하도록 권고하였다. 하지만 실제로는 거의 설립되지 않았으며, 그러한 시설에 있어야 할 환자들 중 일부는 대도시를 떠돌고 다리 밑, 건물 출입구, 지하철역 구석에서 잠들곤 한다.

　다른 나라에서는 또 다른 이유로 인해 역비례 상황이 일어난다. 미국에서는 정신적으로 불안한 환자의 강제입원이 정당한지 여부를 법원이 결정할 때 위험성이 기준이 된다. 위험성의 예측이 신뢰도가 현저히 떨어진다는 법률 전문가의 계속되는 주장에도 불구하고 이 기준은 살아남았다. 이것을 차치하고서라도, 단지 소수의 정신증 환자만이 실제로 위험하며 따라서 입원 자격이 주어진다. 대부분은 종종 긴급하게 필요한 치료가 계속 거부된다. 입원이 승인된 상당수의 사람은 심각한 성격장애 환자로서, 폭발적 행동 증상을 보이는 시기에 있고, 알코올 남용, 약물 의존, 혹은 두 문제를 함께 가지고 있는 경우가 많다. 이러한 환자들에게는 효과적인 치료법이 없으며, 병원은 단지 이들의 상태가 안정될 때까지 기다려 주는 기간을 제공할 뿐이다. 최종 결론은 일반 정신과 병원에서는 별 도움을 받을 수 없거나 일시적인 관리 효과만 받을 수 있는 환자들이 그 병원으로 밀려들어 가고, 증상 차도에 도움이 될법한 특정 치료가 필요한 환자들은 정작 돌봄을 받지 못하는 것이다.

결론적 비평

　정신과 병상 수는 지난 25년간 급격히 감소하였다. 거의 반세기 전 리오넬 펜로즈(Penrose, 1939)는 유럽 국가에서 교도소 개수와 정신과 병상 수 사이의 역의 상관관계를 제시한 바 있다. 즉, 정신과 병상(당시 존재했던 유일한 정신과 시설)의 수가 적을수록 교도소의 수는 커진다는 것이다. 과거에는 교도소 수감자 수에 비해 정신병원 입원환자의 비율이 높을수록 사회가 보다 인도적이고 계몽되었으며 비원시적인 태도로 진보했다는 지표의 하나로 간주되었다. 이러한 기준에 따르면, 정신질환자에 한해서는 시계가 거꾸로 돌려졌다. 정신병원의 폐쇄 혹은 감축에 따른 간극을 메우기 위한 지역사회 내에서의 케어가 거의 모든 곳에서 부족한 것으로 나타났기 때문이다.

130여 년 전인 1853년 11월 25일, 존 벅닐(John Bucknill) 경은 『수용소 저널(Asylum Journal)』[이후에는 『정신과학 저널(Journal of Mental Science)』이 됨]의 발간호에서 '미신의 침탈과 잔인함에 대항하여 과학의 권리를 주장하고 퇴마사와 교도관으로부터 정신질환이 있는 피해자를 구출해 낸' 피넬(Pinel)에게 경의를 표하였다. 그는 나아가 의사가 정신질환자를 책임지는 보호자가 되었다고 진술하면서, '세상의 문명과 진보가 재난적인 역풍을 맞아 정지되고 야만적 관행의 방향으로 되돌아가지 않는 한' 계속 그래야 한다고 자신있게 주장하였다.

130년이 지난 현재에도 퇴마의식은 여전히 존재하고, 정신장애의 '의학적 모델'인 모든 종류의 교도소에서 상당수의 정신질환자를 찾아볼 수 있으며, 이와 유사한 모델은 모두 여러 방향에서 공격을 받고 있다. '대안적' 형태의 의학은 번성하고 있으며 새로 생겨난 많은 종교가 잃었던 평온함과 정체성을 찾아준다는 약속을 통해 수많은 젊은이를 유혹하여 새 신도와 세속적 부를 끌어 모으고 있다. 이 학술회의의 목표 중 하나는 정신장애의 의학적·사회적·법적 측면 간의 더 나은 이해를 도모하고 서로 협력하여야 할 이들 학제 간의 다리를 재건하는 것이었다.

또 다른 목적은 정신장애 문제에 관한 의료, 사회, 법률 간 논쟁이 시작된 이래 그 어떤 시기보다도 급격하고 급진적인 변화가 나타난 지난 25년의 시간으로부터 교훈적 결론을 도출해 내자는 것이었다. 이미 많은 나라에서 새로운 법이 시행되고 있다. 수많은 의학자, 법률학자, 범죄학자, 철학자, 사회과학자가 정신보건 운동의 역사에서 혁명적이었던 시대의 경험의 정수를 뽑아내고 지식과 경험을 집결하기 위해 1983년 케임브리지에 모였는데, 이들이 도출해 낸 결론이 이용되기를 바란다. 정신질환자를 위한 서비스 기관, 환자의 돌봄과 인권 보호를 위해 사회가 제정하는 법조항, 정신의학 분야에 있어 공통의 문제점이 자주 제기되는 의학과 법학의 적절한 역할과 관련해 새로운 변화의 바람이 불 때 자신들이 얻은 통찰이 적용될 수 있기를 희망하며 이들은 작업했다.

참고문헌

Bucknill, J. (1853). *The Asylum Journal*.

Jones, K. (1982). *Scull's dilemma. British Journal of Psychiatry*, 141, 221-6.

Kennedy, I. (1981). *The Unmasking of Medicine*. (Based on the Reith Lectures, 1980). London: Allen and Unwin.

Kroll, J. (1973). A reappraisal of psychiatry in the Middle Ages. *Archives of General Psychiatry, 29*, 276-83.

O'Connor v. *Donaldson*, 43 USLW 4929 (1975).

Penrose, L. S. (1939). Mental disease and crime: outline of a comparative study of European statistics. *British Journal of Medical Psychology, 18*, 1-15.

Roth, M. and Kroll, J. (1985). *The Reality of Mental Illness*. Cambridge University Press (in press).

Rouse v. *Cameron*, 373 F.2d 451 (D.C. Cir. 1966).

Scull, A. T. (1975). From madness to mental illness: medical men as moral entrepreneurs. *Archives européennes de Sociologie, 16*, 218-51.

Wyatt v. Stickney, 325. F. Supp. 781, 748 (M.D. Ala. 1971).

02

미국의 정신보건법 개혁에 따른 사회적 · 의학적 결과: 정신장애의 범죄화

알란 스톤(Alan A. Stone) 저
정슬기 역

　　1980년대 미국 시민과 대중매체에서는 정신질환에 대한 두 종류의 이미지가 지배적이었다. 그 첫 번째 이미지는 난폭한 편집증적 살인자의 모습이다. 이는 저녁 뉴스를 장식하던 장면으로, 레이건 전 대통령을 공격했던 존 힝클리가 잘 알려진 예다. 이 장면은 전 세계로 방송되었고, 미국에서도 수차례 재방영되었다. 당시 힝클리는 정신과 치료를 받던 중이었다. 이러한 사례들로 인해 언론의 관심은 무자비한 살인자를 자유롭게 놓아 준 이른바 정신과 의사의 방치에 집중되었다. 존 레논을 죽인 살인자는 하와이의 정신병원을 나와 뉴욕으로 가서 레논에게 총을 겨누었다. 한 급성 정신증 환자는 매사추세츠 주립병원에서 퇴원한 후 플로리다로 가서 무고한 소년의 목을 베었다. 뉴욕 주립병원에서 집으로 외박을 나갔던 한 남성은 그전부터 죽이겠다고 협박해 온 아내를 결국 살해했다. 이처럼 무능한 정신과 의사에 의해 풀려난 잔인한 정신이상자의 이미지는 강도, 강간, 살해 등의 일반적 폭력 범죄의 이미지와 겹쳐 대중에게 각인되었다.

　　이러한 폭력의 원인이 정신이상이든 불량함이든 미국 사람들이 보다 강한 보호를 원하는 것은 명백하다. 많은 미국인이 형사사법제도에 배신감을 느꼈으며, 무능한 정신과 의사들과 급진적 시민자유주의자들이 대중의 절실한 보호권을 빼앗고 미치광이들을 사회에 방치했다는 인식이 증가하고 있다. 과연 이들의 생각은 맞는 것일까? 실제로 미국은 더 많은 위험에 노출되었나? 만일 그렇다면, 이는 무능한 정신과 의사들과 시민자유주의자들이 희생자의 목숨보다도 정신이상자의 권리를 더 중요히 여겨서 발생한 것인가? 뒤에서 다시 이 질문에 대해 답하겠지만, 일단 여기에서 예측을 해 본다. 무능한 정신과 의사는 분명히 문제이고, 언급된 끔직한 사례는 무능함의 결과이기도 하다. 하지만 자신의 능력을 벗어나는 임무를 부여받을 때 모든 정신과 의사는 무능할 수밖에 없다. 또한 정신질환자를 위한 새로운 절차적 보호조치가 위험한 정신질환자를 풀어 줄 위험을 증가시키는 것도 사실이다. 절차적 보호조치는 주정부가 정신질환자를 감금시키기가 더 어려워진다는 것을 의미한다.

1980년대에 미국인이 정신질환에 대해 가지고 있는 또 다른 대표적인 이미지는 '걸인(bag lady)'*이다. 이들은 주요 도시의 거리를 정처없이 떠도는데, 정신이 온전치 못하고 부스스한 옷차림에 노숙을 하며 특이한 행동을 한다. 몇 십 년 전까지만 해도 이런 부랑자 대부분이 알코올 중독자였다. 하지만 현재 노숙인의 50~75퍼센트가 시설에서 나온 만성 정신질환자다.[1] 이러한 새로운 유형의 부랑자 때문에 두려워하는 사람도 있지만, 미국인들은 나이든 여성이 사무실 건물 입구에서 잠을 자거나 쓰레기통을 뒤지는 모습을 보며 수치심과 분노를 느끼기도 한다. 정부가 과시하던 복지서비스 안전

---

* 역자 주: 일반적으로 bag lady는 미국의 거리에서 볼 수 있는 노숙을 하는 여성을 설명하는 용어로, 이들은 옷이나 살림도구 몇 가지를 커다란 가방에 담아 여기저기 떠돌며 생활함.

1) US General Accounting Office, *Returning the Mentally Disabled to the Community: Government Needs to Do More* (1977).

망은 대체 어디에 있는가? 저 사람의 연금은 누가 수령하고 있는가? 음식 바우처는 어디에 있는가? 왜 아무도 저 사람을 돌보지 않는가? 사회복지사, 정신과 의사, 변호사는 다 어디에 있는가?

정신질환에 대한 첫 번째 이미지인 폭력적 광기는 공공보호의 실패와 연관 있으며, 두 번째 '걸인'의 이미지는 공공책임의 실패를 의미한다. 공공보호(즉, 경찰력)와 공공책임(국친사상, 國親思想, parens patriae)은 민사구금(civil commitment)의 법적 근거이므로, 1980년대 정신질환의 두 이미지는 결국 두 가지 영역 모두에서 실패했다는 의미로 다가온다. 실제로 1980년대 정신질환에 대한 이미지는 1970년대 미국 사법개혁을 반영한다. 이는 그 전 세대의 문제를 해결하기 위한 노력 때문에 다음 세대에서 발생한 문제다.

하지만 정신질환의 대중 이미지는 미국 사법개혁 실패의 전체적인 그림을 보여 주지 못한다. 정신질환이 있는 자녀, 배우자 혹은 부모를 가진 사람들이 개인적으로 경험한 비극적인 이미지들도 여럿 있다. 다음은 지난 10년간 내가 다루었던 여러 사례를 복합적으로 한꺼번에 보여 주는 예다.

X는 23세의 법대생이다. 그는 법대에 진학하기 위해 열심히 노력했고, 가족은 X의 학업을 뒷바라지하기 위해 열심히 일했다. 입학 후 두 번째 학기부터 동기들은 X가 좀 이상하다고 느끼기 시작했다. 그는 수업 시간에 일찍 들어와서 가장 앞자리에 앉아 교수를 분노와 협박이 담긴 눈빛으로 쳐다보았다. 그로부터 며칠간 X는 더욱 눈에 띄게 행동했다. 앞뒤가 맞지 않는 장황한 연설로 수업을 방해했고, 나가 달라는 교수의 요청도 거부했다. 옷차림이 점점 흐트러지고 악취도 심해서 다른 학생들이 그의 옆에 앉기를 꺼려할 정도였다. 150명 정도의 같은 반 학생들은 이제 X에게 심각한 문제가 있다는 것을 확신하였다. 이들은 X의 생활에 심각한 문제가 생겼거나, 아니면 심각한 정신질환의 조짐이라고 생각했다. '민사구금의 범죄화' 시대 이전이라면 이 청년은 이 정도 수준이면 자신의 의지와 관계없이 입원될 수 있었다. 하

지만 이제는 정신과 의사에게 이러한 권한이 없으며, 어떤 사람이 정신질환이 있고 자신이나 타인에게 해를 입힐 수 있다는 확실한 증거가 있어야만 강제입원이 가능했다. 같은 과 학생 몇 명이 X에게 다가가 이런저런 도움을 자발적으로 받아 볼 것을 권했다. 하지만 X는 이 학생들이 음모를 꾸미는 것이라며 거절했다. 부학장이 X를 불러 장황한 연설을 통제할 수 있을 때까지 수업에 들어가지 말 것을 요구했다. 아울러 정신과 의사를 찾아가거나 부모에게 연락할 것을 강력히 권유하며 자신이 대신 연락해 줄 수도 있다고 했으나, X는 화를 내면서 자신은 이제 성인이고 정신과 의사나 부모와는 전혀 상관없는 일이라며 단숨에 거절했다. 그다음 주, 상황은 더욱 악화되었다. X는 자신이 수강하지 않는 다른 법대 강의에도 들어가서 교수 앞자리에 앉아 횡설수설하는 연설을 늘어놓았다. 이제 최소한 30명의 법대 교수와 1,000명의 학생들이 X에게 심각한 문제가 있다는 것을 알게 되었다.

정신병원에 입원하면 낙인이 찍힌다고 여기는 사람들이 간혹 있고, 미국 연방법원도 헌법이 환자를 낙인찍을 수 있는 정신과 의사의 권력으로부터 보호해야 한다고 주장한 바 있다.[2] 하지만 적어도 X의 경우는 자신의 행동적 증상으로 인해 낙인을 초래하고 있었다. 아울러 사람들은 연방법원 판사들이 종종 판단한 대로, 정신병원 입원 경력이 구직을 어렵게 만든다고 생각한다. 하지만 적어도 앞의 사례에서 X는 입원을 하지 않았기 때문에 향후의 구직 기회를 놓쳤다고 볼 수 있다. 위스콘신 주의 연방법원 판사들이 민사구금의 범죄화 판례를 저술한 〈레사드 대 슈미트(Lessard v. Schmidt, 1972)〉[3] 판례집은 직업적 피해와 낙인의 예로 당시에 화제가 되었던 한 의원의 사례를 제시한다. 이글턴(Eagleton) 상원의원은 정신병원 입원 경력 때문에 조지 맥

---

2) *Bartley* v. *Kremens* 402 F. Supp. 1039 (ED PA 1975).
3) *Lessard* v. *Schmidt* 349 F. Supp. 1078 (ED Wisc. 1972).

거번(George McGovern) 캠프의 부통령 후보로 출마할 기회를 박탈당했다. 물론 어떤 면에서는 판사들이 옳다. 하지만 만약 이글턴 의원이 입원이나 제대로 된 치료를 받지 않았더라면 그의 장래는 어땠을까? 그리고 낙인은 어땠을까? 반(反)정신의학 이념의 영향을 받은 연방판사들은 치료받지 않은 질병에 대한 낙인과 치료받은 질병에 대한 낙인 사이의 균형을 맞출 생각은 하지 못했다.

다시 X의 사례로 돌아가 보자. 법대 학장은 결국 X의 부모에게 연락하기로 결정했고, 부모는 한걸음에 달려왔지만 불행히도 그들이 할 수 있는 것은 전혀 없었다. 그들은 법적으로 무력했다. 아들을 정신과나 병원에 데리고 갈 권한이 전혀 없었고, 아들을 아무리 설득하려 해도 소용이 없었다. 부모는 학장이 이미 만나 본 대학의 정신과 의사를 찾아갔다. 의사는 민사구금에 대한 새로운 주법에 따르면 X가 자신과 타인에게 위협이 되거나 기본의식주를 해결할 능력이 없지 않는 한 정신과 의사인 자신조차 할 수 있는게 없다고 했다. 학생을 도울 수 있는 방법이 아무것도 없다는 사실이 확인되자 법과대학은 학생에게 경고를 내린 후 공식 징계 처분으로 정학 조치했다. X는 정학을 인정하지 않고 계속 수업에 들어갔다. 일주일이 지나 환각과 망상 등 정신증적 증상이 심각해진 이 젊은 학생이 강의실에 들어가려하자 학장이 막아섰다. 그러자 X는 학장은 밀쳤고, 이로 인해 대학 경찰에게 체포되었다. 이제야 X는 객관적인 법적 기준을 충족시켰다. 다시 말해, 정신질환을 가지고 있으며 (학장을 밀친 행동으로 증명된 것처럼) 타인에게 위협적이었던 것이다.

이 사례는 언론의 관심을 끌 만한 사례는 아니다. 하지만 정신보건법을 공표하는 사람들이 관심을 가져야 하는 사례라고 생각한다. 이는 학생과 부모모두 불필요한 고통을 겪게 된 예로서, 정신병원 입원의 '의료부권주의 모델'을 거부한 사법 관계자들이 초래한 2세대 문제에 정신과 의사들이 힘겹게 대처하는 과정 중 겪는 내용이다.

하지만 이 사례의 문제는 여기서 끝나지 않는다. X는 응급조치 대상이 되기는 했지만 다음으로 절차적 보호조치인 입원의 합당한 근거에 대한 심리를 거쳐야 한다. 지역에 따라 이런 경우 공판이 있기 전까지는 투약도 할 수 없으며, 환자에게 변호사가 지정되는데 이 경우 변호사는 의뢰인의 입원 필요 여부를 결정하는 역할보다는 의뢰인의 자유를 열성적으로 옹호하는 역할을 해야 한다. 물론 X는 입원을 거부하며 치료받는 것도 원하지 않는다. X는 변호사에게 부모가 자신의 친부모가 아닌 대리부모이며 모두 음모라고 주장하면서, 사람들이 자신의 생각을 읽을 수 있고 텔레비전에 자신의 이야기가 나오며 자신은 박해받고 있다고 설명한다. 이 변호사는 이러한 모든 정신증적 생각을 듣고 어떻게 할 것인가? 법원은 변호사에게 자유를 열성적으로 옹호하는 역할을 지시한다. 그는 민사구금에 맞서 싸워야 하며 치료를 거부할 권리를 주장해야 한다. 판사는 어떻게 할 것인가? 법조문에 충실할 것인가? 만일 변호사가 열성적인 옹호자의 역할을 하고 판사가 법조문에 충실하다면 청년은 아마도 치료받지 못한 채 돌려보내질 가능성이 매우 크다.

이 사례에 적용될 수 있는 새로운 민사구금법의 목적은 정신질환이 있으면서 위험한 사람을 가두는 것이다. 하지만 X는 학장을 민 것뿐이었고 그것도 학장이 자신의 앞을 막았기 때문에 그랬던 것이다. 급성 정신증적 장애가 있는 환자 대부분이 그러하듯, 이 학생 역시 사회에 큰 위험은 아닐 것이다. 학장을 밀었다는 사실은 증명할 수 있겠지만 이 학생이 위험하다는 것을 증명하는 것은 불가능하다. 위험성을 예측하는 모든 경험연구에 따르면, 정신과 의사, 심리학자, 컴퓨터가 정신증적 환자 중 누가 위험한지를 정확히 가려내는 것은 불가능하다.[4] 열정적 옹호인인 변호사는 환자라고 지목된 청년

---

4) A. A. Stone, *Law, Psychiatry and Morality* (American Psychiatric Press, Washington, DC, 1984), Chapter II.

이 학장을 밀었을 때는 좀 위험했더라도 이제 더 이상 위험하지 않다는 주장을 설득력 있게 펼칠 수 있다. 또한 자신의 의뢰인에게 정신과 의사와 말하지 말라고 조언하고 묵비권을 행사할 것을 권유할 수도 있다. 어떤 관할 법원은 혐의자와 마찬가지로, 환자로 지목된 사람도 수정 헌법 제5조의 권리*가 있다고 판결한 바 있다. 열정적 옹호자로서의 변호인은 의뢰인의 자유를 지키고 치료를 막을 수 있다.

미국의 변론주의 사법제도는 양측 모두에게 변호사가 있다는 전제에 기반을 둔다. 정부가 범죄자를 기소할 때 쌍방의 균형있는 변호의 기회를 주려는 동기는 이해되지만, 부족한 검사 자원을 이 법대생의 구금과 치료를 강요하기 위해 사용할 동기는 무엇일까? 이 젊은이를 강제입원시켜 국가가 하루에 200달러나 하는 치료비를 지불하게 될 값비싼 소송에 참여하는 것이 검사들에게 의미가 있는가? 미국 검사들은 공무원으로, 사회를 위협하는 수많은 범죄자의 재판에 필요한 법률 인력과 자원이 불충분한 상황이라는 것을 우리는 기억해야 한다.

정신과 의사들은 또 어떠한가? 우리가 여기서 논의하고 있는 사법개혁의 물결은 정신과 의사들이 엄청난 권력과 결의가 있어서 새로운 법률과 적극적인 정신보건 방책으로 제어되어야 한다는 가정을 전제로 했던 것으로 보인다. 일부 법률 개혁자들은 정신의학의 급진적 비판가들이 치료 상태에 관해 내어놓는 끔찍한 예언에 현혹되었다. 하지만 정신과 의사들은 민사구금에 큰 관심을 둔 적이 없다. 그들에게 민사구금은 유쾌하지 않은 의무일 뿐, 권력을 휘두를 수 있는 기회가 아니다. 실제로 많은 정신과 의사가 민사구금 결정에 대한 반박을 하거나 특정 사례에 대한 공판이 길어지면 마음을 바꾸고 물러선다는 사실이 법률 분야 저술가들에 의해 여러 번 명시되었다. 정신

---

* 역자 주: 자신에게 불리한 증언의 거부.

과 의사들의 이러한 행동은 정신과적 진단 및 의사결정이 자의적이고 신뢰할 수 없다는 증거로 자주 인용된다. 그러나 이는 불행한 오해다. 한편으로 이것은 민사구금에 관여되는 것에 대한 정신과 의사들의 일반적인 반감을 반영한다. 사실 정신과 의사 대부분은 냉혹한 검찰관이 되는 훈련을 받지도 않았고, 그런 성격도 아니다. 또한 그들 대부분이 법정에서 변호사들과 기지를 겨루는 데 시간을 보내고 싶어 하지도 않는다. 주정부가 환자를 민사구금시킴으로써 얻는 보상이 크지 않다면 대부분의 정신과 의사도 그럴 생각이 없을 것이다. 조지 오웰의 『1984』와 전체주의에 대한 식견은 틀린 예언이었다. 현재 미국은 '고객'은 말할 것도 없이 자신의 고용인조차 파악하지 못하는 무능한 공중정신보건 관료주의가 팽배한 실정이다. 결국 앞서 말한 법대생에 대해 진정으로 관심 있는 사람은 부모뿐인 것이다.

하지만 현재 미국의 정신건강법은 X와 같은 환자와 그의 가족 간에 이해 상충이 있다고 전제하고 있다.5) 열성적인 변호사는 치료를 받게 하려는 부모의 노력으로부터 자신의 의뢰인을 보호한다. 환자의 가족은 정신증적 문제가 있는 자식이 아무런 도움을 받지 못한 채 점점 악화되는 것을 바라볼 수밖에 없다. 이들이 무력감으로 포기하게 되기까지는 얼마나 걸릴까? 새로운 부류의 관료들이 입법부의 후원을 받아 이런 환자의 보호자 역할을 해야 한다고 법률 운동가들이 요청하기까지는 얼마나 걸릴까? 그리고 이런 종류의 보호자의 방임과 학대를 언론이 보도하게 되기까지는 얼마나 걸릴까? 이 모든 것은 가상의 시나리오가 아니다. 미국에서 이미 일어나고 있다.6)

지난 10년간 X와 유사한 환자의 가족들이 내게 자문을 구하러 왔다. 가족에게 줄 수 있는 희망은 거의 없었다. 그들의 비극적인 상황은 법률 개혁이 만

---

5) 주석 2번, *Bartley v. Kremens* 판례 참조.
6) 주석 4번, Stone의 저서 6장 참조.

들어낸 제2세대 문제의 일부다. 심각한 만성 정신장애를 가진 사람들은 가족과 친구로부터 버림받고 혼자가 되는 경우가 많다. 홀링스헤드(Hollingshead)와 레드리히(Redlich)[7]는 이미 25년 전에 이를 주장했고, 경험 있는 모든 임상가는 이에 동의할 것이다. 불행히도, 법률 개혁은 환자들이 이렇게 버림받는 데 기여할 것이다.

지금까지 나는 정신질환의 세 가지 이미지를 제시했다. 위험한 미치광이와 탈시설화된 부랑자가 언론매체에 드러나는 두 개의 이미지다. 이보다 덜 알려진 문제는 급성 정신증적 장애로 고통받으며 삶이 피폐해지고 가족에게도 큰 고통을 안겨 주는 사람들이다. 이 세 번째 부류에 속하는 사람들의 수를 과장하려는 의도는 없다. 궁극적으로는 많은 이가 자발적으로 도움을 요청할 것이다. 하지만 앞서 예를 든 것처럼 미국 연방법원이 허가한 법률 개혁으로 인해 도움을 받지 못하는 X와 같은 사람들도 있다는 것이다.

이쯤에서 법률 개혁을 좀 더 자세히 살펴보고, 그 개혁이 해결하려고 했던 1세대 문제를 들여다볼 필요가 있다.

1960년대에는 미국인 300명당 한 명이 비자발적으로 정신과 시설에 감금되었다. 이러한 시설의 상당수가 치료에 적합하지 않을 뿐 아니라 해롭기까지 했다. 미국 정신의학협회 회장이었던 해리 솔로몬(Harry Solomon)은 1958년 주립병원에 대해 '회복 불가능한 파산'을 선언했다. 대중에게 위협이 되는 정신질환자를 수용하는 기관은 이보다 상황이 더 안 좋았으며 정신지체 환자를 위한 병원에서 일했던 나와 다른 사람들은 시설이 더 끔찍했다고 증언할 수 있다. 미국 사회가 정신장애 환자를 다루는 방식에 큰 문제가 있는 것이 분명했다.

---

7) A. B. Hollingshead and F. C. Redlich, *Social Class and Mental Illness: A Community Study* (Wiley, New York, 1958).

문제는 무엇을 어떻게 할 것인가였다. 1960년대에 두 개의 개혁 논의가 대두되었다. 하나는 정신의학에서 주장하는 지역사회 정신보건 철학으로, 주립병원을 해체하고 지역 치료시설에서 양질의 돌봄을 제공하자는 목표를 지녔다. 효과 있는 의약품의 개발, 단기치료 정책의 출현, 회전문 방식의 입퇴원 그리고 낮병동 등은 많은 것을 변화시켰다. 하지만 거대 전략은 여기서 설명할 수 없는 이유로 인해 한 번도 완전하게 실행되지 못했다. 그러나 이러한 정신의학 개혁의 결과는 민사구금에 대한 논의에 매우 중요하다. 1958년에 조현병으로 입원하는 환자의 평균 입원기간은 13.1년이었다.[8] 요즈음 환자의 평균 입원기간은 연(年)보다는 일(日)이나 주(週) 단위로 계산한다. 환자들을 지역사회로 돌려보내지만, 돌아갈 '지역사회'가 없다는 암담한 현실을 우리는 인정해야 한다. 현재 정신보건제도의 가장 고질적인 문제는 치료 연속성의 실패다. 법 개혁은 이러한 우리의 실패를 합리화할 수 있게 해 줬다.

정신보건제도 개혁의 두 번째 논의는 법으로부터 왔다. 이는 X의 사례로 예시되는 세 개의 상호보완적 관점에 기반한다. 첫 번째는 시민자유주의자들의 입장이다. 이들은 사실상 정신질환을 가진 환자들도 범죄자와 동일한 절차적 보호를 받아야 한다고 주장했다. 환자는 '환자로 추정되는' 사람이었고 정신과 의사는 법적으로 경찰과 같았다. 나는 이를 '민사구금의 범죄화'라고 부른다. 이는 〈레사드 대 슈미트 판례〉에서 연방법원이 따른 접근이기도 하다. 이에 대해서는 나중에 좀 더 설명하겠다.

법 개혁에 영감을 준 두 번째 관점은 부적합한 정신과적 치료와 병원의 형편없는 환경을 강조했다. 이 접근방법은 범죄청소년을 다룬 유명한 미국 대법원의 〈걸트(Gault) 판례〉 때부터 법률적 전통으로 확립되었다.[9] 에이브

---

8) L. Bellak, *Schizophrenia: A Review of the Syndrome* (Basic Books, New York, 1958), p. 75.

9) Application of Gault 387 US 1 (1967).

포타스(Abe Fortas) 판사는 청소년 교정시설의 경악할 실패를 검토하고, 걸트와 다른 소년범들에게 더 많은 적법절차의 보호장치가 있어야 한다고 결론지었다. 청소년 범죄자들이 끔찍한 교정시설에 갇히기 전에 더 많은 절차적 보호를 받고, 주정부가 더 많은 법적 과정을 거친다면 정의가 실현될 수 있다. 정신과 의사에게 이는 이상한 해결책처럼 보인다. 마치 상한 음식을 판매한 식당에게 보건부가 상한 음식을 제거할 때까지 식당을 폐쇄하도록 명령하기보다는 식당으로 가는 여덟 개의 입구 중 네 개를 닫으라고 하는 것과 마찬가지다. 이로 인한 미국 소년범 제도의 결과는 잘 알려져 있다. 청소년 교정시설은 국가적 망신으로 남았다. 대법원의 부가적인 적법절차가 실행되었고, 교정시설로 보내지는 청소년은 범죄자로 사회화된다. 만일 정신병원이 제대로 된 치료를 제공하지 못한다면 문 몇 개를 폐쇄하는 것이 무슨 도움이 되겠는가? 아무도 이런 병원에 입원해서는 안 된다. 강제입원이 합법적이고 도덕적으로 그리고 신중하게 합리화될 수 있는 유일한 이유는 치료라고 나는 주장한다. 이러한 의견 때문에 미국 연방법원과 갈등이 있다. 나는 사회의 보호는 형사사법제도가 담당해야 한다고 믿는다. 그리고 정신질환자들의 치료는 정신보건제도의 영역이라고 믿는다. 이 두 기능이 모호해진 것이 바로 현재 법학과 정신의학의 교차점에서 발생하는 문제의 주 원인이라고 생각한다. 그 결과 정신보건제도는 사회를 제대로 보호하지도, 환자를 제대로 치료하지도 못하고 있다. 어쨌거나 몇몇 연방법원은 걸트 접근법을 여전히 사용하고 있다. 어차피 공립병원이 놀라울 정도로 낮은 수준의 치료를 제공하고 있기 때문에 절차적 보호조치를 통해 환자들의 입원을 더 어렵게 만들더라도 손해볼 것은 없다는 것이다.

법 개혁에 영감을 미친 세 번째 관점은 보다 급진적인 시각에서 온다. 이 견해에 따르면 정신질환이란 신화일 뿐이며 정신과 진단이란 일종의 종교재판과 같은 것으로서, 지배적인 사회질서를 위해 희생양을 만든다. 그런데 민사구금에 관한 미국 법은 정신질환이 존재한다는 사실적인 경험적 가정에 첫 번째 전제를 둔다. 이러한 전제가 없다면 법과 정신의학의 교차점에 있는 모든 법이란 근거가 없어진다. 토마스 사즈(Thomas Szasz) 박사와 같은 급진적 반정신의학자는 이 전제를 거부하며, 민사구금의 폐지를 주장할 뿐 아니라 정신이상항변, 그리고 정신질환이 실재한다는 전제하에 세워진 모든 법과 규제를 폐지해야 한다고 주장한다.

모든 판사가 사즈 박사만큼 열렬한 입장은 아니지만, 이 관점은 미국의 법 개혁에 지대한 영향을 미쳤다. 법원은 정신질환이 존재한다고 하더라도 정신과 의사들 간에 과연 무엇이 정신질환인지에 대한 의견일치가 이루어지지 않는다는 결론에 도달했다. 그럼에도 개혁된 법에서 정신질환 진단이 있어야 한다는 조건을 유지했다. 하지만 비자발적 입원을 위해서는 부가적으로 객관적인 근거를 제시해야 한다는 점을 강조했다. 한 연방법원 판사는 민사구금이라는 의료 모델을 인정하지 못한다는 판결을 내리며, 개인의 자유가 위험에 처한 것에 우려를 표시하고, "정신질환 진단은 중립적이지 않은 개인의 주관적 판단에 지나치게 의존한다."라고 덧붙였다.[10] 즉, "정신의학은 신뢰도가 너무 떨어지고 지나치게 주관적이다. 민사구금을 위해 필요한 것은 객관적인 법적 기준이다. 그 객관적 법적 기준이 되는 것은 위험한 행동이다."라는 것이다.

나는 법이 누군가의 자유를 박탈해야만 할 때 거기에 걸맞은 공평하고 도덕적인 원칙을 세우려 애쓴다는 점을 인정한다. 법률 활동가들은 존 스튜어트 밀(John Stuart Mill)의 주장에서 이 원칙을 발견했다. 그는 "문명화된 사회에서 권력이 시민의 개인의지에 반하여 정당하게 권리를 행사할 수 있는 유일한 목적은 타인에게 해를 미치는 것을 예방하기 위함이어야 한다."라고

---

10) *Suzuki* v. *Gluisenberg* 411 F. Suppl. 1113 (DC Hawaii 1976).

말했다. 이것이 시민자유주의자들이 주장하는 객관적 기준의 근거이다. 이들은 타인에게 위협이 되는 경우에만 민사구금이 이루어져야 한다고 주장했으며, 연방법원 역시 끝까지는 아니어도 같은 방향으로 움직였다. 이러한 객관적 관점에 대한 법 전문가들의 갑작스러운 지지는 기이한 현상이었다. (시민자유주의 정권이라고 간주되지 않는) 닉슨(Nixon) 대통령과 미첼(Mitchell) 검찰총장 정권 때에도 민사구금을 위해서는 위험한 인물이라는 법적 근거가 헌법적으로 요구된다고 법무부는 알려 왔다. 나는 시민권 부서의 책임자였던 부검찰총장에게 이 헌법의 필요성에 대해 질문하는 편지를 썼고, 내가 받은 답장에는 관련 없는 법 조항들만이 한 페이지 반에 걸쳐 적혀 있었다. 그 관점은 이미 기정사실화된 것이었다. 참고로, 현재는 그렇지 않다. 변화가 일어나고 있으며, 몇몇 주의 입법부에서는 입원을 시키려면 의학적 근거가 있어야 한다는 기준을 되살렸다.

하지만 중요한 것은, 법조계는 왜 타인에 대한 위험을 객관적인 기준이라고 주장하는가다. 일부 연방법원이 그랬듯이, 만일 과거의 행동을 근거로 위험을 판단한다면 판사는 정신과적 견해에 의지할 필요가 없다. 공판은 여타의 범죄 공판처럼 처리하면 된다. X는 학장을 밀었는가, 안 밀었는가? 과거 행동에 준한 적법절차는 이미 시행되고 있는 법적 전통과도 잘 맞는다. 두 번째로, 만일 정신병원이 적절한 치료를 제공하지 못한다고 생각된다면 위험한 사람을 통제하는 역할만 부여하면 된다. 마지막으로, 정신적 상태를 강조하는 정신과적 진단의 신뢰성이 떨어진다는 견해에 동의한다면, 위험에 대한 평가만 강조하고 정신과적 소견은 아예 피하는 것이 더 객관적이다. 바로 이러한 법적 사고가 미국의 개혁을 주도한 것이다.

불행히도, 누가 정신병원에 가야 하는가를 결정하는 데 있어서 이와 같은 것들은 합리적 근거가 되지 못한다. 심각한 정신질환자로 단기 강제입원치료의 도움을 받을 수 있는 환자의 대부분은 그렇게 위험하지 않다. 그들은

X와 같이 급성 정신증적 증상을 보인다. 반면 미국에서 발생하는 폭력의 대부분은 급성 정신증적 증상을 가진 사람들이 아니고, 단기 강제입원치료로는 큰 도움을 받지 못하는 사람들에 의해 발생한다. 따라서 위험이라는 기준은 급성 정신질환의 치료에 초점을 두는 현 사회의 정신병원에 적합하지 않은 사람을 입원시키게 된다.

둘째, 만약 X와 같은 사람이 심각한 폭력을 휘둘렀다면, 즉 학장을 밀치지 않고 죽였다면, X는 분명히 살인으로 기소되었을 것이다. 심하게 폭력적인 사람들은 민사구금의 대상이 아니며, 일반 형사법정에서 다루어진다. 그리고 형사 기소되더라도, 힝클리의 예처럼 정신이상 상태로 무죄판결을 받는다. 폭력적인 정신이상자를 기소하지 않는 것은 정치적으로 용납될 수 없다. 따라서 위험이라는 기준하에 민사구금되는 사람들 대부분은 실제로 사회에 큰 위협이 되지 않는다. 이들은 범죄자로 취급받기에는 크게 의미 없는 존재들로 간주된다. 따라서 객관적이라는 이 위험 기준은 실제로 사회를 보호하지 못한다. 몇 개의 특정 사례를 제외하고는 대부분 사소한 폭력을 범하는 만성 문제자를 강제입원시키게 되는 것이다.[11]

셋째, 폭력이 치료 가능한 정신장애의 증상으로 나타나는 드문 경우를 제외하고, 정신과 의사들은 불행히도 폭력을 완전히 치료하지 못한다. 또한 사회에 진정한 위협이 되는 심각한 정신질환(즉, 한 번도 폭력을 행사한 적이 없는 사람의 향후 폭력성)을 선별해 내기 위한 경험적 근거도 부족하다. 객관적 기준을 고수하는 법원은 명확하게 판정되지 않은 환자를 적절하게 치료하지도 못하고 그렇다고 통제하지도 못하는 병원으로 보내고 있다. 실제로 법원은 정신병원에서 독방(분리)이나 속박벨트 등의 통제수단의 사용을 점점 제한하고 있다.[12]

---

11) 주석 4번, Stone의 저서 2장 참조.

넷째, 비자발적 입원 대상으로서 이러한 환자 선별 방법은 공립 정신병원의 어떠한 환자도 치료할 수 없게 만든다. 치료가 안 되고 통제가 안 되는 다수를 병원에 입원시켜 두면 혼란이 발생한다. 최근 정신병원에서 폭력사건 발생 비율이 증가하고 있으며, 그 폭력의 대상이 의료진일 때도 있다.[13] 개인적으로 이런 폭력의 증가는 민사구금에 대한 새로운 기준 때문에 발생하는 것이라고 생각한다. 새로운 기준은 병원을 교도소로, 그리고 의료진을 교도관으로 전락시킬 사람들을 골라서 입원시키고 있다.

앞서 정신질환자 중 극소수만 심각하게 폭력적이라고 했는데, 소수라 할지라도 실제로 심각하게 폭력적인 환자들이 있다. 여기에서 "어쨌거나 이들을 강제입원시키면 병원에 있는 환자나 의료진은 피해를 입더라도 일반 사람들은 적어도 어느 정도 보호를 받는 것 아닌가?"라는 질문이 나올 수 있다. 이에 대한 나의 대답은 "아니요."다. 환자들이 13년씩 입원했던 20년 전에는 일반대중이 보호받았다고 할 수 있다. 하지만 오늘날 정신의학적 접근은 단기입원을 추구한다. 만일 정신과 의사들이 심각하게 폭력적이 될 환자를 선별할 수 있다면 이들만 골라서 강제입원시킬 수 있다. 하지만 우리는 그런 능력이 없다. 모든 환자는 입원하자마자 바로 회전문을 통과해 퇴원한다. 현재의 법 정책과 정신보건 정책 간의 갈등은 더 이상 심해질 수 없을 정도다. 이에 따라 환자들에게는 형편없는 치료, 일반 사람에게는 낮은 수준의 안전, 그리고 공공정신보건 분야에는 사기 저하가 퍼져 있다. 치료가 불가능한 사람을 입원시키는 것은 공정하지 않고 다른 환자의 치료에 해가 되며, 그렇다고 해서 사회를 보호하는 것도 아니기 때문에 시민자유주의자들이 주장하는 민사구금의 범죄화는 실패작이다.

---

12) *Rogers* v. *Okin* 478 F. Supp. 1342 (DC Mass. 1979).

13) J. R. Lion, W. Snyder and G. F. Merill, 'Underreporting of assaults on staff in a state hospital', *Hospital and Community Psychiatry, 32* (1981), 497–8.

　　이러한 실패에 더하여, 치료와 관련한 결정을 내릴 능력이 없는 심각한 정신질환자들 중 단기 강제치료가 도움이 될 만한 사람들은 정작 입원하지 못하고 있는 실정이다. 담당 입법부는 이러한 현실을 해결하기 위한 노력을 시작했다.

　　20세기 동안 미국의 정신과 의사들은 민사구금을 부적절하게 사용했다. 치료할 능력도 없고 인간적인 환경을 제공하지도 못하는 병원에 사람들을 강제입원시킨 것이다. 그 결과 많은 환자가 고통받았다. 정신과 의사들은 민사구금에 관한 자유재량권이 없다. 우리도 민사구금에 있어 자유재량권이 없다. 자유의 박탈은 법적 결정에 의해 행해진다. 비자발적 치료 역시 법적 결정으로 이루어진다. 하지만 민사구금과 비자발적 치료에 대한 기준을 세울 때 필요한 것은 '감금'이 아닌 '입원'에 대한 객관적인 법적 기준을 찾는 노력이다. 다른 저서에서 나는 적절한 입원기준이 무엇인가를 제시했다. 여기에는 심각한 정신질환, 그로 인해 고통받고 있다는 증거, 적절한 의료결정을 내릴 수 있는 능력의 부재가 포함된다. 그런 기준에 부합하면 판사나 배심원들은 구체적이고 시간제한적인 치료 프로그램을 명령할 수 있다. 이 기준에 부합하는 이들 중 일부는 위험집단으로 분류될 수도 있지만, 대부분은 그렇지 않을 것이다. 어쨌거나 비자발적으로 입원하는 이들은 적어도 치료가 이루어지는 병원이라고 불릴 만한 곳에 입원해야 한다. 미국 정신의학협회는 이러한 내용을 포함하는 「정신보건법」 모델을 제시했다.[14] 이것이 모든 문제를 해결할 수는 없겠지만 옳은 방향, 즉 민사구금의 비범죄화로 향하는 한 걸음이다. 영국 정신과 의사들은 이 방향이 이미 1957년 영국왕립위원회(British Royal Commission)가 택했던 접근방법과 유사하다는 것을 깨닫게 될 것이다.

---

14) C. D. Stromberg and A. A. Stone, 'A model state law on civil commitment of the mentally ill', *Harvard Journal of Legislation*, *20*(2) (1983), 275-396.

03

영국 정신보건법의 최근 동향: 쟁점과 관점

로버트 블루글라스(Robert Bluglass) 저
권자영 역

1983년 9월 30일에 발효된 잉글랜드와 웨일스의 새로운 정신보건법은 정신질환자 및 정신질환자 치료의 역사에 획기적인 사건이 되었으며, 여러 가지 이유에서 중요한 의미를 지닌다. 새로운 정신보건법은 대체로 좋은 평가를 받았던 1959년 정신보건법에 대한 단순히 외관상의 개선이 아니라, 인권에 대한 관심 증진에 더해 환자들에게 필요한 치료 및 고통 경감을 보장하려한 정신보건 실무자들의 지속적인 노력을 반영하는 오랜 기간의 열띤 토론에 마침표를 찍는 것이다. 1959년 정신보건법은 비공식적 입원절차의 도입, 사법적으로 승인된 구금을 줄이려는 움직임, 강제 구금된 정신과 환자의 재심사를 위한 독립적 기관인 정신보건 심사위원회(Mental Health Review Tribunals)의 설립으로 그 자체도 상당히 혁신적이었다. 커란(Curran, 1978)은 전 세계 정신보건법의 비교분석 연구논문에서 다른 많은 국가가 이러한 혁신을 광범위하게 모방하고 있음을 보여준다.

잉글랜드와 웨일스의 정신보건법이 여전히 19세기와 20세기 초에 집약된 법령에 근거하고 있을 당시, 1959년 정신보건법은 치료적 낙관주의와 사회적 법률 개혁이 일어나던 때에 설립된 왕립위원회가 실시한 정신질환과 지능장애(mental deficiency) 관련법에 대한 종합적인 검토로 제정되었다. 이 사건 후 몇 년이 지나 국제 인권운동이 활성화되면서 북미에서는 다양한 활동이 일어나고 유엔과 기타 국제기구는 유럽인권보호조약과 같은 인권 및 정치적 권리를 선언하게 된다. 1959년 국제 연합 아동 권리 선언, 1971년 정신지체인 권리 선언과 1977년 (육체적 및 정신적) 장애인 권리 선언에는 정신보건과 관련된 구체적인 조항이 들어 있었다. 북미의 법원들은 정신질환자를 위해 합법적인 권리를 주장하는 토론장으로 사용되었고(McGarry and Kaplan, 1973), 이어서 미국과 캐나다의 많은 주에서 개정 법안이 통과되었다. 국제 선언과 정신보건 개정법은 치료받을 권리를 포함하여 장애인도 다른 시민과 마찬가지로 동등한 권리가 있다는 원칙을 확인시켜주었다.

잉글랜드와 웨일스에서 인권운동의 영향력에 대한 인식이 커지고 정신보건 전문직과 의료부권주의에 대한 불신이 증가하자 여러 주요 전문 조직이 1959년 법을 재평가하기에 이르렀다. 목소리가 점점 부각되고 있던 국립정신보건협회(National Association for Mental Health: MIND)와 이 조직의 법률이사 또한 법 개정의 필요성을 강조하는 일련의 분석적 저서와 논문을 출판했다(Gostin, 1975, 1977).

이러한 모든 활동은 결국 1970년 중앙정부가 법 개정을 고려하고, 궁극적으로 1981년 영국 보수당 정부가 정신보건(개정)법을 통과시키는 결과를 낳았다.

새로운 정신보건법(1983년 정신보건법)은 환자의 권리 향상이 주된 목적이었지만, 1959년 법의 기본 구조와 철학을 변경하지는 않았다. 가능한 한 비공식적 입원이 핵심으로 유지되면서, 강제입원은 환자의 가족 또는 훈련받은 사회복지사가 의사 두 명의 의학적 소견을 바탕으로 병원 관계자에게 신청했을 때 진행된다. 의학적 필요와 관련된 절차에 법원이나 판사가 개입되는 것을 부적절하고 불쾌하게 느끼는 환자들이 비사법적 절차를 선호하는 것은 의심의 여지가 없다. 커란(1978)의 종전 논문에서 검토된 대부분의 나라(관할권)가 이 체계를 선호했지만, 이는 역설적이게도 종종 반정신의학적 모습을 띠며 의료직의 권위와 진실성에 대해 끊임없이 의심을 표하고 구금절차에 일반인이나 사법기관의 모니터링이 있어야 한다고 생각하는 운동단체에 의해 비판받는다.

그러나 새로운 법에는 불필요하거나 부적절한 구금을 방지하기 위한 새로운 보호조치가 도입된다. 환자의 강제입원을 정당화할 수 있는 근거가 이전보다 더 엄격해졌다. 사회복지사가 환자의 입원을 신청하는 경우 사회복지사와 의사 모두가 그 환자의 치료 방법 중 입원이 가장 적절하다는 것에 동의해야 한다. 아울러 정신장애의 형태가 정신병질(psychopathy)이나 정신적 손상(mental impairment)으로 분류되는 경우는 그 상태가 치료 가능하다는 의사의 예견이 있어야만 한다. 치료의 정의는 광범위하며, '의학적 감독하의 간호 및 돌봄, 훈련, 재활치료'를 포함한다(제145조). 환자가 치료되지 않으면 그를 계속 구금할 정당한 근거가 없다는 결론이 내려질 수 있다.

많은 나라에서 지역사회 내 비자발적 구금의 필요성을 평가할 기회가 늘어나자 단기입원을 사용하는 경향이 줄어들었다. 그럼에도 불구하고, 잉글랜드와 웨일스에서는 처음부터 관찰을 위해 28일 동안 강제입원시키는 것이 (응급절차를 제외하고) 가장 빈번하게 사용되는 구금 방법이다. 응급입원 기간은 여전히 72시간으로 정해져 있는데, 이 기간이 다하면 장기입원 명령이 내려져야 한다. 혹은 환자가 비공식적으로 병원에 남아 있거나 퇴원 허가를 받을 수도 있다. 많은 나라가 환자에 대한 낙인효과를 줄이기 위해 응급 강제입원 기간을 줄였다. 영국에서는 병원에 환자의 입원을 신청하는 사람 또는 환자를 검진하는 의사가 행동을 취해야 하는 기한에 변화가 있었다. 이 변화는 과거에 종종 그랬듯이 단순히 의사의 편의를 위한 것이 아닌, 진정한 응급 상황에서 응급절차를 취할 수 있도록 하기 위한 것이다.

예전에는 많은 나라에서 무기한 치료보호가 허락되었다. 그러나 이제는 영국의 1959년 정신보건법에서 규정된 바와 같이 처음 강제입원 기간에 제한을 두고, 그 후 정기적으로 재심사하는 체계로 경향이 바뀌었다. 이전에는 처음 강제입원 기간이 12개월이었고 그 후 12개월이 더 연장될 수 있었으며, 2년 간격으로 재심사가 요구되었다. 환자는 이 각각의 기간 동안 한 번씩 자신의 입원을 심사해 달라고 심사위원회에 신청할 수 있었다. 새로운 법에 따라 이런 기간이 절반으로 줄었고, 이전보다 두 배 더 자주 재심사를 실시해야 하며, 위원회에 환자가 심사를 청구할 기회는 두 배로 느는 등 환자의 권리와 보호조치가 개선되었다. 잉글랜드와 웨일스의 구금기간은 캘리포니아, 캐나다의 앨버타(30일) 등 다른 많은 관할구역에 비해 여전히 더 길다. 또한 법령에 의해 정기적 재심사가 더 상세하게 행해져야 하지만, 그 환자의 주치의가 평가를 했다.

대부분의 나라에서 정신보건법은 비자발적 입원과 관련된 규제와 권리에 국한된다. 아마도 잉글랜드와 웨일스의 법에 유일하게 존재하는 특징은 16세 이상의 정신장애 환자에게 후견인(guardian)을 세우는 점이다. 가족이나 친구가 후견인으로 지정될 수도 있고, 사회서비스를 제공하는 지역당국이 사회복지사에게 후견인의 역할을 위임할 수도 있다. 예전에 후견인의 권한은 굉장히 광범위해서 마치 환자는 어린아이이고 후견인은 부모인 양 전반적인 통제가 가능했다. 새로운 법에 따르면, 후견인의 권한이 줄어들어서 환자가 적절한 주거환경에 살고 있는지, 교육, 훈련 또는 치료를 필요한 만큼 받고 있는지, 환자를 만나 봐야 하는 의사나 사회복지사가 환자에게 접근이 가능한지 여부를 살펴 보장하는 데 국한된다. 환자를 대신하여 치료에 동의하거나 기타 법적 결정을 내릴 아무런 권한이 없다. 따라서 후견인제도는 지역사회가 환자의 자유와 복지에 어느 정도의 통제권을 가지면서 돌보도록 장려한다. 이 통제권은 이제 최소화되었고 입원과 마찬가지로 의사 두 명의 권고가 있어야 하며 상당한 정신장애가 존재한다는 가정 하에 신청되어야 한다. 강제입원의 경우, 환자는 처음 6개월 동안은 후견인이 세워지고, 입원 기간이 연장되려면 정기적인 재심사가 이루어져야 하며, 환자가 정신보건 심사위원회에 심사를 요청할 유사한 권리가 있다.

이 법에는 예전처럼 정신적으로 문제가 있는 범죄자에 대한 규정이 포함되어 있다. 법원은 구속 처벌을 받아야 할 범죄자에게 대안으로 치료감호 명령(hospital order)을 내릴 수 있다. 두 명의 의사가 증거를 제출해야 하고, 이러한 명령의 효력은 지역사회에서부터 강제입원되는 환자와 유사하여, 환자의 입원은 정기적으로 재심사되어야 하며 환자가 정신건강 심사위원회에 심사를 청구할 권리도 있다. 일단 병원에 입원한 후로는 범죄자도 환자이고 형사사법제도의 권한 밖에 있다. 환자의 퇴원은 담당의나 정신건강 심사위원회를 통해 결정되며 퇴원 후 환자는 법원이나 감옥으로 돌아가지 않아도 된다. 과거에 이러한 제도는 재검토나 재고의 기회가 없다는 것을 뜻했다. 하지만 새로운 법은 정신이상 범죄자에 관한 버틀러 위원회(Butler Commission)가 권장한 중간 단계를 도입하였다(Home Office, 1975). 이 중간 단계는 '임시 입원명령'(제38조)의 개념으로, 처음 12주 입원 후 최대 6개월까지 28일 간격으로 연장될 수 있다. 이는 모든 것이 잘 진행될 경우 환자가 치료감호 명령에 적합한지 평가할 수 있는 기회를 제공한다. 또한 재판을 기다리고 있는 환자의 정신장애가 심각하다고 인정되면 정신상태 보고서나 치료를 위해 교도소보다는 병원으로 이송될 수 있게 하는 규정도 새로이 마련되었다.

정신보건법은 정신질환뿐 아니라 다른 두 가지 범주까지 아우르는 법적 정신장애 분류법에 기반하고 있다. 정신병질적 장애(psychopathic disorder)와 '정지되거나 불완전한 마음의 발달(arrested or incomplete development of mind)'의 두 종류인데, 후자는 현재 '정신적 손상(mental impairment)'과

'심각한 정신적 손상(severe mental impairment)'으로 불린다. 정신병질적 장애와 새로운 범주의 지능장애(mental handicap, mental deficiency, mental retardation)에 대해서는 많은 논쟁과 의견 불일치가 있어 왔다.

정신병질적 장애가 이전 법률에 등장했을 당시 많은 권위자는 이 진단명이 기저의 뇌 병리에 근원을 두어 때가 되면 구분될 수 있는 명확한 형태의 정신장애를 지칭하는 것이라 간주했다. 하지만 이때조차 법 안에 이 용어가 포함되는 것이 적절한지에 관련해 여러 논란이 존재했다. 그 이유는 이 용어가 단순히 지속적으로 위험하거나 반사회적인 행동을 지칭하여, 마음의 어떤 이상한 형태가 환자를 의학적 치료가 부적절한 다른 사람들로부터 구별한다는 의미를 내포했기 때문이다. 사실상, 치료에의 반응성이 진단의 명분이 되는 특이하고 순환적인 논쟁인 것이다. 따라서 이전 법률에서 정신병질적 장애의 정의는 다음과 같이 내려졌다.

"(저능하든 아니든) 비정상적으로 공격적이고 심각하게 무책임한 행동을 야기하는 지속적인 마음의 장애나 질병으로서 의학적 치료를 필요로 하거나 의학적 치료로 나아질 수 있는 것."

그 후 여러 해에 걸쳐, 의사들은 이 정의에 점차 불만을 표했고, 정의가 기반하고 있는 가정이 검증되지 않은 것이라고 생각하게 되었다. 표현도 의미상 만족스럽거나 정당하지 않았으며, 오명(stigma)이나 손해를 입힐 수 있다고 여겨졌다. 여러 정신과 의사가 이러한 환자들은 기본적으로 치료 불가능하다고 주장하였고, 최근 몇 년 동안 이러한 병명으로 병원에 입원하는 환자들이 줄어들었다. 버틀러 위원회는 법률 내 정신병질적 장애나 '성격장애'의 위치에 대해 다양한 의견을 검토했다. 위원회는 '정신병질적 장애' 범주에 관한 불만이 팽배한 것에 대해 의심하지 않았지만, 일단 법령 안에 들어온 이상 몇 년이 지난 후 없애는 것은 또 다른 문제라는 것을 깨닫게 되었다. 위원회는 환자와 대중에게 이익이 되는 한 (더 이상 정의되지 않은) 성격장애로 고통받는 사람들의 비자발적 구금을 허용하는 개정안에 호의적이었다. 그들은 성격장애로 밝혀진 모든 사람이 치료가 가능한 것은 아니지만, 몇몇은 병원치료가 반드시 도움이 될 것이라 주장했다. 다른 사람들, 특히 범죄자의 경우, 교도소 제도가 병원입원에 해당하지 않는 위험하고 반사회적인 사람들을 다룰 책임을 인식하고, 더불어 교도소 안에 특별훈련부서를 두어 교육과 훈련 프로그램에 기초한 근로 및 활동을 제공하도록 했다.

1975년 버틀러 위원회가 보고서를 제출했지만, 보고서의 다른 여러 권장 사항들과 마찬가지로 훈련부서를 설립하기 위한 진전이나 논의는 이루어지지 않았고 실험적 노력조차 없었다. 그러나 1983년 법은 버틀러가 제안했던 쪽으로 어느 정도 개정되었다. 정신병질적 장애는 정신보건법이 근거하는 정신장애 범주 중 하나로 남았지만, 강제입원은 치료가 '병의 악화를 예방하거나 병을 완화'할 수 있다고 기대되는 경우에만 행해지도록 제한되었다. 따라서 구금된 정신병질적 장애 환자는 입원의 타당한 사유 중 하나인 치료를 받게 될 것이라고 기대할 수 있다. 이것은 '정신적 손상'에도 적용되고, 더 나아가 정신질환 및 '심각한 정신적 손상'이 있는 사람들의 재심사 후 연장되는 구금에도 적용된다. 규정상이나 헌법적으로 제정되지는 않았지만 치료에 대한 권리가 내포되어 있으며, 적절한 치료를 제공하지 않으면 정신보건 심사위원회에 구금에 관한 재심사를 요청할 수 있는 사유가 된다.

1959년 정신보건법에는 정신지체인(the mentally retarded)들에 관한 내용도 있었다. 잉글랜드와 웨일스에서는 정신지체 환자들의 지위 향상과 편견 감소를 위해 상황을 개선해야 한다는 우려의 일환으로 이들을 지칭하는 덜 경멸적인 전문용어를 찾아내자는 노력이 주기적으로 일어났다. (하지만 냉소주의자들이 지적하듯이, 정의를 새로 내린다고 해서 그 환자의 관리 및 치료 자원이 개선되지는 않았다.) 잉글랜드 법은 '저능(subnormality)' 그리고 '심한 저능(severe subnormality)'이라는 단어를 썼다. 스코틀랜드 법에서는 '정신적 결함(mental deficiency, 이 책이 출판될 당시 'mental handicap'이라고 대체됨)'이라고 불렀다. 이런 환자들이 정신보건법의 범위 안에 포함되는 것의 타당성에 대해서는 의회에서 개정안이 진행되고 있을 때 이들을 대변하는 자발적 단체들이 격렬히 이의를 제기했다. 정부는 이전 법에 쓰였던 '저능'이라는 단어를 영국에서 흔히 사용되던 용어인 '정신적 장애(mental handicap)'로 대체하려 했으며, 지적 한계뿐 아니라 사회적 한계가 부각되도록 범주를 재정의하려 했다. 하지만 '정신적 장애'는 강제입원이 요구되는 상태가 아니며, 질병이 아닌 사회적 기능 장애라는 점에서 정신질환과는 근본적으로 다르다는 주장이 강력히 제기되었다. 조현병이나 치매 같은 장애와 혼동되어서는 안 된다는 것이었다. 그러나 결국에는 '정신적 장애' 환자 중 소수는 자신의 행동 때문에 그리고 자신과 타인의 이익을 위해서 강제입원이 필요하다는 점에 동의했다. 정부는 이러한 부류와 나머지를 구분하기 위해 '정신적 손상(mental impairment)'이라는 새로운 범주를 만들었다. 이는 비정상적으로 공격적이거나 심하게 무책임한 행동을 보이는 지능장애 환자들에게만 적용되었다. 이 집단에게만 비자발적 입원이나 후견인제도가 고려되었다. 그 밖의 지능장애 환자들은 오로지 평가를 위해 매우 짧은 기간 동안만 강제입원될 수 있었다.

이것은 자선단체들의 비판에 대항하는 참신한 방법이지만, '비정상으로 공격적이거나 심하게 무책임한 행동'을 보이지는 않으나 치료를 거부하거나 매우 비협조적이어서 관리하기 어려운 지능장애 환자들의 관리와 치료에 있어서는 새로운 문제로 이어질 수 있었다. 치료에 대한 동의 문제와 통제하기 어려운 지능장애 환자의 관리 등의 문제에 대해서는 충분한 고려가 이루어지지 않은 것이다.

새로운 법안의 추진과 의회 의원들의 반복된 우려는 가능한 한 지역사회 내 케어를 장려하고 입원, 특히 강제입원은 그것이 유일한 대안인 사람들에게만 제한하여 실행하는 데 목적이 있었다. 의료 종사자들이 이 정책의 현명성에 대해 이의를 제기하지 않았고, 대다수의 의사가 비의료 분야 동료들과 함께 몇 년 동안 이 목표를 추구해 왔다. 실제로, 영국의 개방 정책의 선두에는 정신과 의사들이 있었다. 그들은 지역사회 케어, 낮병동, 지역사회 기반 정신과 의사 등의 개념을 육성하고 이 외에도 유사한 많은 발전을 이끌어 왔는데, 정신약물학의 진보와 인력 증원도 여기에 영향을 미쳤다. 이러한 진전에도 불구하고 보건당국이 아닌 지역당국의 책임인 주거시설, 쉼터, 훈련된 사회복지사, 지역간호사나 지역관리팀의 수는 늘어나지 않았다.

이제까지는 병원케어의 대안이 별로 없었고, 일부 환자의 경우 병원이 실제로 '보호수용소(asylum)'의 역할을 하기도 했다. 하지만 의사들이 느끼기에는 환자들을 지역사회에 안에 유지시키는 데 실패한 책임을 자신들에게만 묻고 있으며, 환자의 이익이 온정주의적이고 과도하게 제한적이며 보수적인, 그리고 환자의 권리를 충분히 인식하지 못하고 소비주의의 요구에 적대적인 직업의 변덕에 종속되었다고 생각한다. 비판의 상당수가 환자 자신의 목소리로 주장되지 않았고, 대신 매우 전문화된 시민권 단체들, 갈수록 경쟁적인 준의료 종사자들, 의회 상하원 의원들에 의해 주장되었다. 개정 법률과 관련된 논쟁의 암울했던 요소 중 하나는 반정신의학 (실제로는 반의료적) 관점들이다. 이는 직업적 전문성과 임상적 판단에 대한 불신, 그리고 환자를 보호하기 위한 방어 기제와 '상식'에 대한 지지를 반영하는 것으로 보였다. 비록 이 중 많은 것이 부당하지만, 심각하게 여겨져야 할 문제들이며, 실제로 정신과 의사 단체인 왕립 정신과의사 협회(Royal College of Psychiatrists)는 여기에 정면으로 맞서야 했다. 정신과 의사들은 상당 기간 동안 의료 감사나 동료 평가 형태의 검진 및 공공 교육에서 역할을 해 왔고, 환자의 권리와 그들을 돌보는 직원의 법적 지위를 보호하기 위해 1959년 이전의 관리위원회(Board of Control)와 유사한 독립적인 기구의 필요성에 관여해 왔다.

의회에서 격렬히 논쟁되곤 했던 의료 전문직의 활동과 임상적 자유를 통제할 필요는 새로운 법에 상당 부분 반영되었으며, 의사들은 언젠가는 이러한 필요를 과도한 거부반응 없이 받아들여야 한다. 이것은 전통적인 보건진료 방식에 대한 광범위한 각성의 징조로 대체의학을 향한 움직임으로 이어졌다. 이에 따라 영국 전인적 의료협회(British Holistic Medical Association)와 중앙 런던 폴리텍(Polytechnic of Central London)의 대체의학 학위 과정이 창설되었으며, 미국 캘리포니아의 에슬린 학교(Esslin Institute) 등이 설립되었다. 1983년 8월 10일자 『타임스(The Times)』의 사설에는 "사람들은 병원 대기 명단과 붐비는 의원들에 대한 불만의 상태를 넘어서서 새로운 차원의 보건진료를 모색하고 있다."라는 기사가 실렸다. 또한 더 많은 사람이 "온전히 과학적인 의학적 접근방식을 거부"하며, 의학계는 "의료에 있어 개인적이고 인간적인 요소를 계속 무시한다."라고 제시했다. 의사의 교육에 책임이 있는 사람들은 어떻게 이 문제를 해결해야 할지에 대해 반드시 생각해 보아야 한다.

그러나 더 나은 지역사회 케어를 추진하려 마음먹은 의회 의원이 많이 있었고, 이들은 법률만으로는 환자의 삶의 질을 바꿀 수 없으며 환자의 삶의 질을 개선시키는 방법만을 용이하게 할 수 있다는 것을 깨달았다. 정부의 반대에도 불구하고, 지방당국이 구금되었다가 퇴원한 환자들에게 사후관리를 제공해야 하는 의무가 법적으로 도입되었다. 이 의무는 이미 일부 의회 법률에서 규정되어 있는 것이었고, 그렇다고 해서 추가적인 예산이 배정되지는 않았다.

가장 중요한 혁신은 구금 환자의 권리를 보호할 책임을 지는 다학제간 기구인 독립적 위원회의 설립일 것이다. 이 위원회는 변호사 회원을 포함하여 일반 회원제로 운영된다. 위원회는 90인으로 구성되어 있는데, 이들은 입원 절차를 모니터링하고, 불만을 처리하며, 모든 정신병원에서 전문적 관행과 기준을 조사한다. 이들은 또한 치료절차에 대한 새 동의 방식을 실행시키기 위하여 실천기준을 정립하며, 독립적인 별개의 의학적 소견을 제공할 것이다. 정신보건법 위원회는 환자의 고문이나 법률 담당자 혹은 환자의 보호를 위한 법정의 개입을 대체할 수 있다.

이에 더해 「1983년 정신보건법」은 동의 없이 환자를 치료할 수 있는 근거를 처음으로 정립했다. 이전에는 환자가 치료의 목적으로 구금되었으면 (「1959년 정신보건법」 제26조) 환자나 친인척의 동의 없이 필요한 치료가 시행될 수 있었다. 보건사회보장성(Department of Health and Social Security)은 몇 개의 사례에서 이 관점을 적용했다(예: 버틀러 위원회 보고서, p. 51.). 그러나 알란 스톤(Stone, 1981)이 명명한 '전반적인 무능력(global incompetence)'의 상정은 미국에서 그랬던 것처럼 국립정신보건협회(Gostin, 1981)와 다른 사람들에 의해 점차 문제가 제기되었다. 이제 법은 비자발적 입원이 반드시 무능력을 의미하지는 않는다는 것을 인정한다. 능력은 환자에게 치료의 형태를 제안할 경우 개별적으로 고려되어야 할 사항이다. 따라서 강제 입원 후에 환자의 능력을 평가할 절차가 고안되어야 했고, 무능력한 환자들을 대신하여 치료를 허락할 적절한 권위 대상도 정해져야 했다.

많은 나라(관할권)에서 무능력함은 판사가 판단해야 한다고 정해져 있다. 영국의 의료 전문가들은 의사-환자 관계가 치료를 결정하는 데 핵심이 되며, 이러한 의사결정에 있어서 능력을 판단하는 것은 중요한 요소라고 강력히 주장했다. 심지어 의료계를 지지하는 것으로 알려지지 않은 이안 케네디 (Kennedy, 1978)조차 "의사-환자 관계 역동을 제대로 이해하지 못한 채 의사와 환자의 접촉을 합의하에 합법적으로 이루어진 폭행이라고 보며 사전동의의 개념에 기초하는 법률제도는 사람들의 존경을 잃어버릴 위기에 처했다."라고 말했다.

정부는 이러한 의견들을 받아들였고 새로운 법은 여러 차원의 통제를 규정하고 있다. 정신외과 혹은 남성 성욕을 감소시키는 호르몬 주입 수술과 같은 '심각한' 치료는 구금 및 입원 여부와 상관없이 다음의 경우를 제외하고 어떤 환자에게도 시행하지 못한다. 즉 (1) 환자가 동의하고, (2) 의사와 2인의 비의료 평가자가 환자가 동의할 능력이 있다고 동의하고, (3) 의사가 치료팀과 상의 후 치료가 정당화될 수 있다고 동의할 때다. 다른 치료법들도 향후 이 범주에 추가될 수 있다.

두 번째로, 정신장애 치료를 위해 구금된 환자에게 전기경련치료, 혹은 3개월 투약 이후에는 어떤 약물도 환자의 사전동의 없이는 주어질 수 없다. 하지만 만약 환자가 동의할 능력이 없다고 생각되거나 비합리적으로 치료를 거부하는 경우, 지명된 의사 또는 의학적 책임자가 독립적인 의학적 소견을 제시하면서 그 치료법을 권한다면 시행될 수 있다. 다른 치료법들도 이 범주에 추가될 수 있다.

치료 계획(예: 여러 종류의 약물 치료), 동의 철회, 응급치료와 관련된 규정도 있다.

우리는 영국 법에 정신과 환자들의 치료 동의 능력(환자가 치료의 성질, 목적, 기대되는 효과를 이해할 능력)을 법적으로 평가해야 한다는 내용이 도입된 점이 정신과적 질병뿐 아니라 신체 질병으로 고통받는 자발적 또는 비공식적 입원 환자들에 대해 의미하는 바가 무엇인지 고민해 봐야 한다. 능력이 정의되고, 능력이 있는 구금된 정신과 환자들에게 법적 동의권이 있다면, 이 기준은 조만간 다른 모든 환자에게도 적용되어야 한다. 구금된 정신과 환자의 동의 능력을 법적으로 증명하는 것이 다른 모든 환자의 필요조건이 되는 것은 시간 문제가 아니겠는가? 그리고 그렇게 되어야 하지 않겠는가?

새로운 요구사항은 다른 모순점을 동반한다. 동의 능력 입증은 정신질환 치료에 국한되어 있다. 동의 능력이 없거나 치료를 거부하는 환자의 신체적 질환을 치료할 권한은 없다. 게다가 구금되지 않은 지능장애 환자와 정신이

혼란스럽거나 치매가 있는 노인의 경우는 어떻게 해야 하는가? 구금된 환자를 기각시키는 법적 절차의 도입은 (응급 상황을 제외하고) 다른 환자들도 사전동의가 있어야만 치료할 수 있다는 것을 내포한다. 의사에게는 어떻게 치료를 진행하라고 말해 주어야 하는가?

우리가 소송을 일삼지 않는 한, 의사들은 환자의 최선의 이익을 위해 환자와 그 가족들과 함께 상식적인 방법으로 이러한 문제를 해결해 나갈 것이다. 그러나 미국에서 그랬던 바와 같이 의료과오 소송이 증가한다면, 많은 문제가 생길 것이고 방어적 의료행위로의 움직임이 있을 것이다. 이러한 일들이 방지되기를 희망한다.

새로운 「정신보건법」을 만드는 데 직접적으로 참여한 우리는 이 법이 반드시 성공적일 것이라 낙관하고 있다. 여러 면에서 이 법은 새로운 시대의 시작을 표하는데, 우리는 다른 법률 제도들도 한편으로 살펴보면서 우리가 과도한 법률 존중주의적 접근을 한 것은 아니기를 바란다. 아울러 우리가 「1959년 정신보건법」의 명성을 유지할 수 있기를, 심지어 명성을 더 높일 수 있기를 바라본다.

참고문헌

Bluglass, R. (1983). *A Guide to the Mental Health Act 1983*. Churchill Livingstone, London and Edinburgh. [For a detailed review of the 1983 Act.]

Curran, W. J. (1978). Comparative analysis of mental health legislation in forty-three countries: a discussion of historical trends. *International Journal of Law and Psychiatry, 1*, 79-92.

Gostin, L. O. (1975, 1977) *A Human Condition*, vols. 1 and 2. National Association of Mental Health, London.

Gostin, L. O. (1981). Observations on consent to treatment and review of clinical judgment in psychiatry: a discussion paper. *Journal of the Royal Society of Medicine, 74,* 742-52.

Home Office, DHSS and Welsh Office (1975). *Report of the Committee on Mentally Abnormal Offenders* (Butler Committee). Command 6244. HMSO, London.

Kennedy, I. (1978). The law relating to the treatment of the terminally ill. *In The Management of Terminal Disease,* ed. C. M. Saunders. Edward Arnold, London.

McGarry, A. L. and Kaplan, H. A. (1973). Overview: current trends in mental health law. *American Journal of Psychiatry, 130,* 521.

Stone, A. (1981). The right to refuse treatment. *Archives of General Psychiatry, 38,* 358-62.

04

이탈리아 1978년 정신의료법의 의료적 · 사회적 결과

사르테치(P. Sarteschi), 카사노(G. B. Cassano),
마우리(M. Mauri), 페트라차(A. Petracca) 공저
신권철 역

서 론

이탈리아에서는 정신의료 전반과 1978년 정신의료법(Psychiatric Care Act of 1978)에 대해 사회의 각 계층에서 광범위한 논쟁이 있어 왔다. 일반인은 개방형 또는 폐쇄형 정신병원 중 어떤 것을 선호하는지 각자의 의견을 표현해 왔고, 기자들은 이 문제에 대한 여론조사를 통해 양측 의견을 발표해 왔다. 그리고 정신과 의사들과 정치인들은 끊임없이 이 새로운 법의 적용 가능성과 실현 가능성에 관해 의견을 제시하였다. 1978년 법 이전의 이탈리아 정신의료는 다른 유럽 국가들의 정신의료법을 대부분 반영한 1904년 법 제 36호에 근거하고 있어, 입법이 오랜 기간 동안 타성에 젖어 있었음을 알 수 있다. 1904년 법이 통과한 해에는 법 자체는 효과적이었고 크게 나무랄 데가 없었다. 이 법은 새로운 정신병원의 건립을 허용했고, 강제입원에 관한 규율들을 마련하였다. 그러나 이 법은 정신의학의 치료단계 이전기(以前期)에 속해 있어서 정신약리학이 발전하자 금세 구식이 되어 버렸다. 1904년

법의 중대한 결점은 법이 너무 오랫동안 유지되었고 환자의 퇴원 방법에 대한 고려 없이 입원에 대해서만 규율했다는 점이다. 1968년에 이르러서야 1904년 법은 부분적으로 제4조를 추가하여 개정되었는데, 그 내용을 보면 정신병원에서 퇴원한 환자를 위한 정신보건센터의 건립과 정신과 시설에의 자발적인 입원에 대해 나와 있다.

1904년 법은 여전히 호된 비판을 받고 있는데, 그 이유는 '새로운 정신의학'이 이 법을 구속, 전기경련치료, 총체적 시설화의 법이라고 표현하였고, 이러한 잘못된 종말이라도 온듯한 표현 방법은 '자신과 타인에의 위험'이라는 너무나 쉽게 버려진 근본적 개념에 기초하고 있었기 때문이다. 정반대로, 새로운 정신의학은 정신질환이란 개인이 가족, 근로환경, 사회 일반과의 의사소통 연결망에서 경험하는 왜곡의 결과라는 가정에 근거를 두고 접근한다.

1960년대 후반과 1970년대의 이념적인 압력, 문제 해결에 대한 타당한 접근법의 명백하고 긴급한 필요성, 그리고 의회 내에서와 정당 간의 우유부단함 및 충돌로 인해 정신의료에 관한 법률 개정 문제는 팽배한 긴장감 속에서 교착 상태에 이르렀다. 이러한 상황에서 이탈리아 급진당은 1904년 법의 폐지를 통해 정신병원을 없애기 위한 국민투표를 제안하였다. 이를 위한 선제적 조치로서 주요 정당들이 합의에 도달해야 했다. 그리하여 법률 제180호로 알려진 법안이 의회를 신속히 통과하였고, 정신의료를 새로이 규정하게 되었다. 이 법은 이후 이탈리아 국민보건제도의 기반을 마련한 법률 제833호에 포함되어 유지되었다.

이 법의 통과로 한 가지 가능성이 상실되었다. 법이 통과되기 직전에 정신질환의 개념은 특정 이념적 입장에 얽매이지 않은 채 다른 방식으로 점차 발전하고 있었다. 이에 따라 사회 정신의학의 새로운 경향에 발맞추어 신체-생물-정신의학의 통합이 이루어질 수 있었다. 그런데 1978년 법은 급격한 상황 변화를 가져와, 기존의 정신의료 모델을 새로운 정신의료 모델로 대체하는 결과를 초래하였다. 새로운 정신의료 모델은 심지어 더 엄격하고 절대적이며 지배적인 특징이 있다. 이러한 상황은 역사적 전례가 있다. 19세기의 마지막 10년 동안에도 의학계는 정신의료시설 문제에 있어 입원치료 대 외래치료에 기반한 지역사회 케어라는 양극으로 나누어졌다. 이탈리아 정신과 의사인 안드레아 베르가(Andrea Verga)는 1897년에 다음과 같은 질문을 던졌다. "가정 내에서 정신질환자를 치료하는 것이 더 논리적이고 편리한가? 아니면 정신병원이라 불리는 사회 및 과학의 진보가 제공해준 장소에서 치료하는 것이 더 논리적이고 편리한가?" 참고로, 그 당시 정신병원에 반대하는 사람들 중에는 성직자와 같이 가장 보수적인 계층도 있었다.

1904년 법의 개혁이 좀 더 신중하게 이루어졌다면 분쟁은 덜 일어났을 것이고 환자의 여러 가지 필요와 정신의학의 다양한 측면을 모두 아울러 바라보는 전반적인 관점을 희생시키지 않고도 보다 외래 중심적인 정신과 치료 방식을 점진적으로 육성할 수 있었을 것이다.

법의 특징

1978년 법에서는 정신의료에서 발생하는 주요 문제들을 해결하려는 분명한 노력의 일환으로 다음과 같은 일련의 혁신적 원칙들을 세웠다.

- 정신질환과 다른 질병들 사이의 차별을 폐지하여 정신과 환자가 위험하다는 관념을 제거해야 한다.
- 정신과 환자들에게도 '건강조사와 치료가 자발적'으로 이루어져야 한다(제33조 제1문).
- 제2조는 입원환자의 수와 입원기간을 제한함으로써 정신의료가 외래

환자 치료로 점차 전환되어야 한다고 규정하였다. 지역 단위 조례규정은 '지역 보건소 내에 해당지역 외래환자 서비스와 기관'을 설립하여 (Legge, 1978) 정신장애의 예방, 치료 및 재활을 제공하려 하였다(제34조 제1문~제3문).

- 강제치료는 '공공 지역보건 서비스 및 부서에 의해서만 이루어져야' 한다(제3조 제4문). 그러나 (종합병원의 소규모 병동에의) 입원은 '정신장애가 긴급한 치료적 조치를 필요로 하고 있고, 그것이 환자에 의해 받아들여지지 않으며 신속하고 효과적인 외래환자 의료조치를 받을 수 있는 상황이 아닌 경우에만' 허용된다(제34조 제4문). 더 나아가, 강제치료에는 '환자의 동의와 참여를 이끌어내려는 시도가 동반되어야 한다'(제33조 제5문). 강제치료의 빈도를 감소시킬 목적으로 '예방과 의료교육을 위한 계획'(제33조 제5문)이 실행되어야 한다. 강제치료는 의사의 제안이 있은 후 시장의 허락을 받아야 하며, 입원환자의 강제치료의 경우에는 지역보건체제에서 근무하는 의사의 추가 서명이 필요하다. 48시간 이내에 후견판사에게 통지되어야 하고, 통지된 후 48시간 이내에 후견판사의 비준이 있어야 한다. 강제치료는 최대 7일까지 허락된다. 이보다 더 오랜 기간의 입원치료가 필요할 경우, 지역보건당국의 정신과서비스 담당의사는 시장에게 제안서를 제출해야 하며, 시장은 앞서 언급한 절차대로 후견판사에게 통지하여야 한다. 시장이나 심사위원회로의 법적 요청을 통한 강제치료 명령의 철회 및 조정에 관한 규정도 있다.
- 강제치료는 또한 '종합병원 내 진단과 치료를 위한 특정 정신과 부서에서 이루어져야 하고, 이는 치료 지속성을 보장하기 위해 외래환자 서비스 부서와 연계되어야 한다. 이러한 정신과 입원병동의 병상 수는 지역보건의료계획에 의해 결정된다'(제34조 제5문).

• 제64조는 지역당국이 새로운 입원을 허용하지 않고, '새로운 정신병원의 건립, 기존 정신병원을 종합병원의 정신과 병동으로 사용하는 것, 종합병원 내 정신과 병동이나 신경과 또는 신경정신과 부서를 신설하는 것'을 금지함으로써 '정신병원의 점진적 폐지'를 유도하도록 규정한다.

법의 이념적 배경과 목표

1978년 법의 이념적 배경은 매우 단순하고 도식적이다. 첫째, 정신적 장애는 사회가 생산하는 폭력으로부터 나온다고 가정하였다. 둘째, 정신질환자는 억압의 대상이 되어 사회적 추방자가 된다고 가정하였다. 이러한 과정에 있어 정신병원은 정신질환자를 억압하고 사회적으로 배제시키는 데 주된 역할을 하는 것으로 간주되었으며, 시설에 수용되게 만드는 전형적인 정신장애들의 발생에도 책임이 있는 것으로 여겨졌다. 정신과 환자들이 단순히 배제 및 시설화의 결과라는 편견은 어떠한 전통적 질병이론과 치료방법도 거부하게 만들었다.

최근 몇 년 동안 일부 센터들은 '환자를 추방자로 만드는 또 다른 방법'일 수 있기 때문에 적절한 진단 내리기를 거부했다. 이런 센터들에서는 타당한 역학적 연구가 수행되지 않으며, 환자의 사회적 문제를 해결하는 데 노력이 집중되고, 정신병리학적 관점이 간과된다. 이런 식의 태도는 대중매체를 통하여 사람들에게 빠르게 퍼져 나갔고, 노동조합, 학생운동 그리고 대부분의 정당으로부터 강한 지지를 얻었다.

다른 서방 국가들과 마찬가지로 이탈리아에서 정신병원에 입원한 사람들의 숫자는 1960~1978년에 급속도로 감소되었다. 그러나 앞서 언급한 이념에 따라 1978년 법은 정신병원과 정신질환자를 위한 기타 시설들의 즉각적인 폐지를 요구하였다. 이는 시설화를 야기할 수 있는 모든 제도에 대해 실존하는 공포증이 표현된 것이다.

이 법을 통과시킨 이탈리아 의회 의원들은 '전체 제도가 환자에게 남길 수 있는' 왜곡 효과에 관해 걱정하였고, '그러한 효과가 고통과 적응행동의 원인이 되어 추가적인 정신과적 증상을 초래한다.'고 생각했다. 의원들이 처음 택한 반응은 1978년 당시 존재했던 정신병원의 사용이나 정신과 환자의 장기치료를 위한 새로운 시설의 건립을 불법화하는 것이었다. 두 번째로, 의회 의원들은 모든 유형의 정신과적 시설들, 심지어 정신병원의 대안적 시설들조차 반치료적이 될까 우려하였다. 따라서 통과된 법은 어떤 조직구조도 기존의 정신과적 체계를 대체할 수 없도록 하였다.

더 구체적으로 살펴보면, 1978년 법의 의도는 다음과 같았다.

- 정신과 병원의 폐쇄를 촉진하고, 억제와 통제에 기초한 제도를 대체한다.
- 정신질환의 예방과 정신과 환자의 치료와 재활을 위해 분권화된 지역 사회 구조를 창출한다.
- 강제치료보다 자발적 정신과적 치료에 우선권을 둔다.
- 개입의 분절화를 없애고, 소위 정신과적 장애에 대한 전반적인 해결책을 병원 외적 서비스의 중추적 역할을 통하여 촉진한다.

1978년 정신의료법은 병원 환경 밖에서의 정신질환의 예방, 치료 및 재활을 촉구하였다. 이 법에 따르면, 지방정부가 정신의료 프로그램을 기획하여야 하며 다른 보건 및 의료 기관들과 협력하여 정신보건을 증진시켜야 했다.

이와 같이 법이 기존 병원의 기능을 급진적으로 중단시킨 후, 정신보건 분야의 대부분은 지방정부 행정가의 상상력과 환상에 맡겨지게 되었다. 이들은 지역 정신과 개념에서 나온 치료 연속성 모델을 따라야 했고, 한 개의 실

무자 팀이 소규모 정신과 입원병동과 지역사회 양쪽 모두에서 운영될 예정
이었다. 이에 더하여 낮병동과 밤병동, 공동생활가정, 노인 요양원, 보호작
업장과 같은 대안적 시설의 문제가 전혀 해결되지 못한 상태로 남게 되었다.

법의 의료적 · 사회적 결과

새로운 법은 의사들 및 정신과 의사들을 완전히 혼란에 빠지게 하였다. 법
은 기존의 정신의료 체제를 갑작스럽게 와해시켰고, 그 결과 새로운 정신과
적 서비스의 준비는 심각하게 지체되었다. 이러한 형태의 개혁은 실패로 이
어질 수밖에 없었다. 그 이유는 과도한 대중영합주의적 낙관론이 입원 및 외
래 환자를 위한 적절한 서비스 또는 전문 직원의 부재 속에서도 적절한 정신
보건조직이 형성될 수 있다는 믿음을 사람들에게 불어넣었기 때문이다. 아
직까지도 환자를 사회적 환경에 재통합시킬 수 있는 프로그램이 제대로 마
련되지 않았다. 따라서 환자의 사회적 재통합이 즉흥적이고 임시방편적인
방식으로 이루어지고, 심지어는 '재훈련'받지 못하였으며 '지역사회'의 잘
못된 개념을 가지고 있는 의료 및 준 의료 인력이 자신의 개인적 이론에 맞
춰 진행하기도 하였다.

정신의학의 전통적 접근이 변하려면 필요한 한 가지 조건이 완전히 간과
되었다. 그것은 바로 더 복잡하고 다양한 범위의 치료방법을 개발할 능력이
있는 훈련받은 높은 수준의 인력이 필요하다는 점이다. 대체로 유일하게 있
었던 변화라고는 정신과 병원의 인력을 새로운 서비스로 이동시킨 것뿐인
데, 각각의 치료적 접근법의 주요한 질적 차이는 무시된 채였다. 게다가 진
단적 · 치료적 접근의 가치는 심각하게 과소평가되었다. 이것은 결국 과도
한 혼성화를 초래하여 환자 관리의 조사와 치료의 초기 국면에서 정신과적

기준의 하락을 가져왔다.

예측 가능한 중요한 위험 요소 중 하나는 이러한 태도가 환자의 미래에 있어서도 진화해 나갈 수 있다는 가능성이다. 올바른 진단적 접근이나 효율적인 치료가 존재하지 않는다면 만성화된 환자, 특히 심각한 정신증적 환자들의 수가 점차 늘어날 것이고, 이는 다시 시설화 및 장기 입원치료의 필요를 창출해낼 것이다. 정신의학의 발전으로 끝났다고 믿었던 악순환이 다시 시작되는 것이다.

1978년 법이 시행된 후 5년이 지났고, 제833호 법률 내에 포함된(제33조, 제34조 및 제35조) 지금의 법은 어쩌면 그 어떤 목적도 달성하지 못했을 뿐만 아니라 정신의료의 질이 심각하게 떨어지면서 실제로 환자, 가족 그리고 사회 일반에 불행한 결과를 가져왔다고 주장될 수도 있다. 1978년 법의 결과적 상황 대부분은 평가가 불가능한데, 이는 기존 구조, 새로운 구조 계획, 자발적·비자발적 입원 현황, 다양한 지역에서 제공되는 치료 유형, 다양한 서비스의 효율성을 평가할 수 있는 방법에 대한 신뢰할 만한 자료가 없기 때문이다. 이러한 정보의 수집과 평가를 위한 연구계획은 조직적인 이유 및 명확한 정부의 지표가 준비되지 않았다는 이유로 현재까지 계속 지연되고 있다. 그 결과, 활용 가능한 정보들조차 종종 단편적이고 일화적이며 모호한 해석을 할 수밖에 없게 만들었다.

그런데 일부 자료를 통해 다음과 같은 점이 확인된다. 예를 들면, 1978년 이후 정신장애 범죄자 수용소에 구금되어 있는 환자의 수가 크게 증가하였다는 것이고, 사설 정신과시설 입원 환자 수와 사설 요양원 내 정신과 환자의 비율도 증가하였다. 예를 들면, 피사(Pisa) 인근의 요양원 거주자 700명 중 40퍼센트가 그 지역의 정신병원에서 퇴원한 환자들이고, 90퍼센트에 가까운 비율이 정신과 환자로 진단되었다.

가장 논란이 많은 자료 중 하나는 강제입원 환자 수와 입원치료 기간에 관한 것이다. 사실 이런 자료는 지역마다 다를 뿐 아니라, 조사자의 이념적 관점에 따라 다양한 방식으로 해석될 수 있다. 강제입원 환자 수가 적게 나오면 특정 치료방법이 효율적이라는 증거로 해석되곤 하는데, 사실은 치료 서비스를 제공하는 직원이 이 기준이 적용된다는 점을 인식하여 가능한 한 효율적으로 비처지고 싶은 욕구 때문에 입원 수가 감소한 것일 수도 있다. 같은 문제가 환자의 입원기간에서도 발생한다. 평균 입원기간으로 나타난 8일은 심각한 급성 정신과적 상태로 인해 고통받고 있는 환자의 치료에는 부족한 시간이다.

법의 시행 결과 중 일부는 사회의 다양한 구조와 구성요소에 반향을 불러일으킨 것으로 요약될 수 있다. 폐쇄형 정신병원은 희한한 상황에 직면했다. 폐쇄형 정신병원이 모두 해체되었어야 함에도 불구하고, 여전히 35,000명의 환자들이 입원해 있는 것이다. 이는 환자들이 거의 전적으로 홀로 남겨졌다는 것을 의미한다. 특별한 치료도 시행되지 않고, 환자들을 위한 심리학자나 사회복지사도 남아 있지 않으며, 재활 및 사회화 프로그램도 전혀 실시되지 않는다. 많은 병원에서 오직 한 명의 야간 당직의사가 있고, 이 시간은 오직 응급의료 상황에만 할애된다. 건물 보수도 제대로 이루어지지 않고, 눈에 띄게 필요한 부분들조차 자금이 조달되지 않는다. 게다가 이런 정신병원에 거주하고 있는 사람들의 수는 공식 집계보다 더 높을 가능성이 있는데, 그 이유는 두 가지 책략 때문이다. 첫 번째로는 병원에 여전히 살고 있는 환자들 중 일부는 '손님'이라는 명칭 아래 '보호' 아파트에 거주하고 있다. 두 번째로는 병동의 일부가 요양원으로 재명명되었고, 이에 따라 65세 이상의 정신과 환자들은 노인병 환자들로 '재활용'될 수 있는 것이다.

정신병원의 활용 및 신축 금지령의 부작용 중 하나는 요양원이나 소아 신경정신과와 같은 기관마저 금지된다는 것이다. 이것은 현존하는 시설에의 입원을 거절하거나 새로운 시설 계획을 지연시키는 모습으로 나타난다.

현행 법의 또 다른 문제점은 정신병원에서 수용하던 기질성 뇌증후군 환자들의 치료에 관한 어떠한 규정도 하지 않는다는 점이다. 이는 지역사회 내 정신의학이 모든 문제를 해결할 수 있다는 잘못된 가정에서 연유한다. 정신질환의 원인은 주로 환경적인 것으로 여겨졌고, 지역사회서비스가 정신질환의 병인(病因)을 확인하고 해결하기 위한 효과적인 방안을 세울 수 있다는 전제가 내려졌다. 그렇다면 치료병동은 필요 없는 것이 된다. 하지만 이 가정은 심한 뇌손상을 입은 소아 및 노인 환자와 같이 명백한 만성 환자들뿐 아니라 치료에 반응하지 않고 재발하는 정신증 또는 정동장애 환자들에 있어서도 잘못된 것으로 밝혀졌다. 1978년 법에는 이러한 환자들에 관한 어떠한 규정도 없기 때문에, 이들 대부분은 단지 정신병원에서부터 요양원이나 사설기관으로 이송되어 정신과적 치료는 거의 받지 못한 채 관찰되고 있을 뿐이다.

정신병원에서 퇴원한 후 돌려보내진 사회구조 속에 재통합되지 못한 많은 환자들은 범죄를 저지른 후 치료감호 병원에 '재입소'되었다. 다른 환자들은 (1978년 법에 언급조차 되지 않은) 대학 정신병원 또는 정신과 진단 및 치료서비스 기관(Diagnosis and Care Psychiatric Services)에 3개월 이상 머무르는 경우가 많은데, 이마저 퇴원 후 재입원하는 경우가 빈번해 '회전문' 현상을 낳는다. 임시방편으로, 약물 및 알코올 중독자들을 돕기 위한 사설 치료공동체가 구성되었고, 전직 정신과 간호사들이 민간 아파트를 임대하여 퇴원한 정신과 환자들을 수용하기도 했다. 장기입원치료가 정말로 필요한 다른 환자들은 스스로 자신을 부양해 나가야 하는 사회로 떠밀려 나왔다. 이들은 기차역, 공립 공원, 도시 변두리 등에서 노숙하고, 자유주의적인 1968년 이후 사라진 것으로 여겨졌던 노숙자 집단에 대한 적대감만 강화시켰다. 다른 모든 환자는 지역사회로 돌려보내져 기껏해야 가족에게 돌아갔지만 그 가족은 이제 정신장애가 있는 구성원과 함께 살기 위해 자신의 삶을 바꿔야 하는 문제에 직면한다. 이러한 가족에서 환자를 돌보아야 하는 사람은 주로 어머니, 아내 또는 딸로서, 자신들이 그토록 벗어나고자 했던 종속적 역할을 다시 취해야만 했다.

상황은 이렇듯 폭발적이 되었다. 약 3만 명의 가족(ARAP와 DIAPSIGRA와 같은)이 협회를 형성하였고, 중증 만성 환자를 위한 시설을 포함하여 다양한 형태의 외래환자 체계를 발전시키기 위해 애썼다.

필요한 모든 외래환자 서비스를 마련하기 위한 적절한 계획이 부족하였고, 이에 더하여 그것을 실현하기 위한 자금 마련을 위한 규정도 없었기 때문에 지역 단위에서 극단적인 혼란이 일어났다. 지역 정신과서비스는 사실 전국을 감당하지 못하였으며, 미래 발전 계획도 부정확하게 수집되고 오해의 소지가 있는 역학 자료에 근거하고 있었다. 지방정부는 종종 상황에 대한 과학적 지식이나 조율 없이 무엇을 해야 하는지에 대해 자체적으로 결정을 내렸다. 따라서 실제로 어느 정도의 능률을 유지한 유일한 서비스는 예전 정신보건센터와 비슷한 시설뿐이었다. 하지만 이 시설은 대체로 근무시간에만 열려 있었고, 직원이 부족하였으며, 정신병원에서 퇴원한 환자들의 보조금 요청이 압도적으로 많았다. 많은 노력이 관료적 절차에 소모되었다. 물론, 환자 유형에 맞춰 특별히 고안된 접근의 유효성에 대해서는 아무도 의심하지 않았다. 마찬가지로, 환자 유형에 따라 치료적 방법론도 구분되어야 했다. 그럼에도 불구하고 정신과 진단 및 치료 서비스 기관은 자발적 입원환자와 강제 입원환자 사이에 구분을 두지 않았으며, 강제로 입원된 환자들을 위한 병동이 따로 없었다. 게다가 너무 많은 정신과 환자의 입원을 받아야 하였고, 입원기간은 너무 짧았다. 그 결과, 입원환자들은 관심을 거의 받지 못하고 대부분의 경우 지속성 신경이완제 처방전만 가지고 퇴원하였다.

폭력 증가의 위험과 관련해서는, 새로운 법 개정 전후 정신과 환자들의 자해 및 타해 행동의 수치를 비교평가하기가 어려우며, 환자의 생애 동안 폭력성이 감소되었을 가능성을 비교평가하기도 어렵다. 이전에 정신병원에 입원했던 환자 집단의 개인적·지역적 관찰이나 신문기사로부터 신뢰할 만한 자료를 수집하는 것은 실질적으로 불가능하다. 확실한 것은 정신질환이 있는 가족구성원이 친족에 의해 살해되는 사건이 상당히 흔해졌다는 것이다 (Censis, 1982).

정신병원의 잠재적 이용자는 크게 두 범주로 나누어진다. 첫 번째 범주는 1978년 법이 실행되기 전에 정신병원에 입원하여 치료받은 환자들이다. 이들 중 일부는 여전히 정신병원에 입원해 있어 정신과 잔류 집단을 구성하며, 어떤 환자들은 요양원이나 치료감호 병원과 같은 기타 시설에 있다. 소수는 가족이나 대안적 지역사회 구조로 돌려보내졌다. 두 번째 범주는 급성 환자를 위한 병동이나 지역사회에서는 제공되지 못하는 장기적 치료가 필요한 환자들이다. 이들은 현재 불안정한 균형 속에서 가족과 함께 살고 있고, 대부분 친지에 의해 보호되고 있으며, 나이는 20~40세 사이다. 이러한 균형은 친지의 죽음이나 질병으로 갑작스럽게 깨질 수 있다.

결 론

1978년 이탈리아 정신의료법의 거대한 목표는 다른 중간 구조들 사이에서 구심점 역할을 할 수 있는 병원 밖 정신보건서비스를 설립하는 것이었다. 이러한 이유로, 정신병원들과 소위 정신과 퇴원환자 수용소 역할을 했던 기관들은 폐쇄되거나 무허가 처리될 예정이었다.

이탈리아에서 사회경제적으로 가장 발전한 곳에서조차 이 모델은 구체적으로 실현되지 못했다. 롬바르디(Lombardy)와 같은 지역에서도 광범위한 지리적 영역의 예방, 치료 및 재활을 기획하는 지역보건서비스는 종합병원 내 급성 입원환자들을 위한 진단 및 치료 부서, 재사회화를 위한 주거시설, 위탁가정, 낮병동 등 다양한 구조로 구성되어 있다. 그 각각은 입원, 재사회화, 외래환자 치료, 지역사회 내 환자 유지 또는 만성 환자 치료와 같이 특정되고 제한된 범위의 영향력을 가지고 있다. 이러한 업무 세분화는 1978년 법의 목표였던 입원환자 서비스와 독립된 중앙화된 서비스를 제공하는 것이 굉장히 어려운 일임을 보여 준다. 입원환자 병동이 결국 외래환자 서비스보다 더 중심적이 되는 것이다. 새로운 소규모 정신과 병원들이 현존하는 거주시설 안에 만들어지고 있는데, 이들은 과거의 정신병원과 흡사하게 '퇴원환자 수용소'가 되어가고 있다.

　정신의료의 혁신적 개혁은 특히 이탈리아에서 긴급히 필요했다. 법은 정신의료 영역에서 정신과 의사나 전문인력의 일상적 활동들에 비해 뒤처져 있었다. 부분적으로 그 이유는 정신병원, 특히 이탈리아의 북부 정신병원들이 이미 개방형 정책을 이행하고 있었기 때문이다. 더욱이 그들의 행정 운영은 피라미드식 방식에서 수평적 방식으로 전환되었고, 이에 따라 환자 케어에 있어 더 독립적이고 차별화된 접근을 허용하게 되었다. 따라서 사람들은 이러한 경향을 따르는 새로운 법의 출현을 일반적으로 기대하고 있었다. 그러나 1978년 법의 기본적 목표 중의 하나는 특별한 유형의 정신의료 개혁시도였고, 다른 한편으로는 다른 나라들에서 만들어진 시설화 제도의 창설이나 지속을 저지하는 것이었다.

　어려움이 발생하였음에도 불구하고, 상당한 노력이 이 법의 목적을 완수하기 위해 투입되고 있고, 정신과적 순환의 최종 지점이 되곤 하는 소위 '퇴원환자 수용소'의 설립을 막기 위해서도 많은 노력이 기울여지고 있다. 초기에는 다른 나라들에서 실패했던 것을 이 나라에서는 성공할 것이라는 순진한 추측이 있었던 것이 사실이다. 만성 환자 관리 혹은 급성 환자를 위한 차별화된 접근법을 고안해 내는 데에는 여전히 많은 어려움이 있다. 다른 의학

분과와 마찬가지로 정신의학에 전반적으로 통하는 치료접근법을 개발해 내기란 어렵다. 개발해 낸다 하더라도 정신병리의 일부분에만 적용 가능할 것이다.

중요한 수요 중 하나는 전문 과학센터와 협력하여 현대기술을 활용하는 것이다. 그러나 한편으로 지역사회 정신과 센터들 간의 지속적인 연계도 중요하며, 1차 의료에 있어 일반의가 담당하는 특별한 역할도 있기 때문에 가정 주치의들도 과소평가되어서는 안 된다.

현재 여러 차원에서 1978년 법의 개정이 제시되고 있다. 정신질환의 명확하고 실용적인 관점에 근거한 균형 잡힌 법률적 테두리 안에 진정 과학적이고 인도적인 정신의료 접근의 토대가 놓이길 희망한다.

참고문헌

Censis (1982). *Rapporto sull' assistenza psichiatrica*. Paoline.

Legge 13 Maggio 1978, n. 180. Accertamenti e trattamenti sanitari volontari e obbligatori. *Gazzetta Ufficiale della Repubblica Italiana*.

Pizzi, A. (1978). Malattie mentali e trattamenti sanitari. Giuffré, Milan.

Pancheri, P. (1982). La legge '180' e la crisi dell'assistenza psichiatrica. *Medicina, 1*. UTET.

Verga, A. (1897). *Studi anatomici, psicologici e freniatrici*. Manini Wijet, Milan.

05

미국의 법제와 경험에서 얻은
미래를 위한 교훈

로버트 캠벨(Robert J. Campbell) 저
최희승 역

　법정신의학은 자신의 의뢰인을 사형선고로부터 구제하고, 정신이상, 의도, 능력 등에 관련된 사실들을 증명하기 위한 법조인들의 노력으로부터 주로 시작되어 발전되어 왔다. 이 외에도 친자 확인, 사인 그리고 의료과오 여부나 그 범위를 평가하는 영역까지 확장되었다. 하지만 모든 임상의가 알고 있듯이, 의료과오라고 불리는 사건들이 최근 우후죽순으로 늘어났으며, 이제 법정신의학의 영역은 10년 전보다도 훨씬 더 넓은 범위를 포괄한다.

　전형적인 법정신의학의 본질은 위험하다는 법적인 꼬리표가 붙은 환자들을 평가하고 치료하며, 대중을 보호하고, (치료받을 권리를 포함한) 환자의 권리를 보호하는 것이었다. 그러나 의학 분야에서 과학기술의 발전은 삶의 질을 비롯한 개인의 기본적 권리와 점점 더 관련되기 때문에, 지금과 같은 과학기술 시대에서 의학전문가의 역할은 법률전문가의 역할과 한층 더 얽히게 되었으며, 이에 따라 오늘날 환자의 삶에 시행하는 치료적 개입이 미래의 사회에 어떤 영향을 미치는지에 대한 의문이 제기된다(Harrison, 1983). 최근에는 '건강법'이라는 용어가 의학과 법학의 확장된 접점을 강조하기 위해 사용되며, 법의 상당 부분에서 의료인, 전문가, 제3의 지급인 그리고 환자들 간의 관계를 다루고 있나(Stromberg, 1983).

표면적으로는 의학과 같은 과학 분야는 정치와는 동떨어진 세계처럼 보인 다. 하지만 자세히 살펴보면 그들은 수세기 동안 조심스럽게 서로 얽혀 있었 음을 알 수 있다. 예를 들어, 1859년에 다윈(Darwin)의 기념비적 저서인 『종 의 기원』이 출판되었을 때 다윈은 생존은 적응의 수단으로, 발전은 자연선 택의 결과로서 경쟁을 통해 적용된다고 보았고, 이를 바탕으로 일부의 사회 다원주의자들은 사회발전의 열쇠는 이러한 부적응자들을 통제하는 것이며, 이를 통해 가난, 범죄, 정신질환, 정신적 결함, 간질, 그리고 사회적으로 병 들게 하는 원인들에 대한 답을 구할 수 있을 것이라 주장하였다.

그러므로 정치인들만 사회를 통제해 왔다고 말하는 것은 적절치 못할 것 이다. 현대사회에서 저(低)콜레스테롤 음식, 조깅, 비타민 C 섭취 등을 권장 하며 담배, 술, 커피 등을 금하도록 하는 것과 같이, 그 당시 깨어 있는 과학 자들 또한 그 시대가 제안하는 최선의 건강규칙들의 수행을 장려하기 위해 상호 교환적으로 정치인들의 도움을 요구했다. 사실상 공중보건의 전 영역 은 이와 같은 의학과 정치와의 상호관계에 달려 있는 것이다.

그러나 1970년대에 들어서면서, 적어도 미국에서는 입법자들과 정책입안 자들이 의학에서 통용되는 '만약' 그리고 '아마도'라는 표현을 규칙과 확실 성으로 전환하는 작업에 혈안이 되어 있었다. 즉, 확실치 않은 의학적 지식들 을 법령 제정에 반영하는 데 몰두하고 있었다. 또한 이 시기에는 의료계에 영 향을 미칠 수 있는 법률을 가장 많이 통과시켰는데, 이는 미국 역사상 1965년 이전까지 통과되었던 모든 법률을 합친 것보다 더 많았다. 1980년대 현재, 건강과 관련된 법률안이 매년 하원에 6,000여 개, 상원에 2,500여 개가 제출 되고 있다.

이러한 움직임이 어떠한 결과를 가져올지 의구심이 드는 상황에서, 오래

전부터 몇몇 사람은 이제 의사가 아닌 법조인들이 환자의 치료계획을 정하게 될 것이라고 경고하였다. 즉, 법조인이 먼저 의사가 치료를 할 수 있는 범위의 기준과 규정을 정하고, 의사가 그 안에서 치료방법을 선택하게 될 것이며, 법조인이 각 환자 치료의 우선순위 또한 결정하게 된다는 것이었다. 그중에서도 정신의학은 다른 의학 분과보다 더 직접적인 영향을 받게 될 것이라고 예측했는데, 이는 정신과 의사가 갖는 사회적 기능 때문에 자신의 영역 밖에 있는 사회적 이슈들에도 얽히곤 하기 때문이다. 예를 들어, 미국에서 낙태가 합법적으로 허용되기 전에는 정신과 의사가 산모의 정신적·신체적 건강을 보존하기 위해 낙태가 의학적으로 필요한지에 대해 판단하도록 요구되었다. 이제는 이런 기준으로 생명과 정신이 위태롭게 되는 일이 거의 없으며, 다행스럽게도 정신과 의사는 더 이상 낙태와 관련된 사회적 압력에 휘둘리지 않아도 된다.

요즘에는 정신과 의사들이 다른 분과 의사들의 가부장적인 결정을 지지하는 입장을 취하는 것이 문제시되고 있다. 예를 들어, 환자가 외과 의사나 암 전문의의 권고를 따르지 않는 경우, 환자의 정신이 혼란스러운 상태라는 주장을 뒷받침하기 위해 정신과 의사가 동원되는 것이다.

지금까지의 정신건강법과 규정의 변천사를 형사법, 형사책임, 과실에 대한 책임능력, 정신이상항변, 비자발적 시설화, 수용, 구금 그리고 그 밖에 우리가 반복적으로 얽히게 되는 부분들로만 해석하는 것은 옳지 않다. 오히려 미국과 그 밖의 다른 곳에서 일어나고 있는 전반적인 사회적 변화라는 큰 그림의 한 부분으로 보아야 하며, 이는 궁극적으로는 내가 '소비지상주의'라고 부르는 일련의 반응들로서 나타날 것이다.

정신의학의 첫 번째 개혁

18세기의 유럽혁명은 정신질환자 구금의 인도주의적 측면에 대해 엄청난 변화를 가져왔다. 그 당시에는 사회적 변화와 성장에 가장 큰 초점이 맞춰져 있었고, 인간은 완전 가능성을 가지고 있으며 사회적 역할을 감당할 수 있다는 낙관적인 입장이 부각되던 시기였다. 이러한 낙관주의는 정신질환의 영역까지 확장되었고, 정신의학의 첫 번째 혁명으로 이어졌다. 이에 따라 1840년대 정신질환자 수용시설(asylum)은 '도덕적인 치료법'이라고 불리며 화려하게 전파되었다. 그러나 이러한 기관들은 1870년대쯤부터 극적인 하향세를 겪고 구금 시설로 전락되어 버렸으며, 낙관주의를 표방하였던 초기 개혁가들의 입지는 좁아지게 되었다.

1906년 미국에서 시작된 정신위생운동은 예방적 접근을 지지해 왔고, 피임을 제외하고는 정신보건 분야에서 앞으로도 발전할 점이 남아 있다. 예방적 접근에서는 성인기에 나타나는 부적응은 어린 시절의 고유한 경험의 결과라고 가정한다. 그러므로 이를 방지할 수 있는 방법은 아동발달에 영향을 미치는 부모와 교육자에게 정신치료를 적절히 제공하고 정신역학에 관한 지식을 충분히 전달하는 것이라고 생각하였다. 마찬가지로, 병리적 조짐이 보인다면 발병 위험에 처한 사람을 빨리 구별해 낼수록 효과적인 치료에 도움이 된다고 믿었다. 이로 인해 지난 두 세대에 걸쳐, 미국의 어머니들은 자녀가 책을 읽지 못하거나 사랑할 줄 모르는 등의 문제가 있을 경우 어머니로서 자신이 자녀양육에 있어 어떤 실수를 했는지에 대해 정신과 탐정이 낱낱이 밝혀내는 데에 따라야만 했다.

당연하게도 그 많은 정신치료와 지식을 부모와 교육자들에게 제공하는 것은 엄청난 일이었다. 해야 할 일은 너무나 많았고, 그 일을 할 수 있는 사람은 턱없이 부족했다. 따라서 자연히 더 많은 사람들을 모아서 세부적으로 일을 분담해 각자의 분야에 숙련되도록 훈련시키게 되었다. 이를 통해 변화하는 다양한 환자들의 필요에 부응할 수 있게 되었고, 임상정신의학의 편협함에서 벗어나 새로운 진실을 더 적절한 방식으로 보급할 수 있게 되었다. 이런 기쁜 소식이 퍼져 나가는 가운데 제2차 세계대전이 발발했고, 이로 인해 정신과적 부상자들이 속출하게 되자 의사의 '대리인' 또는 '보조인'이 더 필요하게 되었다. 그러한 인력을 발굴하고 의학적 수련을 꼭 필요로 하지 않는 임무를 수행하도록 훈련시킴에 따라 그들은 더 큰 책임과 독립성을 갖게 되었다.

정신의학의 두 번째 개혁

전쟁이 끝나고 난 뒤, 정신과 의사들은 이전에 택했던 것과는 다른 방향을 추구하게 되었다. 몇몇 정신과 의사들은 정신역동적 통찰력이 군대에서 마주하게 된 심각한 정신장애를 치료하는 것에 한계가 있음을 깨닫게 되면서 환멸감을 느꼈고, 이는 그들이 다른 의학 분야를 찾도록 하는 계기가 되었다. 정신과 약제들의 발견은 실제로는 우연적인 것이었지만, 이러한 정신의학자들에 의해 두 번째 정신의학의 혁명으로 불리는 정신약리학 시대로 이어지게 되었다.

한편 다른 학문과 제도를 경험한 정신과 의사들은 의사-환자의 관계 외에 다른 영역에도 관심을 가지게 되었으며, 사회의 요구를 더 면밀히 살피게 되었다. 이들은 의학적 모델을 벗어나 사회적·문화적인 부분까지 시야를 확장시키며 이해를 넓혔다. 정신과적 해석에 인간적인 상태를 점점 더 포함시킴에 따라 환자의 증상, 증후군 및 질병이 아닌 그가 속한 사회문화적인 입장에서 환자를 이해하게 되었다. 실제로 인류와 질병에 관하여 보다 포괄적인 관짐이 발달하게 되자, 질병분류학과 진단에 대해 이야기하는 것은 유행에 뒤처진 것이 되었다. 정신의학자들은 사회를 변화시키는 사람들로서 기관과 정부의 공공정책을 구현하기 위한 자문요원의 역할을 맡았다. 세계 전체가 정신의학의 범위로 들어오게 되었고, 정신의학 자체도 여러 의학분야의 한 영역이 아닌 사회학과 정치적 철학의 파트너로 변모하게 되었다.

이러한 새로운 '포괄적인', 심지어 '우주적인' 정신의학이 사회를 새로운 방법으로 검토하던 와중에도 정신의학은 자신의 고유한 기능을 분석하는 것을 잊지 않았다. 사회와 더불어 정신의학 또한 재평가를 받게 되면서 오래된 신화로서 진실과 같이 받아들여져 온 몇 가지 것들에 대해 의문이 제기되었다. 이는 1840년대에 행해졌던 정신질환자 수용에 대한 견해를 송두리째 바꾸어 놓았다. 기존에는 정신건강 개혁가들이 보호수용소와 피난처 설립을 통해 천국과 같은 곳을 제공하여 자기 방어를 할 수 없는 정신질환자를 약탈자의 유린으로부터, 무정하고 탐욕스럽고 이기적으로 그들을 착취하는 세상으로부터 구했다고 해석되어 왔고, 이에 따라 미국에서는 주립 정신병원 제도가 생겨났다. 그러나 20세기에 와서는 그러한 해석은 어리석은 개념으로 간주되었으며, 수용소로 인한 변화들은 오히려 한 사람을 사랑하는 가족, 지역사회 그리고 사회구성원으로서 누려야 할 혜택을 빼앗는 것이라고 해석되었다(강도, 살인, 병동에서 풀려 나와 뒷골목에서 칼에 찔리는 것). 또한 환자들에게 사회쇠약증후군과 같은 새로운 질병을 부과하고, 이 질병의 명목하에 이득보다 해가 많은 치료를 행함으로써 사생활을 침해하고, 신체를 상하게 하며, 정신을 무디게 만드는 것으로 비쳐지게 되었다.

정신의학의 세 번째 개혁

1960년대에 이르러서 또 다른 개혁의 바람이 불었는데, 이는 환자를 주립병원에서 퇴원시켜 지역사회로 돌려보내자는 전국적인 움직임이었다. 지역사회 정신보건운동은 정신의학의 세 번째 혁명으로 떠오르게 되었으며, 이 운동의 핵심요소 중 하나는 의학적 모델에서 체계적·경제적·정치적 모델로의 전환이었다. 병원들은 경제적 정책결정에 따라 없어질 예정이었으며, 환자들의 실질적인 요구를 채워 줌에 따라 의학적 모델의 억압적이고 사회통제적인 면과 정신의학 및 정신기관들의 차별적인 부분이 강조될 것이었다. 우리는 환자들이 자신의 지역사회로 돌아갈 수 있도록 탈시설화, 정상화, 그리고 장애아동의 특별교육 철폐론의 플래카드를 내걸고 시위하였다. 결과적으로 일부 환자들은 지역사회로 돌아가는 데 성공했으나, 정신병원 밖으로 나왔다고 해서 환자들이 사라진 것은 아니었으며 정신질환의 완치 여부 또한 보장할 수 없었다.

멩켄(Mencken)이 말했던 바와 같이, 인간에 관한 문제의 경우 간단하고 깔끔한 해결책은 틀리기 마련이다. 현재로서는 질병의 원인이 됐거나 질병이 발생하는 데 영향을 끼친 환경 내에서 환자가 치료받는 것이 가장 좋다고 본다. 지난 20년이 넘는 기간 동안 영국과 미국에서는 공식적인 정책을 통해 병원을 철폐하기 위한 대안들을 개발해 왔다. 이러한 정책은 "나쁜 병원은 몇몇 환자들에게 나쁘기 때문에 모든 병원은 모든 환자에게 나쁘다."라는 논리상의 오류에 어느 정도 기인된 것으로 보인다. 그러므로 이러한 정책을 지속한다는 것은, 최대한 가장 덜 제한하는 환경에서 치료하는 것이 항상 좋은 방법이 아니라는 많은 증거를 무시하는 처사다. 또한 현재로서는 모든 정신질환환자들을 병원 밖의 상황에서 관리하는 것도 불가능하다.

게다가 지역사회 정신보건운동의 중점은 환자들을 해당 지역의 종합병원에 설치된 작은 정신과 병동에서 치료받게 하는 방안과 늘 연결되어 있었다. 하지만 안타깝게도, 해당 지역사회는 정신과 의사들과 사회정책 입안자들이 개발한 새로운 개혁안을 실행하기를 주저했고, 계획의 필수요인인 지역사회로 돌아온 환자들의 사후관리를 책임지는 것에 있어 소극적인 모습을 보였다. 또한 세계 대공황이었던 1970년대에는 모든 병원 지원금이 삭감되었으며, 언제나 그랬듯 정신과 병동에는 그런 재정 삭감이 더욱 심했기 때문에 결과적으로 이러한 개혁의 바람에 참여하고 싶어도 예산 부족 때문에 참여하지 못하는 곳도 생겨나게 되었다.

이것은 지역 정신보건운동의 공헌을 부정하고자 함이 아니라 어떻게 해서 잘못되었는지에 대해 알아보기 위함이다. 또한 그것이 어떻게 애초에 가능했는지에 대한 질문도 던져볼 수 있다. 여기에는 과학적 발전의 공헌이 컸다. 특히 정신약리학 분야의 발전은 의학적으로 환자들이 시설 밖의 생활을 가능하게 만들었다. 또한 그 당시 미국에서 정신질환이 있다고 판단되어 장애인으로 등록되면 연방정부의 지원금을 받을 수 있는 자격이 주어졌고, 이는 정신약리학의 발전만큼이나 큰 공헌을 하였다. 이것은 주나 자치주에서 만성 환자들을 퇴원시킴으로써 환자들에 대한 책임을 떨쳐버렸을 때 중앙정부가 그 역할을 맡아 책임짐으로써 가능할 수 있었다. 하지만 가장 중요한 것은 제3의 요인으로 사회 전반적으로 이뤄진 변화들이었으며, 이에 따라 앞서 말한 모든 개혁적인 부분들이 이루어질 수 있었다.

소비지상주의의 대두

제2차 세계대전 직후, 새로운 평등주의가 다양한 모습으로 등장하였다.

그중 한 가지는 정치사회적 권력에 대한 의문이었으며, "당신이 나에게 무슨 권리로 명령하는가?"와 같은 태도가 널리 확산되었다. 이 밖에도 기존의 태도와 가치의 거부가 성적 혁명, 다양한 '해방' 운동, 국교제도 폐지론 등으로 나타났다.

신(新)평등주의는 또한 모든 사회계층 구별을 공격적으로 부정하였다. 이는 사회경제적으로 혜택을 받지 못하는 계층을 끌어올리려는 당연하고도 칭찬할 만한 시도로 시작하였고, 특별한 계층, 위치, 특혜를 전부 없애야 한다는 일부의 주장으로 이어졌다. 특정 집단을 위한 정부의 '복리후생(재정 지원 혜택)'은 가장 선호하는 단어가 되었으며, 몇몇 사람들은 이를 "나에게 롤스로이드를 사주지 못할 거면, 적어도 폭스바겐 가격으로 살 수 있게 하라."와 같은 뜻으로 해석하는 듯했다.

전쟁 후 지식 폭발은 기술적 진보를 이끌어 냈고, 이는 배움의 폭발로 이어졌다. 사람들은 이전보다 더 많은 것을 알게 되었으며, 기술적이고 전문적인 분야에 대해서도 알게 되었다. 결과적으로 사람들은 자신의 삶과 복지에 대한 결정을 다른 사람들이 결정해 주는 것에 만족하지 못하게 되었다. 요즘 사람들은 이러한 질문을 한다. "당신은 나에게 무엇을 하려 하는가? 나는 그것을 상세히 알 권리가 있으며, 당신의 제안을 찬성 또는 반대할 수 있다."

그리고 나서는 "당신은 나에게 무엇을 해줄 수 있는가?"를 질문하지만, 그것은 조금씩 다른 의미를 가지고 있다. 특히 제3자가 비용을 지불하는 경우라면 더욱이 "무엇이든 최고로 해 달라."라고 요구할 것이며, 만약에 개인이 비용을 지불하는 경우라면 지불한 비용 대비 최고 수준의 혜택을 제공받기를 원할 것이다. 현재 정부는 지속적인 건강에 대한 약속으로 국가 예산의 상당 부분을 의료보험 비용으로 지불하고 있으며, 이것이 최선인가에 대해 고민하고 있다. 이 모든 것은 '책임'에 대한 강조로 귀결되고 있다. 그러나 의사의 입장에서 이러한 '책임'은 이론적으로는 수용할 수 있으나, 임상에

서 '책임'의 실제적인 모습은 환자의 권리에 대한 침범과 방해, 그리고 의학
적 결정을 법적 절차로 대신하려는 위험한 경향성으로부터 구별하기가 어렵
다. 법률적인 옹호가 급격하게 늘어나는 소비지상주의의 결과를 달성시키는
주요 수단이 된 이후, 의사들은 새로운 적과 대면하고 있다는 것을 깨달았
다. 그들이 직면한 어려움은 계속해서 늘어나는 지식 및 기술발전과 더불어,
의사들에게 이행해야 할 책임들과 윤리적 원칙에 대한 새로운 정의를 내리
도록 요구하고 있다.

특히 정신의학의 경우, 기술적 발전이 의학적 예측이 가능한 범위를 앞지
르기 때문에 소비지상주의의 적용은 더 어렵다. 모든 의사가 직면하는 수많
은 윤리적 딜레마, 예컨대 낙태, 장기이식 그리고 유전공학 등에 관해서 만
족스러운 답을 구할 수 없는 어려운 질문들을 제기할 것이기 때문이다. 사회
에서는 의사들에게 이러한 문제들에 대한 결론을 요구하면서도, 한편으로는
그들이 내린 결론이 무엇이든지 맹비난을 가하곤 한다. 또한 정신의학은 사
실상 의학과는 여러 면에서 다르기 때문에 또 다른 문제들에 직면하고 있다.

그중 한 가지는 정신질환자들이 종종 어렸을 때부터 심각한 기능장애를
보임에도 사망하지는 않는다는 점이다. 때문에 그들은 '원가 의식'이라는
새로운 평가기준에 사로잡혀 있는 사회에서 사회적으로 그리고 경제적으로
짐과 같은 존재가 된다.

또 한 가지는 정신의학은 죄책감과 양심, 영혼과 마음, 태도와 가치, 생각
과 행동의 자유, 개인과 사회와의 관계를 다루고 있다는 점이다. 즉, 정신의
학자와 정신보건의료인이 다루는 환자는, 충수염과 같은 증상을 나타내는
것이 아니라, 사회적 행동과 정서적 관계의 왜곡과 같은 증상을 나타낸다는
것이다. 그러므로 정신의학자는 환자의 어려움뿐만 아니라 그 가족과 사회
의 태도 및 요구사항도 다루어야 하는 것이다. 그러한 요구사항에는 고용 및
교육의 기준, 사회적 관습과 공적인 행동수행에 대한 지역사회의 기대 등이

포함되며, 정신의학자는 이런 것들이 법적 장면에서 어떻게 정의되는가에 대해서도 다루어야 한다.

그리고 또 다른 요인은, 정신의학자는 자신이 치료하는 환자의 자유를 무책임하게 침해했다는 죄로 고발당할 때조차 그 환자의 행동에 대한 책임이 부여된다는 것이다. 마틴 로스 경의 말을 인용하자면, 현재 정신의학자가 직면하는 가장 어려운 사항 중 하나는 환자의 비밀 유지의 의무를 선택할 것인지 아니면 환자의 충동적인 행동으로 인해 발생할 수 있는 피해자에 대한 '경고의 의무'를 선택할 것인지에 대한 결정이다.

끝으로, 정신과 약물, 전극 이식, 정신 외과술, 조작적 조건화 등과 같은 정신과학기술이 사회적 통제를 위해 사용될 수도 있다는 두려움이 만연해 있으며, 이러한 두려움은 이해하기 어려운 것이 아니다.

복지 그리고 치료의 국가

복지국가를 위한 정책은, 국친사상(parens patriae)*의 개념을 바탕으로 공교육과 가난한 사람들의 원조부터 시작하여 생활의 여러 영역으로 확장되고 있다. 이러한 발전과 더불어 미국의 형법 제도의 일부분도 점차적으로 철폐되거나 완화되었다. 때문에 과거의 기준에 의해서 범죄자로 분류되었던 사람들은 더 이상 처벌의 대상이 되지 않으며, 과거에 범죄로 간주되었던 많은 부분들이 오늘날 질병으로 여겨지고 있다.

바람직하지 않은 행위나 시각을 범죄보다는 질병으로 바라보는 것이 이

---

* 역자 주: 국가는 모든 국민의 보호자이며, 따라서 부모가 없거나 또는 있어도 자녀를 보호해 줄 수 없는 경우에 국가가 부모를 대신해서 보호를 해 주어야 한다는 사상.

세기의 특히 중요한 특징이다. 토마스 사즈(Thomas Szasz)와 이반 일리히(Ivan Illich)는 인간의 문제를 이렇게 해석하는 것의 위험성에 대해 지적한다. 그들의 다소 귀에 거슬리는 비판을 여기서 반복하지는 않겠다. 그러한 비판 중에 있는 진실을 찾기 위해서 비평가들의 의견에 동의해야 할 필요는 없다.

그 진실이라는 것은 질병이 무엇이며 그것이 어떻게 도덕적인 죄와 법률적인 범죄, 그리고 창의적인 행동과 구분되는지에 대한 복잡한 문제다. 이러한 쟁점들과 관련해서 우리가 접하는 많은 문제는 정신의학, 의학, 과학 밖의 영역에서 온 것처럼 보이기 때문에, 우리는 자주 정부, 시민자유주의자, 소비자 옹호자 그리고 반과학론자의 의료행위에 대한 개입을 비난한다. 그러나 정신의학 내에서도 모순과 논쟁이 존재한다. 그중 가장 중요한 것은 진단과 낙인에 대한 의견이 합치되지 않았고 다양성과 질병을 확실하게 구분할 수 없으며 질병, 잠재적인 질병 그리고 질병의 위험 사이에 확신을 가지고 선을 그을 수 없다는 것이다. 우리는 의학적 모델을 지지하면서 사회적 권한에 의해 질병의 꼬리표를 붙이는 것을 거부한다. 그러나 이제 니코틴 중독이 질병으로 지정된 상황에서, 우리는 지난해의 흡연자가 올해 직업을 구하기 위해서 재활 프로그램에 참여해야 하는지와 같은 부분을 궁금해한다.

불행하게도, 복지국가는 기존의 방식대로 사람을 돕는 수동적인 역할만을 취할 수는 없을 것으로 보인다. 복지국가는 범죄, 비행, 빈곤 등의 문제를 완화할 뿐 아니라 예방하며 혜택을 받지 못하는 약자와 일탈자들을 치료하거나 상태를 개선시킬 수 있도록 고안된 적극적인 프로그램을 시행해야만 한다. 복지국가에 사회과학과 행동과학의 개혁운동이 합쳐져 '치료적 국가(therapeutic state)'가 생겨났으며, 이로 인해 정신과 의사는 다음과 같은 독특한 문제에 직면하게 되었다.

정신과 의사는 가족이나 사회의 규범에는 부합하지 않으나 정작 본인은 문제가 되지 않는다고 생각하는 행동을 종종 다루게 된다. 그 사람은 아픈 것일까? 일탈자인가? 아니면 그냥 '자신의 방식대로' 행동하고 있는 것일까? 젊은 세대에서 나타나는 행동을 이해하지 못하는 가족의 문제인가? 아니면 정신과 의사에게 불가능을 요구하며 그와 관련된 결정을 내리도록 하는 사회의 문제인가?

누가 사람들의 삶에 영향을 미치는 결정을 내리는가? 누가 그들이 결정할 자격이 있다고 말할 수 있는가? 그들이 그러한 결정을 하기 시작한다면, 언제 멈출 수 있는가? 그들이 결정을 내리는 임무에 착수한 이상 사회만이 그 책임을 거둘 수 있는가 아니면 그들 마음대로 의사결정을 내렸다가 거두었다가 할 수 있는가? 그리고 의사결정권이 진정 그들의 것이라고 해도, 나머지 사람들은 그들이 어떤 수준으로 일하고 있는지 어떻게 알 수 있는가? 일단 그런 엄청난 권력이 주어지면, 그 권력을 영원히 가진 채 늘 행사할 수 있는가? 누가 그들을 통제하는가, 그들은 누구에게 책임을 지는가? 그들은 자신들이 얻은 정보로 무엇을 할 수 있으며, 누가 그 정보에 접근할 수 있는가?

최종적으로 '환자'라는 꼬리표를 받은 사람은, 치료대상이라는 꼬리표가 범죄자의 꼬리표와 마찬가지로 의심과 적대감을 불러일으키기 때문에 걱정되기 마련이다. 그리고 잠재적 환자는 사회가 염려하지 않아도 되는 자신의 행동마저 치료라는 명목으로 통제당하게 될까 봐 두려워한다. 그들은 치료적 국가가 범죄모델이 가지는 제재보다 훨씬 더 억압적인 인간 통제의 수단을 보유하고 있다고 의심하는 것이다.

최근 연구에서 질병 발생의 영향요인과 위험요소가 강조되고 있다. 비록 역학연구에서 다양한 질병의 위험요소를 규명하기 위해서 노력하고 있음에도 불구하고, 과학계에서조차도 그러한 연구의 결과가 확실한 것이 아니라는 사실을 인식하고 있다. 연구자들조차 한 개인의 질병 취약성을 수량화할 필요성은 거의 느끼지 못하며, 다른 요인들에 비해 특정 위험요소의 상대적 중요성을 결정하거나, 규명된 위험요소가 질병에 취약하게 만드는 요인 전부를 과연 밝혀낸 것인지에 대해 결정할 필요성도 거의 인식되지 못했다. 마지막으로, 위험요인을 상쇄할 수 있는 예방적 요인을 밝힘으로써 개인이나 일부의 사람들에게서 질병이 발생할 수 있는 가능성을 유의미하게 낮추는 것을 가능케 한 연구는 매우 소수에 불과하다.

미국에서 두 번째 공중보건혁명이라 불리는 현 시대에서, 잠재적인 질병을 가진 사람들을 찾아내어 치료를 받게 하는 프로그램의 개발 등 질병 예방에 더 많은 관심과 자원이 투자되고 있다. 그러한 프로그램이 개발되면 궁극적으로 수백만 명이 어쩌면 평생 동안 약물치료를 받게 될 것이고, 이는 치료받는 자와 그 가족의 삶의 질에 상당한 영향을 미칠 것이다(Guttmacher et al., 1981).

우리는 예방 전략이 사회적인 것인지, 개인적인 것인지 아니면 의학적인 것인지 대략적으로 이해할 수 있다. 사회적 전략은 건강에 해를 입히는 상황을 만드는 사회적ㆍ경제적 관행을 바꾸는 것이다. 독성물질이 없는 물을 공급하고 폐기물을 제거하는 것 등은 오래전부터 시행되어 온 전통적인 예방적 건강행위다. 그러나 최근 건강을 위협하는 물질들을 환경으로 방출하는 것을 줄이기 위한 노력이나 안전한 작업환경을 조성하기 위한 노력이 논란의 대상이 되고 있다.

예방 전략은 주로 자신의 건강을 유지하거나 또는 최소한 건강에 위험한 활동을 피할 책임이 개인에게 있다고 가정한다. 이러한 가정은 스스로 상해나 질병의 위험에 노출시키는 사람들의 경우 건강관리 비용의 더 많은 부분을 지불해야 한다는 논리로까지 확대 해석된다. 그러나 이러한 논리를 경찰관, 소방관과 같은 공공의 복지를 지키는 위험한 직업을 가진 사람들에게 어떻게 적용할 것인가는 분명하지 않다.

또 다른 문제는 위험에 처한 것으로 여겨지는 사람들의 치료 여부 결정이 상당한 불확실성 속에서 내려진다는 점이다. 마치 정신과 의사가 사회생활을 위해 술을 마시는 사람과 알코올 중독자를 구분하기 위해, 그리고 정신분열적 성향, 분열성 인격, 정신분열증을 구분하기 위해 노력하는 과정처럼 말이다. 예를 들어, 고혈압을 진단하는 내과 전문의는 어떤 사람의 혈압이 올라갈 것인지, 어떤 사람의 혈압이 내려갈 것인지, 또 어떤 사람이 경계선상에 있을 것인지 결정할 수 있는 방법이 없다는 것을 알고 있다.

정신의학의 특성상, 그것이 사람들의 삶(과 평판)에 미치는 영향에 대한 논쟁이 있어 왔고, 이는 정신의학에 대한 대중의 불신을 증가시켰다. 정신과 의사들이 의식하고 있는 것만큼, 대중도 정신의학이 사회의 정상적인 운영을 돕는 것과 환자를 돕는 것의 두 가지 기능이 상충될 수 있다는 것을 잘 알고 있다. 이와 관련하여 여러 가지 쟁점이 떠오르는데, 그중 하나는 최근 들어 매우 복잡한 논쟁이 일고 있는 사생활과 비밀 유지에 관한 것이다. 여기에는 제3의 지급자 및 보험청구, 그리고 한편으로는 연구 활동 문제가 관여되어 있다. 오늘날의 의료서비스는 환자, 의사 그리고 대리인(proctor), 이 세 가지 집단의 삼각관계로 일축될 수 있다. 분명히 대리인은 지금까지는 오직 의사에게만 허용되었던 환자의 개인정보에 어느 정도 접근하게 될 것이다. 문제는 제3자의 합법적인 요청을 만족시키기 위해서 얼마나 많은 정보가 필요한가, 그리고 주어진 정보에 누가 접근할 수 있는가다. 또한 환자의 사생활 보호의 권리에 대한 불필요하거나 불법적인 침해에 저항하는 것은 분명히 정당한 일임에도 불구하고, 침해가 없을 수 있다는 주장은 옹호되기 어렵다.

자라나고 있는 치료적 국가에서 의학, 특히 정신의학의 역할에 대한 우려와 함께 현장에 새로운 개혁가들이 등장하였다. 그들은 주로 두 부류의 모습으로 나타났다. 그중 하나는 대부분의 질병이 사회적으로 발생되었다고 주

장하는 반과학론자들이다. 이들은 질병의 치료나 예방에 있어서 의학은 기
껏해야 비싸기만 한 '겉치레 역할'을 한다고 주장한다. 의학적 개입은 오직,
자연요법론자들이나 다른 건강 예찬가들에 의해서 적절히 유지되고 있는 자
연적인 균형을 깰 뿐이며, 사회에 부적합한 사람들의 생존을 도움으로써 바
로 그 사회를 위험에 빠뜨린다는 것이다. 그러므로 20세기의 치료는 도움이
되기보다 해가 된다고 주장한다.

  이러한 자연주의적 입장을 지지하는 반의학적 편견 속에서, 임상의들은
특정치료가 환자에게 최선이라는 과학적 이유가 있음에도 불구하고 치료를
선택하는 데 자유로울 수 없을 것이다. 전기경련요법(ECT)과 같은 치료가
이와 같은 이유로 가장 먼저 비난을 받았으며, 그다음으로는 '침습적인' 주
사 또는 환자의 자유와 권리를 방해한다고 주장되는 모든 것이 비난을 받게
될 것이다.

  개혁가들의 두 부류 중 다른 하나는 소비자 보호 운동가들로서, 그들의 결
론은 반과학론자들과 근본적으로 다르지 않으며 때때로 그들의 방법이 좀
더 거칠기도 하다. 그들은 (그들이 건강 '산업'의 토대라고 믿는) 기득권층, 관
료주의, 전문직업주의를 불신한다. 정신의학에서 소비지상주의는 다음과
같은 시민의 권리에 관련된 쟁점들에 중점을 두고 있다.

- 애초에 치료를 시작할 것인지에 대해 환자의 의견이 반영될 권리
- 치료 프로그램을 계획할 때 환자가 의견을 제시할 수 있는 권리
- 개인과 사회의 요구 사이의 균형, 그리고 시민의 권리와 의학적 필요 사
  이의 균형
- 비자발적 입원 및 강제치료에 관한 기준
- 고지에 입각한 동의의 정의
- 비밀 보장

- 의학적 기록의 소유권 및 누가 접근할 수 있는지에 관한 결정
- 질병의 유무와 심각성을 결정하고 위험성을 예측하며 유죄 또는 무죄를 판단하는 것에 관련된 정신과 의사들의 역할 등

　정신과 의사와 법조인이 자신의 환자 또는 고객의 몫을 증진시키기 위해 각자의 방식대로 노력하는 가운데, 두 직종은 점점 새로운 관계의 국면에 놓이게 되며, 서로 간에 종종 마찰이 생기기도 한다. 시민자유주의자의 주요 논점은 정신과 의사와 그의 의학적 견해를 믿어서는 안 되며, 환자는 돈이 얼마나 들든지 또 얼마나 번거롭든지 간에, 그리고 변호 내용이 무관할지라도, 매순간 변호사에 의해 보호받아야 한다는 것이다. 이는 입원은 언제나 가장 바람직하지 않으며 가장 제한적인 대안이라는 것을 전제하고 있다. 심지어 전 국민이 '탈시설화'라는 플래카드 아래 일어나는 비인간적인 문제들을 보며 경악할 때조차 말이다.

　시민자유주의자들은 치료절차 또한 엄격하게 규정되고 표준화되어야 한다고 주장한다. 그러나 이는 치료 접근성이 방해되고 치료 연계성의 모든 가능성이 박탈되는 결과로 이어진다. 의사-환자 관계는 대립적 관계로 변모해 의사가 가지고 있던 의학적 결정권이 박탈된다. 의사가 아닌 사람들이 치료의 구체적인 사항을 결정하고 있는 반면, 의학 전문가는 고작 법적인 감사나 또 다른 검토 당국에 보고를 준비하는 것과 관련된 보조 역할을 하게 된다.

　시민자유주의자들의 감시 체계에 관한 집착은 임상정신의학을 일련의 지시된 단계로 축소시키며 의학의 모든 예술적 측면을 없애 이를 법의 기술적인 무기의 하나로 전환시키게 되는 것이다.

　여러 종류의 치료 심의 제도가 제안되었는데, 정신과 약물의 경우 이 제도는 발전하는 지식에 어울릴 만한 변화나 조정의 여지가 없어 보인다. 제안된

바와 같이, 구속력을 가진 심의위원회가 법적 문제가 아닌 임상 문제에 밀접하게 관여하게 되면, 아마도 단순히 과반수 투표의 방식으로 환자에게 투약해야 할 약의 용량·빈도·시간 간격을 결정하게 될 것이고, 이는 지난날의 악몽을 되살리는 것이다. 이는 다양한 증상과 장애, 인식수준과 통찰력의 차이, 다양한 지식수준과 기능수준을 가진 환자들에 의해 생산된 무수히 많은 변화가 고려되지 않는 것이다. 가족이 환자와 다른 것을 원하거나, 비정상적인 것에 대해 용인하기 힘들어하거나, 이상적인 치료계획이 요구하는 만큼의 자원이 없는 경우 등 다양한 상황과 치료 시설 및 치료 인력들의 역량이 다양함에 따라 발생하는 차이도 고려되지 않는다.

투키디데스(Thucydides)는 과거를 면밀히 공부함으로써 이전의 오류를 반복하게 되는 것을 피할 수 있다고 조언한다. 의학에서 임상시험은 과거의 실수로부터 배울 수 있도록 해 준다. 하지만 효과적인 방법이 하나만 존재할 때, '순수한' 의학의 실제는 거의 없다. 폐구균성 폐렴에는 페니실린이, 당뇨병에는 인슐린이 특이성이 있는 것으로 밝혀졌는데, 이 특이성은 매우 환영받을 만하나 실제로는 종종 획득되기 어렵다. 일반적으로 의학은 완벽한 치료를 제공하지 못한다. 그리고 의사는 환자 각각의 상황에 따라 결정을 내린다(Chalmers, 1982). 즉, 환자와 치료가 최선으로 잘 맞도록 하는 것은 민감하고 섬세한 과정이다. 의학적인 것에 번거롭고, 비용이 많이 들고, 임상의 범위를 넘어서고, 잠재적으로 논쟁의 요소가 많은 법적 단계를 겹쳐 놓는 것은 오히려 더 큰 해체를 불러올 수 있다.

정신과 의사는 (주로 용납될 수 없는 행동, 최근에는 용납될 수 없는 생각 때문에) 사회가 원하지 않는 사람들을 없앰으로써 사회의 요구를 수행해야 하는 문제에 마주한다. 동시에 사회로부터 지나친 압박과 영향을 행사한다는 비난을 받고, 사회가 원하는 대로 환자를 격리 구금시키는 것에 대해서 환자의 권리를 빼앗는 것이라는 비난을 듣는다.

　　정신의학이 개인의 권리를 침해하는 수단이 될 수 있다는 사실을 부인할
사람은 없으며, 정신과 약물, 전극 이식, 정신 외과술, 조작적 조건화와 같은
새로운 기술에 대한 두려움이 만연하다. 동시에 사회적인 관행을 따르지 않
는 것들을 통제하고 개선하고 폐지해야 하는 압력을 느끼는 정신과 의사를
동정해야 한다.

　　심지어 가장 열렬한 시민자유주의자들도 정신질환자의 의료적 필요(자신
스스로를 돌볼 수 없는 사람을 보호하는 것)와 사회의 이득(정신적 질병과 관련된
반사회적 행동으로부터 사회를 보호하는 것) 사이에 합리적인 균형이 있어야 한
다고 생각한다.

　　의사와 법조인 간의 입장 차이가 두드러지는 부분은 합리성의 개념이다.
자신의 선택과 가치체계에 따라, 의사는 대중의 안전을 유지하는 것보다는
질병과 아픈 환자들의 치료에 더 신경을 쓴다. 법조인에게는 그 반대가 적용
된다. 의사는 심지어 한 사람의 생명이라도 구하는 것이 합리적일 뿐만 아니
라 바람직한 일이라고 여긴다. 의사는 생명에 대한 권리보다 개인정보에 대
한 권리를 더 가치 있게 여기는 것을 비합리적이라고 생각한다. 반대로 법조
인은 사회 전체나, 많은 수의 사람을 염두에 두고 생각한다. 예를 들어, 변호
사는 정신과 의사들이 폭력적인 행동을 정확하게 예측하는 능력이 없다고
생각한다. 석방하기에 매우 위험하다고 분류된 사람들 중에 34.7퍼센트만이
석방 후 5년 안에 범죄를 저질렀기 때문이다. 비슷하게, (8,500명 중에 한 명
이라는 미국의 통계와 비교해서) 정신병적 우울증으로 진단받은 사람 170명 중
한 명만이 자살을 했다. 물론 어떤 정신과 의사도 자신의 예측이 절대적으로
정확하다고 주장하지 않는다. 그러나 그는 높은 위험 수치에 근거하여 일하
는 것이 옳고 정당하다고 생각한다. 반면에 법조인의 철학은 확실한 것들만
다룬다.

　　어떤 이들은 (정신의학이 이 분야에서 유능성을 입증하지 못했기 때문에) 구금

을 시작할 때에는 환자 자신이나 타인에게 미칠 수 있는 위험에 관한 정신과적 증언을 기각한다. 그러나 퇴원시킬 때에는 정신과 의사에게 그러한 예측을 하도록 요구한다. 정신과적 증언을 가지고 한쪽 방향으로만 주장을 펼치는 경우는 있어도, 동시에 양쪽 방향으로 주장을 펼치는 경우는 드물다.

적어도 의사의 눈에 구금법은 시민권을 제공하기 위해 존재하지 않는다. 그것은 한도 내에서 그리고 자유에 대한 인간의 기본권의 인식 안에서 휴먼 서비스를 제공하기 위해 존재한다. 필요한 의학적 서비스와 정신의학적 서비스를 희생해 가며 권리를 보호하는 일은 의사에게는 합리적이지 않다. 법적 보호조치는 환자의 보호를 위해 반드시 유지되어야 하나, 적절하고 신속한 정신과적 치료를 방해해서는 안 된다. 즉, 구금의 과정 자체가 아닌 구금의 대상이 된 환자의 보호가 강조되어야 하는 것이다.

입원과 치료에 관한 의사와 변호사의 입장 차이 역시 근본 철학에 있어 두 직종의 차이를 반영한다. 의사는 환자가 질병으로 인해 치료받지 않겠다고 말할 때에도 치료가 필요한 사람들을 치료하는 것이 자신의 책임이라고 느낀다. 다시 말해서, 법조인은 필요할지 모르는 치료를 하지 않는 방향으로 실수를 범하는 반면, 의사는 불필요할 수도 있는 치료를 시행하는 방향으로 실수하는 쪽을 선호한다. 사회가 누구의 편을 들어야 하는지는 공공정책에 의해 결정된다. 사회적 정책이 어떤 사람이 치료받을 수 있는지 명령할 수 있다면, 정신과 의사가 아닌 사회적 정책이 한 사람이 언제 자살할 권리가 있는지를 결정해야 한다.

요약하면, 의사와 법조인 사이에 차이점이 존재한다. 하지만 그렇다고 해서 전문직업의 태도와 철학을 지속적으로 평가할 필요를 부인하는 것은 아니다. 의사가 환자를 위해 최선이라고 생각하는 것을 실행하려는 의지가 환자의 자율성을 희생시키며 유지되는 것은 아닌지 자문해야 한다.

밀러(Miller, 1981)가 지적했듯이, 환자와 의사 사이의 가치 충돌은 환자가 생명을 구하는 치료를 거부할 때 제일 복잡해진다. 어떤 상황에서(그런 상황이 있다면), 의학적 판단이 치료를 거부할 권리보다 중요할까? 자기 스스로 선택을 할 권리는 절대적인가? 이러한 질문들에 답하려면 자율성의 다양한 측면을 고려해야 한다. 즉, 그 행동이나 결정이 정말로 자유로운 것인가? 진정성 있는 것인가? 그리고 그것이 효과적인 숙고를 거쳐 나온 것인가?

자유로운 행동이란, 첫째, 그 행동이 자발적인 것을 의미한다. 즉, 그것은 강제, 협박 또는 부당한 영향으로부터 나온 결과가 아니라는 것을 의미한다. 둘째, 그 행동은 반드시 의도적이어야 한다. 즉, 실제로 행해지는 행동을 따르거나 하려고 의도한다(예를 들어, 한 환자가 비타민을 복용하는 것에 동의했다고 하자. 그러나 만약에 환자에게 신경이완제를 주고, 환자는 그것이 비타민이 아닌 다른 약이라는 사실을 모른 채 복용했다면 그의 행동은 본인의 자유의사에 의해 이루어진 것이 아니다.).

진정성은 그 사람의 평소 행동과 다르거나 예측을 벗어난 행동이어서 설명할 수 없는 듯 보이는 것이 아닌, 그 사람의 태도, 가치 그리고 인생계획과 어울리는 행동을 의미한다.

효과적인 숙고란 대상자가 자신이 결정을 해야 하는 상황에 처했다는 것을 인식하고 있으며, 자신이 선택할 수 있는 대안들에 대해 알고 있고, 각각의 대안을 선택할 때의 결과를 평가하여 결정을 내리는 것을 의미한다. 효과적인 숙고는 적절한 지식에 근거하여 이루어질 수 있기 때문에 충분히 정보를 제공한 후에 동의를 얻는 것이 중요하다. 효과적인 숙고란 대안들의 합리적인 평가까지 요구한다. 그러나 의사는 여기서 자신의 견해와 같은 것은 합리적인 것으로 여기고 자신의 견해에 반하는 것은 비합리적인 것으로 여기지 않도록 특히 주의해야 한다. 이러한 측면에서, 합리적인 평가는 진정성과 연관이 깊다. 대상자가 자신의 입장이나 판단을 고수하지 않을 것이 명백하거나, 대상자가 가지고 있는 다른 가치들과 불일치하는 것은 비합리적인 것이라 여긴다는 점에서 말이다.

의사와 환자 관계는 본질상 어느 정도 강압적이다. 응급 상황에서는 더 강압적이 되기 쉬우므로 환자의 가치를 존중하려는 의식적이고 특별한 노력이 요구된다. 환자에게 무엇이 최선인가를 결정할 때, 모든 조건이 동일하다는 전제하에, 환자 자신의 선택, 계획, 자기 자신에 대한 생각이 (의사를 포함한) 다른 사람들의 의견보다 앞선다. 도움될 만한 한 가지 방법은 환자에게 하나 이상의 합리적인 치료 방법들을 제시해 주는 것이다. 여러 가지 대안을 제시한 후 그중에서 환자가 하나를 선택하게 하는 것은 의사의 온정주의를 제한하고 환자의 자율성을 증진시킨다.

정신의학과 법 사이에 최근 일고 있는 긴장에 대한 해결책은 어느 한쪽의 편에 서서 한 직종이 승리하게 하는 것이 아니다. 대신 우리는 두 분야의 전문가들의 다양한 개념과 철학 사이의 격차를 해소하기 위한 시도를 계속해야 한다. 법은 확고히 자유의지의 개념에 기초한다. 반면 정신의학은 주로 결정론적이다. 양쪽 전문가들의 책무는 우리의 환자들을 돕기 위한 협상에 이를 수 있는 새로운 협력체계를 구축하는 것이다. 물론 이것이 하룻밤 사이에 이루어질 수는 없으며, 향후 몇 년 동안 정신의학과 법 사이의 곤란한 문제에 직면할 것은 의심할 여지가 없다.

정신의학은 정신과 의사에게 사회현상을 다루고, 가난을 구제하고, 범죄를 막고, 사회의 어두움을 없애는 방법을 가르치지 않는다. 우리는 더 명확하게 우리의 직업의 영역과 한계를 인지해야 한다. 그 첫 번째 단계는 우리가 누구이며, 우리가 무엇을 알고 있는지, 우리가 무엇을 할 수 있는지를 정의하는 것이다. 그리고 동시에 우리가 무엇이 아닌지, 우리가 무엇을 모르는지, 우리가 무엇을 할 수 없는지를 분명히 이해해야 한다.

참고문헌

Chalmers, T. C. (1982). Who will fund clinical trials? *The Sciences, 3*, 6-8.

Curran, W. J. and Shapiro, E. D. (1982). *Law, Medicine, and Forensic Science*, 3rd edn. Little, Brown and Co., Boston.

Guttmacher, S., Teitelman, M., Chapin, G., Barbowski, G. and Schnal, P. (1981). Ethics and preventive medicine: the case of borderline hypertension. *Hastings Center Report, 11*, 12-20.

Harrison, A. J. (1983). Scientists and engineers in the world of lawyers, legislators, and regulators. *Science, 220*, 911.

Miller, B. L. (1981). Autonomy and the refusal of lifesaving treatment. *Hastings Center Report, 11*, 22-8.

Stromberg, C. D. (1983). Health law comes of age: economics and ethics in a changing industry. *Yale Law Journal, 92*, 203-17.

06

독일연방공화국의 정신보건과 법의 최근 발전

헬름헨(H. Helmchen) 저
강희원 역

1975년 독일연방공화국 의회는 정신의학 실태에 관하여 한 전문위원회의 보고서를 발행하였다(Deutscher Bundestag, 1975). 이 보고서는 독일 내 정신질환자들의 치료에 관한 최초의 종합적 평론이었을 뿐만 아니라, 이 문제에 대한 대중의 증가하는 관심을 반영한다는 점에서 주목할 만한 것이었다. 정신질환자 및 정신지체인의 실태와 이들을 향한 사회의 태도는 사회의 전반적 발달 단계를 나타내는 지표로 간주되었다. 주요 쟁점은 어떤 이들에게는 차별받고 억압받는 존재로 비쳐졌던, 스스로를 도울 수 없는 사람들에 대한 보살핌과 그들의 시민권이었다. 이에 대한 공공 토론은 소위 반(反)정신의학 운동의 영향을 받아 때로는 다소 과장되고 비합리적이며 비현실적이되곤 했다. 그렇지만 그 반대 역시 사실이다. 시민권에 대한 일반적인 우려는 정신의학과 관련된 법원의 결정에 반영되어 왔는데, 이로써 판사들이 여론과 무관하지 않게 행동한다는 것을 알 수 있다. 이는 판사들이 국민의 이름으로 법을 집행한다는 특수한 측면 때문에 가능한 일이다.

여기서는, 이 논의의 일부 중요한 측면을 지난 10년 동안 발전해 온 입법과 사법권에서의 몇 가지 예를 들어 설명할 것이다. 독자는 중증 정신장애의 현대 치료 능력에 대중의 정신질환자에 대한 새로운 태도가 더해져 입법과 법원의 결정에 깊숙이 영향을 미친다는 것을 알게 될 것이다. 또한 법원 결정이 정신의학 실제의 대부분에 걸쳐 중대한 영향력을 행사한다는 것도 알게 될 것이다. 이 점을 염두에 두면, 정신과 의사가 전문가로서 법률에 관여하는 전통적인 영역인 법정신의학에서 어떠한 예도 들지 않았다는 점은 우연이 아니다. 선별된 예들은 비자발적 입원과 비자발적 치료, 자살, 알코올 중독, 진료기록에 대한 접근권과 비밀유지다. 각각의 예는 기본적인 문제점, 현존하는 법적 해결책, 그 해결책의 난점 그리고 장래의 법적 해결방안 제안이라는 소제목하에 논할 것이다.

비자발적 입원과 비자발적 치료

문제점

정신질환으로 인해 자신의 행동을 적절히 통제하지 못하여 위험한 행동을 하는 사람들이 있다는 사실에는 의심의 여지가 없다. 이럴 때 가장 적절한 조치는 입원이고, 특히 입원이 필수적 치료의 일환일 경우에 더욱 그렇다. 하지만 이런 경우 종종 입원과 치료가 당사자의 의지에 반해서만 시행될 수 있다. 문제는 그 사람이 입원을 함으로써 본인과 일반 대중에게 주어지는 보호와 헌법으로 규정된 자기결정권의 침해 사이의 균형을 맞추는 것이다 (Baumann, 1966; Amelung, 1983). 위험한 행동의 근원이 되는 정신질환의 치료에 동의하지 않는 사람의 경우에도 동일한 문제가 발생한다.

현존하는 법적 해결책

이러한 문제에 대한 전통적인 해결방법은 비자발적 입원을 법에 의해서만 행해지도록 하는 것이었다. 제2차 세계대전 이후 독일연방공화국의 각 '연 방주(Land)'는 정신질환자들의 비자발적 입원(involuntary commitment)에 대한 특별법('Freiheitsentzugsgesetz', 'Unterbringungsgesetz')을 제정하 였다. 국가사회주의를 경험했던 독일은 주로 형사사법 모델에 따라 차별화 된 절차로 다루어지는 정신질환자의 헌법상 권리(특히 헌법 제2조의 권리, Grundgesetz)를 보호할 수 있는 법을 통과시켰다. 이것은 정신질환자가 변 호인에 의해 변호를 받는 정식 재판에서, 공중보건 의사가 그 입원이 정당하 다는 것을 증언하고 판사가 환자를 심리해야 한다는 것을 의미했다. 입원 결 정의 유일한 기준은 정신질환자의 위험성으로부터 다른 사람들(즉, 공공안전 과 공공질서, 심지어 공공도덕)과 환자 본인을 보호하는 것이었다. 그렇지만 이러한 법률들은 비자발적으로 입원된 정신질환자의 비자발적 치료에 대한 법적 근거는 제공하지 않았다. 생명에 즉각적인 위험이 있는 경우와 같이 응 급 사례를 제외하고, 비자발적 치료는 법적 후견인의 동의에 의해서만 가능 했다. 법적 후견인은 정해진 절차가 적용된 후 후견 법관에 의해 임명되어야 했다.

또한 이제는 무능력자인 환자를 대신하여 최근친이 동의하는 것이 허용되 지 않는다. 하지만 그러한 상황에서 의사가 환자의 추론 가능한 자유의지에 대해서 친척에게 질의하는 것이 도움이 될 수 있다. 지난 20년간 응급의 정 의가 점점 좁게 해석되었으며, 이에 따라 법적 후견인의 신청 건수가 증가하 였다.

난점

지난 세기 이래로 정신과 의사들은 대중을 위험으로부터 보호하는 경찰법 개념을 비판해 왔다. 시민법적 개념인 개인의 자기결정권이 비자발적 입원과 관련된 모든 규정보다 우위에 있거나, 적어도 입원된 정신질환자를 위한 치료의 개념과 썩 균형이 맞지 않는다(Reuss, 1888; Ehrhardt & Villinger, 1954; Ehrhardt, 1966). 예를 들어, 1979년까지 존재하였던 슐레스비히-홀스타인(Schleswig-Holstein) 연방주의 비자발적 입원 법은 비자발적으로 입원된 환자의 치료는 절대적으로 금지된다고 설시하였다(Lorenzen, 1981).

정신과 의사들과 변호사들은 더 나아가, 정신질환자의 의지에 반한 입원으로 자유를 박탈하는 것은 정신질환자가 병으로 인해 내적 자유를 상실했기 때문에 합리적 인간으로서의 의지를 갖고 있지 않다는 의미라는 사법상의 원칙에 반대한다(Zutt, 1970; Wiebe, 1981). 반대로 어떤 변호사들은 자기결정권은 의식이나 의지, 또는 자기결정권을 행사할 능력과는 별개로 존재하는 것이라고 주장한다(Franke, 1967).

정신과 의사들은 비자발적 입원의 공식화된 법적 절차가 정신질환자의 필요에 적합하지 않고, 오히려 그들에게 해가 될지도 모른다고 주장해 왔다. 예를 들어, 우울증에 걸린 사람은 재판을 자신의 죄책감을 확인해 주는 것으로 경험할 수 있다(Ehrhardt, 1966).

실증에 입각한 또 다른 중대한 비판이 최근 더 많은 대중의 관심을 받고 있다. 1978년 조사에 따르면, 독일연방공화국의 연방주들 사이에서 비자발적 입원의 빈도가 극심한 차이를 보였고(0.1퍼센트부터 44.8퍼센트까지), 심지어 같은 연방주에 위치한 다른 정신병원들 사이에서는 더 큰 격차를 보였다(예: 0.1퍼센트에서 61.1퍼센트까지)(Reimer & Lorenzen, 1979). 이러한 차이들의 원인은 다양하며 복잡하다. 한 예로, 어떤 병원들은 비자발적 입원 환자들을 수용해야만 하는 의무가 있는 반면에, 어떤 병원들(예: 거의 대부분의 대학 정신병원들)은 그런 의무가 없다. 병원 외 지역기반의 전문적 원조의 여부 및 질에도 상당한 차이가 있으며, 병원 자체의 질(그리고 그것이 대중에게 주는 인상과 그로 인한 대중의 수용)에도 차이가 있다. 또한 위험성을 인지하는 정도에도 차이가 있을 수 있는데, 이 차이는 지역 간에 존재할 수도 있고 개인(전문가와 비전문가) 간에 존재할 수도 있다. 뿐만 아니라 법률용어의 정의와 사용도 연방 차원에서 동일하지가 않다. 어떤 용어들은 용어 자체가 모호해서 서로 다른 방식으로 사용되고 있는 반면, 어떤 용어들은 아예 서로 다르게 정의되고 있다. 예를 들면, 한 연방주에서는 정신질환자가 적절하게 자기 자신을 돌볼 수 없는 순간 이미 위험하다고 가정하는데, 다른 주에서는 자살 위험이 임박해서야 위험하다는 정의가 내려진다(Göppinger & Saage, 1975).

해결방안 제안

이러한 비판들은 비자발적 입원에 대한 새로운 법률 제정을 이끌어냈다. 1969년 이래로 노르트라인-베스트팔렌(Nordrhein-Westfalen) 연방주의 개정법은 이러한 입법상의 새로운 전개에 대한 선례 역할을 했다. 이후 다수의 연방주들은 각각의 주법을 개정해 왔다. 입법기관들은 강제입원된 정신질환자의 관리를 제대로 시작하거나 개선하고자 하였고, 또한 이러한 조치를 보호에 대한 요구와 저울질해 균형을 맞추려 하였다. 이러한 의지는 새로운 법률명에서도 나타난다. 일반적으로 법률명을 줄여서 '정신질환자를 위한 법(Gesetz für psychisch Kranke: Psych KG)'이라 불렸고, 1969년 법의 정식명칭은 「정신질병의 관리 및 보호절차에 관한 법률」(Gesetz über Hilfen und Schutzmassnahmen bei psychischen Krankheiten)이다.

이전과 마찬가지로 새로운 법률에서도 위험성을 비자발적 입원에 대한 정당화 사유로 정하였으나, 위험성의 여러 측면의 비중이 평가되고 구별되게 정의내려졌다. 첫 번째 상정은 자해 수단 비율의 원칙에 따른 정신질환자 자신에 대한 질병에 의한 위험성, 즉 정신질환자의 생명 또는 건강이다. 두 번째 상정은 타인에 대한 위험성으로, 이것도 다른 사람들의 중요한 권리가 침해당할 위험이 있을 경우에만 해당된다. 환자가 치료를 거부하더라도 응급치료가 허용되는데, 이런 비자발적 치료는 엄격한 제한조건하에 허용된다. 환자의 생명이나 건강에 상당한 위협을 미칠 수 있는 치료와 인격에 돌이킬 수 없는 변화를 초래할 수 있는 치료는 동의 없이 시행될 수 없다.

뿐만 아니라, 환자는 치료받을 권리가 있으며 관련 전문기관들은 적절한 치료와 관리를 제공할 의무가 있다. 이는 비자발적 입원을 방지할 수 있도록 입원 전에, 그리고 외래를 통한 모든 수단을 동원해야 하는 의무도 포함한다. 다만 이러한 모든 치료 방법은 환자 당사자가 자발적으로 받아들여야만 한다. 게다가 연방주마다 관련된 모든 절차를 규제하고 통제하는 방법이 다르다. 몇몇 연방주에서는 환자 측 변호인('Patientenanwalt') 제도가 있으며, 위원회를 두어 치료기관을 정기적으로 검증한다.

이러한 법률들이 비자발적 치료의 문제 자체를 해결하지는 못하며, 위험성의 법적 정의가 부재한 경우 더욱 그러하다. 정신질환자에게 치료가 필요하다는 이유만으로 강제입원이 정당화되지는 못한다고 명백히 언급되어 있다. 이는 효과 좋은 정신질환 치료법의 출현 이후로 중요한 쟁점이 되어 왔다. 따라서 현존하는 후견과 성년자 보호제도('Vormundschaft', 'Pflegschaft')를 개선시킬 것을 제안한다. 현재 후견인 관련 법 규정은 첫째, 후견인 신청, 둘째, 후견인 물색과 지명, 셋째, 후견인의 결정에 대한 판사의 통제라는 세 단계로 절차가 진행된다. 그렇지만 이러한 절차들은 너무 느리고 번거롭다. 따라서 추후 과제는 무능력의 정도와 유형에 따라서 차별화되고 명백하게 정의된 법적 수단을 통해 이 후견인 관련 규정을 무능력한 정신질환자들의 필요에 맞게 적절히 조정하는 것이 될 것이다(Wiebe, 1981; Mende, 1983).

　상기의 보호 법률은 사회질서, 특히 경찰법에 기초하여 각 연방주의 권한
에 속하는 반면, 법률 개정은 연방입법의 권한에 속한다. 따라서 법률 용어
와 절차의 바람직한 통일은 시민법과 사회법 영역에서 더 이루기 쉬워 보인
다. 하지만 한편으로는 이 때문에 후견인 법령 등 시민법의 개혁이 더딘 것
일 수 있겠다.

논평

　정신질환으로 야기되는 해로운 결과로부터 보호하는 것과 헌법상 자기결
정권이 양극으로 갈라진다는 기본적인 문제는 어떠한 방법으로도 법적으로
완전히 해결될 수는 없다. 입법부와 사법부의 의무는 정신질환자들에 대한
최적의 관리와 치료 조항뿐 아니라 이들의 헌법상 기본권과 시민법상 권리
를 최대한 보장하기 위해 적절한 수단을 규정하는 것이다. 그렇지만 법률만
능주의는 형식주의적 관료주의를 조성해 복잡하고 불편한 절차라는 부정적
인 결과를 초래할 수 있다. 게다가 대중의 차별적 편견을 줄이고 더 나은 치
료법을 개발하고 적용하는 것도 이에 못지않게 중요하다. 1983년에 새로운
법률이 제정되기 전, 바덴-뷔르템부르크(Baden-Württemberg) 연방주의
강제 입원율은 1968년 11.2퍼센트에서 1977년 3.4퍼센트로 떨어졌다
(Lorenzen, 1981). 일반적으로 질병에 의한 위험성을 원인으로 한 불가피한
강제입원은 정신질환자의 5퍼센트 미만에서 행해진다고 측정된다.

　정신질환자의 폭력적 공격에 대한 포괄적 역학조사에서 뵈커와 해프너
(Böker & Häfner, 1973)는 대체적으로 그런 사건의 빈도는 일반 인구에서 발
생하는 폭력 사건의 빈도와 같다고 보고하였다.

자 살

문제점

자살은 비자발적 치료와 그런 치료의 일환인 비자발적 입원의 전반적인 문제 중 특수한 측면을 드러내는 것으로 보인다. 당사자는 자살을 시도하고, 의사는 자살기도자가 죽으려 하는 걸 막으려 한다. 자살 경향이 있는 사람들 그리고 그 밖의 몇몇 사람들은 헌법상 보장받는 자기결정권의 표현으로서 자살로 죽을 권리를 위해 투쟁한다. 이 밖에도, 진정한 인간적인 존재로 살아갈 가능성을 소멸시키는 불가피한 상황을 극복하기 위해 이성적이고 자유로운 결단으로서 자살을 선택하는 경우도 드물게 있다. 그러나 정신과 의사들은 다음과 같은 이유로 그러한 입장에 반대한다. 첫째, 일반적으로 자살 행위의 동기나 배경은 즉각적으로 발견될 수 없기 때문에 그러한 돌이킬 수 없는 행위는 반드시 막아야만 한다는 것이다. 둘째, 자살 행위의 대부분의 사례에서 당사자들은 죽기를 원하지 않거나 적어도 원하는지가 명백하지 않다. 자살극을 벌이는 사람들 대부분이 자살 시도를 했다가 살아남으면 더 이상 자살할 생각을 하지 않는다. 셋째, 정신질환자들의 경우 자살 가능성이 있는 사람들은 자유의지를 갖고 있지 않으며, 그렇기 때문에 그들은 반드시 그들 자신으로부터 보호를 받아야만 한다. 특수한 문제는 환자에 대한 보증인으로서 의사의 법적 지위에서 발생한다. 이 법적 지위는 의사, 실제로는 주로 정신과 의사가 자신이 치료하는 환자의 자살 행위를 막을 의무가 있다는 것을 의미한다. 이 의무는 난제를 제기하는데, 자살 위험이 있는 환자를 엄격하게 통제할 의무는 현대 정신병원의 치료 환경에서의 자유주의적 태도와 충돌하기 때문이다.

현존하는 법적 해결책

자살은 1751년 이래로 더 이상 독일에서 형사상 범죄가 아니었다. 그렇지만 1954년에 있었던 한 판결에서 연방대법원(Bundesgerichtshof: BGH)은 자살이 도덕률에 반하며 자살경향자는 자유의지를 갖지 않는다고 판시하였다(BGH, 1954; Lungershausen, 1983). 그러므로 자살은 자살경향자의 자기결정권보다 제3자가 도움을 줄 의무가 중요시되는 사건인 것이다. 이러한 도덕 논쟁이 비판받지 않은 것은 아니다. 그렇지만 모든 사람에게 즉각적인 위험에 처한 사람을 도울 의무를 부과하고 있는 독일형법(StGB) 제323절 c규정은 여전히 유효하게 남아 있다. 이에 더해, 배우자와 의사를 포함한 법적 보증인은 자살 시도 상황에서 도움을 주지 않으면 처벌받도록 규정되었다. 의사는 태만의 의료과실로 소송을 당할 수 있으며, 지난 10년간 정신과 의사들에 대한 법정소송이 몇 건 있었다(Möllhoff, 1981).

1975년 프랑크푸르트/마인(Frankfurt/Main)의 상급지방법원(Oberlandesgericht: OLG)에서는 내인성 우울증 환자의 자살과 관련하여 그러한 환자들에게는 '보호를 위해서 절대적으로 특정하고 구체적인 조치가 취해져야 한다'고 판시하였다(OLG Frankfurt, 1975). 법원은 자살하려고 하는 환자들과 자살 위험이 있는 환자들(예: 내인성 우울증이 있는 환자들)은 폐쇄병동에서 보호받도록 의뢰해야 하고, 이것이 안 되면 적어도 지속적인 통제 아래에 있어야만 한다고 선언하였다. 이러한 결정은 1977년 연방대법원에 의해서 확정되었다(BGH, 1977).

이렇듯 강력한 통제에 대한 요구는 1980년 함(Hamm) 상급지방법원의 판결(OLG Hamm, 1980)과 결부되어 있는 것이다. 이 법원은 반응성 우울증을 앓던 여성의 자살 사건에서 보통의 경우보다 훨씬 빈도가 높도록, 야간에 매시간 관찰을 하도록 한 명령은 충분했다고 설시하였다. 법원은 문빗장 제거와 같은 특별한 기술적 조치는 필요하지 않았으며, 그러한 조치는 '정신질환자들의 인간적인 입원 생활의 현대적 개념'에 부합하지 않는다고 덧붙였다. 또한 법원은 환자가 자신의 자살 성향을 숨긴 채 증상이 호전되었다고 말한 것을 정신과 의사가 믿었으면 안 되었다고 하는 원고의 주장을 배척했다.

난점

이러한 맥락에서 독일정신과의사협회(Deutsche Gesellschaft für Psychiatrie und Nervernheilkunde: DGPN)는 1980년에 폐쇄병동에서의 엄격한 통제에도 불구하고 모든 자살을 막을 수는 없다는 성명을 발표하였다. 심지어 그런 통제 밑에 놓이면 일부 환자들이 자살시도 반응을 할 수 있다는 사실도 배제할 수 없는데, 이는 환자와 의사 사이에 필수적인 신뢰를 떨어뜨리게 된다. 정신병원에서 환자들의 자살 빈도가 증가하는 데에 영향을 미칠 만한 몇 가지 요인이 있다. 현대 정신병원의 자유주의적 환경이 자살 증가의 주요 원인이라는 가정도 타당하다. 정신과 의사에게 환자에게 더욱더 많은 책임을 허락하도록 요구한 후, 정신과 의사가 최선을 다했음에도 불구하고 환자가 자살할 경우 의사를 고소하는 것은 공정하지 않다(DGPN, 1980; Bochnik et al., 1983).

해결방안 제안

일부 정신과 의사들은 연방대법원(BGH)이 정신과 의사와 환자 양자에 대한 사회의 압력과 탄압을 포함하여 현대 정신의료에 관한 의사들의 책임을 제한할 것을 바라고 있다.

알코올 중독

문제점

우리 사회에서 음주는 사회적으로 용인되며, 자기결정을 하는 사람의 자발적인 행동으로 여겨진다. 반면 알코올 의존증은 자제력의 결핍과 충동의 요소를 나타내는 지속적이고 강도 높은 음주로 인해 부정적인 정신적·신체적·사회적 결과로 특징지어지는 병적 과정으로 평가된다. 문제는 자발적 상태가 비자발적 상태로 넘어가는 경계선을 규정하는 것과 음주를 하는 사람이 둘 중 어느 쪽에 있는지를 구분해 내는 것이다. 이러한 개념규정은 형법과 사회법에 있어 중요하다.

현존하는 법적 해결책

1968년 연방사회대법원(Bundessozialgericht: BSG)은 알코올 의존증은 치료받아야만 하는 질병이며, 그 치료에 드는 비용은 국민건강보험제도('gesetzliche Krankenversicherung': KV)가 지불해야 한다고 판결하였다(BSG, 1968). 그전에는 알코올 중독으로 인한 2차 질병에만 비용을 지불하도록 되어 있었다. 그러나 이때부터 의존증 자체도 질병으로서 보상받아야 하는데, 다음의 두 가지 조건 모두를 충족시켜야 한다. (1) 통제력 상실이나 제어 불능, 갈망 증상이 나타나는 경우, 즉 의존 상태가 옐리네크(Jellinek)가 정의한 바와 같은 심각한 단계에 도달했을 경우, (2) 의학적 도움 없이는 의존증이 치료되거나 완화되거나, 또는 최소한 악화되는 것을 막을 수 없게 된 때다. 그러나 이 판결의 4년 후인 1972년에 다른 연방대법원인 연방노동대법원(Bundesarbeitgericht: BAG)은 다른 관점에서 법정 의견을 제시하였다. 연방노동대법원은 알코올 중독은 자신이 자초한 병이고, 그 질병의 시작점은 음주라고 설시하였다(BAG, 1972). 이 판결의 결과는 알코올 중독자는 직장에서 받는 사전통고에 대해 다른 질병에 걸린 사람이 보호받는 정도와 같은 정도의 동일한 법적 보호를 받지 못한다는 것이었다. 연방행정대법원(Bundesverwaltungsgericht: BVG)과 연방절차대법원(Bundesdisziplinargericht: BDG)과 같은 다른 대법원들은 이 결정에 동조하지 않았다.

연방대법원은 1981년에 여성 알코올 중독자가 별거 중인 남편에게 제기한 부양금 청구 소송 사건에서 특별한 문제에 관하여 결정했다. 연방대법원은 알코올 중독자가 의도적으로 자신의 궁핍을 초래한 것으로 평가된다는 이유로 이 청구를 배척하였다. 알코올 중독자가 자신의 행위의 부양금 관련성을 인지하고 있고, 이 행위가 가져올 결과를 알고도 이를 무책임하고 경솔하게 무시하였다는 뜻에서 '부양금 관련 방탕 행위(alimony-related relevance)'로 용어가 구체화되었다(BGH, 1981).

난점

실제로는 알코올 중독자의 선택의 자유가 어느 정도로 침해되는지를 판단하기란 어렵다. 그러므로 전문가나 법관의 결정이 자신이 가지고 있는 기본적인 입장의 편견에 영향을 받을 수도 있다. 어떤 사람은 개인적 자율성, 자기결정권, 책임에 있어 현대적 자유주의 쪽으로 기울 것이고, 어떤 사람은 알코올 의존증을 질병으로 바라보는 '의학적' 입장을 취할 텐데, 알코올 의존증이 질병이 된다면 환자는 무고해지고 사회적 요구로부터도 보호된다.

진료기록에 대한 접근권과 비밀유지

문제점

　의사는 진료결과, 기왕증, 그 밖에 환자와 관련된 모든 자료를 진료기록서에 기록한다. 의사는 자신이 환자를 어떻게 진단하고 치료했는지 기억하기 위해 이 기록을 활용한다. 그런데 이 기록 자료에는 보험회사원, 법원, 기타 당국, 연구자들도 관심을 가지며, 가끔 그 기록을 요구하는 일도 생긴다. 이에 못지 않게 환자들도 점차 자신의 의료기록에 대한 접근권을 요청하곤 한다. (진료기록은 환자의 정보를 서류화한 것이지만, 환자가 소유권을 갖지는 않는다.) 이러한 요청은 의사가 반드시 지켜야 할 법적·전문적 의무인 비밀유지라는 가치와 상충한다. 특히 극히 개인적이고 다양한 수많은 정보를 다루는 정신과 의사의 경우에는 더욱 그러하다. 그렇기 때문에 발생하는 일반적인 문제는 환자의 권리이자 의사의 의무인 비밀유지와 환자의 다른 권리(예: 질병 관련 장애에 대한 보상)를 보장하기 위해 환자의 자료를 사회복지 관련 기관들이 조사할 의무 사이에 균형을 맞추는 것이다.

　더욱 특수한 측면은 연구에 관한 것이다. 역학조사와 같은 일부 연구에서는 개인 정보 처리가 필수적이다. 그러한 조사 결과는 환자 개개인의 치료를 개선할 합리적인 근거로 활용된다. 여기에서 문제는 의사가 치료 개선을 위한 과학 연구에 기여할 의무와 환자의 비밀유지 권리 및 최상의 관리를 받을 권리 사이의 균형을 맞추는 것이다.

　한편 동일한 문제의 또 다른 측면은 환자가 정보를 제공받을 권리와 다른 사람들의 비밀유지 권리를 이익 형량하는 것이다. 환자가 정보를 제공받고 자신의 진료기록에 접근할 권리는 헌법상 자기결정권을 보장한다. 그런데 이러한 접근이 제3자의 권리를 침해할 수도 있는데, 이들이 비밀 정보를 제공했을 수도 있고, 또는 진료기록에 이들과 관련된 비밀 정보가 기록되었을 수도 있기 때문이다. 이러한 맥락에서 또 다른 문제점은 그 정보를 알게 되는 것이 환자에게 해로울 경우에, 히포크라테스 선서에 의해 의사가 환자를 치료할 의무와 환자의 헌법상 자기결정권 사이에 균형을 맞추는 데 있다. 그러므로 환자의 의사가 우선이 될 것인지, 아니면 환자의 안녕이 우선시되어야 할지에 대해 생각해 보아야 한다.

현존하는 법적 해결책

사회 행정

1978년에 연방대법원은 잘 정리된 진료기록은 의사가 원할 때 기억을 되짚어 볼 수 있게 도와줄 뿐 아니라 환자에 대한 의무인 주의 깊은 치료의 한 부분이라고 판시하였다(BGH, 1978).

독일연방공화국의 건강보험('Krankenkasse')과 의료기관(즉, 의사나 병원) 사이에 존재하는 계약은 국민건강보험법(Reichsversicherungsordnung: RVO)에 기반을 두고 있다. 계약서에 명시된 바에 따르면, 보험 지급은 진단에 따르며, 의사는 환자의 즉각적인 동의가 없어도 보험사에 진단을 고지하여야 한다.

연구

1982년에 바덴-뷔르템부르크 연방주의 정보보호기관은 독일의 유일한 정신의학 역학 연구기관인 만하임(Mannheim) 정신보건 중앙기구가 환자 사례 정보를 등록하는 것을 중단시켰다. 오남용 사례는 발견되지 않았지만, 다른 연방주들의 법들과 마찬가지로, 바덴-뷔르템부르크 연방주의 정보보호법이 아직 확정되지 않은 연구 과제를 위해서 막연하게 개인 신상 정보를 저장하는 것은 허용될 수 없다고 명시하기 때문이다. 정보보호기관은 또한 연구를 위한 개인정보의 수집 및 이용과 관련하여 환자 당사자로부터 고지에 입각한 동의서를 작성 받을 것을 요구했다. 추가적인 문제가 환자 사례 정보의 익명성에 대한 (이론상 그리고 실제상) 서로 다른 정의에서 발생하며, 오남용을 방지하기 위하여 자료를 얼마나 익명으로 처리해야 하는지에 관해서도 문제가 일어난다.

이러한 문제들에 대한 해결의 시작으로, 연방사회법도서 X(Sozialgesetzbuch X: SGB X)는 사회 서비스 분야의 과학적 연구, 또는 관련 당국에 의한 사회 서비스 분야의 계획 수립의 목적으로 개인의 사회적 정보의 공개가 필요할 경우 허용한다고 명시하였는데, 개인정보와 관련된 당사자의 보호 법익이 손상되지 않고, 비밀유지에 관하여 공익이 사익보다 현저히 중대해야 한다는 조건을 달았다(SGB X, 제75절). 이 연방법은 1980년도에 입법되었고, 모든 사회적 기관의 모든 행정적 절차를 규율하고 있다.

진료기록에 대한 접근권

연방대법원은 1982년에 최초로 환자가 자신의 진료기록에 접근할 수 있는지에 대하여 두 가지 판결을 내렸다. 두 판례는 상호 보완적이다.

수술 환자 관련 사건에서의 판결은 다음과 같다.

> '원칙적으로 환자는 객관적 신체검사 결과에 대한 기록, 약제, 수술 등 치료 관련 보고서의 범위 내에서, 자신에 대한 진료기록에 접근할 것을 주장할 수 있다'(BGH, 1982a).

다른 사건은 정신질환자 관련 사건인데, 그 판례 사항은 다음과 같다.

'정신과 치료가 종료된 이후라도, 증상이 없는 환자에게조차 원칙상 진료기록에 접근권을 줄 어떠한 의무도 없다'(BGH, 1982a).

양 판결의 광범위한 추론은 그들의 실제적인 결과가 매우 유사하다는 것을 분명히 보여 준다. 연방대법원은 '인간의 존엄성과 자기결정권이 치료받는 환자를 단순한 객체로 만드는 것을 금지하기 때문에' 원칙적으로 환자의 진료기록 접근권을 받아들였다. 그렇지만 양자의 사건에서도 접근권은 진료기록의 객관적인 부분으로 한정되고, 의사의 재량에 따라 의사와 환자 또는 제3자 간 관계의 개인적인 내용(예: 주관적 인상, 개인적 소견, 예비 진단, 제3자의 보고 및 제3자에 관한 보고)은 보류할 수 있다. 이러한 개인적인 내용은 보통 정신과 환자의 진료기록에서 훨씬 방대하다. 이 때문에 환자에게 사적인 기록은 보류한 채 의료 진료기록에 접근권을 허용하고, 반대로 '객관적 결과'에 대한 기록은 환자에게 보여 주지만 정신과 기록은 원칙적으로 보여 주지 않는 것은 실용적인 측면에서의 문제로 간주되었다.

난점

이렇듯 상당히 균형 잡힌 법원판결에 대하여 독일정신과의사협회(DGPN)는 1983년에 성명을 발표하였다. 이러한 판례들이 환자가 의료정보를 획득함으로써 자신에게 손상을 입힐 수 있는 권리에 대한 이전 판례를 재확인하였기 때문에, 독일정신과의사협회의 성명은 소위 치료적 예외*라 불리는 것을 특별히 다루었다. 이 성명은 환자에게 해가 될 수 있는 특정 정보를 환자

---

* 역자 주: 'therapeutic privilege' 또는 'therapeutic exception'이라고도 한다. 의사의 일반적 의무인 고지에 입각한 동의를 받지 않아도 되는 예외적 경우로, 모든 정보를 알려 줄 경우 환자에게 자살의 위험 등 즉각적이고 심각한 심리적·신체적 해를 입힐 수 있는 때에만 해당된다.

에게 주어야 할 의무는 의사의 히포크라테스 선서에 의한 원칙에 반한다고
강조하였다. 따라서 관할권은 의사가 자신의 의무에 대해 갖는 견해에 일정
부분 영향을 미칠 것이다. 환자의 자기결정권과 의사의 치료 의무 간의 균형
은 환자-의사 관계의 특별한 성격에 관한 인식과 이 관계를 두 동등한 동반
자 사이의 민사상 계약관계로 축소시켜 버리는 것, 그 중간 어디쯤에선가 찾
을 수 있다. 이는 부지불식간에 '자기방어적 의료조치' 경향을 조성할 수도
있고, 반면에 의사, 특히 정신과 의사가 환자에게 치료법을 권할 때 다시 한
번 생각해 보도록 하고, 과잉보호와 방임 사이의 좁고 험한 길을 조심스럽게
선택하도록 할 수도 있다(DGPN, 1983).

장래의 개선 사항

독일정신과의사협회 성명은 이어서 어떠한 경우라도 상기한 판례들에 의
해 의사에게 주어지는 결정의 자유는 오직 의사가 책임감 있고 인간다운 행
위를 지속할 때에만 보장받을 수 있다고 명시한다.

요약 및 결론

독일연방공화국에서 최근 10년은 정신과 의사의 진료에 중대한 영향을
미치는 법과 판례에 많은 변화를 불러왔다. 그 기본적인 변화는 정신질환자
와 그 외 다른 사람들의 헌법상 권리를 보호하고, 정신질환자에 대한 관리와
치료를 개선하는 데 초점이 맞춰져 있다. 중요한 문제점 중 하나는 이러한
목표들이 종종 모순된 양상으로 나타날 때 그 목표들을 실현시키기 위한 방
법들 간의 균형을 맞추는 것이었다.

법에서 최근 상당히 급격하게 일어나는 발전의 결과를 객관적으로 관찰하고 비평하는 것은 바람직한 일이다. 덧붙여, 정신병원에서 일어나는 자살이나 정신질환자의 고지에 입각한 동의 등 특별한 영역에 대한 개념적 연구와 실증적 연구가 필요하다(Helmchen & Müller-Oerlinghausen, 1975, 1978; Helmchen,1981,1982).

번역에 도움을 준 제인 헬름헨(Jane Helmchen) 여사에게 저자의 감사인사를 바친다.

참고문헌

Amelung, K. (1983). Die Einwilligung des Unfreien. *Zeitschrift für die gesamte Strafrechtswissenschaft*, 95, 1-31.

BAG (1972). Urteil vom 07.12.1972, AZ 5 AZR 350/72. *Neue Juristische Wochenschrift*, 26.2, 1430-1.

Baumann, J. (1966). *Unterbringungsrecht*. Mohr, Tübingen.

BGH (1954). Urteil vom 10.03.1954, AZ 6 SSt 4/53.

BGH (1977). Urteil vom 06.12.1977, AZ VI ZR 170/75.

BGH (1978). Urteil vom 27.06.1978, AZ VI ZR 183/76. *Neue Juristische Wochenschrift*, 31.2, 2337-9.

BGH (1981). Urteil vom 08.07.1981, AZ IVb ZR 593/80. *Neue Juristische Wochenschrift*, 34.2, 2805-8.

BGH (1982a). Urteil vom 23.11.1982, AZ VI ZR 222/79. *Spektrum der Psychiatrie und Nervenheilkunde*, 12, 39-49.

BGH (1982b). Urteil vom 23.11.1982, AZ VI ZR 177/81. *Spektrum der Psychiatrie und Nervenheilkunde*, 12, 50-6.

Bochnik, H. J., Böker, F., Böhme, K., Dörner, K., Köster, H., Maier, S.,

Lungershausen, E., Pohlmeier, H., Ritzel, G. and Wanke, K. (1984). Thesen zum Problem von Suiziden während klinisch-psychiatrischer Therapie. *Neue Zeitschrift für Strafrecht, 4*, 108-9.

Böker, W. and Häfner, H. (1973). *Gewalttaten Geistesgestörter.* Springer, Berlin, Heidelberg and New York.

BSG (1968). Urteil vom 18.06.1968, AZ 3 RK 63/66. *Breithaupt: Sammlung von Entscheidungen, 57,* 809-11.

Deutscher Bundestag (1975). *Bericht über die Lage der Psychiatrie in der Bundesrepublik Deutschland: Zur psychiatrischen und psychotherapeutisch/psychosomatischen Versorgung der Bevölkerung.* Drucksache 7/4200.

DGPN (1980). Stellungnahme zum 'Suicid-Urteil' des OLG-Frankfurt vom 05.05.1975 (AZ: 1 U 136/74) bestätigt durch Beschluss des BGH vom 06.12.1977 (AZ: VI ZR 170/175), *Nervenarzt, 51,* 573.

DGPN (1983). Einsicht des Patienten in Krankenunterlagen. Stellungnahme der DGPN. *Spektrum der Psychiatrie und Nervenheilkunde, 12,* 56-60.

Ehrhardt, H. E. (1966). Die Unterbringung des psychisch Kranken als ärztlich-rechtliches Grenzproblem. Zur Kritik der Unterbringungsgesetze der Bundesländer. *Nervenarzt, 37,* 107-10.

Ehrhardt, H. E. and Villinger, W. (1954). Rechtssicherheit und Gesundheitsschutz bei psychisch Kranken. *Nervenarzt, 25,* 37-42.

Franke, W. (1967). Die Zwangsunterbringung unberechenbar potentiell gefährlicher Geisteskranker durch die öffentliche Gewalt. *Neue Juristische Wochenschrift, 20.*1, 281-3.

Göppinger, H. and Saage, E. (1975). *Freiheitsentziehung und Unterbringung.* Beck, Munich.

Helmchen, H. (1981). Aufklärung und Einwilligung bei psychisch Kranken. In *Psychiatrie und Rechtsstaat,* ed. M. Bergener, pp. 79-96. Luchterhand, Neuwied-Darmstadt.

Helmchen, H. (1982). Ethical and practical problems in therapeutic research in psychiatry. *Comprehensive Psychiatry, 23*, 505-15.

Helmchen, H. and Müller-Oerlinghausen, B. (1975). The inherent paradox of clinical trials in psychiatry. *Journal of Medical Ethics, 1*, 168-73.

Helmchen, H. & Müller-Oerlinghausen, B. (1978). Psychiatrische Therapie-Forschung. *Ethische und juristische Probleme.* Springer, Berlin, Heidelberg and New York.

Lorenzen, D. (1981). Zur Problematik der Unterbringung psychisch Kranker in psychiatrischen Krankenhäusern. In *Psychiatrie und Rechtsstaat*, ed. M. Bergener, pp. 130-50. Luchterhand, Neuwied-Darmstadt.

Lungershausen, E. (1983). Ethische und juristische Aspekte von Suizidhandlungen. In press.

Mende, W. (1983). Psychiatrische Implikationen zur Vorbereitung einer Neuordnung des Rechts der Entmündigung, der Vormundschaft und Pflegschaft für geistig Behinderte sowie der Unterbringung nach Bürgerlichem Recht. Expertise für den Bundesminister der Justiz, Bonn.

Möllhoff, G. (1981). Suicid im Krankenhaus. In *Psychiatrie und Rechtsstaat*, ed. M. Bergener, pp. 97-115. Luchterhand, Neuwied-Darmstadt.

OLG Frankfurt/Main (1975). Urteil vom 05.05.1975, AZ 1 U 136/74.

OLG Hamm (1980). Urteil vom 26.11.1980, AZ 3 U 84/88.

Reimer, F. and Lorenzen, D. (1979). *Verzeichnis von Behandlungseinrichtungen für psychisch Kranke. Bundesrepublik Deutschland und Berlin (West).* Enke, Stuttgart.

Reuss, H. (1888). *Der Rechtsschutz der Geisteskranken auf Grundlage der Irrengesetzgebung in Europa und Nord-Amerika.* Rossberg'she Hof-Buchhandlung, Leipzig.

Wiebe, A. (1981). Familienrechtliche Unterbringung - eine Alternative zu den Psychisch-Kranken-Hilfegesetzen. In *Psychiatrie und Rechtsstaat*, ed. M. Bergener, pp. 116-29. Luchterhand, Neuwied-Darmstadt.

Zutt, J. (1970). *Freiheitsverlust und Freiheitsentziehung.* Springer, Heidelberg, Berlin and New York.

07

정신병질과 위험성

윌리엄 레이드(William H. Reid) 저
이수정 역

판매원과 배우에게는 불문율이 하나 있다. 상대에게 펼칠 주장이 근거하고 있는 전제를 먼저 납득시킬 수 있다면, 그 최종 상품이 무엇이든지 간에 (자동차나 극적인 초상화라도) 그것을 파는 일은 쉬워진다는 것이다. 이 글의 제목을 보면 '정신병질'과 '위험성'이라는 두 용어가 동등하다는 전제가 깔린 것처럼 보일 수 있겠지만, 나는 이 전제를 온전히 받아들이지 않는다. 이 글을 다 읽을 때쯤에는 내가 알고 있는 정신병질의 개념이 명료해지고 위험성의 개념이 확장되기를 바란다.

정신병질

먼저, 정신병질(psychopathy)의 개념에 대해 이야기해 보자. 나는 여기서 '사이코패스(psychopath)'란 무엇인가를 정의하려 하지 않겠다. 대신에 정신과 의사들 사이에 존재하는 '사이코패스'라는 단어 해석의 차이점, 그리고 이 질병과 그 피해자들을 바라보는 학문적·인상적·실질적 관점의 차이에 주목하려고 한다. 영국과 미국에서는 정신병질이라는 용어에 대해 학문적인 차이 혹은, 적어도 행정적인 차이가 존재한다. 크래프트(Craft), 클렉클리(Cleckley), 젠킨스(Jenkins)를 비롯한 많은 정신과 의사의 연구를 살펴보면 이런 용어의 차이가 있음을 알 수 있다. '사이코패스'에 대한 심상이나 인상은 물론 사적인 것이다. 나의 경우, 이런 심상과 인상의 대부분이 아버지의 무릎에 앉아 나눴던 대화 중에 형성되었다. 참고로, 아버지는 사이코패스가 아니라 정신과 의사였다.

마지막으로, 학문적이고 기교적인 토론 뒤에는 실제 사람들을 다뤄야 한다는 문제가 있다. 그들 중 일부는 자신의 인생을 망치고 있는 사람들이고, 일부는 자식 때문에 당황스럽고 슬픈 가족구성원이며, 또 일부는 폭력행위에 연루된 가해자 또는 피해자다.

그럼에도 불구하고, 이 논문은 정신병질이나 반사회적 성격에 대한 '질병' 모델을 택하는 임상적인 편견 아래 작성되었다. 모든 인간의 행동은 굉장히 복잡한 내적·외적 사건이 공통적으로 도달하는 일련의 경로이기 때문에 단지 표면에 드러나는 징후를 가지고 정신병질을 설명한다는 것은 잘못된 것이다. 복부 압통이 있다고 해서 무조건 맹장염이라고 진단내릴 수 없듯이, 위험성이나 범죄 관련성이 정신병질의 특유 증상이라고 볼 수 없는 것이다. 정신병질의 진단을 내리기에 충분한 표면적 특징이나 단순한 행동양식은 존재하지 않는다.

따라서 형용사로 쓰인 '반사회적인'과 '정신병질적인'은 명사로서의 '사이코패스'와 '정신병질' 그리고 관용구인 '반사회적 성격'과 구분되어 사용되어야 한다. 이것은 어쩌면 구식처럼 보일 수 있겠지만, 일반인과 마찬가지로 전문가의 마음속에도 정의에 대한 잘못된 해석이 여전히 존재하는 것이 사실이다. 마치 누군가가 사이코패스에게 고의적으로 나쁜 이름을 붙이려고

한 것처럼 말이다.

사 례

나는 최근 몇 개의 살인 재판에 참여하였는데, 살인을 한 것이 분명한 피고인들은 유전적 기질과 발달 환경이 유사한 형제자매(한 사례는 일란성 쌍생아)가 있었다. 이 형제자매를 신중히 조사한 결과 학문적 · 철학적 의문점들이 몇 가지 일어났는데, 이들 대부분이 당면한 법적 쟁점들과는 밀접한 관련성이 없었다.

첫 번째 사례

반사회적 성격의 특징들과 분명한 관련성이 있는 이 사례에서, 두 형제는 모두 'DSM-Ⅲ'*의 반사회적 성격의 모든 진단 기준을 충족시키는 아동기, 청소년기와 초기 성인기를 보냈다. 그들의 범죄 경력은 서로 얽혀 있었지만, 형제는 서로에게 별다른 호감은 나타내지 않았고, 단지 필연적으로 '함께 세상에 맞서 싸우는' 관계라고 표현하기를 선호했다.

30세 즈음에, 동생 '자니(Johnny)'는 여전히 정신병질적 특성들이 있었지만 범죄행위에서 손을 뗐다. 반면에 형 '톰(Tom)'은 강도, 빈집털이, 체포, 유죄판결의 악순환을 반복했다. 형제의 자기보고와 서로에 대한 보고 그리고 범죄기록 모두에 따르면, 비록 자니가 충동조절 결핍 및 가학성의 과거

---

* 역자 주: 미국정신의학회(American Psychiatric Association)에서 발간하는 『정신질환의 진단 및 통계 편람』으로 현재 제5판까지 출판되었다.

력을 가지고 있긴 했지만 형제 둘 다 그때까지 폭력에 일상적으로 가담하지 않았고, 법정 강간을 제외하고 살인과 강간 같은 흉악범죄에도 가담하지 않았다.

33세때, 자니가 체포되었다. 재산 범죄에서는 손을 뗐지만 그는 납치 유인, 강간 그리고 고문 살인 행위에 연속으로 가담했다. 거의 동시에, 톰은 35세의 나이로, 훌륭한 교도소 심리학자에게 수년간의 심리치료를 받은 후 석방되어 천천히 사회로의 복귀를 시작했다.

3년이 지난 현 시점에도, 톰은 여전히 성실히 살고 있으며 성공적으로 사회 복귀를 했다고 생각한다. 톰에게 자신과 자니와의 차이점이 무엇인지 물었을 때, 그의 대답은 사려 깊고 분명했다. 그들이 '함께 세상에 맞서 싸우는' 범죄자였을 때, 자니가 고의적으로 다른 사람을 해치려는 성향을 훨씬 더 많이 가지고 있는 점을 빼면, 그들은 서로 많이 닮았다고 했다. 8년이 지나 30대 중후반이 되었을 때, 두 형제에게서는 큰 차이가 나타났다. 교도소에서 따로 인터뷰한 자니의 의견도 비슷했다.

두 형제가 말하는 '힘'과 '어두운 면'은 인기영화인 〈스타워즈〉의 주제와도 유사하다. 가학성을 띤 살인자 자니는 '힘'을 여러 건의 냉혈하고 가학적인 살인으로 30년 전에 처형당한 아버지의 화신으로 생각하고, 때론 이 힘이 도움이 되고 때론 파괴적이 될 수도 있다고 알고 있었으며, 혼란스러웠던 어린 시절부터 자신을 기르고 보호해 왔다고 느꼈다. 톰은 자니와는 다른 철학적 견해를 가지고 있었다. 톰은 자니의 '어두운 면'이 그를 지배하도록 허락했다고 생각했다.

두 형제 모두 자니의 아들에 대해 염려했다. 자니는 그가 처형당하기 직전에 그의 아들에게 편지를 써서 자신이 가졌던 힘과 그것의 이점에 대해 알려주고 그것의 위험에 대해 경고하는 판타지를 갖고 있었다.

우연하게도, '어두운 면'에 대한 비유는 후손에게 예언을 할 수 있는 잠재

능력에 더해, 위험한 정신병질을 가진 사람들에게서 두드러지는 특징이다. 그들의 가족들, 피고측 변호사 그리고 심지어 심리치료사들도 그들에 대해 설명할 때 비슷한 표현을 사용한다. 이러한 개념이 사이코패스의 행동과 관련하여 당사자와 주변 사람들에게 유발하는 불안감과 혼란을 완화시키는 부인(denial)의 기제 역할을 하는지('어두운 면'이라는 비유는 논의하거나 묘사하기에 편리한 방법이므로), 아니면 단순히 끔찍한 특성을 매력적이고 감각적으로 포장하는 방법인지는 나로서도 불명확하다.

두 번째 사례

존스(Jones) 씨는 어린 시절 무단결석과 비행을 저지른 전형적인 과거에 이어 성인이 된 후에는 여러 번의 단기 혼인, 사기 그리고 범죄 행위에 연루되었다. 적어도 10명을 유인, 고문, 살해했다. 내가 아는 범죄학 정신과 의사는 DSM-III 기준에 의해 그를 반사회적 성격으로 문제없이 초기진단했다. 살인의 특정 패턴에 대한 연구 경험이 풍부한 두 번째 정신과 의사는 DSM-III 진단기준에도 불구하고 전형적인 성가학증으로 초기진단했다. 내가 직접 피고인과 그 밖의 사람들을 인터뷰한 결과와 기록 검토에 따르면 '신경증'이라고 부를 수 있는 심각한 발달장애가 있음이 나타났는데, 오이디푸스 콤플렉스와 가족력을 모두 가지고 있기 때문이다. 특히, 카프만(Karpman, 1941)과 필자(Reid, 1978c)가 묘사한, 진정한 정신병질에서 나타나는 주된 공허함은 나타나지 않았다.

톰과 자니는 그들이 속한 이미 평범하지 않은 연구집단 안에서 특별히 다른 점은 없다. 두 형제 모두 DSM-III의 반사회적 성격의 진단 기준을 만족하며 경계선 성격의 진단 기준에도 거의 부합했다. 이러한 사실은 진정한 사이코패스에 대한 나의 견해에 관한 중요한 부분을 설명해 준다. 한 명은 그의 삶이 나중에 변화된 것으로 나타난 바와 같이, 처음에 잘못된 진단을 받은 것일까? 아니면 두 명 다 진정한 사이코패스였지만 그중 한 명은 아마도 치료의 효과로 변할 수 있었던 것일까? 둘 중 어느 것이 사실이든지, 적어도 사이코패스에 대해 일반적으로 가지는 견해 중 하나는 재검토되어야 한다. 현재의 진단기준이 이런 사람들을 정의하는 데 충분하다는 견해와 반사회적 성격은 사실상 치료가 불가능하다는 견해 말이다. 내 생각에는 두 가지 전제 모두 불완전하다. 이 의견의 확장과 이를 뒷받침하는 자료들은 다른 문헌에서 찾아볼 수 있다(Carney, 1978; Reid, 1978a, b, 1981a, b; Marohn et al., 1980).

존스 씨는 흥미로운 특징들을 보였는데, 이는 한편으로는 그를 진정한 사이코패스 집단과 차별화하지만 또 한편으로는 반사회적 성격을 지닌 사람들의 행동과 병력에 중추신경체계의 결함이 원인으로 작용한다는 견해를 뒷받침해 준다. 그는 성숙과 억제 방어기제로 없어지게 되는 유아기적 특징들이 성인기에도 지속되는 것을 보여 주었다. 표면상으로 어른의 분노처럼 드러난 감정은 사실상 유아적 충동에 의해 나타나는 행동이다. 다시 말해, 성인 남성의 몸에 두 살짜리의 감정이 이차 과정 사고의 방조로 인해 나타나게 된다.

성적 장애에 대한 융의 개념은 이러한 가정에 잘 들어맞는다. 존 에드워드 탤리(John Edward Talley, 1978)는 사이코패스의 성인 감정 체계에 소년(puer)이 지속되는 것으로 이러한 개념을 설명하였으며, 구젠불-크레이그(Guggenbühl-Craig, 1980)의 전공 논문인 「목발을 짚은 에로스(Eros on Crutches)」도 이러한 융(Jung)의 개념을 설명한다.

과거 몇 년 동안 심각하게 반사회적인(그 외의 부분은 꽤 정상적인) 사람들의 신경학적 특징에 대하여 세심하게 조사할 기회가 몇 번 있었다. 몇 십 년 전, 일종의 활성화 기법을 사용하거나 사용하지 않는 방법으로 총체적인 뇌

파 변화를 찾아내려는 시도가 있었다(Rodin, 1973; Elliott, 1978). 하지만 별다른 연구 성과를 내지 못하자 신경생리학자들은 더 신뢰할 수 있는, 그러나 매우 미세한 변화를 보이는 말초신경기능을 탐구했다(Hare, 1970, 1975). 헤어(Hare), 메드닉(Mednick) 그리고 다른 학자들은 반사회적 성격을 기술할 수 있을 뿐 아니라 잠재적인 원인까지도 밝힐 수 있는 중요한 신경생리학적 연구결과를 발표했다. 예를 들어, 생리적 상태 곡선의 회복(혐오 조건형성의 실패)은 이론적으로 사이코패스의 '경험을 통해 배우는' 능력의 결핍을 예측하는 데 이용될 수 있었다(Hare & Schalling, 1978; Mednick & Hutchings, 1978; Reid, 1978b).

더 흥미로운 것은 실용적인 가치가 있는 신경심리학적 검사 영역에서 이루어진 최근 연구들이다. 루리아–네브라스카(Luria-Nebraska)와 홀스테드–라이탄(Halsted-Reitan) 검사 배터리는 다른 임상적 방법으로는 측정할 수 없는 두개 내 이상에 대한 정보를 제공할 수 있다. 이런 정보가 특유 증상을 밝히지는 않지만, 행동을 임상적으로 예측할 수 있는 최신 기술에 가까워지고 있다(Golden외, 1982; Graber외, 1982).

위험성

여기의 목적은 (특히 집단으로서) 사이코패스가 위험성(Dangerousness)이 없다고 말하려는 것이 아니다. 도리어 사이코패스가 개인과 사회에 미치는 위험 수준을 좀 더 자세히 들여다보고, 적어도 하나의 관점에서는 일반적으로 여겨지는 것보다 사이코패스가 덜 위험하다는 것을 말하고자 한다. 그러나 다른 관점에서는 사이코패스는 생각보다 상당히 더 위험하다.

양육강식, 사디즘 그리고 무책임성은 서로 다른 것이고, 위험성의 잠재적 원인이 될 수 있는 이 세 가지 모두 불특정한 특성을 갖고 있다. 특히, 내 생각에는 약육강식과 사디즘은 정신병질 자체와는 밀접한 상관이 없다. 반사회적 성격을 지닌 사람은 종종 자극을 추구하며 다른 사람이 다치든 말든 신경 쓰지 않은 채 자신의 인생을 살아가는 사람들이다. 이러한 행동의 결과가 황폐화된 시골 지역에 버려진 쓰레기와 피해자, 미납된 청구서 혹은 망가진 삶일지언정, (정신역동적으로 흥미로운 귀결과 함께) 잔인한 의도의 부재와 죄책감이나 불안감의 이성적 원인의 부재는 정신병질 진단에 부합한다. 진정한 사이코패스는 약탈적인, 미친 또는 신경증적인 범죄자와는 구분되어야 하며, 신체적인 가해의 의도 면에서 이런 사람들보다 덜 위험하다.

물론 의도가 무엇이든지 간에 피해자는 여전히 피해자다. 고의, 방임, 사고 중 어떤 방식으로 상처가 가해졌는지와 상관없이 그 고통은 비슷하다. 이어지는 진술은 가해자의 행동이 의도적이었는지(형사 문제), 과실이었는지(일반적으로 민사 문제) 혹은 진정한 사고였는지에 관해서는 언급하지 않는다.

위험성의 개념을 확대해서 생각해 보자. 동시에, 우리의 논의가 진정한 반사회적 성격장애가 드문 사실 때문에 생기는 제약에서 벗어나기 위해서, 정신병질적(형용사로 사용된 점을 유의 바란다) 폭력의 가해자들에 대한 관점을 확장시켜야 한다. 의도가 쉽게 추론될 수 있는 경우는 포함시키되, 임상적 정신증이 있는 환자의 행동[유명한 다니엘 맥노튼(Daniel M'Naghten) 사건* 참조]이나 논쟁의 소지가 있는 이타주의적인 행동(예: 전쟁이나 정치적 테러 등 사회적 지지층이 있는 상황에 있는 사람들)은 배제하여야 한다. 나머지 집단은 실로 방대하다.

이런 경우, '피해자'가 바뀐다. 단순히 신체적 침해가 아니라 사회적 제

---

* 역자 주: 정신이상 항변의 판단기준 원칙과 관련된 사건.

한, 불편함 또는 두려움 그 자체가 피해자에게 더 큰 상처를 입힌다. 피해자는 공동체, 인구학적 소집단 혹은 사회 전체가 될 수도 있다. 어떤 의미에서, 피해자는 우리의 자유이며, 어쩌면 우리의 문명일 수도 있다.

이제 우리는 개인의 범죄 영역에서 벗어나 사회적 규모의 폭력(예: 폭동이나 비정치적 테러) 또는 사회적인 의미가 있는 개인 폭력 사건의 누적(예: '범죄의 급증')에 대해 이야기하려 한다. 두 경우 모두, 우리는 통신 매체의 효과성을 누려 왔다. 통신매체는 우리 지역과 세계에서 무슨 일이 일어나고 있는지 알려 주고, 밀착 취재 특집 기사를 통해 가해자와 피해자 모두에 대해 우리가 동일시하게 만든다.

잠재적인 범죄자나 테러리스트에게 매체가 영향을 줄 것인지에 대한 다양한 견해가 있지만(Miller, 1982), 핵심을 말하자면, 어떤 연구에서도 (자유 또는 제한된) 언론 자체와 주요 범죄 패턴이나 테러 사이의 관련성에 대해 입증한 바가 없다.

가해자와의 동일시가 문헌들에서 상세하게 다뤄진 것에 비해 먼 지역에서 일어난 범죄나 테러 사건의 피해자와의 동일시는 덜 논의되어 왔다. 그러나 기본적으로 테러리스트는 우리에게서 무엇인가를 갈취하는 능력이 있다. "한 사람을 죽이면, 만 명이 두려워한다." 다른 피해자들과의 동일시와 그것이 유발하는 공포는 정말로 '사회문제'를 낳을 수 있다. 감정이입을 할 정도의 동일시는 우리의 안전에 대해 건강한 우려를 하게 만든다. 동시에, 우리가 우리와 비슷하다고 인지하는 타인의 안전과 감정에 대한 우려를 불러일으키는데, 바로 이 점이 우리와 정신병질적 가해자들 사이의 중요한 차이점이다.

방금 말한 '우리'와 '그들'의 양분화는 다소 불편한 감정을 일으킨다. 자유주의 인류학자나 사회인류학자는 이것이 선입견과 편견의 씨앗이 된다고 증명해 보일 것이다. 다른 사람의 위험성을 예측하여 실제 사회 장면에서 특정 개인이나 집단에 대한 예방 조치를 취하게 할 정도의 효과가 있는 정신의학 기준은 존재하지 않는다.

존 모나한(John Monahan) 교수는 1982년에 「폭력행동에 대한 임상적 예측(The Clinical Prediction of Violent Behavior)」(Monahan, 1981)이라는 논문주제로 미국정신의학협회의 구트마허(Guttmacher) 상을 받았다. 이 논문에서 그는 정신보건 전문가에게 폭력행동 및 기타 행동을 확실하고 정확하게 예측하는 전문성이 없다는 중요한 문제가 제기되어 온 점에 주목한다. 발생률이 매우 낮은 사건을 예측하는 것은 굉장히 어려운 일이며, 한 개인이 반복해서 폭력적인 행동을 보이는 경우에도 그렇다. 모나한과 다른 연구자들은 위험한 집단과 위험하지 않은 집단을 대규모로 구분하는 것은 통계적으로 가능하다고 말한다. 그러나 한 개인이 위험한지 안 위험한지를 예측하는 것은 긍정오류와 부정오류로 인해 대부분의 경우 불가능하다(Kozol, Boucher and Garofalo, 1972; Monahan, 1973; Steadman, 1977).

제도적 관리를 보장할 정도로(예: 정신과 병동에서 환자를 격리하는 것을 정당화하기 위해) 충분한 정확도를 가지고 폭력적인 행동을 예측할 수 있는 상황들이(여전히 완벽하지는 않지만) 있다. 이 정도로 정확하게 예측하기 위해서는 가장 최근에 저지른 폭력행동에 대한 지식이 있어야 하고, 매우 가까운 미래의 행동만 예측할 수 있으며, 그 개인이 현재 환경에 계속 남아 있을 것이라는 가정을 전제로 한다. 물론 마지막 요건은 환자가 병원을 떠난 후에, 또는 수감자가 교도소를 출소한 후에 위험할 것인지를 예측하는 능력은 감소시킨다. 잠재적으로 '위험한' 사람들을 수감이나 강제입원 등의 방식으로 감금시키는 결정을 내리는 정신보건 전문인들의 역할에 반대하는 주장은 바로 이러한 사실에 입각한다. 환자 개개인을 살피고 치료하는 역할은 의사(또는 일부의 경우 다른 의료보조인)가 맡아야 하는 것이 맞지만, 나는 정신과 의사가 아닌 판사가 잠재적으로 위험한 사람들을 범죄적 책임을 지게 하거나 석방하는 지난 10년 간의 미국의 판례법에 대체적으로 동의한다. 사법부는 엄중한 사회적·헌법적 책임이 있으나, 의료 전문분야의 밖에 있다.

　그렇다면 우리는 위험하다고 입증된 사람의 격리에 계속하여 의존하고, 현재와 미래의 잠재적으로 위험한 상황으로부터 우리 스스로를 자발적으로 격리시키는 방법에 의존하는 수밖에 없다. 예를 들어, 우리는 문을 단단히 잠그고, 해가 진 후에는 특정 구역에 가지 않으며, '안전한' 동네에 살기 위해 훨씬 더 많은 돈을 지불한다. 그리고 경찰과 사법부에 더 강력한 통제를 요구한다.

　자, 여기에 가장 큰 위험 요소가 있다. 그것은 바로 가해자와 우리 모두에게서 우리의 자유를 빼앗기는 진퇴양난이다. 한편으로, 우리는 불만스럽지만 어둠이 깔린 후 마음대로 돌아다닐 자유와 숲속의 낭만적인 산책의 자유, 그리고 아이들만 혼자 바깥에서 놀게 하는 자유를 포기한다. 다른 한편으로는, 이 반사회적인 요소를 유지시키려는 우리의 노력으로 인해 다른 모든 사람의 자유를 약화시킨다는 주장이 많은 사람에 의해 제기되어 왔다. 이 같은 행동을 함으로써 우리는 피해자가 되기도 전에 스스로에 의해 피해를 입는다.

　착각하지 마라. 정신병질이 있는 사람은 우리의 법에 신경 쓰지 않는다. 우리가 우리의 권리를 주장하고, 또 그 권리를 약화시킬 때, 정신병질이 있는 사람은 그것을 우리에게 불리하게 되돌려 준다. 사회가 너무 많은 것을 억압하여 남아있는 자유가 거의 없을 때까지, 그는 원하는 대로 행동할 것이다.

　이것은 진정한 딜레마다. 나도 해결책은 없다. 어떻게 하든 우리가 지는 것으로 보여서 심히 우려되고 심지어 두렵기까지 하다. 더 좌절스러운 것은, 이것이 우리의 잘못이 아니라는 점이다. 우리는 우리가 갖고 있는 공정함과 민주주의에 대한 사랑, 그리고 문명화된 감정이입 능력의 희생양인 것이다.

인류의 이 바람직하면서도 기이한 특징은, 그리고 민주주의라는 거대한 실험과 그것으로부터 자라난 개인의 권리는, 사회진화라는 큰 틀에서 볼 때 아마도 단지 한순간의 섬광에 지나지 않을 것이다.

참고문헌

Carney, F. L. (1978). Inpatient treatment programs. In *The Psychopath: A Comprehensive Study of Antisocial Disorders and Behaviors*, ed. W. H. Reid, pp. 261-85. Brunner/Mazel, New York.

Cleckley, H. M. (1976). *The Mask of Sanity*, 5th edn. Mosby, St Louis, MO.

Craft, M. (1965). *Ten Studies into Antisocial Personality*. Williams and Wilkins, Baltimore. DSM-III (1980). *Diagnostic and Statistical Manual of Mental Disorders*, 3rd edn. American Psychiatric Association/American Psychiatric Press, Washington, DC.

Elliott, F. A. (1978). Neurological aspects of antisocial behavior. In *The Psychopath: A Comprehensive Study of Antisocial Disorders and Behaviors*, ed. W. H. Reid, pp. 146-89. Brunner/Mazel, New York.

Golden, C. J., Ariel, R. N., McKay, S. E., Wilkening, G. N., Wolf, B. A. and MacInnes, W. D. (1982). The Luria-Nebraska Neuropsychological Battery: theoretical orientation and comment. *Journal of Consulting and Clinical Psychology, 50*, 291-300.

Graber, B., Hartmann, K., Coffman, J. A., Huey, C. J. and Golden, C. J. (1982). Brain damage among mentally disordered sex offenders. *Journal of Forensic Sciences, 27*, 125-34.

Guggenbühl-Craig, A. (1980). *Eros On Crutches*. Spring Publications, University of Texas, Irving.

Hare, R. D. (1970). *Psychopathy: Theory and Research*. Wiley, New York.

Hare, R. D. (1975). Psychophysiological studies of psychopathy. In *Clinical Applications of Psychophysiology*, ed. D. C. Fowles, pp. 77-105. Columbia University Press, New York.

Hare, R. D. and Schalling, D. (eds.) (1978). *Psychopathic Behavior: Approaches to Research*. Wiley, Chichester.

Jenkins, R. L. (1960). The psychopathic or antisocial personality. *Journal of Nervous and Mental Disorders, 131*, 318-34.

Jenkins, R. L. (1973). *Behavior Disorders of Childhood and Adolescence*. C. C. Thomas, Springfield, IL.

Karpman, B. (1941). On the need for separating psychopathy into two distinct types: the symptomatic and the idiopathic. *Journal of Criminal Psychopathology, 3*, 112.

Kozol, H., Boucher, R. and Garofalo, R. (1972). The diagnosis and treatment of dangerousness. *Crime and Delinquency, 18*, 371-92.

Marohn, R. C., Dalle-Molle, D., McCarter, E. and Linn, D. (1980). *Juvenile Delinquents: Psychodynamic Assessment and Hospital Treatment*. Brunner/Mazel, New York.

Mednick, S. A. and Hutchings, B. (1978). Genetic and psychophysiological factors in asocial behavior. In *Psychopathic Behavior: Approaches to Research*, ed. R. D. Hare and R. Schalling, pp. 239-54. Wiley, Chichester.

Miller, A. H. (ed.) (1982). *Terrorism: The Media and the Law*. Transnational Publishers, Dobbs Ferry, NY.

Monahan, J. (1973). Dangerous offenders: a critique of Kozol et al. *Crime and Delinquency, 19*, 418-20.

Monahan, J. (1981). *The Clinical Prediction of Violent Behavior*. Crime and Delinquency Series Monograph. US Department of Health and Human Services, Washington, DC.

Reid, W. H. (1978a). Diagnosis of antisocial syndromes. In *The Psychopath: A Comprehensive Study of Antisocial Disorders and Behaviors*, ed. W.

H. Reid, pp. 3-6. Brunner/Mazel, New York.

Reid, W. H. (1978b). Genetics correlates of antisocial syndromes. In *The Psychopath: A Comprehensive Study of Antisocial Disorders and Behaviors*, ed. W. H. Reid, pp. 244-59. Brunner/Mazel, New York.

Reid, W. H. (1978c). The sadness of the psychopath. *American Journal of Psychotherapy, 32*(4), 496-509.

Reid, W. H. (ed.). (1981a). *The Treatment of Antisocial Syndromes*. Van Nostrand Reinhold, New York.

Reid, W. H. (1981b). The antisocial personality and related syndromes. In *Personality Disorders: Diagnosis and Management*, 2nd edn, ed. J. R. Lion, pp. 133-62. Williams and Wilkins, Baltimore.

Rodin, E. A. (1973). Psychomotor epilepsy and aggressive behavior. *Archives of General Psychiatry, 28*, 210-13.

Steadman, H. (1977). A new look at recidivism among Patuxent inmates. *Bulletin of the American Academy of Psychiatry and the Law, 5*, 200-9.

Talley, J. E. (1978). A Jungian viewpoint. In *The Psychopath: A Comprehensive Study of Antisocial Disorders and Behaviors*, ed. W. H. Reid, pp. 118-31. Brunner/Mazel, New York.

08

사회적 관점에서의 위험성[1]

진 플라우드(Jean Floud) 저
김혜영, 여기동 공역

알란 스톤(Alan Stone, 1982) 박사는 그의 논문에서 미국의 법과 정신의학에서 일어난 시민자유주의 및 진보 개혁의 부정적 사회 결과물을 나열한다. 나는 그의 '청구 명세서(bill of particulars)' 비평의 전체가 아니라, 단지 대중보호의 문제만 다룰 것이다. 그의 비평에서 악당 역은 위험성의 개념이 맡고 있는데, 나는 위험성을 사회적 관점에서 바라보며 대중 보호의 개념을 논할 것이고 위험성의 임상적 평가를 공공정책의 도구로 활용하는 것의 적합성을 논할 것이다.

오늘날 공공정책의 중심에는 긴장감이 맴돈다. 정신과 환자와 중범죄자가 대중에게 심각한 해를 입히는 것을 방지하기 위해 이들을 장기간 입원 또는 수감시키는데, 이에 따라 치료와 처벌의 표면적 목적에 불필요한 구금이 종종 발생하는 것이다. 이러한 부당함의 근원을 차단하려는 움직임이 성공

---

1) 이 글의 많은 부분과 관련하여 논의해 준 케임브리지 대학교 세인트 존스 칼리지(St. John's College, Cambridge)의 이안 화이트(Ian White)에게 깊이 감사드린다.

할 때마다, 관련 당국은 위험하다고 여겨지는 소수를 구별해 내어 구금하기 위해 특별방안을 마련해야 한다고 믿어 왔다. 그러나 위험하다는 추정하에 사람들을 구금하는 관행 그 자체로, 정신과 환자와 중범죄자의 권리를 침해할 위험이 있다. 행동을 예측하는 판단에는 불확실성이 다분히 내재되어 있고, 이런 판단에 근거한 예방대책은 불필요한 구금의 위험 또한 높이게 된다. 따라서 개혁주의자들은 구금의 관행이 중단되어야 한다고 강력히 비판한다. 스톤 박사를 포함하여 대중의 보호가 감소되는 대가를 치르게 될 것이라고 지적하는 자들에게, 개혁주의자들은 그것이 바로 자유의 대가이며 자유사회는 그것을 감수할 준비가 되어 있다고 답한다. 개혁주의자들이 주장하는 바는 정신질환자가 최소한의 제한적인 규제하에 치료받을 권리, 그리고 범죄자가 최근 저지른 위법행위의 정당한 응보에 의해 처벌받을 권리에 뒤따르는 위험부담을 대중이 받아들일 수 있도록 교육하여야 한다는 것이다. 그러나 이런 것들이 어느 범위와 정도까지 실현 가능할까? 우리가 위험성을 평가하는 관행을 중단하는 것이 정당화될 수 있을까?

의심의 여지없이, 소수의 정신과 환자와 중범죄자는 용납되기 어려운 수준의 심각한 해를 자신과 타인에게 입힐 위험이 있으며, 이들이 갇혀 있지 않다면 대중 불안의 원인이 된다. 위험요소(risk)는 두려움이 동반될 때 위험(danger)으로 인식된다. 그리고 우리가 알다시피, 사람은 어떤 종류의 불행은 삶의 일환으로 받아들이지만, 마땅한 근거 없이 폭력에 의해 발생한 불행은 용인하지 못하며 강한 두려움과 분노를 느낀다. 사람은 이런 불행의 발생 위험에 대해 안심시켜 주기를 바라며, 그렇지 못했을 때는 법을 직접 자신의 손으로 다루려 하는데, 이는 심각한 사회적 결과를 가져올 수 있다. 대중의 두려움을 전적으로 무시할 것이 아니라면(물론 그렇게 하는 것은 도덕적으로도 정당화될 수 없고 정치적으로도 불가능한 이야기지만), 필요한 경우에 보호는 제공되어야 한다.

대중의 두려움을 정당하게 무시할 수 없다면, 이 두려움은 공정히 평가되어야 한다. 그리고 예방대책이 요구된다면 공정하게 수립되고 관리되어야 한다. 이 두 가지 목적을 실현하기 위해서 위험하다고 여겨지는 사람들의 위험성의 평가는 필수적이다. 우리가 위험성의 평가를 공명히 폐지할 수 있는가라는 질문에 대한 답은 '아니요'다. 하지만 이 짧은 대답으로 논쟁을 끝마칠 수 없는 이유는, 이러한 위험성의 평가가 불가피한 어려움과 난제들을 가져오기 때문이다.

예방 차원에서 병원이나 교도소에 구금하는 행위는 심각한 피해의 위험에서 방어하기 위한 목적이 있다. 하지만 이러한 조치를 취함으로써 우리는 불가피하게 또 다른 위험을 초래한다. 그것은 바로 누군가를 불필요하게 입원시키거나 수감시키는 것이다. 우리가 어느 쪽을 택하든지 간에, 심각한 피해의 위험과 불필요한 구금의 위험 중 하나는 결국 현실로 나타나는 것이다. 이런 상황에서 도덕적 행동 기준을 정하는 데 어려움이 없는 사람들도 있다. 이들은 사회적 비용을 바탕으로 간단히 공리주의의 입장을 취한다. 범죄를 저지름으로 가해질 해와 잠재적 가해자에게 행해지는 조치가 그에게 끼칠 해를 비교하기만 하면 된다는 것이다. 어떤 사람이 심각한 해를 유발할 개연성이 어느 정도 있다고 했을 때, 만약 이 사람을 감금하는 행위가 그에게 끼칠 해가, 그 사람이 자유의 몸으로 다른 사람에게 가할 수 있는 해의 정도 및 그렇게 할 개연성의 산출물보다 적다면 감금이 정당화되는 것이다. 이러한 계산법이 비합리적인 결론으로 이어진다는 사실을 깨달을 때까지 이런 관점은 충분히 합리적으로 보일 수 있다. 요약하면 우리 중 한 명이 매우 중대한 해를 끼칠 확률은 매우 낮다. 그러나 이런 문제는 치명적인 것은 아니다. 이런 종류 및 유사한 문제들을 해결하기 위해 공리주의적 공식을 적용하는 방법에는 여러 가지가 있다. 내가 이런 관점에 반대하는 이유는 보다 근본적인 것으로, 개인의 정의를 보장해 주지 못한다는 이유다.

공리주의는 오로지 결과, 비용, 이득만 고려하기 때문에 다양한 사례를 획일적으로 취급하는 반면, 성의는 각 사례마다 논리적이고 도덕적인 차별을 두는 것에 달려 있다. 예방대책의 정당성을 판단하는 기준으로, 공리주의는 비용과 이익을 비교할 뿐이다. 즉, 전반적으로 더 큰 이익 혹은 충분히 더 큰 이익을 위해 어느 정도의 부당함은 허용되는 것이다.

이와 달리, 공리주의가 아닌 인권의 관점에서 문제를 접근하는 사람들의 기준은 각 개인별 사례에서의 정의다. 어떤 상황에서 예방적 조치가 허용되려면, 그 상황에서 그 예방대책이 부당하지 않아야만 되는 것이다. 그러나 급진적 인권운동가들은 위험성의 가정하에 예방 차원에서 구금하는 것이 이 시험을 통과하는 것은 불가능하다고 말한다. 그들은 '대중의 보호'라는 개념이 정치적 억압의 잠재력을 지닌 표현이라며 거부하고, 위험성을 평가하는 관행의 원칙에 근본적인 이의를 제기한다. 예방적 구금을 허용하는 것이 공정한가를 검증하기 위한 기본 전제는 구금 결정이 개인 간 상충하는 요구들 사이에서 공정하게 내린 판결, 즉 합법적 결과라는 것인데, 급진적 인권운동가들의 주장에 따르면 이 전제가 약화되는 것이다.

다음의 두 위험요소 사이에서 도덕적인 선택이 이루어져야만 한다. 첫 번째는 예방조치를 취했을 때 정신과 환자나 중범죄자의 권리와 자유가 불필요하게 박탈될 수 있다는 위험이다. 두 번째는 예방조치를 하지 않을 경우 미상의 불특정 다수가 그 환자나 범죄자의 손에 심각한 해를 입을 것이라는 위험이다. 인권운동가들은 첫 번째 위험요소의 중요성을 강조해 왔고, 그것을 간과하는 자들을 비판해 왔다. 사람은 실제로, 예기된 위해가 충분히 중대할 경우, 그 위험이 공정하게 옮겨질 수 있는지 여부와 상관없이 다른 사람이 고난받는 희생을 감수하면서도, 잠재적 피해자가 그 위험으로부터 보호받을 자격이 있다고 믿는 경향이 있다. 그러나 인권운동가들은 이유 없는 공격과 이에 딸린 두려움의 위험으로부터 보호해 달라는 대중의 요청에는 공정하게 대응해 오지 못했다.

대중 보호

　위험하다고 여겨지는 사람으로부터 특별 보호를 요구하는 집단적 청구의 합법성을 비판하는 사람들은 다음과 같은 점을 지적한다. 위험성의 인식에는 굉장히 주관적인 요소가 포함되고, 대중매체는 선정주의적이며 여론을 좌우하는 힘이 있고, 정부의 정책은 조직적으로 이기적인 성격이 있다는 것이다. 이들의 주장이 근거하는 신념에 따르면, 대중은 정신과 환자와 중범죄자가 위험하다고 설득되어 경계심을 갖게 되고, 단지 그 이유 때문에 정치적 편의에 따라 정신과 환자와 중범죄자는 공식적으로 위험하다고 선언된다. 로널드 드워킨(Ronald Dworkin) 교수가 개념화한 '외부적 선호(external preferences)'는 자신의 특정한 권리와 자유가 직접적으로 위협받지 않는 사람들의 선호를 뜻하는데, 철학적 관점에서 구금을 비판하는 사람들은 일반 복지 및 '대중의 유익'이라는 명목하에 개인의 권리와 자유를 침범하는 정책과 대책을 가리킬 때 이 개념을 인용한다. 비판가들이 인용하는 드워킨 교수의 또 다른 이론은 권리에 관한 것인데, 그 이론에 따르면 개인의 권리가 침해될 수 있는 방법으로 보호를 청구하는 것이 외적 선호에 입각한 것이라면 무효화된다. 명시적으로나 묵시적으로, 공공복지가 개인들의 권리들로 구성되어 있어서 권리에 대한 집단 청구가 타당화된다는 주장은 거부된다.[2]

　보호에 대한 개인 청구와 집단 청구는 서로 충돌한다. 그러나 집단 청구의 개념은 과연 타당한가? 여기서 이에 대한 논쟁을 정식으로 펼칠 수는 없으

---

2) Bottoms and Brownsword 'Dangerousness and Rights' in Hinton(1982) 참조.

나, 권리에 대한 집단 청구는 본질적으로 기이하거나 모호한 것이 아니라는 점은 짚고 넘어길 만하다. 집단적 권리 청구는 가족구성원, 직장 동료, 이웃 주민, 지역 주민, 시민, 도민으로서의 개인들의 주장이 여럿 모여 논리적으로 형성된 것이다. 그러나 예방적 차원에서 정당성을 논하자면, 집단적 권리 청구는 기이하고 모호한 것으로 간주될 때가 많다. 기이성의 이유는 피해 위험이 발생할 가능성의 정도를 가늠하기 어렵기 때문이다. 다시 말해, 누가 피해자가 될지 구체적으로 지목하기 어렵다. 모호성의 이유는 위험한 사람이 대표하는 위험요소가 잠재적 피해자 집단 전체에 걸쳐 분산되어 있고, 그 집단의 크기에 따라 한 개인에게 미치는 위험은 매우 근소해질 수 있기 때문이다. 하지만 한 개인이 주장하는 보호에 대한 요구는 그가 처해 있는 위험에 비하면 더 작거나 크다. 또한 많은 사람이 요구한다고 하더라도, 잠재적 가해자가 대표하는 위험이 여러 명에게 분산됨으로 인해 개인 청구를 약화시킨다는 사실을 능가할 수는 없다.

이러한 점들은 보다 자세히 살펴볼 필요가 있다. 쟁점이 되는 부분은 권리에 대한 개인의 청구가 다양하다는 것이다. 한편에서는 위험하다고 여겨지는 사람, 즉 잠재적 가해자가 불필요한 구금의 위험으로부터 보호해 달라고 요구한다. 다른 한편에서는 잠재적 피해자들이 피해로부터 보호해 달라고 개별적으로 요구한다. 후자는 보호에 대한 집단 청구의 논리적 구성 요소다. 하지만 위험이 분산된다는 사실, 그리고 누가 해를 입게 될지 구체적으로 지목하는 것이 (단순히 비현실적인 것이 아니라) 불가능하다는 사실, 이 두 가지는 '외부적 선호'로서의 일반 복지의 개념과 구별되기 어렵게 만든다. '외부적 선호'는 위험성의 가정하에 개인을 구금할 때 발생하는 권리와 자유의 침해를 정당화하는 근거가 되지 못하는 것이다. 그러나 이러한 논쟁은 잠재적 피해자들의 집단 청구를 여러 개의 개인 청구로 해체하는 것이 논리적으로 불가능하다는 사실을 너무나 당연시 여기는 것으로 보인다. 집단 청구를 여

럿의 개인 청구로 나눌 수 있다면 '외부적 선호'에 의존하지 않는 일반복지
의 개념화가 가능하며, 잠재적 가해자의 개인 청구와 견주어 상대적 비중을
평가해 볼 수 있을 것이다.

위험한 사람이 나타내는 위험률이 잠재적 피해자 집단에 분산된다는 사실
은 각 개인이 피해에 노출되는 위험률을 감소시켜 피해자의 개인 청구를 약
화시키기는 하지만, 그 사실 자체만으로 예방적 조치를 배제시키지는 못한
다. 잠재적 피해자들이 집단적으로 마주하는 위험이 원천에서 분산되지 않
고 특정 개인에게 귀속될 수 있는 한, 그 사람에 맞서 예방조치를 취할 기회
를 없앨 이유는 없는 것이다.

불확정성은 심지어 개인 청구의 개념을 수립할 때조차 문제가 되는 것으
로 보인다. 피해 발생이 불확정적이라면, 개인 피해 청구는 가당치 못해 보
인다. 그러나 이것도 명확하지 않은데, 잠재적 피해자들의 개인 청구는 피해
위험에 대한 것이며 이 위험은 개개인에게 귀속되기 때문이다. 이러한 관점
에서 잠재적 가해자와 잠재적 피해자는 같은 선상에 놓이게 된다. 즉, 잠재
적 가해자들을 자유롭게 내버려 두었을 때 잠재적 피해자들 중 누가 해를 입
게 될지 지목하여 말할 수 없는 것처럼, 누가 실제로 공격할 것인지 역시 구
체적으로 지목하여 말할 수 없는 것이다. 보다 중요한 요점은 잠재적 피해자
들이 미상일 수 있다는 것이다. 물론, 많게는 대부분의 경우, 모집단 중 위험
에 처한 개인 구성원을 식별해 내는 것이 가능하기는 하지만, 현실에서는 실
용적인 이유로 보호에 대한 다수의 개인 청구를 합산하는 공식을 만들어 내
어 집단 청구를 정당화하는 번거로운 절차를 배제하게 된다(여기서 '집단 청
구'라는 의미는 각 개개인 모두를 대변하여 청구함을 말한다).

(여기서는 탐색하지 않겠지만) 일부 권리 청구는 개인 청구로 환원될 수 없
이 본질상 집단적일 수밖에 없다는 사실은 차치하고서라도, '대중 보호'의
개념은 예방 정의(preventive justice)의 권리중심 이론(rights-based theory)

의 영역으로 해석될 수 있다. 하지만 한편에서 대중의 일원들의 청구와 다른 한편에서 이에 경합하는 위험하다고 여겨지는 사람들의 청구를 저울질해야 하는 문제는 여전히 남는다. 그렇게 할 때 피해야 할 함정은 예방 정의의 문제에 권리이론을 철저히 적용하려는 최근의 시도를 인용한 문헌에 잘 나와 있다(Bottoms & Brownsword, 1982).

바텀스(Bottoms)와 브라운스워드(Brownsword)는 열성적인 권리 이론가들이다. 이 두 학자는 예방 정의에 있어서 잠재적 가해자와 피해자 양자 모두의 권리가 '진지하게 취급되어야' 한다고 주장한다. 다시 말해, 잠재적 가해자는 불필요하게 구금되지 않을 권리가 있고, 잠재적 피해자는 자신의 생활이 방해받지 않을 권리가 있지만, 예방 차원의 구금은 구금자의 권리를 부당하게 침해하기 마련이라는 것이다. 바텀스와 브라운스워드에 따르면, 잠재적 가해자들이 예측된 해를 끼칠 것이 확실할 때조차(물론 확실히 예측한다는 것은 불가능한 일이지만), 부당한 권리 침해는 발생한다. 이들이 지적하듯이, 행동 예측 판정의 오류의 증거는 상당수 문서화된 바 있으며, 위험하다는 추정하에 구금되는 사람들이 불필요한 구금에 노출되는 위험률의 지역별 평균 수치는 50~60퍼센트에 달한다. 그럼에도 불구하고, 두 학자는 소위 생생한 위험(vivid danger)이 느껴지는 상황에서 우리는 마지못해 원칙과 타협하고 예방 차원의 구금에 의존하게 된다고 말한다. 하지만 전반적인 권리 침해를 최소화할 필요가 있는데, 이를 위해 바텀스와 브라운스워드가 제안하는 '검증' 혹은 절차적 공식은 다음과 같다. 예방 조치를 취하는 방책과 취하지 않는 방책을 각각 채택할 때 권리가 침해될 사람들의 수를 계산하라. 각각의 경우에서 발생할 권리 침해를 침해의 '깊이(depth)'와 빈도와 직접성의 비중에 따라 개념적으로 산술하라. 잠재적 피해자들에게 영향을 미치는 불확실성은 무시하라. 권리 침해의 총합이 가장 적은 방책을 채택하라.

여기서 유의할 점은, 예방 정의의 권리중심 이론 맥락에서 이 절차의 취지는 위험한 사람들과 잠재적 피해자들 간에 상정된 권리 충돌을 해결하려는 것이 아니라는 점이다. 이 절차적 공식을 고안해 낸 목적은, 각자 자신의 권리를 보호해 달라고 경합하는 당사자들의 주장에 대해 공정한 판결을 내리려는 것이 아니라, 공정한 해결이 불가능한 것으로 추정되는 상황에서 타협안에 도달하는 방법을 제시하는 것이다. 이 공식은 과실 및 그 밖의 다른 방식으로 예방 구금을 정당화할 방법(예: 정신질환자의 치료 필요성)은 감안하지 않는다. 기본 전제는 양측 모두의 권리가 부당하게 침해될 여지가 있다는 것이다. 양측의 보호에 대한 권리 청구가 충돌하는 상태를 해결 불가능한 도덕적 교착 상태로 해석하는 것이며, 제안된 타협 절차가 본질적으로 결과주의적이고 총화법을 택하게 되는 역설적인 결과를 낳게 된다. (권리 이론에서는 예방 대책의 도입과 시행에 있어 도덕적·논리적 차이가 정의의 기준이 된다. 그러나 '권리 침해'를 결정하기 위해 이러한 도덕적·논리적 구분 없이 '해'를 판독하고 총합을 최소화하라.)

바텀스와 브라운스워드에 따르면, '생생한 위험' 상황에서 우리는 불가피한 도덕적 딜레마에 놓이게 된다. '위험하다고 여겨지는 자를 구금하든 석방하든, 권리가 침해될 것은 확실하다. 우리의 임무는 권리 침해를 최소화하는 것이다.' 하지만 이것은 불가능하다. 만약 위험하다고 여겨지는 사람을 그냥 두었을 때 예측된 가해 행위를 할 것이 정말 확실하다면, 그가 잘못된 것이다. 그 사람은 다른 사람의 권리를 확실히 침해하는 행위를 할 권리가 없으며, 그가 그렇게 행동하는 것을 막는 우리의 행위는 충분히 정당화된다. 마찬가지로, 위험이 임박한 상황에서는 해결해야 할 권리 충돌이 존재하지 않는다. 실제 위험이 존재하는 상황에서 잠재적 피해자는 자기방어 차원에서 행동이 정당화될 수 있으며, 혹은 정부당국이 피해자를 대신하여 가해자를 저지함으로써 목전의 위험을 미연에 방지할 수 있다. 바텀스와 브라운스워드가 '생생한 위험'이라고 표현한 개념은 '실제 현존하는' 위험에 비해 정도가 덜한 것으로 해석되어야 한다. 다시 말해, 결과에 있어 어느 정도 유의미한 수준의 불확실성이 있다는 뜻이며, 이 유의미한 수준의 불확실성 때문에 양측 당사자가 도덕적으로 동등한 입장이 되는 것이다. 따라서 위험하다고 여겨지는 사람을 자유로이 놔두었을 때, 다른 사람들에게 발생할 결과의 불확실성과 다른 사람들의 보호를 위해 그 사람을 구금하였을 때, 그 사람의 권리가 '즉각적이고 근본적인 방식으로' 침해될 확실성이 비교되게 된다. 각각의 경우에 부당한 권리 침해가 발생한다는 사실은 기본 전제로 해두고, 각 경우가 수반하는 불확실성의 특징으로만 비교하였을 때, 잠재적 가해자의 보호 청구가 아닌 잠재적 피해자의 보호 청구가 약화되는 것이다.

하지만 그럴 수는 없다. 실제 가해자와 피해자 간의 관계처럼, 잠재적 가해자와 잠재적 피해자는 논리적으로나 도덕적으로 비대칭적인 상황에 있다. 피해자는 가해자가 자신을 해하지 않는 한 가해자를 해치지 않을 것이다. 그러나 가해자가 피해자를 해하려 하는 의향은 무조건적이다. 실제로나 또는 상징된 위험으로 보았을 때 가해자가 잘못된 것이며, 이러한 이유로 우리는 잠재적 가해자에 대하여 예방 조치를 부과할 자격을 갖는다. 심지어, 해를 끼칠 사람을 저지하지 않음으로써 입을 수 있는 손해에 비해, 그 사람을 저지하는 명목하에 그에게 더 많은 해를 입힌다고 하여도 정의라는 이름으로 용서받을 수 있다고 주장할 수도 있다.[3]

예방 조치가 수반하는 권리 침해가 특정 상황에서 정당화될 수 있다면, 불확실성이 잠재적 피해자들의 청구에만 부여된다고 가정할 수 없다. 특정 상황에서 개인의 자유를 박탈할 권리가 확립되었다고 그리고 그렇게 할 만한 명분이 있다고, 즉 미래에 그 사람이 해를 끼칠 것이라고 믿을 만한 근거가 있다고 가정해 보자. 그렇다면 그를 구금하기로 결정한 결과의 불확실성은

---

3) Floud & Young(1981), 3장 참조

잠재적 피해자들의 청구뿐 아니라 잠재적 가해자의 보호에 대한 청구와도 관련되어야 한다. 만약 우리가 잠재적 가해자의 구금이 불필요한 보호를 제공하는 것이라고 치부하여 잠재적 피해자들의 청구를 무시한다면, 우리는 마찬가지로 잠재적 가해자의 청구를 평가할 때 그에게 예방 조치를 부과하는 것이 정당화될 수 있는 가능성도 참작하여야 한다. 예방 정의의 권리중심 이론은 대립하는 양 당사자들의 관념적 청구를 공식화할 때 냉철함과 공명정대함을 촉구한다.

공공정책에서 위험성 개념을 사용하는 것을 비판하는 사람들은 불안(alarm)이나 두려움(fear)을 그 자체로 인정하는 경우가 드물다. 불안과 두려움은 그 자체로 위험요소(harm)가 되며 과소평가되어서는 안 된다. 불안 및 두려움은 고통스럽고 압도적인 느낌으로, 일상생활을 해나갈 능력을 심각하게 방해할 수 있다. 위험(danger)은 용납하기 어려운 위험요소(risk)이다. 두려움은 위험요소를 위험으로 바꿔 버려 특별한 보호를 요구하게 만든다. 두려움은 확립된 기대치에 근거한 안정감에 급작스러운 충격이 가해질 때 발생하는데, 특히 관습적인 사회적·법적 제약에 대한 반항으로 무자비하게 이기적이거나 불필요한 폭력이 발생할 것으로 예상될 때 발생한다.

그 충격이 얼마나 심각하여야 위험요소를 용납 불가능하게 만들까? 위험하다고 간주되는 사람이 대표하는 위험과 그 사람이 구금되지 않으면 거주하게 될 지역사회의 평범한 구성원이 대표하는 위험 사이의 격차가 얼마나 커야 하는가? 만약 중범죄율이 후자의 대략적 측정치를 제공하고, 위험성 평가의 예측치가 전자의 대략적 측정치를 제공한다면, 이 예측치가 주지의 사실로서 낮음(평균적으로 좀처럼 50퍼센트를 넘지 않음)에도 불구하고 그 어떤 중범죄율이 나타내는 심각한 해의 위험에 비해 몇 배나 더 큰 심각한 해를 나타낸다는 사실이 분명하다. 다른 사람에게 중대한 피해를 입힐 가능성이 50퍼센트도 안 되는 사람을 구금하는 것은 그에게 불필요한 구금의 위험이라는 무거운 짐을 부과하는 것이다. 하지만 만약 그 사람을 그냥 둔다면, 중대한 피해를 입힐 가능성이 50퍼센트나 되는 사람을 만나게 되는 흔치 않고도 두려워할 만한 위험부담을 다른 사람들에게 지우게 된다. 이 말은 즉, 다른 모든 것이 동일하다는 가정하에, 그 사람이 중대한 피해를 입힐 수도 있지만, 그렇지 않을 가능성도 그만큼 있다는 뜻이다. 언뜻 보았을 때, 이러한 위험요소를 용납할 수 없는 것으로 간주하는 것이 비합리적으로 보이지 않는다.

어찌되었든지 간에, 두려움의 느낌에 대해 보호를 요구할 권리는, 그 느낌이 두려움의 대상으로 설명 가능하지 않은 한 정당화되지 못한다. 두려움은 심각한 해를 입을 것이라는 추정된 위험에 초점이 맞추어져 있다. 이러한 두려움은 충분한 근거가 있는 것인가? 어떤 정신과 환자와 중범죄자는 위험요소 없는 경고를 발생시키고, 적절히 치료받거나 처벌받은 후에는 자유를 되찾을 자격이 주어진다. 어떤 정신과 환자와 중범죄자는 경고 없이 위험요소를 발생시키고, 그 밖의 다른 이유로 정당화될 수 있는 것에 비해 오랜 기간 동안 구금되기 쉽다. 위험요소의 판단은 누가 하는 것이 옳은가? 위험성의 가정하에 누군가를 구금할지 말지를 결정해야 하는 법원, 재판소, 의료 담당자, 형벌 담당자 등은 정신건강 전문가, 특히 정신과 의사의 소견에 의존하는 경향을 보이고 있다. 그러나 일부에서는 위험성을 임상적으로 평가하는 것이 적절한가에 대해 강력한 의문을 제기하여 왔는데, 특히 미국에서는 1960년대 중반 이래로, 임상의가 위험하다고 판단하여 구금이 권고된 정신과 환자와 중범죄자를 법원이 석방하기로 결정하면서, 임상적 평가를 실제로 검증해 볼 기회를 다수 제공하였다.

위험성의 임상적 평가[4]

누가 보호를 요할 정도로 위험하고 누가 위험하지 않은지 확신을 가지고 구별할 수 있는가에 대하여 요즘은 회의론적인 시각이 다분하고 만연하다. 이러한 이유로 그러한 구분을 짓는 행위가 적절한가에 대해 의문이 제기되기도 하지만, 또 다른 이유로는 윤리적·정치적 원칙에 대한 보다 근본적인 반대의견들이 있다. 나는 다른 저서[5]에서 이러한 이의가 대부분 잘못 이해된다고 주장한 바 있는데, 여기서는 임상적 근거에 입각한 반대의견만 다루기로 하겠다.

미국의 법원들이 전문가들의 조언에도 불구하고 정신과 환자와 중범죄자를 석방하기로 결정하면서 가능해진 타당화 연구들의 결과는 대체로 잘못 해석되고 있는 것으로 보인다. 그 이유를 설명하기 위해 나는 먼저 위험성의 임상적 평가의 성격을 자세히 다루려 한다.

가장 먼저 언급해야 할 점은, 이러한 평가가 어떤 종류의 예측을 내어놓기는 하지만, 그것은 단순한 예측이 아니라 예측 판단이라는 사실이다. 다음에서 이 차이에 대해 다시 논할 것이지만, 현재로서는 위험성의 임상적 평가가 판단이라는 점을 강조하고 싶다.

프랭크 나이트(Frank Knight, 1936)가 지적했듯이, "판단력의 놀라운 특징은 오류를 범하기 쉽다는 점이다." 실제로 위험성의 임상적 판단은 오류의 가능성이 높다는 경험적 증거가 축적되고 있다. 나는 이 증거를 자세히 개괄한 바 있으며, 여기서는 단지 다음의 사항만 짚고 넘어가고 싶다. 임상

---

4) 이 부분에서 인용된 경험적 증거의 개괄은 Floud & Young(1981) 그리고 Monahan(1981) 참조.
5) Floud와 Young(1981).

적 판단이 내포하는 많은 약점(회피 가능한 약점과 부득이한 약점 모두)을 감안
하고서도, 경험적 증거에 따르면, 임상의들이 정신과 환자와 중범죄자에 대
해서 자유롭게 놔두었을 때 심각한 해를 가할 것이라고 예측한 내용이 실제
로 옳은 경우는 50퍼센트가 겨우 넘었다. 미국에서 실행된 상당수의 타당화
연구에 따르면, 임상의들의 권고에 반해 정신과 환자와 중범죄자를 석방하
여 일반병원이나 지역사회로 내보냈을 경우, 그들 중 50퍼센트 미만이 혹은
그보다도 낮은 비율만이 실제로 예측된 위해를 가했다.

　물론 위험성을 평가하는 것은 매우 어려운 기술이라는 데에는 의심의 여
지가 없다. 하지만 이 애매한 성공률을 객관적으로 설명해 줄 수 있는 심각
하고 순전히 통계적인 제약이 존재한다. 이것이 바로 위험성의 임상적 평가
에 대해 내가 지적하고 싶은 두 번째 요점이다.

　성공적인 예측을 방해하는 주 요인으로는 인간과 인류 환경은 매우 다양
하고, 한 인간이 통상의 사회적·법적 제약에서 벗어나 타인에게 중대한 해
를 입히는 경우는 드물며, 성향이 어떻든 상관없이 인간 행동을 결정하는 데
에는 확률이 개입한다는 점이 있다. 임상의가 대상자를 모집하는 모집단이
충분히 동질적이어서 중대한 해를 끼칠 확률이 50퍼센트 이상인 경우가 아
니라면, 임상의가 얼마나 조심스럽고 숙련되게 개별적 예측을 하는지와 상
관없이, 그의 예측이 맞을 확률은 50퍼센트가 넘을 수 없다. 대부분의 임상
의들이 다루는 집단은 행정적으로 정의되어 중대한 해를 가할 개연성이 평
균보다는 높지만, 그럼에도 불구하고 그 집단은 매우 이질적인 것이다. 심지
어 통계학자들이 어마어마한 범죄 폭력의 기록이 있는 중범죄자들 중에서
표본집단을 구성하여도, 중대한 해를 가할 개연성이 50퍼센트가 넘어가는
모집단을 식별하는 데 성공하기는 쉽지 않았다. 어쨌거나 임상의들이 승리
할 수는 없다. 역설적이게도, 더 동질적인 모집단에서 대상을 선정할수록,
그리고 선정된 표본집단이 중대한 해를 끼칠 평균적 확률이 더 높을수록, 임

상의들은 각 대상이 나타내는 위험요소와 관련해 그들을 개별적으로 구별하는 것이 더 어려워질 것이다. 왜냐하면 위험성에 관하여 사전 선택이 성공적으로 이루어졌다고 해도, 각 개인의 결과는 반반의 확률에 의해 결정되기 때문이다. 이 모든 것이 피할 수 없는 통계적 논리이고, 예측치를 상당히 개선시킬 수 있을 것이라는 전망에 대해 비관적 시각이 존재하는 이유를 설명해 준다.

그럼에도 불구하고 스톤 박사에게는 미안하지만, 나의 견해로는 대법원이 이러한 문제점 및 그 외 명확하게 규정하기 어려운 문제점들을 인정하면서도 법원들에게 위험성의 평가를 활용하라고 지시한 것으로 보아 '모순을 받아들인 것'으로 보인다. 내 생각에는 대법원이 단순히 난제에 대해 현실적인 접근법을 취한 것으로 보인다.

'위험성' 여부를 올바르게 판단할 확률이 실증적 증거에 따라 평균적으로 50퍼센트라면, 임상의가 대하는 정신과 환자와 중범죄자 중 누가 안전한지를 가려내는 것도 누가 위험한지를 가려내는 것만큼이나 어렵다는 뜻이 된다. 이러한 상황에서 무엇이 옳은 판단인지를 더 논하지 않은 채 행동의 도덕성을 결정하는 것은 불가능하다.

임상의들은 단순한 예측을 하는 것이 아니라 예측 판단을 하는 것이다. 다시 말하면, 임상의들이 던지는 질문은 통계학자들의 질문처럼 "이러한 사람이 중대한 해를 야기할 확률이 얼마나 되는가?"라는 단순한 것이 아니다. 임상의가 답해야 하는 질문은 다음과 같이 보다 복잡한 것이다. "이 사람은 어떤 상황에서 중대한 해를 야기할 것이며, 그러한 상황에서 그가 그렇게 행동할 경향의 강도와 지속율은 얼마나 되는가?" 또한 예측을 하기 위해서 임상의는 다음의 추가 질문도 해야 한다. "이 사람이 가까운 장래에 그러한 상황에 처하게 될 가능성은 얼마나 되는가?"

임상의는 대상 환자나 범죄자의 성향에 대해 제대로 된, 믿을 수 있는 진단을 내려서 일정 기간 동안 예측 가능한 상황에서 그 성향이 나타날 가능성을 짐작하게 해 주는 미래 행동 예측의 근거로 삼기 원한다. 임상의의 예측 판단은 논리적 추론의 형태를 따르며 다음과 같은 진술로 마무리된다. "나는 이 사람이 위험률이 높은 위험(bad risk)이라고 (대략) 확신한다. 즉, 제시된 이유로 인해, 나는 그가 누군가에게 중대한 해를 입힐 경향이 있고, 만약 그를 막지 않으면, 앞으로 (○○일, 주, 개월, 년) 이내에 그렇게 할 가능성이 있다고 (○○ 정도의 신뢰도하에) 판단한다."

이러한 판단이 틀릴 위험에 대한 경험적 증거에 있어 이러한 예측 판단의 유의성은 종종 잘못 이해된다. 물론 유의성은 임상의가 자신의 판단이 옳다고 얼마나 자신있게 말할 수 있는지를 알려 주지만, 그 판단의 대상이 된 개인에 대한 실제적·객관적 개연성에 대해서는 아무것도 말해 주지 못한다. 기껏해야, 해로운 행위의 개별적 개연성에 대한 임상적 평가의 예측치는 위험요소에 대한 실제 진술(즉, 실제적인 혹은 객관적인 통계적 개연성)로 잘못 이해된다. 최악의 경우, 통계적 실체[긍정오류(false positive), 부정오류(false negative)]와 잘못된 판단이 내려진 특정 개인이 혼동된다.

임상의는 예측 판단의 일환으로 한 개인이 나타내는 위험률을 예측하거나 추산하게 된다. 이 예측은 중대한 해를 야기할 성향에 대한 진단에 근거하며, 예측에 있어 불확실성의 정도는 이미 언급한 통계적 제약 안에서 진단이 얼마나 잘 내려졌는지, 그리고 임상의가 예견 가능한 관련 상황을 얼마나 잘 알고 이해했느냐에 따라 달라질 것이다. 엄밀히 말하면, 이러한 방법으로 예측 판단이 타당화될 수는 없다. 성향의 진단 면은 독립적 평가자들의 진단을 비교함으로써 신뢰도를 시험해 볼 수 있고, 결과의 예측 면은 실제 현실에서 어떻게 되느냐를 관찰하여 타당도를 시험해 볼 수 있다. 그러나 예측 판단의 두 용어는 예측 판단의 정당성이나 타당성을 설명해 주는 확정적 관계를 대신해주지는 못 한다.

임상의는 진단을 내린 후에 예측을 어떻게 내려야 할지에 대해 고민할 때, 사회복지사와 기타 정보력 있는 사람들과 긴밀히 협력하는 등의 방법으로, 자신이 예측하지 못한 상황이 발생하는 것을 최대한 줄여 보려고 노력할 것이다. 가상의 이상적인 상황에서는 확률에 의해서만 결과가 결정되고, 임상의의 예측이 맞았든지 아니면 긍정오류나 부정오류든지 상관없이, 진단의 적절성 여부는 말해 주지 못한다.

예측 판단의 신뢰성을 더 많이 떨어뜨리는 것은, 예측의 타당성이 낮다는 점이 아니라 진단의 적절성이 낮다는 점이다. 심각하게 해로운 행동 예측의 타당성을 검증하는 것보다 위험성 진단의 신뢰도를 검증하는 것이 훨씬 쉬움에도 불구하고, 실험적으로나 다른 방법을 통해 진단을 검증하려는 시도는 거의 없었던 것으로 보인다. 세계보건기구의 법정신의학과 행정정신의학 내 위험성 평가에 대한 협력연구(WHO Collaborative Study on Assessment of Dangerousness in Forensic and Administrative Psychiatry)를 수행한 연구책임자들의 첫 번째 보고 결과는 다음과 같이 실망스럽다(Montandon & Harding, 1984). "연구결과는 '위험성'의 개념이 과학적으로나 조작적으로 타당한 개념으로서 활용되는 것을 지지하지 않는다". 어찌되었든 간에, 개별적 결과에 있어 높은 불확실성이 수반된다는 사실은 누군가를 정해지지 않은 오랜 기간 동안 병원이나 교도소에 구금하는 것을 꺼림칙하게 만든다. 중대한 위해 행동 예측에 있어 긍정오류의 가능성은 예방조치가 취해졌을 경우 평균적으로 불필요한 구금이 발생할 위험이 있다는 사실을 가리키며, 비록 이것의 의미가 시민자유주의 비평가들에 의해 약화되기는 하지만(이 글 중 '대중 보호' 부분 참조), 현재로서는 만족하거나 편안히 받아들이기에는 너무 높은 확률이다.

형사사법제도와 정신보건제도에서 예측 판단이 계속 사용되는 한, 예측 판단을 개선시키려는 시도를 지속해야 하는 도덕적 책무는 피해 갈 수 없다.

그렇지만 얼마나 더 개선될 수 있는지에 대해서는 의문의 여지가 있는데, 왜 냐하면 현 상황을 나타내는 지표에 있어서 임상적 요인과 통계적 요인이 각 각 얼마나 책임이 있는지 추정하는 것이 불가능하기 때문이다. 이론적 통찰 력 증진, 연구 장려, 실무 현장에서 연구 결과 활용, 혹은 단순히 좀 더 신중 하게 법정신의학자를 선별하고 임명하는 등의 방법을 통한 진단 절차 개선 의 가능성을 묵살하는 것은 과도하게 비관적인 처사일 것이다.

　미국에서 경험적 연구가 수행된 이유는 단지 임상의들의 위험성 평가의 타당성이 높지 않다는 것을 입증함으로 그들의 역량에 대해 의문을 제기하 려는 것뿐만이 아니었다. 임상의들이 법원에 제출한 보고서의 내용을 조사 하고(Cocozza & Steadman, 1976) 평가 절차가 실행되는 방법을 직접적으로 연구함으로써(Pfohl, 1977) ‘위험한 사람’이라는 준의학적 실체가 존재한다 는 잘못된 생각이 어떻게 육성되는지를 보여 주려는 목적도 있었다. 이 ‘위 험한 사람’이라는 개념에 근거해 정신과 의사들 및 관련 정신보건 분야 전문 가들이 공식적으로 법원 및 형벌 담당기구에게 조언을 하는 자격이 주어졌던 것이다. 연구 결과를 발표하면서 코코자(Cocozza)와 스테드먼(Steadman)은 ‘사회의 기대에 부응하기 위해 [전문가의] 역할을 담당’하라는 압력에 너무 쉽게 굴복한 정신과 의사의 직업적 오만과 불성실을 고발하는 기회로 삼았 다. 정신과 의사는 전문적 지식을 갖추었다고 주장되어 법에 있어 전문가의 지위가 부여되지만, 그들이 수행하는 위험성 평가는 경험적으로 검증되지 않은 신념에 근거하고 있다는 점에서 과학자의 신분으로 ‘마술’을 부리고 있다고 말할 수 있는 것이다. “정신과 의사는 자신의 전문 분야를 넘어선 전 문직의 예를 잘 보여 주며, 사회가 정신과 의사들의 능력에 대해 갖고 있는 신뢰는 실증적 근거가 없는 것임이 드러난다.” 폴(Pfohl)은 정신과 의사들의 ‘허위 의식’을 고발하면서, 그들이 사회 통제의 대리인의 역할을 수행함으 로써 억압과 불공정의 영속화를 묵인한다고 주장한다.

　이것은 자극적인 소재이지만, 이 문제를 즉각적으로 묵살해 버리는 정신과 의사는 냉담하고 독선적인 자일 것이다. 경험적 연구 자료에 따르면, 평가대상자의 병력을 보고 그 사람의 위험성을 평가함에 있어서 정신과 의사들과 비정신과 의사들의 합치율이 일반적으로 낮다고 주장되어 왔으며, 동일한 자료를 가지고 비정신과 의사들이 평가했을 때에 나타나는 그들 간 합치율에 비해서도 높지 않을 것이라고 주장되었다(Montandon & Harding, 1984). 또한 평균적으로 위험성의 임상적 판단 예측치는 동전을 던져서 결정하는 방법에 비해 높지 않다고 주장되기도 하였다(Ennis & Litwak, 1974). 하지만 그렇다고 해서 특정 사례에서 예방적 구금을 고려할 때 전문가 증언에 정신과 의사를 배제한다는 결론을 내릴 수는 없다.

　아주 오래 전인 1789년에도 벤담(Bentham)은 '범죄가 나타내는 타락적 성향'을 측정하기 위한 상식적 원칙을 정했다. 그리고 현대 정신의학의 모든 자원에도 불구하고, 위험성을 성공적으로 예측 판단하기 위하여 과학보다는 예술이 더 많이 관여하는 것으로 보인다. 그럼에도 불구하고, 정신이상의 설명 및 연구 경험이 있는 임상의들이 위험성의 평가에 기여할 바가 전혀 없다고 가정한다면 역효과가 일어날 것이며, 이는 심지어 타인에게 심각한 해를 끼칠 경향이 정신질환과 분명한 연관이 없을 때조차 그럴 것이다. 요즘은 기소자 측이나 피고 측 모두, 정신과적 증언의 도움 없이 위험하다는 가정하에 이루어지는 구금에 대해 불공정을 고소할 합당한 이유가 생기는 것이다.

　경험적 연구 결과는 법원에 제출되는 법정신의학자들의 의무보고서상의 진단이 형편없다는 증거를 제공하며, 그들의 형식적인 권장사항과 법원의 결정이 놀라울 만큼 일치한다는 사실을 밝혀 준다(Cocozza & Steadman, 1976). 이 연관성이 나타내는 바는 판결이 형편없다는 것('법에 의해 사법적 판결이 내려졌으나 실제로는 정신과 의사들이 결정한 것')이기도 한데, 조사된 사례의 86퍼센트에서 의견 불일치가 없었다는 보고를 가지고 이러한 파격적인 추론을 이끌어 내도 안전한지에 대해서는 의문이 남는다. 그러나 개혁가들이 가야 할 방향은 분명히 나타난다.

스톤 박사가 범죄와 비행에 관한 국가위원회 위원장(President of the National Council on Crime and Delinquency, 1973)의 말을 인용하며 언급하듯이, 위험한 사람을 식별하는 과제는 '형사사법제도가 당면하는 최대의 미해결 문제'다. 하지만 그것은 실질적인 문제라기보다는 정치적이고 행정적인 문제인데, 예측 판단을 대신할 수 있는 것이 없기 때문이다. 예측 판단은 우리가 앞으로도 늘 지속적으로 의존할 수밖에 없는 유일한 것이다. 만약 예측 판단이 전문가의 도움을 받아 공공연하게 내려지지 않는다면, 아마도 암묵적으로 행해질 것이다. 예측 판단이 본질적으로 불확실한 성격이 있다는 사실을 감안할 때, 예측 판단을 명시적으로 규정하여 그 범위를 제한하고, 법정 통제하에 두어 절차적 안전망을 두르는 것은 입법부의 손에 달려 있다.6)

전문가 증언의 도움을 받아 잠재적 피해자와 잠재적 가해자의 대립하는 주장에 대해 판결을 내리는 것은 법원이나 그와 동등한 기관의 몫이다. 그 전문가 증언에는 정신과 의사가 불가피하게 그리고 적절하게 중요한 자리를 차지할 것이다. 정신과 의사는 대립적 사법 절차로 인해 특수한 문제에 직면하고 있으며, 이들은 전문적 협회를 통해 자신들이 기여할 수 있는 범위와 한계를 명료히 밝히고 홍보하려 노력하여야 한다.

스톤 박사가 보여 주었듯이, 정신보건제도에서 위험성의 평가를 사법화하려는 경향에는 의도치 않고 예기되지 못한 그리고 해로운 사회적 결과가 동반된다. 나는 어떻게 이 문제를 방지하거나 완화시킬 수 있는지 안다고 자신할 수 없다. 이러한 추세는 아마도 이전으로 되돌릴 수는 없을 것으로 보

---

6) Floud and Young(1981) Part III.

이는데, 왜냐하면 사법체계에서 위험성 평가를 공식적으로 사용하게 한 추진력은 정의의 공리주의적이고 권위주의적인 개념화에 대한 현 시대의 강력한 저항에서 비롯되었기 때문이다. 정신과 의사들은 법률가들과 의회 의원들에게 개혁에 이러한 해로운 부작용이 있다는 사실을 납득시키고 그 해결책을 찾기 위해 협력하여야 할 것이다.[7]

참고문헌

Bottoms, A. E. and Brownsword, R. (1982). The dangerousness debate after the Floud report. *British Journal of Criminology, 22*(3).

Cocozza, J. J. and Steadman, H. (1976). Prediction in psychiatry: an example of misplaced confidence in experts. *Social Problems, 25*(23).

Ennis, B. J. and Litwak, T. R. (1974). Psychiatry and the presumption of expertise: flipping coins in the courtroom. *California Law Review, 62*(5).

Floud, J. and Young, W. (1981). *Dangerousness and Criminal Justice.* Heinemann, London.

Hinton, J. (ed.) (1982). *Dangerousness: Problems of Assessment and Prediction.* Allen and Unwin, London.

Knight, F. (1936). *Risk, Uncertainty and Profit.*

Monahan, J. (1981). *The Clinical Prediction of Violent Behaviour.* US Department of Health and Human Services, Rockville, Md.

Pfohl, S. (1977). The psychiatric assessment of dangerousness: practical problems and political implications. In J. P. Conrad and S. Dinitz (eds.)

---

7) 기쁘게도, 이에 대한 업무가 착수되었다. 미국정신의학회(Americal Psychiatric Association)는 이러한 개혁의 부작용을 직접적으로 다루는 '정신질환자의 민사상 구금에 대한 모범 주(州) 법의 예시'(Stromberg and Stone, 1983)를 승인하였다.

In Fear of Each Other. Lexington Books, Lexington, Md.

Stone, A. A. (1982). Psychiatric abuse and legal reform: two ways to make a bad situation worse. *International Journal of Law and Psychiatry, 5,* 9-28.

Stone, A. A. and Stromberg, C. D. (1983). A model state law on civil commitment of the mentally ill. Harvard Journal of Legislation, *2*(2).

09

법적 책임의 면제를 위한
정신과적 설명

나이젤 워커(Nigel Walker) 저
최명민 역

이 글은 다음과 같은 한 교과서 문구에서 비롯되었다.

미국의 사법제도는 인간은 자유의지를 가지고 행동한다는 이론에 기반을
두고 있다. 그러나 정신이상자(insane)는 이러한 자유로운 선택을 행사할 수 없
다(Gammage and Hemphill, Basic Criminal Law, 1977 edition,
McGraw-Hill, New York, p.136).

나는 내가 고딕체로 표시한 부분이 미국과 영국 모두에서 적합하지 않다
는 것을 말하고자 한다. 좀 더 구체적으로 말하면, 이 문구는 정신이상 항변
이 허용되는 이유를 과도하게 단순화시킨다. 나의 논지를 명백히 하기 위하
여, 우선 인간행동에 대한 다양한 설명의 종류와 목적을 구별하며 시작하려
한다.

설 명

인간행동에 대한 설명은 최소한 다음과 같은 다섯 가지 측면에서 활용된다.

- 장래 행동을 예측하기 위해(예: 정신과적 예후, 정치적 예후에서)
- 장래 행동을 이끌어내기 위해(예: 선거나 정신과적 치료에서)
- 장래 행동을 방지하기 위해(예: 자녀양육에서)
- 과거 행동에 대한 궁금증을 해소하기 위해(예: 역사적으로)
- 과거나 현재의 행동이 도덕적으로 또는 법적으로 용서받을 만한지를 판단하기 위해

이 글은 이 모든 종류의 설명에 관한 것이 아니다. 다섯 번째 항목과 관련된 인간행동의 설명만 다룰 것이며, 특히 형사법정에서 행위에 대한 책임을 면제하거나 경감시키기 위해 제공되는 설명에 관심을 둘 것이다. 정신과 의사들은(특히 영국 법정에서) 형 선고 단계에서 피고의 치료 가능성에 대해 증언하거나 예후를 설명해 줄 것을 요청받곤 하는데, 이러한 증언은 이 글의 범위를 벗어나므로 다루지 않을 것이다.

어떤 사람이 행한 행동에 대해 비난받을 필요가 없거나, 적어도 뚜렷한 이상이 없는 다른 사람보다는 책임이 경감되어야 한다는 주장을 뒷받침하기 위해 정신과적 설명이 재판 중 혹은 재판 후에 법원에 제출될 때가 있다.[1] 전형적인 예는 정신이상 항변을 뒷받침하기 위해 정신감정이 제출되는 것이다. 현재 영국에서 이런 경우는 매우 드물지만, 미국이나 영국연방에서는

---

1) 다양한 종류의 '정신과적 항변'을 정의하기 위하여 사용되는 법률용어는 이 장의 부록 1 참조.

그렇게 드문 일이 아니다. 특히 부록 2에서 논하겠지만, 버틀러 위원회의 제안서가 법령집에 수록된다면, 특정 형태로 개정될 수도 있는 일이다. 정신과적 설명은 한정책임 능력과 영아살해의 항변에도 필요하며 일부 자동증(automatism)을 뒷받침하기 위해 요구되기도 한다(여기서 '일부'라는 표현을 사용한 것은 자동증이 정신과 의사나 신경과 의사가 진단 내린 상태일 때도 있지만, 재채기처럼 일상적으로 일어나는 일에도 해당되기 때문이다).

일탈적인 행동에 대한 설명

이러한 항변과 정신감정의 연관성에 대해 논하기 전에, 내가 일탈적인 행동이라고 부르는 것을 간단히 설명하고 넘어가고자 한다. 여기에서 일탈적인 행동이란 범죄행위뿐 아니라, 통상 비정상적이거나 (파산을 가져오는 도박 등) 유감스럽다고 간주되는 행동을 포함한다.

가능성 설명

일상에서 어떤 사람이 놀랄 만한 행동을 한 이유가 궁금할 때 우리는 항상 과학적 설명을 요구하지는 않는다. 다시 말해, 그 사람이 왜 그렇게 '할 수밖에 없었는지', 또는 그가 그렇게 할 개연성이 왜 높았는지를 질문하지 않는다.[2] 그보다 우리가 알기 원하는 것은 그렇게 이상하게 행동한 이유뿐이다. 즉, 어떻게 해서 그가 자기 자신을 그렇게 웃음거리로 만들었는지, 또는 그의 원칙, 목표, 자라 온 환경이라고 알려진 것과 너무나 다른 행동을 어떻

---

2) 주석 4번 참조.

게 할 수 있었는지를 알고 싶은 것이다. 보통 그 사람이 어떻게 하여 그 행동을 하도록 부추겨지거나 자극을 받거나 또는 실수를 하게 되었는지를 설명해 주는 간단한 이야기가 우리가 얻게 되는 정보의 전부이며, 우리는 대체로 이를 충분하다고 여긴다. 이를 통해 그가 그렇게 이상하게 행동하게 된 것이 어떻게 심리적으로 가능했는지를 이해하게 되는 것이다. 드레이(Dray)는 역사적 설명에 대한 그의 저서[3]에서 이것을 '서술적 설명(narrative explanations)'이라고 불렀으나, '가능성 설명(possibility explanation)'이라고 부르는 것이 더 정확할 것이다.

한 가지 예를 들어 보자. 식사에 초대받은 손님이 주인에게 무례하게 굴었는데, 이는 관례를 벗어난 행동이었을 뿐 아니라 평소 그의 모습과는 다른 것이었다. 나중에 그의 아내가 "어떻게 그럴 수 있어요?"라고 묻자, 그는 주인이 내뱉은 말이 자신이 과거에 연루되었던 스캔들을 은근히 건드린 것이라고 설명했다. 만약 그의 아내가 "하지만 그렇게 흥분할 필요는 없었잖아요."라고 말한다면, 그는 "물론 그렇지요. 하지만 나는 그렇게 해도 별로 해가 될 건 없다고 생각했고, 그도 잘못을 깨달아야 한다고 생각했어요."라고 대답할 수 있다. 그의 해명은 설명으로서 받아들여질 수 있을 만큼 충분히 이해되지만, 그렇다고 해서 이것이 그의 무례함에 대한 필연성이나 높은 개연성을 의미하는 것은 아니다. 그의 설명은 우리로 하여금 '어떻게 그가 그럴 수 있었는지'를 이해하는데 도움을 줄 뿐이다. 즉, 가능성 설명인 것이다.

개연성 설명

어떤 사람이 평소와는 다르거나 이상한 행동을 반복해서 하면, 우리는 가

3) W. H. Dray, *Laws and Explanations in History* (1957, Oxford University Press).

능성 설명 이상의 것을 필요로 한다. 그리고 무엇이 그로 하여금 그렇게 행동하게 '만드는지'를 묻게 된다. 이런 경우, 우리는 왜 그가 다른 방식으로 행동할 수 없었는지에 대한 설명을 듣기 전까지는 만족스러워하지 않는다. 나는 이러한 유형의 설명을 '개연성 설명(probability-explanation)'이라고 이름 붙였다. 이 명칭은 매우 드물긴 하지만 행위가 불가피했음을 알려 주는 설명을 의미한다.

개연성 설명은 '과학적' 설명과 동일시될 수 있다. 그러나 필자가 이미 다른 문헌에서 상세히 설명했듯이,[4] 개연성 설명은 헴펠(Hempel)처럼 자연법으로 과학적 설명을 정의하는 것보다 낫다고 본다. 하지만 이것이 현재 논의에서 핵심적인 내용은 아니다. 아울러 가능성 설명과 개연성 설명 간의 구별이 인간행동 혹은 나아가 동물의 행동에만 적용되는가에 대한 논의도 여기서 다룰 주제는 아니다. 무생물에 대해서도 우리는 종종 가능성 설명을 받아들인다. 비행기 사고, 다리와 같은 구조물의 붕괴, 온대 수역에서 빙산의 출현 등은 종종 발생 가능성이 적은 상황들의 동시 발생의 서술로 설명되곤 한다. 마이클 스크리븐(Michael Scriven)이 지적하였듯이, 기술자들은 그들이 예상하지 못했던 사고가 발생하고 난 후에 그 사건에 대해 설명할 수 있는 경우가 종종 있다.[5]

나아가, 가능성 설명과 개연성 설명을 구별하는 것이 '이유'와 '원인' 간의 구별과 동일하지도 않다. '원인'은 두 유형의 설명 모두에 등장할 수 있으며 이유 또한 마찬가지다. 인간의 뜻밖의 행동에 대한 가능성 설명은 대개 이유를 포함하지만, 그 이유가 근육 경련이나 재채기에서와 같이 생리학적

---

4) *Behaviour and Misbehaviour: explanations and non-explanations* (1977, Blackwell, Oxford).

5) M. Scriven, 'Explanations, prediction and laws', *Minnesota Studies in the Philosophy of Science*, ed. R. Feigl, 3 (1962), 190ff.

사건에만 의존할 수도 있다. 기이한 행동에 대한 개연성 설명은 행위자의 이유나 신경학적 이상을 포함할 수 있다. 어떤 경우든지 간에, 이유는 원인이 될 수 없다는 한 때 유행했던 견해는 강력한 비판을 받고 그 세력을 잃게 되었다.[6]

사회학적 설명과 더 관련이 있긴 하지만 정신과적 설명과도 관련된 또 하나의 논지는, 단순히 개인의 반복적인 일탈 행위만이 우리로 하여금 가능성 설명 이상의 것을 요구하도록 하는 것은 아니라는 점이다. 어떤 범주에 속한 집단의 구성원들이 반복적으로 의외의 행동을 할 때에도 우리는 가능성 설명 이상의 것을 요구한다. 한 예로, 축구 팬들의 행동 양식을 들 수 있다. 또 다른 예로는 특정 연령대에 속하는 남성의 공공기물 파손 빈도나, 전체 사회에서의 개인적 폭력 빈도를 들 수 있다. 그러한 빈도가 통상의 수준을 훨씬 벗어나면, 우리는 일종의 개연성 설명을 원하게 된다. 이러한 상황은 사회학에서는 흔한 일이지만 정신의학에서는 알려져 있지 않다.

정신과적 설명

이제 피고의 위법행위를 설명하도록 요청받은 정신과 의사가 제공하는 진술의 종류에 대해 생각해 보자.[7] 여기에는 네 가지 종류가 있는 것으로 보인다. 자동증, 증대된 개연성, 이유(잘못된 믿음을 포함하여), 그리고 '저항 불가능한 충동'이 그것이다.

---

6) 예: Sir Alfred Ayer, 'Man as a subject of science', in *Philosophy, Politics and Society*, ed. P. Laslett and W. Runciman (1967, Blackwell, Oxford).

7) 아니면 다른 어떤 행위라도 그것이 예상하지 못했던 것일 경우에는 이를 필요로 한다. 우리는 정신과 의사에게 일상적인 행위를 설명할 것을 요구하지는 않는다.

자동적 행동

행동을 한 사람이 마치 자동장치와도 같았다는 설명이다. 간질 발작이 전형적인 예인데, 최근 들어 건(Gunn) 교수와 같은 연구자들은 간질 환자의 발작적 움직임이 대다수의 위법행위의 조건인 목적적 행위로 간주될 수 있는지에 대한 의문을 제기하고 있다. 어찌 되었든, 운전 중의 발작은 의도치 않은 위법 행동을 유발할 수 있고, 보통의 건강한 사람이 경험할 수 있는 자동증에 가장 가까운 강렬한 재채기도 같은 결과를 초래할 수 있다. 물론 파킨슨병이나 헌팅턴 무도병의 거동과 표정도 자동증의 또 다른 예다. 이 경우에 정신과 의사들은 우리에게 행위자가 그러한 행동을 할 수밖에 없었다고 말한다. "그러한 행동을 할 수밖에 없었다."라는 말의 의미가 때로는 애매모호할 수 있지만, 여기서는 분명 "그가 원하지 않았더라도 그렇게 행동할 공산이 높았거나 혹은 확실하였다."라는 의미다. 발작이 오는 것을 느꼈음에도 운전을 시작하는 등 피고가 스스로 물리적 상태나 상황을 초래한 책임이 있는 경우를 제외하고, 변호사들은 이러한 설명을 피고의 무죄를 완전히 입증할 수 있는 것으로 받아들인다. 피고가 스스로 상황을 초래한 경우를 제외하고, 행위자는 마치 다른 사람이 운전대를 튼 것처럼 무죄라고 간주된다.[8] 게다가 우리는 전기 기술자가 텔레비전의 고장에 대해 설명하는 내용을 곧이곧대로 믿는 것처럼, 신경학적 기제를 전부 이해하지 못한다 해도 정신과 의사나 신경과 의사의 설명을 받아들이게 된다.

---

8) 이 맥락에서 정상인과 정신이상자 사이의 자동증의 구별은 불필요한 것으로 보인다.

증대된 개연성

그러나 다른 유형의 정신과적 설명은 그렇게 단순하지 않다. 단지 행위자가 조현증, 조증 혹은 다른 진단적 범주의 질병이 있다는 설명만 들을 때가 있다. 어떤 의미에서 이것이 설명인가? 설명이 될 수 있는 경우는 오직 행위자가 다음 중 하나 이상의 경우에 속한다는 의미가 내포되었을 때다.

(a) 그러한 행위를 하는 것이 확실한 경우   하지만 그런 경우는 극히 드물다.

(b) 그러한 행위를 할 개연성이 높은 경우   정신과적 설명에 가끔 내포되어 있는 의미로, 예컨대 임상적 우울증이 있는 사람의 자살이나 드물게는 살인 행위, 편집성 조현증이 있는 사람의 공격적 행동 등이 있다. 이러한 사람들에 대한 더 만족스러운 설명도 있는데, 이에 대해서는 잠시 후에 논하기로 한다. '높은 개연성'은 물론 모호한 용어로, 정신과 의사가 개연성의 정도까지 명확히 말해 줄 수는 없다. 어떤 경우에는 그 행동을 "하지 않을 확률보다 할 확률이 높다."라는 뜻을 의미하고, 어떤 경우에는 "그렇게 할 확률이 매우 높다."라는 것을 의미한다.

(c) 단순히 일반 사회구성원보다 그러한 행위를 더 할 가능성이 높은 경우   (텔레비전 수상기 고장의 원인에 대해 너무 오래되어서 그렇다거나, 신용할 수 없는 업체에서 만들어서 그렇다는 '설명'이 이에 비유될 수 있다.) 예를 들어, 영아 살해를 한 생모에 대하여 그녀가 최근에 출산하였고 불안정한 상태(혹은 법에 규정된 용어를 사용하자면, '마음의 균형이 불안정한 상태')였으므로, 면책해 주어야 한다고 요청할 수 있다. 그러나 정신과 의사가 이렇게 설명할 때, 같은 상태에 있는 모든 여성이 아기를 죽일 공산이 높다는 뜻으로 해석할 수는 없다. 왜냐하면, 대다수의 여성은 산후 마음의 균형이 불안정한 상태에 있더라도 자신의 아기를 죽이지는 않기

때문이다. 이런 설명이 내포하는 바는 이런 상황에서 여성이 살인을 할
가능성이 평소보다 높다는 것이다.

　나는 이러한 의미의 설명을 '증대된 개연성(increased probability)'이라고
부른다. 이것이 의미하는 바가 개연성이 높다거나, 아니면 개연성이 50퍼센
트를 넘는다는 의미도 아니라는 점을 유념하라. 나아가, 특정 부류의 장애를
제외하고는 정신장애가 위법행위의 개연성을 크게 증대시킨다는 합리적 근
거도 거의 없다는 점도 알아야 한다. 미국에서는 연구마다 이에 대한 결론을
달리하고 있다. 서독에서 1955년부터 1964년까지 발생한 고의 살인에 대해
이뤄진 매우 신중한 연구에 따르면, 정신질환자들이 일반 인구 중 유병률로
예측할 수 있는 정도보다 더 많이 고의 살인에 연루되지 않았는데,[9] 조현증
환자의 타살 및 자살의 비율은 유병률보다 더 높았다. 이러한 추산치의 문제
는 다음과 같다. 즉, 어떤 시점에도 심각한 장애가 있는 사람들은 시설 내에
수용되어 있거나 감독하에 있기 때문에 이들이 위법행위를 저지를 수 있는
기회는 일정 수준 감소된다. 또한 정신장애가 있지만 정신과적 진단을 받지
않은 사람들은 어느 사회에나 잠재해 있다.
　물론 정신장애가 위법행위의 개연성을 높였다고 설명하기에 무리가 없는
예외적인 경우도 존재한다. 알코올, 또는 기분에 영향을 주는 다른 종류의 약
물 중독이 이에 해당한다.[10] 나는 단순히 약물 남용이 중독자가 폭력적이거
나 부정직하게, 혹은 다른 불쾌한 방식으로 행동할 개연성을 더 높인다는 것
을 말하려는 게 아니다. 물론 과도한 양의 알코올을 섭취한 경우에 이러한 일

---

9) W. Böker and H. Häfner, *Gewalttäten Geistesgestorter* (1973, Springer-Verlag, Berlin).
　나는 *Social Psychiatry*, 8 (1973), 220ff의 저자들의 영문 요약을 참조하였다.
10) 나는 상당수의 정신과 의사가 이러한 중독을 정신장애로 보지 않는다는 것을 알고 있으나, 이는
　　현 맥락에서 상관이 없다. 우리는 정신과 의사들이 중독자들의 행동을 설명함에 있어 도움을 주
　　기를 기대한다.

이 종종 발생하는 것이 사실이다. 그러나 약물 중독자는 약물을 공급받기 위해 의도적인 행위를 하며, 그러기 위하여 절도나 처방전 위조를 한다면 법을 위반할 개연성이 증대되는 것이다. 그러나 중독이라는 진단을 받았다고 해서 그 사람이 어떤 종류의 위법행위를 할지는 예측할 수 없다. 그의 과거 행적을 알 때에만 이 예측을 하는 것이 가능한데, 이마저도 확실한 것은 아니다.

흥미로운 것은, 중독자의 약물에 대한 갈망 때문에 위법행위를 저질렀다는 인과관계가 분명하고 강할지라도(즉, 부정직한 행위에 대한 매우 높은 개연성을 야기하여도), 중독자의 위법행위를 용서할 수 있다고 여기지는 않는다는 것이다. 물론 그 이유는 우리가 중독은 중독자의 잘못이라고 보기 때문이다.

유사 예외(pseudo-exception)도 존재한다. 설명하려는 행동 자체에 근거해서 진단명이 붙는 경우로, 레이디 우튼(Lady Wootton) 등에 의해 '순환적' 설명이라고 불린다.[11] 즉, '공격적인 사이코패스'는 대부분의 사람보다 폭력 행동을 할 가능성이 더 높은 것처럼 들린다. 그러나 이러한 종류의 낙인은 행위자가 저지를 경향이 있는 위법행위의 종류에 대한 설명에 지나지 않으므로, 설명의 목적으로 이런 진단명을 제공하는 것은 별로 도움이 되지 않는다. 심지어 '공격적인'과 같은 형용사 없이 그저 '사이코패스' 혹은 '성격장애'라고 부르는 것은 설명의 측면에서 더 도움이 되지 않는다.

쉽게 표현해, "그럴 가능성이 높다."는 설명은 나폴레옹 법전(Code Napoléon)에 의하여 유럽에서 확산되었던 정신이상항변, 즉 법원은 작위 혹은 부작위 당시 피고가 '정신이상(démence)' 상태에 있었다고 인정되면 피고에게 무죄를 선고해야 한다는 원칙의 기반이 되는 것으로 보인다. 이것은 버틀

---

11) B. Wootton, *Social Science and Social Pathology* (1959, Allen & Unwin, London). 나는 *Crime and Insanity in England*, vol. II, ed. N. Walker and S. McCabe (1973, Edinburgh University Press) 에서 '정신병질'이라는 단어가 진단명이 될 정도로 장애를 충분히 묘사하거나 예후를 알려 주지는 못하지만, 레이디 우튼이 제안하는 것만큼 '순환적'인 설명은 아니라고 논쟁한 바 있다.

러 위원회가 영국에 채택을 권고하는 정신이상항변의 개정안 중의 하나이며, 이에 대해서는 다른 한가지와 함께 나중에 언급할 것이다(이 장의 부록 2 참조).

이유

때로 정신과 의사들은 진단명에 덧붙여 완전히 다른 종류의 설명이 될 수 있는 정보를 제공하곤 한다. 예를 들면, 편집성 조현증 환자가 그의 아내가 외도 중이라는, 혹은 그의 이웃이 그를 살해할 음모를 꾸미고 있다는 망상을 갖고 있었다거나, 임상적으로 우울했던 가장이 자기 자신과 그의 가족에 대해 끔찍한 장래를 예견하고 모두를 죽이는 것이 좋을 것이라고 여겼다거나 하는 정보 말이다.

이런 경우 단지 보험통계상의 약하거나 강한 개연성에 대한 설명을 제공받는 것이 아니다. 행위자의 행동을 이해함에 있어서 도움을 받는 것이다. 행위자의 신념과 감정에 관한 정보를 통해 우리는 '그가 왜 그렇게 행동했는지 알겠다.'고 생각하게 된다. 더 정확하게는, 이 정보는 우리로 하여금 행위자의 행동에 대한 심리학적 가능성에 대하여 이해할 수 있게 해 준다. 앞서 논하였던 도발적으로 무례하게 굴었던 손님의 예와 마찬가지로 말이다. 이 정보로 인해 그의 행위가 불가피했다거나 개연성이 높았다고 설명되는 것은 아니다. 같은 사람이 같은 상황에 놓여 있더라도 그러한 행위를 하지 않기로 결정하거나, 그러한 행위를 미루기로 결정할 수도 있기 때문이다.

실수

물론 행위자가 자신의 행동의 성질을 잘못 파악하고 있었다는 것도 정보의 필수적인 부분이 될 수 있다. 실수는 개연성 설명보다 가능성 설명에 있어서 더 중요한 부분이라는 점을 염두에 두어야 한다. 이에 관해서는 이해하기 쉬우며 실제 있었던 맥노튼 항변(M'Naghten defences)의 예를 들어 설명하고 싶지만, 그리고 글랜빌 윌리엄스(Glanville Williams) 교수와 내가 각자 실례를 찾아봤지만, 찾을 수 없었다. 완전히 문서화된 사례들은 항소가 제기된 것들이어서 명백한 사례들이 아니다. 핏제임스 스티븐(Fitzjames Stephen)은 행위자의 행동의 성격과 질에 있어서 정신이상으로 인한 실수의 두 가지 예를 제시하고 있는데, 그는 어떠한 사례 인용도 하지 않았으며 그가 제시한 예는 지어 낸 것이라는 것이 거의 확실하다.[12] 그럼에도 교과서 집필자들은 그가 든 예를 사용해야만 했다. 그중 하나는 유리병을 깨뜨린다고 생각했지만 실제로는 사람을 다치게 한 사람의 예이고, 다른 하나는 오렌지를 압착한다고 생각하면서 다른 사람을 목 졸라 살해한 사람의 예다. 이러한 예들은 단지 어떻게 그 사람이 그러한 행위를 하는 것이 가능했는지에 대한 설명을 제공할 뿐이며, 그러한 행위에 대한 높은 개연성을 나타내는 것은 아니라는 점을 주의해야 한다. 즉, 그 사람이 눈에 보이는 모든 유리병을 깨뜨리거나 모든 오렌지를 압착했다고 믿으라는 설명이 아니다. 여기에서 주어지는 것은 가능성 설명에 지나지 않는다.

망상적 믿음

더 흔한 상황은 정보의 필수적인 부분이 망상적 믿음인 경우다. 이런 믿음 중에는 그것이 진실인 경우 법적 면책이 되는 경우도 있다. 예를 들면, 행위자가 치명적인 공격으로부터 자신을 방어하기 위하여 공격을 가하는 것이

---

12) 사실 이것이 더 나을 수도 있다. 실제 상황 때문에 복잡해지는 사례보다 지어낸 사례가 읽었을 때 더 온전하게 설명될 수 있다.

필요하다고 생각했을 수도 있다. 심지어 편집증적인 남편이 아내의 정부라고 상상한 남자를 살해한 경우와 같이 법적으로 면책받지 못하는 경우라 해도, 망상적 믿음은 최소한 우리로 하여금 도발 행위를 이해할 수 있게 해 준다. 하지만 망상적 믿음 때문에 그가 그렇게 행동할 수밖에 없었다고 생각하는 경우는 매우 드물다. 망상이 생긴 건 그의 잘못이 아니지만, 덜 극적으로 행동할 수 있었을 것이라고 생각하게 되기 때문이다. 편집증이 있는 모든 남편이 아내나 상상 속의 아내의 정부를 공격하지는 않기 때문이다. 그렇지만 그가 어떻게 그러한 행동을 '하는 것이 가능했는지'를 이해하기 때문에, 그의 폭력을 덜 비판적인 시각으로 바라보게 된다.

　사실임이 밝혀질 경우 법적으로 정당화되는 망상적 범죄 행위의 실례를 찾는 것은, 행위의 '성격과 질'과 관련한 실수에 대한 실례를 찾는 것만큼이나 어렵다. 맥노튼이 토리 당(the Tories)에 의하여 박해받고 있다는 망상이 있었다고 해서, 그가 수상이라고 생각한 사람을 총으로 쏜 것이 정당화되지는 못한다. 자신의 생명을 방어하기 위해 총으로 쏘아야 한다고 생각했다면 결과가 달라지겠지만, 그렇다는 주장도 제기된 적이 없다. 나는 웨일스의 한 상점에서 물건을 절도하여 기소된 사람의 사건을 법정에서 참관한 적이 있다. 그는 자신이 신의 선지자이며, 웨일스를 개혁하라는 임무를 신으로부터 받았기 때문에, 돈을 지불할 능력은 없지만 생명 보존을 위해 필요한 음식을 취할 권리가 있다고 믿었다.[13]

---

13) *R. v. Male* (1964) unreported. 필자의 *Crime and Insanity in England*, vol. I (1968, Edinburgh University Press), p. 118 참조. 이러한 종류의 망상이 지속되면 음식을 훔칠 가능성이 높아진다는 설명은 그럴듯하다. 이러한 만성적인 종류의 실수가 행동의 성격과 질에 대한 실수보다 개연성 설명의 근거에 더 부합한다. 그러나 일시적인 망상이었더라도 정신이상 항변의 합리적인 근거가 될 수 있을 것이다. 다시 한번 말하지만, 정신이상 항변은 마음의 질환으로 인하여 행동을 할 개연성이 있을 것을 요구하지는 않는 것으로 보인다. 이 자칭 선지자에게 돈이 있었다면 그는 값을 지불하였을 것이다.

잘못된 도덕적 판단

더욱 흥미로운 것은 도덕적 잘못과 관련된 실수에 대한 법원의 태도다. 맥노튼 규칙의 뼈대를 만든 법률가들은 정신이상으로 인해 자신의 행동이 도덕적으로 옳다고 잘못 생각한 사람들을 돕고자 하는 분명한 목적이 있었다. 그러나 1952년 윈들(Windle) 판례[14] 이래로 영국 법원은 맥노튼 규칙이 법적 정당성을 의미한다는 원칙을 수용해야 했다. 정신질환이 있던 윈들의 아내는 끊임없이 자살에 대해 이야기했고, 윈들은 이에 집착하게 되어 이 문제와 관련하여 직장 동료들을 계속적으로 귀찮게 했다. 결국 직장 동료 중 한 사람이 "아내에게 아스피린 열 알 정도를 줘."라고 말했고, 윈들은 실제로 아내에게 훨씬 더 많은 양의 아스피린을 주어 그녀를 죽게 하였다. 윈들이 경찰에 진술한 내용에 따르면, 그는 자신이 범죄를 저질렀다는 사실을 분명히 알고 있었다. (여기서는 관련 없는 내용이기는 하나, 그의 정신질환의 성격은 감응성 정신병이라고 서술되었다.) 하지만 윈들이 자신의 행위가 도덕적으로 정당하다고 믿고 있으므로 정신이상 평결을 받을 자격이 있다는 항변은 1심과 항소법원 모두에서 받아들여지지 않았다. 아내를 살해하는 것이 '법적으로' 허용된다고 믿었을 경우에만 그의 행위가 용서된다는 것이 영국 법원의 원칙이다. 어떤 법제에서는 자신의 행위가 '도덕적으로' 허용된다고 믿었다는 항변이 받아들여지기도 하나, 이것은 논지에서 벗어난 것이다. 즉 논지는, 영국 법원은 (비록 그들이 이런 사유를 들지는 않았으나) 단순한 가능성 설명을 납득할 만한 것으로 만드는 해석을 선호한다는 것이다.

누군가를 살해하는 것이 도덕적으로 정당하다고 믿는 사람은 그것이 법적으로 허용된다고 믿는 사람보다 살인을 하려는 압박감을 더 강하게 느끼게

---

14) [1952] 2 QB 826 CCA.

된다. 따라서 법에 대한 이러한 종류의 실수는 살인하지 말아야 할 이유 하나를 줄일 뿐, 살인할 이유를 제공해 주지는 않는다. 윈들의 사례는 영국 법원이 가능성의 설명을 수용하고 있음을 잘 보여 준다. 나는 영국 법원이 이러한 판결을 부주의하게 내린다고 주장하려는 것이 아니다. 법원이 정신과 의사들로부터 받아들이는 대부분의 항변 이유에 피고가 그렇게 행동할 수밖에 없다는 주장이 포함되어 있지는 않다고 주장하려는 것이다.

저항 불능 충동

자동증을 제외하고는, '저항 불능 충동' 설명만이 피고가 그렇게 행동할 수밖에 없었다는 설득력을 가진다. 역설적으로, 영국에서는 저항할 수 없는 충동이 법적 책임을 전적으로 면제하는 정신이상 항변이 아니라 한정책임능력 항변의 근거로서만 받아들여진다.[15] 충동 및 욕구가 저항할 수 없었던 것인지 아니면 단지 저항하기가 매우 어렵거나 불쾌한 정도인지를 가늠할 수 없기 때문이다. 한정책임능력은 저항 불가능한 충동을 인정하지 않으며 단지 '저항하기 매우 어렵다'는 점을 받아들인다.

'설명 불가능한' 행동

때때로 또 다른 종류의 행동, 즉 정신과 의사가 솔직히 말해서 이해할 수

---

15) 또한 '저항 불능 충동'이 정신이상 항변의 근거로 포함되는 보통 법제는 많지 않다. 맥노튼 유형의 원칙의 통상적인 북아메리카의 부가 사항은 저항 불능 충동이 아니라 법의 요구 사항에 따를 수 있는 능력의 결여다. 즉, 어떠한 행동을 하려는 강렬한 이유가 아니라 어떤 행동을 하고 싶지만 그것이 범죄행위라는 것을 알고 있을 때 참을 수 있는 능력이 없음을 뜻한다. 이는 가능성 설명의 또 다른 예에 속한다.

없다고 하는 행동을 마주할 때가 있다. 이는 가장 논란의 여지가 많고 또 가장 흥미로운 부류에 속한다. 논란의 여지가 많은 이유는, 일부 정신과 의사들은 자동증에 속하는 행동이 아닌 이상 모든 행동은 적어도 이론상으로는 이해될 수 있다고 믿으며, 다른 정신과 의사들은 이에 반대하기 때문이다. 정신과 의사가 '설명 불가능'이라는 개념으로 의미하는 바는 다음과 같다.

(a) 피고가 그 행동을 했을 당시 정신장애가 있었다.

(b) 그 행동을 할 당시의 마음의 상태에 대해 정신과 의사에게 이야기할 수 있다.

(c) 그럼에도 불구하고 그 행동은 여전히 설명되지 못한다. 더 정확히 말하자면, 정신과 의사가 장애의 종류에 대한 지식이 있고, 피고가 자신에게 말한 내용도 알고 있지만, 그 행동에 대해 설명하는 것이 불가능하다.

일부 정신과 의사들은 이런 경우 담당 정신과 의사가 피고와 효과적인 의사소통을 하지 못한 것이라고 말하며 간과한다. 피고의 통찰력이나 어휘력이 매우 떨어지거나, 담당 정신과 의사가 이러한 부류의 환자와 대화하는 기술이 부족하거나, 혹은 연장된 인터뷰를 할 시간이 없었을 것이라는 이유를 들기도 한다. 정신질환자의 왜곡된 세계 안에서라 할지라도, 전혀 이해가 되지 않는 의도적 행동의 개념을 받아들이기는 어려운 것이다.

몇몇 정신과 의사들의 도움을 받아 나는 그들이 설명하기 매우 어렵다고 여기는 정신질환자들의 범죄 행동에 대한 예를 수집하고자 한 적이 있다. 한 예로, 어떤 청년이 술집에서 자신을 도발하지도 성적으로 유혹하지도 않았고, 잘 알지도 못했던 여성을 칼로 찌른 것을 들 수 있다. 그는 화목하고 안정적인 가정 출신으로 어떠한 행동 문제나 음주 문제도 없었으며 당시

0.5~1리터 정도의 술만 마신 상태였다. 그러나 한 해 전부터 그는 자신에게 사악한 행동을 하도록 명령하는 외부의 힘에 사로잡혀 있다는 느낌을 받아 왔고, 실제로 심각한 행동을 한 것은 이 사건이 처음이었다.

또 다른 사례는 편집성 조현증의 진단을 받고 일반 국립보건병원에 입원해 있던 60대 남자에 관한 것이다. 어느 날 그는 시내의 상점으로 걸어가 칼을 구입한 후, 안면이 있었지만 다툰 적도 없고 그가 두려워하지도 않았던 다른 환자를 그 칼로 찔렀다. 정신과 의사와 진행된 위법행위에 관한 인터뷰에서, 그는 자신이 특별한 사람이라고 생각했지만 병원에서는 이를 알아주지 않았고, 브로드무어나 램튼 병원으로 옮기고 싶어서 누군가를 죽이기로 결심했다고 진술했다.

첫 번째 사례를 나에게 이야기해 준 상담가는 이 남자의 행동을 이해할 수 없어 했다. 다시 말해, 이 사례와 관련하여 "이제 왜 그가 그러한 행동을 했는지는 알겠어. 물론 나는 그렇게 행동하지 않았을 테지만." 이라는 말이 나오도록 그 사람에 대해 이야기할 수 없다는 것이다. 두 번째 사례에서 상담가는 환자의 이유를 알아낼 수 있었다. 즉, 환자는 자신이 너무 특별하여 브로드무어나 램튼 병원에 가야 한다고 생각했고, 이 목적을 달성하기 위한 수단으로 다른 환자를 죽였다는 것이다. 그러나 흥미롭게도, 내가 이 사례에 대해 논의했던 한 저명한 정신과 의사는 이것이 그 환자가 살인을 하도록 만든 진짜 이유가 될 수 없으며, 아마도 환자 자신도 이해가 되지 않는 무언가를 합리화한 것일 거라고 했다. 즉, 설령 환자가 이유를 성공적으로 제시한다 하더라도, 그 사람의 행동이 반드시 그 이유로 설명되는 것은 아니라는 것이다.

이와 반대로, 적어도 이론상으로는, 목적이 있는 행동이 이해되지 못할 수 있다는 것을 받아들이지 않는 정신과 의사들도 있다. 이들의 입장은 이렇다. 만약 정신과 의사에게 환자와 유대 관계를 형성할 충분한 시간과 기술이 있고, 문자적으로 그리고 비유적으로 환자의 언어를 말할 수 있으며, 환자가 표현 능력이 너무 떨어지지 않는 한, 정신과 의사는 환자의 행동에 대한 설명에 나름을 수 있어야 한다는 것이다. 물론 자신이 그런 이유로 같은 행동을 하지는 않겠지만 '왜 그가 그런 행동을 했는지 알겠다'고 할 수 있을 정도로 말이다.[16] 브로드무어로 전원하고 싶어 했던 환자의 예에서 다른 환자를 죽이는 것이 이러한 목표를 성취하기 위해 전적으로 말이 안 되는 것은 아니었다. 그러나 그의 행위는 이기적이었으며 무정한 것이었다. 혹자는 그가 살인을 저지르기 전에 전원을 요청할 수는 없었는지 궁금해할 것이다. 또한 자신은 전원이라는 목적을 위해 절대 이러한 방법을 택하지는 않을 것이라고 말할 수도 있다. 그렇다고는 해도 그런 방식을 이해할 수는 있다는 것이다.

　나는 사악한 일을 하라는 지시를 받았다는 환자에 대해서는 확신이 없다. 이 환자를 상사의 명령에 따라 행동하는 군인에 비유하는 것은 아마도 이를 호도하는 것일 것이다. 그보다는 그가 느낀 어떤 충동을 자신이 생각해 낼 수 있는 최선의 방식으로 설명하려고 했다고 보는 것이 더 적절할 것이다. 정신분석가는 왜 그가 그런 충동을 갖게 되었는지 설명할 수 있을지도 모른다. 하지만 그 정신분석가에게 묻고 싶다. 설령 그의 설명이 사실이라고 해도 그 설명으로 그런 행동이 필연적이거나, 높은 개연성이 있거나, 아니면 단지 불가능하지 않은 것이라고 말할 수 있는지 말이다.

목적이 있는 행동에 대한 기계적 설명

　정신과 의사가 피고의 행동이 설명 불가능하다는 결론을 내렸다고 가정해

---

16) D. Cressey 교수가 그의 글 *Delinquency, Crime and Differential Association* (1964, Nijhoff, The Hague)의 제6장에서 보인 입장도 동일한 것으로 보인다. 그러나 그는 증거 제시 없이 이러한 시각을 주장하기만 하였다.

보자. 즉, 정신과 의사가 피고의 이유를 짐작할 수 없거나 아니면 피고가 제
시한 이유를 받아들이지 않는다. 이 때 정신과 의사들의 결론에는 결정적일
때 행위자가 단순히 어떤 기계에 지나지 않았다는 뜻이 내포되어 있는 것일
까? 이는 둘 중 한 가지의 의미일 수 있다. 하나는 행위자를 그렇게 행동할
수밖에 없었던 기계로 보는 것이다. 그렇다면 누군가를 칼로 찌르기 전에 칼
을 사러 가게에 가는 것과 같이 목적이 있는 행동과 불일치하지 않는다. 기
계도 명백한 목적을 갖고 작동할 수 있기 때문이다.

　혹은 행위자의 동작이 컴퓨터 어니(Ernie)[17]나 더 단순한 기계인 룰렛 바
퀴처럼 무작위로 행해졌다는 뜻을 내포할 수도 있다. 이것은 단순히 피해자
가 무작위로 선택되었다는 것을 뜻하지 않는다. 무작위로 피해자를 선택하
는 상황은 정신장애가 없는 사람이 급박하게 인질을 잡는 경우에도 일어날
수 있다. 무작위에 의한 행동이 의미하는 바는, 피고의 행동이 목적에 따라
작동하는 기계의 수준조차 안 되었고, 기계가 고장 났을 때나 체스 놀이 컴
퓨터가 규칙에 반하는 수를 두는 것처럼 의도되지 않은 기능을 할 때와 마찬
가지라는 것이다.

　필자보다는 정신과 의사나 신경과 의사들이 이 '설명 불가능한' 행동이
라는 범주에 대해 의견을 제시해야 한다. 이러한 종류의 행동은 시간 부족과
전문성의 결여 혹은 피고의 표현력 부족 때문에 발생한 유사 범주로 묵살되
어야 할까? 만약 진정한 범주에 속한다면, 이러한 행동은 목적이 있는 기계
적인 행동일까 아니면 무작위에 의한 기계적 행동일까? 혹은 나는 생각해 내
지 못했지만 이러한 설명 불가능한 행동의 의미를 더 잘 표현할 수 있는 다
른 적절한 비유가 있을까?

---

17) 프리미엄 본드(Premium Bonds) 복권의 당첨 번호를 선택하는 영국 컴퓨터(Electronic Random
　　Number Indicator Equipment: ERNIE).

이 범주에 대한 합의를 도출하거나 더 나은 설명을 이끌어 내지 못한다면, 법원은 어떠한 입장에 서야 하는가? 이러한 행동이 자동증으로 아니면 정신이상으로 혹은 한정책임능력의 범주로 받아들여져야 하는가? 확실한 것은 맥노튼 유형의 항변으로는 인정되지 않아야 한다는 것이다. 법률학자는 이것이 자동증에 속하는지 여부를 심각하게 고려할 것이다. 법원은 아마도 한정책임능력 항변 외에는 고려하려 하지 않을 것이다.

개연성 설명의 희귀성

이제껏 짚어 본 논지들을 요약해 보자. 법이 정신과 의사들로부터 받아들이는 설명 유형은 보통 개연성 설명이 아니라 가능성 설명이며, 필연성 설명을 받아들이는 경우는 더욱 적다. 이 점이 이 글의 첫머리에 있는 문구가 부적절한 이유다. 맥노튼 규칙이 정신과 의사들에게 제시하는 의문은 자유의사의 존재 여부와는 관계가 없다. 맥노튼 규칙은 정신질환자가 현실을 바라보는 시각이 왜곡된 점을 감안하였을 때 그의 행동이 이해 가능한지를 알아보기 위해 고안된 것이지, 그 행동이 필연적인가를 알아보기 위한 것이 아니다.

그 문구의 저자들이 매우 대략적인 방식으로 표현하고자 했던 바는 '정신이상' 범죄자는 그렇게 행동할 수밖에 없었다는 대중적 신념일 것이다. 그러나 대부분의 경우 사실에 더 가까운 설명은 그가 어쩔 수 없었던 것은 정신장애를 갖게 된 것이고,[18] 그 장애가 그의 행동을 심리학적으로 가능하게 만들었지만, 그 행동이 불가피했던 것은 아니라는 점이다.

---

18) 자발적으로 알코올이나 약물을 섭취함으로써 장애가 생기는 데 기여하는 드문 경우는 제외한다.

역설적으로, 법원이 "그는 사실상 그 상황에서 그렇게 행동할 수밖에 없었다."라는 유형의 설명을 수용하는 경우는 맥노튼 류의 정신이상이 아니라 한정책임능력에 있어서다. 물론 다른 한편으로 한정책임능력 항변은 "행위자는 정상적인 마음 상태에 있는 다른 사람에 비해 그런 행동을 할 가능성이 높았다."라는 설명도 수용한다. 다시 말하면, 한정책임능력은 모든 것을 포괄하는 관점을 사용한다.

자동증 항변만이 자유의사를 완전히 부정하는 항변으로, 피고가 기계처럼 움직였다고 주장한다. 게다가 자동증조차도 범죄적 행위의 불가피성을 언제나 내포하지는 않는다. 어떤 때는 순전히 운이 나빠서 피고가 움직일 때 마침 그 앞을 지나가게 된 것일 수도 있다. 하지만 필자가 논한 설명 불가능한 범죄의 범주('목적이 있는 기계'의 '무작위 행동' 등)에 대해 믿는다면, 이 범주는 자동증으로 취급되어야 하며 현재 그렇듯이 한정책임능력으로 다뤄져서는 안 된다.

버틀러 위원회의 제안

영국의 독자들은 정신과적 항변을 점검하자는 버틀러 위원회의 제안이 시행된다면 필자가 논한 요점들과 관련하여 어떤 변화가 있을지에 대해 궁금할 것이다. 그러나 이 제안은 이제 법으로 제정될 가능성이 별로 없고, 영국인이 아닌 독자에게는 관심을 덜 끌 것이기 때문에, 부록 2에 실렸다. 위원회에서는 논하지 않았지만 다른 관습법 국가의 정신과 의사나 법률가들이 관심을 가질 만한 해결책도 부록에서 제시하였다.

보다 단순한 해결책?

버틀러 위원회가 보다 단순한 제안을 할 수는 없었을까? 그럴 수 있었지만 아마도 거부당했을 것이다. 우리가 권유할 수 있었던 것은 자동증과 한정책임능력을 제외한 모든 것을 폐기하고, 한정책임능력을 어떤 유형의 범죄행위로 확장시키는 것이다. 여기에 한 가지 변화만 줄 것이다. 한정책임능력을 살인 이외의 다른 범죄행위에 적용하는 것에 대해 결정적으로 제기될 수 있는 이의는 대다수의 다른 사례에 있어서는 책임이 경감될 수 있는 범죄의 법적 범주가 없다는 것이다. 내가 제안하고자 하는 바는 (이것은 버틀러 위원회의 제안은 아니다. 위원회에서는 이에 관련한 논의가 없었다.) 한정책임능력 항변의 인정의 효과가 덜 심각한 범죄행위의 선고가 아니라, 처벌 수단을 완화하거나 혹은 더 바람직하게는 면제해야 한다는 것이다. 자유형, 벌금, 사회봉사는 선고 가능한 형의 범위에서 배제되고, 강제입원, 정신과적 보호관찰 명령, 무조건 석방과 조건부 석방의 선택이 남도록 법을 제정할 수도 있을 것이다. 혹은 덜 급격한 변화로는 허용되는 자유형 형기를 매우 제한하는 식의 한계를 두는 방안도 있을 것이다. 이러한 방안들은 적절한 처리의 선택에 있어 법원에게 상당한 재량권을 부여하게 될 것이다.

물론 자유형의 폐지는 병원으로 하여금 원치 않는 범죄자들을 수용해야 하는 압력을 증대시키겠지만, 이것은 이미 존재하며 어떻게든 해결되어야 하는 문제이다. 피고에게 유죄 선고가 내려져야 하는지, 만약 그렇지 않다면 어떤 평결이 내려져야 하는지도 질문할 수 있다. 이 질문에 대해서는 소년법원에서처럼 유죄 여부는 가리지만 유죄 선고는 내리지 않는 방안을 답으로 내놓을 수 있다. 만약 이러한 방안에 대해 별다른 차이가 없는 구별이라는 이의가 제기된다면 수긍할 수밖에 없다. 하지만 소년 법원의 표어가 차별화를 존중하는 "차이여 영원하라(Vive la différence)" 아닌가.

요 약

만약 혹자가 나에게 여기서 무엇을 논의하였느냐고 묻는다면, 친숙한 분야를 친숙하지 않은 방식으로 다루었다고 대답할 것이다. 즉, 내가 보여 주려고 한 것은 정신장애에 근거한 통상적인 항변은 대개 결정론적인 설명으로 주장되는 것이 아니라, 우리가 평범한 사람들의 예상치 못한 행동에 대해 일상 속에서 받아들이는 가능성 설명이라는 것이다. 중요한 유일한 차이점은 피고가 정신장애를 갖게 된 것은 어쩔 수 없었다는 점이다. 나는 부록 2에서 버틀러 위원회의 제안이 일부 문제는 피해 갈 수 있고, 또 어떤 문제는 발생시킬 것이라고 제시하였다. 또한 버틀러 위원회의 제안이 '설명 불가능'한 범죄를 정신이상항변에 해당하게 함으로써 그 문제를 대략적이지만 합리적인 방법으로 해결할 수 있을 것이라고 제시하였다. 나는 오래된 화두를 던졌다. 즉, 살인 이외의 범죄에 한정책임능력 항변을 확장 적용하는 것인데, 이전과는 다르게 여기에 정신이상 항변의 필요는 배제하는 방식을 제안하였다.

부록 1

1. 맥노튼 규칙(The M'Naghten Rules) (영국 판)

(1) 일반 시험

"행위 당시 피고인이 마음의 질환으로 초래된 논리적 사고력의 결함으로 인해 자기 행위의 성격이나 질에 대하여 알지 못했거나, 만약 알고 있었다면 자기 행위가 잘못되었다는 것을 몰랐다는 점이 명백히 증명되어야 한다."

(2) 망상의 관련성

"기존 사실에 대해 정신이상적 망상이 있는 사람이 그 망상으로 인해 범죄를 저지른다면 책임이 면제되는가?"

"이에 대한 대답은 물론 망상의 성격에 달려 있다. 그러나 우리가 이전과 같은 가정을 한다면, 다시 말해 만약 그가 부분적인 망상만을 가지고 있고 다른 측면에서 정신이상이 아니라면, 그 망상이 사실이라는 전제하에 책임능력을 판단하여야 한다. 예를 들어, 다른 사람이 자신을 죽이려 한다는 망상하에 자기 방어적 차원에서 살해한다면 처벌이 면제될 것이다. 그러나 만약 다른 사람이 자신의 명예와 재산에 심각한 해를 입힌다는 망상 때문에 복수의 목적으로 살인을 했다면, 처벌 받아야 한다."

해석 : '잘못된'은 '법에 반하는 것'을 뜻한다.

윈들 사건에서19) 형사항소법원의 수석판사 고다드(Goddard)는 다음과 같이 말했다.

"재판소는 무엇이 법에 부합하는 것이고 무엇이 법에 반하는 것인지를 구별할 수 있을 뿐이다. …… 특정 행위가 도덕적으로 옳은 것인지 그른 것인지에 대해 법이 질문할 수 없으며, 배심원에게 이런 질문이 넘겨지는 것은

---

19) [1952] 2 QB 826; 2 All ER 1.

바람직하지 않을 것이다. 특정 행위가 법에 반하는지만을 시험해야 한다.”

“법원은 맥노튼 규칙의 ‘잘못된’이 법에 반하는 것을 의미하며, 특정 행위의 정당화 여부에 대한 한 사람 혹은 여러 사람의 의견에 따른 ‘잘못된’을 의미하는 것이 아님에 의문의 여지가 없다는 견해다.”

2. 정신이상 항변의 미국 변형의 일부 예

(1) ‘더럼(Durham)’ 규정 [〈더럼 대 미국 판례〉(1954)에서 제의됨]

- 피고인의 위법행위가 정신질환이나 정신결함의 산물인 경우에는 그에 대한 형사책임을 지지 않는다.[20]

(2) 1955년 미국 법 기관의 모범 조항

- 행위 당시 정신질환이나 정신결함으로 인하여 자신의 행위의 범죄성을 이해할 능력이나 법에 부합하게 행동할 수 있는 능력이 상당한 정도로 결여된 자는 범죄행위에 대한 책임을 지지 않는다.
- 이 조항에서 사용된 ‘정신질환이나 정신결함’이라는 용어는 반복적인 범죄행위나 반사회적 행위로만 나타난 이상을 포함하지 않는다.

(3) ‘커런스(Currens)’ 규정 [〈미국 대 커런스 판례〉(1961)에서 제의됨]

- 배심원은 피고인이 금지된 행동을 행할 당시 정신질환이나 정신결함으로 인하여 그가 위반하였다고 혐의가 제기된 법에 자신의 행동을 부합시킬 능력이 상당한 정도로 결여되어 있었다는 점을 받아들여야 한다.

---

20) ‘산물(product)’의 용례가 1869년 뉴햄프셔 주에서 배심원에게 내린 지시와 유사한 점을 주목하라. “망상, 옳고 그름에 대한 지식, 살인의 계획과 실행의 수립과 수완, 탐지로부터의 도피나 모면, 지인을 알아보는 능력, 노동의 능력, 사업 거래 능력, 일 수행 능력 모두는 법에 있어서 정신질환을 시험할 수 있는 것이 아니다. 그러나 …… 정신장애의 모든 증상과 시험은 순수하게 사실의 문제이고, 배심원에 의해 결정된다. …… 피고가 정신장애가 있었는지, 그리고 아내를 살인한 것이 그러한 장애의 산물이었는지는 배심원이 사실 여부를 판단한다.”

3. 한정책임능력 (1957년 살인법 제2조 제1항)

"다인을 살해하거나 살해 행위에 가담한 자가 만약 마음의 이상으로 인하여 (마음의 이상이 지적 발육 정지 혹은 지체 상태로 발생하였거나 내재적인 원인이거나 질병 혹은 부상으로 발생하였든지 간에) 자신의 살해 행위나 살해 행위 가담의 작위 혹은 부작위에 대한 정신적 책임능력이 상당한 정도로 손상된 경우, 살해 행위에 대한 유죄 판결을 받을 수 없다."

1960년 번(Byrne) 사건에서 형사항소법원 수석판사 파커(Parker) 경이 제시한 '마음의 이상'의 정의를 참조하라.

"평범한 사람의 마음의 상태와는 너무나 달라서 합리적인 사람이라면 이를 비정상적이라고 부를 것이다. 이 마음의 상태는 물리적인 행동 및 상황에 대한 지각과 행동의 옳고 그름에 대해 합리적 판단을 내릴 수 있는 능력뿐 아니라 그 합리적 판단과 일치하게 물리적 행동을 통제하려는 의지력을 행사할 수 있는 능력도 포괄할 정도로 모든 측면에서의 정신적 활동을 의미한다."

4. 영아살해 (1938년 영아살해법 제1조)

"고의적인 작위 혹은 부작위로 12개월 미만 영아의 죽음을 야기한 생모가 그 작위 혹은 부작위 당시 출산의 영향으로부터 완전히 회복되지 않았거나 출산 이후 모유 수유의 영향으로 마음의 균형이 불안정한 상태에 있었다면, 영아살해 죄로 간주되어 살인이 아닌 과실치사의 형으로 처벌된다."

5. 자동증

이 관습법 항변에 대해서는 법정 정의가 존재하지 않는다. 판례법에서는 "현대적인 문구로서 법원은 이를 신체, 사지, 혹은 사람의 비자발적 움직임이라는 개념 이상이나 이하의 의미로 받아들이지 않는다."(Watmore v. Jenkins

[1962] 2 All ER at 874)고 서술하였다. 이 항변은 몽유병, 저혈당증, 뇌종양, 간질 그리고 뇌동맥 경화증 사례에서 받아들여졌다.

부록 2. 버틀러 위원회의 제안

버틀러 위원회의 관련 제안[21]은 다음과 같다.

1. 한정책임능력 항변은 폐지되어야 한다. 그러나 이는 살인죄가 인정된 피고에게 형 선고를 내릴 때 판사에게 더 많은 자유가 주어졌을 때에만 실행되어야 한다.

2. 정신이상 항변은 다음과 같은 두 가지 유형이 있어야 한다.

(1) 피고의 정신장애가 '범죄에 요구되는 마음의 상태'(예: 일부 범죄의 정의가 요구하는 특정한 의도)를 가질 수 없게 만들었다는 근거의 정신이상 항변

(2) 단순히, 작위 혹은 부작위 당시 피고가 심각한 정신질환이나 심각한 정신박약이 있었다는 근거의 정신이상 항변

그리고 정신이상 항변이 법원에서 받아들여진 후에 법원은 피고에게 병원명령이나 비구금형을 내릴 수 있다.

3. 영아살해 항변은 폐지되어야 하며, 정신장애로 인한 과실치사로 기소될 수 있어야 한다.

4. 완전한 무죄 선고를 내릴 수 있는 비정신이상 자동증 항변은 몽유병과 같은 일시적 상태를 포괄하기 위해 유지되어야 한다.

정신이상 항변의 첫 번째 유형보다 그 범위가 넓고 적용 가능성이 많은 두

---

21) *Report of the Committee on Mentally Abnormal Offenders* (Chairman: Lord Butler) 1975: Cmnd 6244, London, HMSO.

번째 유형이 있다면 정신과 의사들은 범죄행위 당시 피고의 정확한 마음 상태에 대해 곤란한 질문을 할 필요가 없을 것이다. 발생 가능한 유일한 어려움은 심각한 장애와 심각하지 않은 장애 사이의 경계선에 관한 것이다. 버틀러 위원회는 이 어려움을 경감시킬 수 있는 지침을 제공하였다.

이와 같은 정신이상 항변은 피고의 행동이 설명 불가능하다고 생각하거나, 혹은 심각한 편집성 조현증 환자는 피고가 한 행동을 할 가능성이 매우 높다고 설명하고 싶은 정신과 의사의 의견을 수용할 수 있을 것이다.

반면에, 만약 한정책임능력 항변이 폐지된다면, 심각하지 않은 정신장애가 있어서 살인의 유죄 선고의 필수 요소인 마음의 상태가 유지되고 있는 사람들은 설 자리를 잃게 된다. 많은 정신병질적 살인자는 살인으로 유죄 선고를 받을 수밖에 없게 될 것이다. 어떤 이들은 이러한 결과를 환영할 것이고, 어떤 이들은 이제 살인죄의 형벌이 자유재량에 의해 내려지지 못하기 때문에 한정책임능력이 절대 폐지되지 않을 것이라는 사실에 안도할 것이다.

(이와 대조적으로, 버틀러 위원회의 정신이상 항변 제안의 첫 번째 유형에 따르면, 정신과 의사들이 굉장히 자세한 질문들에 대답해야만 할 텐데, 내 개인적인 견해로는 이러한 질문들에는 거짓된 정확성으로서만 답할 수 있을 것이다.)

버틀러 위원회가 제안한 형태의 비정신이상 자동증 항변이 유지되더라도, 지속적이거나 재발적인 정신장애와 연관된 '설명 불가능한' 행동을 보인 사례에 무죄 선고를 내릴 수는 없을 것이다. 이런 사례들은 현재처럼 한정책임능력에 속하는 것이 아니라 새로운 정신이상 항변의 두 번째 유형에 속하게 될 것이다. 타인에 대한 보호라는 관점에서 보면, 이러한 사례들이 법원 명령의 예방적 조치 없이 완전한 무죄 선고를 받는 것이 바람직하지 못하다. 정의의 관점에서 보면, 이런 사람들이 과실치사로 낙인찍히는 것보다 특별한 유형의 평결을 받는 것이 더 바람직하다.

10

환자 구금과 관련하여 정신보건 심사위원회가 당면한 행정적 문제

존 우드(Sir John Wood) 저
박재우 역

도 입

환자의 법적 권리를 개선하고 그러한 권리를 효과적으로 집행하고 보호하려는 개혁의 의지는 1983년 정신보건법으로 정점을 찍었다. MIND의 출판물을 보면 이러한 개혁에 있어 법이 담당해야 할 역할이 강조되고 있다(Gostin 1975, 1977 참조).[1] 개혁이 이루어지는 과정에서 관심은 다시 입법 과정과 입법의 세부 절차에 쏠리게 되었다. 변화를 논하는 의사들은 마치 법률가처럼 말하기 시작했고, 법적 통제를 훨씬 강조하는 미국의 경험이 상당 부분 참고되고 있으며, 견실하지만 인도적인 행정과 전문적인 기준에 의존하는 영국의 전통에 심각한 의문이 제기되고 있다. 간혹 발생하는 '실수'나 '스캔들'은 법적 통제를 강화할 필요성을 정당화하는 데 이용된다.

물론 이것이 모든 개혁에 해당하는 이야기는 아니다. 가장 중요한 것 중

---

1) A Human Condition, vols. 1 and 2. National Association for Mental Health, London.

하나인 정신보건법 위원회는 동료 전문가들의 규제에 굳건한 기반을 두고 있다.2) 장기적으로 볼 때 이것은 많은 개혁들 중 가장 중요한 것이 되어야 하는데, 이것이 환자 개인의 불행이나 불만보다 훨씬 방대한 역할을 담당하기 때문이다. 다른 한편으로는 이 글의 주제인 정신보건 심사위원회(Mental Health Review Tribunals)도 상당히 강화되었다. 이들은 1959년 정신보건법 이래로 의료적 재량권의 한 측면인 환자를 구금할 권리에 법적 도전을 던진 대표적인 예로 자리잡았다. 이 위원회가 생김으로 인해 구금된 환자의 법적 보호가 개선되는 것은 당연한 이치였다.

여기에서 법적인 변화를 자세히 서술할 필요는 없겠지만, 1983년 10월의 시작과 함께 시행된 1983년 법과 개정 절차법에 유의할 필요가 있다.3) 가장 두드러지는 변화는, 심사위원회에 회부할 기회가 두 배로 늘어 이제는 일 년에 한 번씩 가능하게 된 점이다. 이에 못지않게 중요한 변화는 만약 환자가 3년 동안 심사를 요청하지 않으면 구금 기관이 의무적으로 그 환자를 위원회에 의뢰해야 한다는 점이다. 이러한 규칙들의 목적은 심사 신청을 보다 쉽고 덜 형식적인 것으로 만들고, 정보가 위원회, 환자, 대리인에게 더 잘 전해지도록 하며, 보다 표준화된 절차를 제공하는 데 있다.

표준화의 필요성은 그 자체로 의미가 있는데, 이는 그 필요성이 심사위원회의 역할에 대한 이중적인 인식에서 비롯되기 때문이다. 첫 번째로, 많은 사람이 알고 있는 정신보건 심사위원회는 그 이름이 정확히 시사하는 바와 같이 환자 구금의 필요성을 독립적인 다학제적(법률가, 정신과 의사, 일반인) 집단이 심사하는 기구다. 절차 형식은 법원의 특성을 다수 보유하고 있으나 기능 면에서 차이가 난다. 위원회의 기능은 법원처럼 대립적인 것이 아니라

2) Mental Health Act 1983, s. 121 참조.
3) The Mental Health Review Tribunal Rules 1983-SI 1983/942.

심사이다. 두 번째로, 위원회의 대립적 측면을 강조하는 사람들이 있다. 이들은 환자를 고소인-원고의 역할로, 그리고 구금 기관을 피고의 역할로 본다. 이러한 접근은 담당 의료관(Responsible Medical Officer: RMO)의 역할을 강조한다. 그의 역할은 주된 증거자료 아니라 실제상으로 소송 절차에서 당사자의 역할과 유사하다. 이 두 가지 시각 중, 위원회의 기능이 심사에 있다는 첫 번째 관점이 여전히 지배적인 것으로 보인다. 위원회가 심사의 기능을 하지 못할 경우, 절차법 제정이 특별한 관심을 요하게 될 것이다. 절차가 신중하게 통제되지 않을 경우 담당 의료관과 환자 사이의 관계에 파괴적인 영향을 줄 수 있으며, 병원과 환자 사이의 전반적인 관계에도 파괴적일 수 있기 때문이다.

이 글의 논지는 환자를 보호하는 법적 틀을 강화하는 것은 그에 상응하는 행정적인 변화가 수반되지 않는 한 상대적으로 효과가 떨어질 것이라는 것이다. 대다수의 개혁가들은 '그들의' 법안이 통과되면 전투에서 승리했다고 잘못 생각하지만, 실상은 그렇지 않다. 이에 반발하는 자들이 대항 수단으로서 법제의 목적을 부분적으로나마 뒤엎으려 할 뿐 아니라, 입법만으로는 바꾸기 힘든 만연한 태도와 행정 절차도 변화의 수용을 완강히 거부하곤 하기 때문이다. 구금된 환자의 경우 이러한 난관이 실로 중대하다는 실제 증거도 있다. 이는 시급한 논의를 요하는 우려 사항이다. 먼저 구금과 방면을 담당하는 권력을 살펴보자.

구금과 퇴원

구금에는 민사상 구금과 형사상 구금의 두 종류가 있으며, 이 둘은 구별되어야 한다. 일반적으로 민사상 구금은 의학적 조언에 따라 환자가 구금(강제입원)된 경우를 말하며, 형사상 구금은 유죄 판결을 받은 사람이 역시 의학적 조언에 따라 병원에 구금(치료감호)되는 것이다. 그러나 실제 제도는 그렇게 깔끔하게 구분되지 않는다. 범죄자가 교도소에서 병원으로 이송되기도 하고, 기소되었지만 법정에 서기에 부적합하다고 판단되는 범죄자들이 병원에 구금되기도 한다. 이 논의의 목적과 관련해서 중요한 구별은 형사상 구금 내에 있다.

이는 한 가지의 예외를 제외하고는 모든 경우에('법정에 설 수 있을 때까지 구금'하는 특수한 경우를 무시한다면) 담당 의료관이 구금을 허용하는 명령을 취소하여 환자를 내보낼 수 있기 때문이다. 중요한 차이는 법원이 제한 명령을 덧붙인 경우에 발생한다. 제한 명령은 일정 기간이 정해질 수도 있고, 기간에 제한이 없다고 명시될 수도 있다. 이런 환자들의 구금은 내무부(Home Office)에 의하여 통제되어 왔다.

이는 정신보건 심사위원회가 두 종류의 뚜렷이 구별되는 사례들을 처리해 왔다는 것을 의미한다. 민사상 구금(대개 1959년 법 제26조) 또는 형사상 구금(대개 1959년 법 제60조) 중에 있는 사람들이 위원회에 회부해 왔고, 형사 구금 중에 있고 제한 명령(1959년 법 제65조는 제한 명령에 대해 규정하고 있다)의 대상이 된 자들은 내무부에서 의뢰해 왔다. 민사상 구금된 자들에 대해서는 심사위원회가 퇴원시킬 권한이 있었지만, 형사상 구금된 자들에 대해서는 내무부에 적절한 조치를 권고해야 한다는 점에서 두 가지 종류의 구금은 차이가 컸다.

이것은 그 핵심에 역설이 있는 제도다. 위원회에게 권한이 있을 때 위원회는 퇴원 여부에 대한 선택밖에 할 수 없었다. 위원회가 권고밖에 할 수 없을 때에는 그 권고에 주의가 기울여질지 여부가 불확실한 상태에서 조건부 퇴원, 외박, 보호병원에서 개방병원으로의 전원 등의 다양한 조치를 권고할 수 있었다. 위원회의 입장에서 확실한 개혁은, 적어도 위원회가 강제 명령을 내릴 수 있는 사례에서 위원회에게 보다 폭넓은 권한을 부여하는 것이었다. 그러나 역설적으로 진짜 개혁은 다른 집단에서 일어났다.

그 이유는 기본적인 개혁 밖에 있다. 제한 명령이 내려진 환자에게 독립적인 사법 심사를 받을 수 있는 권리를 부여하지 못하는 현행법에 대하여 스트라스부르(Strasbourg)의 유럽인권재판소에서 이의가 제기되었다.[4] 이의는 법원에 의해서 받아들여졌고 이에 대처하기 위하여 법이 개정되었다.

위원회의 새로운 권한은 짧게 요약될 수 있다. 그 권한들은 모두 개정된 일련의 기준에 기초한다(이전에는 1959년 법의 제123조, 현재 1983년 법의 제72조). 구금을 정당화하는 네 가지 범주에 환자가 해당하지 않거나,[5] 자신의 건강이나 안전 혹은 타인의 보호를 보장하기 위해 구금될 필요가 없는 경우, 위원회는 그 환자를 반드시 퇴원시켜야만 한다. 그러한 결정을 내림에 있어 위원회는 치료를 받음으로써 환자의 상태가 완화되거나 악화되는 것이 방지될 가능성을 고려해야 하며, 정신질환이나 심각한 지적 장애가 있는 환자가 어느 정도로 스스로를 돌볼 수 있으며 필요한 도움을 얻을 수 있는지도 평가해야 한다. 이에 덧붙여, 위원회는 장래의 퇴원 조치를 명령할 수도 있다. 위원회는 또한 당국에 유급 휴가, 다른 병원으로의 전원, 법적 후견인 지정을 권고할 수 있으며, 그러한 조치가 취해지지 아니할 경우 차후에 위원회를 재소집할 수 있다.

퇴원의 연기를 논외로 한다면 위원회의 권한이 권고의 형태로서만 확대되었음을 알 수 있을 것이다. 아마도 이것이 왜 행정 조치가 결정적인 중요 요소로 남게 되었는지를 설명하는 주된 이유일 것이다.

제한 조치가 내려진 환자에 관해서 위원회의 권한은 보다 명확하다. 위원

---

4) *X. v. United Kingdom*, 5 November 1981, European Court of Human Rights.
5) 정신질환, 정신병질적 장애, 심각한 정신적 손상, 정신적 손상.

회는 마땅한 사례에서 환자를 절대적으로 혹은 조건부로 퇴원시킬 수 있다 (1983년 법 제73조). 많은 수의 심각한 중범죄자에게 적용될 이 권한은 그러한 사례들을 다루는 심사위원회의 개편으로 이어졌다. 제한 조치의 경우, 법률 위원장은 순회 재판 판사 혹은 칙선 판사, 즉 범죄자에 대하여 판결을 선고한 경험이 있는 자여야 한다. 이것은 행정적 변화의 좋은 예로, 그 목적을 알아내는 것이 어렵지 않다. 그러나 법률상의 변화를 요구하는 진보적인 의도를 좌절시키는 방해물도 매우 많은 것이 사실이다.

변화를 가로막는 방해물

개혁안은 정부가 경제적인 어려움에 직면하고 있던 시점에 법에 등재되었다. 서비스를 줄여야 한다는 갈수록 거세지는 주장은 차치하더라도, 대부분의 선진국에서 사회서비스에 대한 공공 지출의 증가에 어느 정도 제한이 걸리는 것은 사실이다. 역설적이게도, 정신과 환자의 구금에 대한 진보적 태도를 이행하게 되면 오히려 비용이 절감되는 효과가 있다. 그러나 초반에는 그렇지 않은데, 중급 보안 병원, 쉼터, 주간 돌봄 센터 등의 새로운 시설들을 짓기 위해 자본이 지출되기 때문이다. 무엇보다도 자원 부족의 인식으로 인해 환자의 이동을 담당하는 자들은 소외된 사례를 차별 대우하게 된다. 엄격한 보안을 유지하는 특수병원에서 개방병동으로 전원을 신청했을 때, 병원 측은 다루기 어려운 새 환자를 받고 싶지 않은 진짜 이유를 숨기기 위해 '자원 부족'이라는 미명을 내세우며 거부할 수도 있는 것이다.

환자 이동에 대한 대중의 태도도 강력한 영향을 미치는 요인이다. 언론이 관여하는 한, 위원회의 결정은 쉽게 비판의 표적이 될 수 있다. 계속 구금되어야 한다는 결정이 내려진 환자에게는 대중이 동정심을 갖기 쉬운데, 특히

표면상 구금의 이유가 젊은 날의 무분별한 행동이라고 비쳐진다면 더욱 그
렇다. 드문 경우를 제외하고는 위원회 내에서도 구금 지속 여부 결정과 관련
하여 논쟁이 있었을 텐데, 대중에게는 그저 위원회가 무정하게 보일 수 있
다. 반대로 환자를 퇴원시키기로 결정하는 경우, '담당 의료관의 판단을 뒤
엎는' 것이 되므로, 대중의 눈에는 위원회가 대중에게 미칠 위험에 대해 무
신경하고 부주의한 것으로 여겨질 수 있다. 모든 수준의 결정에 이러한 태도
가 적용되며, 위원회가 안전 우선 접근 방식을 취하도록 부추긴다.

  법률의 제정과 시행의 근본적인 목표는 더 명확해질 필요가 있다. 법 제정
절차에서 법률적이고 기술적인 용어를 사용하고 그 실제적인 목표를 기술하
지 않는 것은 법제화 과정의 결함이다. 빅토리아풍의 긴 법 제목도 더 이상
쓰이지 않는다. 따라서 법제에 실제적인 맥락을 부여하기 위해서는 곧 잊혀
지는 의회의 발언을 일일이 검색하여야 한다. 여기서 논의되고 있는 정신보
건 법률 제정의 목적은 분명하다. 환자가 자신의 건강과 안전 그리고 타인의
보호와 일치하는 선에서 최대한의 자유를 누릴 수 있게 하는 것이다. 모든
기관이 이것을 근본 목표로 삼아야 한다. 실제에서는 그렇지 않은 경우가 더
많지만 말이다.

정 부

  주 정부의 두 개의 부서, 즉 내무부(Home Office)와 보건사회보장성(De-
partment of Health and Social Security: DHSS)은 구금된 환자에 대한 책임이
있다. 내무부는 제한 명령이 내려진 환자에 대한 책임이 있고, 보건사회보
장성은 모든 환자에 대한 책임이 있다. 그러한 책임의 이행은 환자를 특수
병원에서 개방병원으로 전원시킬 때에 가장 잘 행사된다. 이것은 1980년에

특수병원 연구보고서(Special Hospitals Research Report)에서 일부 공표된 주제다.6) 어려움을 드러내기 위해 여기에서는 관행의 두 가지 측면을 짚어 보려 한다.

막 대체된 제도하에서 위원회가 내무부에 권고를 하려고 할 때 제일 처음 거쳐야 하는 단계는 담당 의료관에게 그의 견해를 묻는 것이었다. 권고 사항에 대한 결정이 내려지기까지 많게는 2년의 시간이 걸리자, 위원회의 조치는 전원에 대한 심각한 고려보다는 심사에 착수해야 하는 계기로 간주되게 되었다. 내무부가 이렇게 조심스러운 이유는 명백하다. 공공의 안전을 일차적으로 신경 쓰는 내무부에게 실패란 잘못된 전원을 의미하며, 가장 암울한 시나리오는 석방된 살인자가 또 다시 살인을 저지르는 것이다. 내무부의 입장도 이해할 만하지만, 위험부담이 전혀 없는 전원은 없다는 사실을 받아들이지 못한다면, 제한적이고 보수적인 정책으로 이어질 수밖에 없다. 실제로 이러한 경향이 1959년에서 1983년까지 이어져 온 것으로 보인다.

앞서 언급한 보고서만 보아도 제한 명령이 내려진 환자들 중 내무부에 의해 전원에 적합하다는 판정이 내려진 후 실제로 전원 되기까지 특수병원에 몇 년 더 있어야 했다는 사실을 알 수 있다(2~6년을 더 머무르는 경우도 드물지 않았다). 이것을 보면 보건사회보장성이 적극적인 진보 정책을 추구했다고 볼 수 없다. 보고서의 끝머리에는 이러한 주장을 뒷받침하는 내용이 적혀 있다.

현 상태의 염려스러운 측면은 보건사회보장성이 국립보건서비스(National Health Service)와 특수병동 양자 모두에 대한 책임이 있음에도 불구하고 마치 이 사실을 모르는 것처럼 행동한다는 데 있다. 의회에서 전원이 너무 지체되는 것에 대한 질의가 던져지면, 장관들은 그저 유감을 표명하고 개탄

6) No. 16. The Transfer of Special Hospital Patients to National Health Service Hospitals. Susanne Dell.

할 뿐이다(예: Hansard, 1977).[7] 그 결과 국가 정책은 자동적으로 만들어
지고, 어떤 경우 전원이 불가능하게 되었다. 8년간의 기다림이 의미 없어진
것이다. 이제는 책임있는 부서가 책임을 져야 할 때가 되었다."

정책이 자동적으로 정해진다면, 틀에 박힌 태도로 관행을 실천하게 된다.
우리는 이제 이 부분에 대해 관심을 쏟아야 한다.

의료 및 간호 전문직

환자를 돌보는 전문직 종사자들이 환자에게 방해가 될 수 있다는 것은 역
설적이지만 사실이다. 가장 좋게 해석한다면, 이러한 상황은 돌봄의 필요와
최대한의 자유를 통제하는 것 사이의 균형을 맞추기가 어렵기 때문에 발생
한다. 정신의학의 특성으로 인해 정신과 의사는 환자의 동의 없이 환자의 치
료를 맡을 수 없다고 받아들여지게 되었다.

병원 간 전원과 관련해서는 긴장과 문제가 더 분명해진다. 환자가 더 많은
자유를 누릴 준비가 되었다고 확신하는 특수병원에게는 환자의 전원이 '받
아들여지게' 하는 과제가 주어진다. 그러나 이와 관련하여 판단을 내리는 정
신보건 심사위원회에게 이 과제는 실로 어려운 것이다. 위원회가 권고를 할
수 있게 만드는 새로운 규정들은, 눈에 띄는 변화가 있지 않는 한, 진정한 권
력이 누구에게 있느냐를 강조하는 것에 지나지 않는다.

어려움을 가중시키는 요인들이 몇 가지 더 있다. 우선, 자원 부족을 다시
한번 언급할 수밖에 없다. 아울러 지역제 제도에 의해 환자의 거주 지역에

---

7) 16 June 77, vol. 933, col. 266.

의해 자문의가 정해지기 때문에, 의사 개인에게 막강한 거부권이 부여되는
점도 유의할 필요가 있다.

거부권은 자문의가 간호진에도 귀속되는 것으로 보인다. 물론 환자를 돌
보는 간호사들의 의견이 참작되어야 함은 맞지만, 이러한 점 때문에 전원에
대해 영구적인 거부권을 행사할 수 있다고 믿는 것은 옹호되기 어렵다. 그
러나 현 상황에서 이러한 특징은 중요한 부분이다. 조금 다른 맥락에서, 제
60조(현재 제3조)하에서 법원으로부터 환자를 수용하는 것에 대해 간호사들
이 거부권을 행사했으며, 이는 재판관 로튼(Lawton)의 신랄한 비판을 받았
다.8) 만약 환자가 통제되기 어려운 행동 때문에 몇 년 전에 특수병원으로
전원되었다면, 되돌아온다고 했을 때 반가운 환영을 기대하기는 어렵다.

그러나 이러한 어려움은 많은 영역에서 공통적으로 나타나는 행정상의 문
제로 인해 더욱 악화된다. 예를 들면, 보호관찰에 기초하면 환자를 기꺼이
받아들이기가 더 쉬울 테지만, 이런 융통성 있는 조정은 가져오기 어렵고 어
려움은 실로 커져만 간다. 자원 부족 때문에 어떤 자문의들은 쉼터 같은 다음
단계가 처음부터 확정되어 있는 환자들만 받기도 한다. 이것은 단기체재 병
원/쉼터는 환자들의 '충격파'에 대처할 수 없다는 단순한 이유로 이스트데
일(Eastdale) 병원의 방침이기도 했다.9) 하지만 장래의 환자 배치를 확보하
는 어려움은 아무리 좋게 해석하여도 어려운 것이며, 갈수록 그 어려움이 증
가하고 있다. 이러한 상황에서 고통은 환자의 몫이다. 강제든 자발적이든 케
어는 계약으로만 간주될 뿐이다. 환자가 자신에게 요구된 것을 수행한다면
그로 인하여 얻은 만큼의 돌봄과 자유에 대한 자격이 있는데, 이러한 환자의
자격을 행정적으로 부정하는 제도는 극히 부당한 것이다.

---

8) *R. v. Harding* [1983], Law Report, *The Times* 15 June.
9) 특수 병원에서 지역사회로 가기 전에 6개월 동안 머무르는 뉴어크(Newark) 소재 병원.

지역당국과 지역사회 케어

자원 부족과 관련된 어려움은 지역사회 차원의 환자 관리에서 더욱 절실히 느껴지므로, 우선적으로 언급되어야 하겠다. 최근 트렌트(Trent) 정신보건 심사위원회가 접수한 거주지 상황 보고서(Home Circumstances Report)의 발췌문은 이러한 어려움을 잘 보여 준다.

> [자치주는] [환자가] 지역사회 내에 재정착하는 것을 도울 재정적·도덕적 의무가 있음을 인정한다. 그러나 이에 적합한 자원이 매우 부족한 실정이다. 자치주는 사설 혹은 자원봉사로 운영되는 쉼터에 있는 의뢰인을 지원하지만, 정신보건 의뢰인 대기자 명단이 100명을 넘는다. 알다시피, 자금은 인원에 근거해 할당된다. 이것이 현실적으로 의미하는 바는 [환자가] 재정 지원을 받기 위해서 무한정 기다려야 한다는 것이다.

본보기가 되는 관심과 돕고자 하는 의지가 엿보이는 보고서에 이러한 구절이 포함되어야 했다는 사실만큼 병폐를 더 잘 드러내는 것은 없다.

다른 어려움도 있다. 병원들과 지역당국의 사회서비스 간에 공조가 잘 이루어지지 않는 것으로 보이며, 지역사회 정신과 의사 서비스와 다른 서비스 간의 필수적인 예비적 협력도 찾아보기가 매우 어렵다. 이러한 문제점은 '보건'과 '사회서비스'라는 뚜렷이 구분되는 별개의 행정란에서 비롯되는 것이다.

장래에는 정신질환자의 돌봄과 관리가 지역사회를 기반으로 이루어질 것이라는 주장이 종종 제기되고 있으나, 이렇듯 현존하는 어려움들이 있는 이상, 실제로 그러한 미래의 그림이 잘 그려지지 않는다. 이를 위해서는 현재의 행정 처리 방식에 있어서 상당한 개선이 요구될 것이다. 우리가 자주 간과하는 사실은, 병원이나 보호쉼터의 주된 기능 중 하나가 이제는 잘 쓰지 않는 단어지만 '보호수용소(asylum)'라는 것이다.

행정적 장애물

개혁가들이 변화의 행정적 측면을 간과하는 경향이 있다는 것은 안타까운 일이다. 법의 변화는 필연적으로 변화를 이끌어 내게 될 테지만, 새로운 규칙을 이행할 책임이 있는 자들이 그러한 변화가 성공하기를 바라지 않는다면 법의 변화가 아주 효과적이지는 않을 것이다. 만약 변화가 성공한다 하더라도, 필요한 자원이 뒷받침되지 않는다면 그 성공은 해를 입게 될 것이다.

1981년 유럽재판소의 결정에 따라, 제한 명령이 내려진 환자들은 상태가 개선되었을 때 자유를 되찾을 기회를 더 많이 가져야 한다. 그러나 1983년 법의 변화에도 불구하고 환자가 그런 기회를 얻지 못하고 고통받고 있다는 사실이 많은 점에 의해 시사되고 있다. 이러한 현상은 다음의 몇 가지 요인에 의해 발생한다.

(a) 사회의 태도가 변화하고 있는 것으로 보인다. 사형제도의 부활을 확보하고자 하는 로비의 실패는 장기 형기의 '유효성'을 더 엄격하게 하였다. 따라서 정신과 환자가 더 큰 자유를 더 빨리 얻을 수 있도록 하는 과제는 더 어려워질 수밖에 없다. 그러나 법제의 목표는 방면이나 전원의 위험이 감수할 만하다는 의학적 소견이 내려졌음에도 여전히 보호 관리하에 있는 환자들에 대해 다루는 것이었다.

(b) 특수 목적의 보안 병원, 인적 자원, 그리고 지역사회 관리를 위한 자

원의 부족은 추가적인 부담이 될 것이다. 현 문제에 대해 극단적으로 조심스럽게 접근하는 자들은 이러한 자원 부족을 이유로 들어 자신들의 매우 제한적인 반응을 정당화시킬 것이다.

(c) 정신보건 심사위원회를 개편하여 위원장이 형 선고 경험이 있는 칙선 판사나 판사가 되도록 보장하는 것은 현 문제의 공공안전 측면만 지나치게 강조하는 것으로 밖에 볼 수 없다.

(d) 그렇게 개편된 위원회에게 전원(예: 지역 병원이나 쉼터로)에 대한 분명한 권한을 부여하지 않은 것은 개혁이 진정한 효력을 발생하는 것에 대한 주저함을 보여 준다.

다른 환자들 역시 적절한 지역사회 케어라는 이상적인 목표가 쉽게 현실화되지 않는다는 사실을 인식하게 될 것이다. 지역사회 관리를 담당하는 자들을 탓하려는 것이 아니다. 이들에게는 더 진보적인 방면 절차의 압력이 추가적인 부담으로 다가온다. 예를 들면, 증상이 안정화된 조현증 환자를 '이번에는 지역사회에서도 안정을 찾을 수 있을 것이라는 희망'을 가지고 내보내는 것이 정당한가? 더 중요하고 아마도 더 보람있는 일들이 많이 있을 것이다.

궁극적으로 여기에서 논의된 많은 것들이 실제로 일어날 필요는 없다. 그러나 태도의 변화에 대한 요구는 매우 진지한 것이다. 진정한 낙관론자만이 그 변화가 일어날 것이라고 확신할 수 있을 것이다.

11

국립보건서비스 내 법정신의학 서비스의 발전

존 해밀튼(John R. Hamilton)[1] 저
김정진 역

　이 글의 목적은 영국 법정신의학 서비스의 현황을 기술하는 데 있다. 법정신의학 서비스는 두 가지로 분류되는데, 첫 번째는 보건사회보장성(Department of Health and Social Security: DHSS)하의 특수병원(Special Hospitals)이 나라 전체를 대상으로 제공하는 서비스이고, 두 번째는 국립보건서비스(National Health Service: NHS)가 광역별로 제공하는 보호병동(secure units)과 지역사회 법정신의학 서비스다. 교정의료서비스(Prison Medical Service)에 대해서는 다음 장에서 건(Gunn) 교수가 다룰 것이므로 여기에서는 간단히 언급하고 지나갈 것이다.

---

1) 이 글에 나와 있는 저자의 의견은 보건사회보장성의 입장과 다를 수 있다.

특수병원

법정신의학이 정신의학 내에서 상당히 새로운 분야라고 잘못 알고 있는 사람이 많이 있지만, 실제로 법정신의학은 보호시설 제공이라는 측면에서 일반 정신의학과 같은 연륜을 가지고 있다. 정신병원의 국가적 제도는 1808년 자치주 보호수용소법(County Asylums Act)에서 비롯되었으며, 정신장애 범죄자들을 위한 특수시설의 제공은 편집성 조현증을 앓고 있었던 제임스 해드필드(James Hadfield)라는 사람이 조지 3세를 총으로 쏘았지만 정신이상으로 무죄 판결을 받았던 1800년으로 거슬러 올라간다. 재판에서 판사는 "이 불행한 남성은 자비와 인간애로 보살펴져야 한다."라고 말했다. 해드필드는 수감병동이 추가된 오랜 역사의 런던 내 베들렘(Bethlem) 병원에 구금되었다. 그리고 그의 합법적 구금을 보장하기 위하여 1차 정신이상 범죄자법(Criminal Lunatics Act)이 통과되었다. 이 법은 정신이상으로 무죄를 선고받은 자들과 기소사실인부절차에서 정신이상으로 밝혀져 '국왕의 뜻이 알려질 때까지' 구금되도록 한 자들에게 해당되었다.

이 후 60년간 많은 정신이상 범죄자들이 베들렘 및 다른 병원들과 교도소에 구금되었는데, 이에 대해 샤프츠베리(Shaftesbury)와 같은 형벌 개혁론자들은 범죄자와 정신이상자를 같은 곳에 수용하면 안 된다고 비판하였다. 1860년에 하원 특별위원회는 이러한 혼합 수용이 '심각한 해악'이라고 보고하였고, 그들의 수용과 관리를 위한 법 규정을 개선하고 정신장애 범죄자 수용소 건립을 허가하고자 같은 해에 2차 정신이상 범죄자 법이 통과되었다. 1863년에 최초의 특수병원인 브로드무어(Broadmoor) 병원이 내무부 관리하에 개원하였다[브로드무어 병원의 역사에 관해서는 Partridge(1953)와 Hamilton(1980) 참조]. 베들렘 병원과 전국 곳곳의 다른 시설에 있던 정신이상 범죄자들이 브로드무어 병원으로 전원되었는데, 세기 말에 이르자 브로드무어는 초만원 상태에 이르렀다. 이에 동일한 기능을 할 수 있는 새로운 정신이상 범죄자 수용소를 설립하자는 결정이 내려졌고, 1910년 램튼(Rampton) 병원이 문을 열었다. 1920년에는 위험하고 폭력적인 성향의 정신결함자들을 관리하고자 램튼 병원의 관리 권한이 1913년 제정된 정신결함법(Mental Deficiency Act)하에 관리연맹(Board of Control) 소관으로 옮겨졌다. 1960년까지 환자들은 정신결함법하에서만 램튼 병원에 입원할 수 있었고, 대부분은 이전에 형사 기소되었는지 여부와 상관없이 다른 병원에서 램튼으로 전원되었다.

1933년이 되자 정신결함자들을 위한 추가적인 국립시설 건립이 필요하게 되었고, 이에 따라 400개의 병상을 갖춘 모스사이드(Moss Side) 병원이 개원하였다. 1950년대 후반에 브로드무어가 다시 심각하게 과밀되었고, 1974년 선진병동(Advance Unit)을 갖춘 파크레인(Park Lane) 병원이 모스사이드 옆에 개원했다. 현재 파크레인에 있는 환자 대부분은 브로드무어에서 전원되어 왔다.

스코틀랜드에서는 카스테어즈(Carstairs) 주립병원이 1948년에 개원하여 정신결함자들의 입원을 받기 시작했고, 1957년부터는 퍼스(Perth) 교도소의 정신이상 범죄자 부서에서 전원되어 오는 환자들을 포함하여 정신질환자들을 받기 시작했다. 이처럼 스코틀랜드에서는 국립병원이 다양한 정신장애 환자들을 수용한 반면, 잉글랜드의 상황은 달랐다.

브로드무어와 파크레인에는 지능장애(mental handicap) 환자들은 없다. 이 두 병원 내 환자의 구성을 살펴보면, 대략 75퍼센트가 정신질환자이고 25퍼센트가 정신병질적 장애를 갖고 있다. 애초에 램튼과 모스사이드 병원은 지능장애 환자들만을 치료하는 목적이 있었으나, 시간이 지나면서 특별한 정책을 세우지 않았음에도 상황이 바뀌어, 현재는 이 두 병원 각각에 소수의 환자만이 1983년 정신보건법 분류에 의한 정신적 손상 또는 심각한 정신직 손상에 해당한다. 정신질환과 정신병질적 장애 두가지 모두를 갖고 있는 환자들이 많이 있지만, 간호진은 대부분 지적장애의 간호 훈련만 받았을 뿐이다. 또한 잉글랜드 내 특수병원마다 구금의 법적 범주에도 차이가 있다. 브로드무어와 파크레인에 입원 중인 환자들 중 80퍼센트가 제한명령이 내려진 것에 비해, 램튼과 모스사이드에는 제한명령이 내려진 환자들과 그렇지 않은 환자들의 비율이 동등하다.

법정이나 다른 시설에 있는 환자들은 그를 위한 병상이 마련될 때까지 특수병원에 입원할 수 없다. 스코틀랜드에서는 환자의 수용 여부의 결정의 책임이 주립병원의 원장(Physician Superintendent)에게 있는 반면, 현재 잉글랜드에서는 런던에 있는 보건사회보장성의 정신보건 분과의 공무원들이 그러한 결정을 내린다. 그러나 환자 대부분이 입원의 적합성에 대해 조언하는 특수병원의 자문의와도 만나게 된다.

대체로 특수병원의 약 60퍼센트는 중범죄로 법정에서 유죄 선고를 받아 입원명령의 대상이 된 자들이고, 약 20퍼센트는 민사상 강제입원 명령을 받아 다른 정신병원에서 전원된 자들이며, 10퍼센트는 형기 중에 있다가 교도소에서 후송된 자들이다. 그 밖의 소수는 1964년 형사소송(정신이상)법과 1983년 정신보건법의 다른 조항하에 구금된 자들이다.

최근 몇 년간 교도소에서 특수병원으로 이송되는 환자의 수가 감소하였다. 최근의 '인구조사'에 따르면 교도소의 의료관들은 재소자 중 68명만이 병원 입원 자격에 부합하는 정신질환을 앓고 있는 것으로 판단하였다. 하지만 다수의 정신과 의사는 이것이 상당한 과소 추산치라고 믿는다. 과거 경험에 비추어 볼 때 환자를 병원으로 전원시키는 것이 성공하지 못할 것이라고 생각한 교도소 의료관들이 실제로 정신질환을 앓고 있는 자들을 기록에서 누락시킨 사례가 상당수 있을 것이라고 보는 것이다. 실제 총계가 몇 명이든 간에, 이들 중 몇 명이 특수병원의 특별 보안 아래 있어야 하는지, 혹은 광역 보호병동, 임시 보호병동, 또는 일반 국립보건 정신병원에 각각 몇 명이 있어야 하는지에 대한 지표가 없다. 국립보건 병원이 아닌 특수병원으로 이송된 재소자들의 비율은 1966년 25퍼센트에서 1981년 42퍼센트로 증가하였고, 1981년에는 총 86명의 재소자가 교도소에서 병원으로 이송되었다. 반면에 무능력으로 인하여 법정에 설 수 없다고 인정된 환자들 중 극소수만이 특수병원으로의 입원이 승인되었다. 1981년에는 이러한 환자 총 33명 중 26명이 지역병원으로 보내졌다.

매해 특수병원에 입원을 요청하는 수의 절반 정도가 입원이 승인된다. 정신질환을 앓고 있는 이들의 2/3 정도가 입원 요청이 승인되고, 1959년 법하에서 정신박약이라고(mentally subnormal) 인정되는 이들의 1/3이 입원 요청이 승인되며, 정신병질적 장애가 있는 자들이나 극소수의 심각한 정신박약(severely subnormal)은 절반 정도가 입원 요청이 승인된다. 1977년 이래로 접수된 입원 요청은 매해 500건 정도가 접수되던 1970년대 초반에 비하여 매해 350건 정도로 현저히 감소하였다. 입원 승인율은 지난 5년간 연간 300건 정도로 꾸준하게 유지되었고, 이에 따라 지난 2년 동안에는 입원 요청이 거절당하는 수가 감소하였다. 이에 대해서는 입원 요청이 거절될 것 같은 이들에게는 애초에 입원 요청을 해주지 않기 때문이라는 설명이 가능할 것이다.

특수병원의 총 환자 수는 지난 15년간 지속적으로 감소해 왔다. 1968년에는 3개의 잉글랜드 특수병원과 스코틀랜드 주립병원에 2,500명의 환자가 있었으나, 1984년 중반의 특수병원 간 환자 분포를 보면, 브로드무어에 550명, 램튼에 600명, 모스사이드에 250명, 파크레인에 250명이 있었고, 카스테어즈 주립병원의 환자 수도 280여 명으로 감소하였다. 램튼 병원의 환자 수가 몇 년 전의 900명에서 현재의 600명으로 감소한 것은 많은 수의 환자가 수잔

델(Susanne Dell, 1980)의 보고서의 내용이 시행될 때까지 기다렸다가 전원
되었기 때문이다. 그러나 1983년 6월에 특수병원에는 여전히 총원의 1/7에
해당하는 248명의 환자가 전원 혹은 조건부 퇴원을 기다리고 있었다.

브로드무어 병원의 120년 된 건물은 점진적으로 철거되고 (국립보건서비
스 자금지원이 허용된다면) 향후 15년 내에 총 500여 개의 병상을 갖춘 새로운
목적의 병원이 완공될 것이다. 1985년 완공을 앞두고 있는 파크레인 병원은
400여 개의 병상을 갖추게 될 것이다. 이때쯤 되면 특수병원들은 최대
1,700명에서 1,800명 정도의 환자들을 수용하게 될 것이며, 이는 2년 전에
비해 25퍼센트 정도 감소된 수치다.

흥미롭게도, 스코틀랜드는 각 정신병원에 매우 불안정한 환자들을 위한 폐
쇄병동을 유지함으로써 '고통을 스스로 이겨 내는' 전통을 유지하고 있다.
스코틀랜드는 광역 보호병동 계획은 갖고 있지 않지만, 카스테어즈 주립병원
의 1인당 병상 제공률은 잉글랜드와 웨일즈에 비하면 약 50퍼센트나 높다.

1960년 이후로 잉글랜드에서는 정신이상 범죄자들과 매우 불안정한 정신
과 환자들을 대하는 정신과 직원들의 태도에 변화가 있었다. 그 전에는 위험
하고 폭력적인 환자들을 다루는 데 있어서 간호진과 의료진에게 상당한 수
준의 전문성이 있었다. 그러나 1959년 정신보건법의 시행은 '개방 문' 철학
의 발달을 이끌어, 문자 그대로 병실 문을 잠그지 않고 열쇠는 없애 버렸다.
이와 함께, 위험하고 폭력적인 환자들을 다루는 능력과 의지 또한 사라졌다.
이 새로운 법이 법원의 유죄 판결 없이 민사구금 명령만 있는 경우에도 환자
를 특수병원으로 이송할 수 있도록 허용한 것 또한 상황에 도움이 되지 않았
다. 그러나 이러한 상황이 정신병원의 더욱 개방적인 체제와 대중이 정신과
서비스를 거리낌 없이 사용하는 데 기여했다고 보는 사람들도 있다.

특수병원은 환자를 너무 오랫동안 입원시키거나 혹은 너무 빨리 퇴원시킨
다는 규탄을 받으며 언제나 대중매체와 시민단체의 주된 표적이 되어 왔다.

필연적일 수도 있는 소수의 재범률을 평가할 때에는, 특수병원이 매해 입원 환자 수만큼 퇴원시키고 있고 어떤 시점에서 볼지라도 지역사회 내에는 과거 특수병원에 입원했던 환자들 수천 명이 성공적으로 복귀해 살고 있다는 사실도 감안해야 한다.

과거에 특수병원에 대해 제기되던 비판들, 예컨대 불충분한 고발 절차, 격리, 동의 없는 치료 등은 새로운 정신보건법제로 해결되어야 할 것이다(이 책의 세 번째 장 참조). 1983년 정신보건법은 환자에게 증대된 권리를 부여하며 치료동의와 관련된 환자의 지위를 분명하게 한다. 구금 및 구금의 연장에 대한 기준이 엄격해졌으며, 정신병질적 장애(와 정신적 손상)에 대해서는 '치료 가능성'을 필수적인 기준으로 제시하였다. 구금에 대해 항소하기 위해 정신보건 심사위원회에 접근하는 것이 용이해졌는데, 다만 이로 인해 특수병원 정신과 의사들은 환자를 치료하는 시간을 희생해 구금의 정당화를 위해 더 많은 시간을 할애해야 한다.

새로운 정신보건법 중 임시 병원명령을 내리고 감정을 위한 미결구금과 치료를 허용하는 조항들은 직원들뿐 아니라 연구 및 교육의 목적을 위해서도 새로운 기회를 제공할 것이다. 정부는 1984년 10월부터 이 법조항들을 시행할 것을 발표하였다. 마지막으로, 새로운 정신보건법 위원회는 정기적으로 특수병원을 방문할 것을 제안하고 있으며, 스코틀랜드의 정신복지위원회(Mental Welfare Commission)가 그러하듯 환자를 위한 필수적인 안전밸브를 제공하게 될 것이다.

특수병원의 미래

특수병원의 환자 수가 감소하고 국립보건서비스의 보호시설이 늘어나자 일부 사람들은 특수병원이 계속 필요한지에 대해 의문을 제기하게 되었다.

그러나 일반적인 견해는 법정신의학 서비스가 앞으로 어떻게 발전할지를 예측하는 것은 너무 이르다고 본다.

왕립 정신과의사협회(Royal College of Psychiatrists)는 보호시설에 대한 보고서에서 다음과 같이 서술하였다.

> 특수병원은 보호치료시설 범주의 한쪽 끝에 위치해 있으며, 특수병원과 보호치료시설은 기능 면에서 긴밀히 통합되어야 한다. 이들은 위험성, 폭력성, 범죄 성향을 보이면서 특별한 보안을 요하는 자들을 위해 지금과 마찬가지로 계속 최대한의 보호 환경을 제공할 것이다. 본 협회는 특수병원과 다른 종류의 병동들이 서로 긴밀히 협력하여 환자의 정신장애 및 행동에 따라 요구되는 보안과 집중관리의 정도에 따라 서로 간에 이동이 있을 것을 예상한다.

(주립병원과) 『특수병원의 미래(The Future of Special Hospitals)』라는 정책 성명(1983)에서 왕립 정신과의사협회는 특수병원을 유지하는 것을 여전히 찬성한다는 입장을 밝히면서, 버틀러 위원회나 다른 어떠한 권위 있는 보고서도 특수병원의 폐지를 옹호한 적이 없다는 사실을 언급하였다.

> 광역 보호병동(Regional Secure Units)이 최대한의 보안 조건 속의 치료를 필요로 하지 않는 환자들에게만 효과적으로 기능하게 될 것이라는 점은 분명하다. 다른 환자들에게는 특수병원이 여전히 필요할 것이며, 특수병원은 병원 내 장기 입원이 필요한 환자들에게 여러 가지 적절한 시설을 제공할 수 있는 장점이 있다…….
> 정신과 환자들에게 국가가 보호시설을 제공하려면 최대 수준의 보안을 갖춘 특수병원이 유지되어야만 한다. 특수병원은 치료기간과 위험성의 이

유로 소규모의 광역 또는 지역 보호시설에 입원하는 것이 부적합한 환자들을 위해서 필요하다. 다만 모든 유형의 시설들 간에 긴밀한 통합과 유연한 업무 조정이 이루어져야 할 것이다.

협회의 보고서는 특수병원과 주립병원 업무의 다양한 측면을 검토했다. 관리와 관련해서는, 요청되거나 필요한 곳에 지역 관리위원회를 설립할 것을 권고했다. 다만 이미 잘 운영되고 있는 병원에 도입할 경우에는 난점이 발생할 수 있음을 인정했다. 보안은 만족스러운 것으로 나타났으나, 대중의 보호를 위해 필요한 보안 수준과 효과적인 치료를 위해 필요한 보안의 수준 사이에 균형을 맞출 필요는 있었다.

협회는 더 이상 고도의 보안을 필요로 하지 않는 환자들이 지속적으로 특수병원에 남아 있는 것을 개탄하며, "지역 보호시설이 발전되어 이러한 사태를 최소화할 필요가 있다."라고 덧붙였다.

보호병동

1959년 법이 발효됨에 따라 보건부는 특별조사위원회를 만들어 특수병원의 역할을 조사하게 하였다. 위원회는 보고서(Ministry of Health, 1961)에서 일부 광역 국립보건 병원, 그리고 평가와 치료에 어려움이 있는 환자들을 위한 '특수진단센터'에 보호병동이 계속 유지되어야 한다고 주장했다. 이러한 센터는 연구를 위해 중요할 뿐만 아니라, 국립보건서비스와 특수병원 사이의 중간 기능을 하며, 지역 보건서비스에 의해 관리되지만 보건부의 재정 지원을 받게 될 것이었다. 실제로는 그런 클리닉이 런던의 노스게이트 클리닉(Northgate Clinic) 안에 한 개만 개소하였는데, 이는 곧 특수 청소년 병동으로 바뀌었다.

1972년에 정신이상 범죄자들에 관하여 비틀러 위원회가 설립되었는데, 특수병원의 과밀화를 염려하여(Home Office and Department of Health and Social Security, 1974) 1974년에 중간 보고서를 발행하였다. 보고서에서 위원회는 특수병원과 국립보건병원 간의 '커다란 격차'를 메울 수 있는 광역 차원의 보호병동을 마련할 것을 권고하였다. 초기 목표는 2,000개의 보호 병상이었다. 이와 비슷한 시기에 보건사회보장성은 글란시(J. Glancy) 박사를 위원장으로 세워 국립보건 정신병원에 대한 특별조사위원회를 설립하였다(Department of Health and Social Security, 1974). 위원회는 국립보건 병원 내 보안 장소 안에 1,000개의 보호 병상을 갖추는 것을 권고하였다. 정부는 두 위원회의 권고를 받아들여 임시 보호(interim security) 병상을 만들기 위한 직접적인 재정 지원을 마련하였다. 여기에서 '임시(interim)'는 일시적을 뜻하는데, 어떤 이들은 특수병원과 폐쇄병동 사이의 '중간' 수준의 보안을 뜻하는 것이라고 해석하기도 한다.

1975년에 버틀러 위원회는(Home Office and Department of Health and Social Security, 1975) 이러한 병동 설립에 진전이 거의 없음에 대하여 우려를 표명하였으나, 그 후 5년 동안에도 약간의 진전이 있을 뿐이었다. 국회 질의가 빈번히 이루어졌으며 왕립 정신과의사협회는 블루글라스(R. Bluglass) 교수를 위원장으로 하여 특별위원회를 설립하였다. 이 위원회는 광역, 준광역 병동뿐 아니라 정신병원 내 보호병동의 설립에 관한 구체적인 권고를 하였다. 보고서(Royal College of Psychiatrists, 1980)는 앞에서 언급한 대로 지역의 요구에 적합한 시설, 그리고 각 광역 내 법정신의학 서비스 간의 통합과 함께 유연성의 필요를 강조했다. 보안 수준은 개방병동에서부터 특수병원까지 다양하게 제공될 것이며, 환자는 자신의 필요에 따라 다른 수준의 보호시설을 자유롭게 이동할 수 있게 될 것이다.

보호병동의 미래

광역 보호병동의 발전 현황은 스노우덴(Snowden, 1985)의 종합적 고찰을 보면 알 수 있다. 1984년 말에는 미들스버러(Middlesborough), 돌리시(Dawlish), 레스터(Leicester), 리버풀(Liverpool), 노리치(Norwich), 웨이크필드(Wakefield) 그리고 사우스엔드(Southend) 시에 위치한 7개의 영구적인 광역 보호병동이 환자의 입원을 받고 있었다. 템스 강 남동부 지역의 복합용지 계획을 포함하여 다른 광역의 병동들도 완성을 앞두고 있었으며, 4개의 추가적인 광역 병동이 각기 다른 계획 단계에 있었다. 그 사이에 선구적 임시병동 역할을 훌륭히 수행해 낸 노울(Knowle), 레인힐(Rainhill) 그리고 프레스트위치(Prestwich) 시의 병원들은 이러한 병동에서 관리될 수 있는 환자들과 관리되기 힘든 환자들의 유형에 대해 값진 정보를 제공해 주었다. 현재 15개의 임시 보호병동에 약 260개의 병상이 비어 있으며, 광역 병동이 완공된 후 이러한 임시 보호병동의 지속적인 사용 여부 및 사용 방법에 관한 논의가 계속되고 있다. 버밍엄(Birmingham)의 법정신의학부에 있는 귄 존스(Gwynne Jones) 교수가 현재 진행하고 있는 연구조사가 곧 완료되면 보호병동의 운용에 관해 더 많은 정보를 얻게 될 것이다.

하지만 특수병원의 직원들은 전원 중의 환자를 수용하거나, 특수병원이 제공하는 최대한의 보안 환경이 필요 없는 환자의 입원을 예방하는 데 있어서 이런 새로운 병동들이 어느 정도로 도움이 될 것인지에 대해 여전히 회의적이다. 반면에 일부 낙관론자들은 특수병원의 환자 수가 상당히 감소될 수 있을 것이라고 본다. 특수병원의 정신과 의사들은 너무 위험하여 광역 병동에서 관리가 불가능하거나 짧지 않은 입원이 필요한 환자들 때문에 특수병원이 여전히 필요할 것이라고 지적한다. 많은 병동이 일 년 이상의 치료가 필요하다고 여겨지는 환자의 입원은 받지 않는다는 방침을 갖고 있다. 현재 특수병원의 평균 입원기간은 브로드무어가 약 5년, 램튼은 9년으로 나타나는데, 특수병원의 존재를 정당화할 수 있는 주된 이유는 그렇게 오랜 기간 자유를 박탈당하는 환자들에게 필수적인 직업적·교육적·오락적 시설을 다양하게 제공한다는 데에 있다. 그에 못지않게 중요한 이유는 도덕적인 사항으로, 특수병원에 구금되었던 환자들 중 2/3가 방면 후 재범을 저지르지 않는다는 결과가 있다.

지역사회 법정신의학 시설

영국의 지역사회 법정신의학 시설은 최근에 들어서야 발전하고 있다. 최초의 지역사회 기반 법정신의학 클리닉은 1964년에 글래스고(Glasgow)에 개소한 더글라스 인치(Douglas Inch)센터(이보다 10여 년 전에 법정신의학 자문의 직이 처음 만들어짐)와 1983년에 50주년을 기념하는 런던 소재 포트먼(Portman) 클리닉이다.

정신과 자문의의 역할은 불과 몇 년 전까지만 해도 교도소에 수감 중인 범죄자들에 대해 법원 소송절차에서 의견을 제시하는데 그쳤으며, 지역사회 내에서 평가나 치료를 하는 일은 매우 드물었다.

지역사회 법정신의학 시설에 대한 문헌은 희박하다. 그러나 법정신의학자의 도움을 요청하는 상당수의 환자가 있음을 보여 주는 캠버웰(Camberwell) 지역의 등록 명부를 연구 자료로 사용한 건(Gunn, 1971)은 이 외에도 정신과 치료를 전혀 받지 못한 환자들이 많이 있을 것이라고 추정하면서, 급성 심리사회적 문제를 다룰 특화된 다학제적 클리닉이 필요하다고 주장하였다.

크라프트(Craft, 1974)는 웨일스의 지역사회 법정신의학 서비스가 성범죄, 재산 범죄, 폭력 범죄 또는 방화 범죄를 저지른 '소수의 다루기 힘든' 환자 집단을 다루고 있다고 기술했다. 크라프트는 또한 개방되어 있지만 지리적으로 고립된 병동에서 이러한 정신이상 범죄자들을 성공적으로 다룰 수 있었다고 보고했다. 그러나 사후관리 시설의 확충과 다수의 젊은 남성 성범죄자를 다룰 때에는 남녀 환자를 통합할 것을 강조했다.

블루글라스(Bluglass, 1977)가 미들랜즈(Midlands) 법정신의학 센터의 업무를 분석한 결과, 400건의 의뢰 중 대부분이 외래환자의 평가와 치료에 관한 것이었다. 절반 정도가 판결 전 감정을 위해 치안판사법원에서 의뢰한 것이었고, 이보다 적은 수의 사례는 보호감찰부, 사무변호사, 일반의, 다른 정신과 의사, 교도소, 소년법원과 상급법원에서 의뢰된 것들이었다.

카니와 놀란(Carney & Nolan)의 1978년 연구는 국립보건 정신병원 내 보호시설의 발전에 관해 유용한 정보를 제공한다. 이들은 자신들의 병동을 '불안정한 정신질환자들을 위한 위기센터'라고 묘사하였다. 환자 대부분은 일반병동에서 통제하기 힘든 불안정한 행동을 보이는 정신증을 갖고 있었다. 이러한 병동은 다수가 존재하는데, 옥스포드 병원 등 일부 병원들은 폐쇄병동의 필요성을 부인한다.

광역 법정신의학 서비스의 발전을 돕는 데 매우 요긴한 정보를 제공하는 보덴(Bowden, 1977)의 연구는 템스 강 남동부 지역의 법정신의학 환자들의 수와 분포에 대한 윤곽을 보여 준다. 버틀러 위원회는 정신이상 범죄자들의 처분에 대한 지도원리가 환자에게 필요한 치료를 가장 잘 제공해 줄 수 있는 병원에 입원하는 것이라고 권고하였는데, 보덴은 이에 대해 논평하면서 그들에 대한 처분이 간호사 조합의 태도뿐 아니라 편견과 자원 부족에 의해 더 많은 영향을 받는다는 다른 연구자들의 견해를 언급하고 있다.

법정신의학 서비스의 발전에는 노동조합 활동이 중요한 영향을 미쳤고, 최초의 임시 보호병동 중 한 곳의 개원을 늦추는 결과를 가져왔다(Higgins, 1979). 1980년 2월 브로드무어의 환자를 국립보건 정신병원에 입원시키는 것이 실패하자, 항소법원에서 브라이트만(Brightman) 재판관은 다음과 같이 발했다. "살 소식된 기관에서 두 명의 독립석인 결성권자가 함께 존재하는 것은 현실적으로 가능하지 않다. 나의 견해로는 전원과 관련된 결정을 내림에 있어 간호진의 역할은 자문이지 의사결정이 아니다." 브릿지(Bridge) 재판관은 다음과 같이 덧붙였다. "통상 간호사들은 의사결정에 대한 아무런 책임이 없으며, 내가 이해하는 한 간호사들에게는 전반적인 병원운영 방침에 대한 결정을 내릴 권한이 법에 의해 명시적·암시적으로 부여되지 않았다". 1983년 간호진이 병원명령의 대상이 된 환자의 입원을 거부한 사건은 항소법원에서 규탄되었다. [보건부 장관은 국립보건 병원이 특수병원의 환자의 전원을 받도록 명령할 수 있는 자신의 권리를 원용한 적이 없는 반면, 내무부 장관은 1964년 형사소송(정신이상)법상 처분의 대상이 되는 환자의 입원을 받도록 병원에 자주 명령하였다는 사실을 여기에서 언급할 필요가 있겠다.]

그의 이전 논문에서 보덴(Bowden, 1975)은 논문 발표 전 5년 동안 템스강 남동부 지역의 폐쇄병동의 병상 수가 40퍼센트 감소했고, 이에 더해 일반 지구 병원의 신설 정신과 병동이 다루기 어려운 환자들의 입원을 받아들이지 못한 점과 간이 숙박소의 부족 증가가 정신이상 범죄자들을 위한 시설이 부족해지는 결과를 낳았다고 주장했다. 보덴은 보호병동 수요의 추산치가 부적절하게 배치된 환자들의 수를 감안하지 않은 것이라고 주장하였다.

결 론

법정신의학 서비스의 미래는 분명히 특수병원, 광역 보호병동, '임시' 보호병동, 지역사회 서비스 그리고 교도소의 발전과 이 시설들 간의 상호작용에 달려 있다. 이들 중 특수병원은 순위 끝에 위치해 있는 만큼 다른 시설들에 의해 좌우되는 경향이 있다. 그러나 특수병원이 좀 더 적극적으로 다른 시설들에게 먼저 다가가 필요한 보안 수준에 따라 융통성 있게 환자를 교환하는 등 협력할 의향을 내비친다면 할 수 있는 일이 더 많아지게 된다. 현재 특수병원에 있지만 더 낮은 수준의 보호병동에서 관리될 수 있는 환자들에 대한 과학적인 연구는 아직까지 없다[델(Dell, 1980)의 연구는 직접적인 연관이 없으므로 제외]. 다만 맥키스(J. MacKeith)와 스프라이(W. Spry)는 미발표 논문에서 광역 및 지역 보호시설과 비보호 시설이 가용하다면 여기에서 다수의 환자들이 관리될 수 있을 것이라고 제안한 바 있다.

교도소 직원들은 형기 중에 있거나 미결구금 중에 있는 정신이상 범죄자들을 국립보건 정신병원과 특수병원으로 후송하려는 시도 자체를 거의 포기한 것으로 보인다. 특히 재소자들을 학대한다는 혐의가 널리 알려짐에 따라, 교정의료서비스에 우수한 인력을 끌어들이는 데에 심각한 문제가 있으며 사기도 저하되어 있다. 특수병원과 마찬가지로, 교도소의 많은 부분들이 국립보건 병원들이 얼마나 더 교도소의 환자들을 기꺼이 받아들이려는가에 달려 있다. 교도소에 수감 중인 정신이상자들의 수에 대한 문제를 다룬 일관되고 지속적인 보고서는 너무 많아서 언급할 수 없을 정도다.

특수병원과 정반대의 입지에 있는 국립보건 지역사회 시설들의 발전은 대체로 국립보건서비스, 특히 정신의학의 관리 및 재정 상황의 경향을 따르게 된다. 정신과 의사들과 환자와 가족을 대표하는 자들[예: 전국 조현병 유대 (the National Schizophrenia Fellowship)]은 정신병원을 폐쇄하자는 제안이 받아들여지면 점점 더 많은 환자들(그중 상당수는 재입원율이 높은 경미한 범죄자들)이 필요한 치료 및 보호수용소로의 입원이 거부될 것이라며 심각한 우려를 표명하고 있다. 결국 희망은 광역 보호시설의 발전에 달려 있으나, 이러한 시설이 판도라의 상자가 될 수 있다는 두려움은 여전히 존재한다. 모든 것은 광역 보호시설의 입원 방침에 달리게 될 것이다.

왕립 정신과의사협회는 『정신과 환자들을 위한 보호시설: 종합정책(Secure Facilities for Psychiatric Patients: A Comprehensive Policy)』이라는 성명서 (1980)에서 환자들이 특수병원 외에도 병원이나 병동 안에서 증대된 보안이 필요하다고 주장하는 한편, 이런 환자들을 식별하는 것이 어렵다고 하였다.

일반적으로 말하자면, 지속적으로 위험하다고 여겨지지는 않지만, 비협 조적이고 주기적이며 예측치 못한 행동을 보이기 때문에 자신과 타인에게 심각한 해와 위험을 입힐 수 있어서 일반 정신과 병원이나 병동에서 관리될 수 없는 환자들이 있다. 이들 중 일부는 범죄자일 수도 있지만 상당수는 그 렇지 않을 것이다. 이런 부류의 환자들의 특화병동 입원 기준은 정신과적 진 단이나 법적 분류에 엄격하게 따르기보다는 행동적으로 묘사되어야 한다. 이런 환자들은 관리에 지속적인 어려움을 일으키며 특수병동의 치료시설로 개선될 가능성이 있는 자들이다. 이것이 입원 적합성을 판단하는 데 필수적 인 요소다.

보호병동 입원의 최초 기준은 폴크(Faulk, 1979)가 제시하였다. 2년 동안 운영된 노울(Knowle) (사우스햄턴 시) 병동의 기준은 다음과 같았다.

- 관련 의사와 직원 사이에 환자가 정신장애가 있으며 병원에서 치료받 아야 한다는 합의가 있을 것
- 환자의 행동이 일반 정신병동에서 관리되기에는 너무 어렵거나 위험하 지만, 특수병원에서 제공되는 강도 높은 보안을 요구하는 정도는 아님
- 환자가 법적으로 구금되었거나(예: 정신보건법상 법원명령을 받은 경 우) 환자 스스로가 '비공식' 환자로 머물 용의가 있거나, 혹은 보호관 찰 준수사항일 것

2년 후 히긴스(Higgins, 1981)는 레인힐(Rainhill) (리버풀 시) 병동을 4년간 운영한 경험을 바탕으로 다음과 같은 입원 기준을 제시하였다.

병동이 문을 열었을 때 어떠한 절대적인 입원 기준도 마련되어 있지 않았고, 그 후로 새로 마련된 것도 없다. 다음의 쟁점들은 최근 중요하다고 여겨지는 것들이다.

- 모든 환자는 다른 사람에게 물리적인 위험을 야기하며, 병실은 영구적으로 잠겨 있기 때문에 모든 환자는 1959년 정신보건법하에 구금되어야 한다.
- 병동의 물리적 보안 수준과 가용한 간호진의 수는 환자의 관리에 충분해야 한다.
- 환자가 병동의 체제로부터 혜택을 받을 것이라는 기대가 있어야 한다.
- 환자를 의뢰하는 의료진과 간호진은 환자에 대해 지속적인 관심을 가질 것과, 차후 환자의 행동이 개선되었을 때 자문에 의해 환자를 다시 받을 것에 동의해야 한다.
- 환자가 이미 병원에 있다면 그의 행동이 다른 환자나 직원의 물리적 안녕에 매우 심각한 위협을 가하였으며 이것이 반복될 가능성이 있거나, 위협의 정도가 덜 심각할 경우에는 그의 행동이 지나치게 반복적이고 방해가 되어 병실 체제가 완전히 혼란스럽게 되어, 개방병동에서 더 이상 관리될 수 없어야 한다.
- 외래환자는 이미 병원에 있다는 가정하에 평가된다.
- 미결구금 센터나 교도소 혹은 특수한 병원에서 의뢰되어 온 환자는 최근의 행동으로 비추어 볼 때 개방병동에서 치료될 수 없는 자이거나 경험상 그가 더 오랜 기간의 관리와 더 개인적인 치료, 그리고 퇴원에 관

하여 더 밀접한 감독이 필요하다고 인정되어야 한다.

대다수의 임시 보호병동은 정신병질적 장애가 있는 환자의 입원은 받지 않는다는 방침을 갖고 있으며, 레인힐 병동만이 단기 입원환자 외의 자들을 받을 준비가 되어 있는 것으로 보인다. 레인힐의 첫 35명의 환자 중 5명은 18개월 이상 장기 입원했으며, 그중 한 명은 4년간 머물렀고 한 명('장기 입원이 예상되었던' 자)은 3년 2개월 동안 머물렀다.

보건사회보장성이 특수병원으로의 입원 요청을 취급할 때 사용하는 기준의 불확실성은 맥쿨로흐(MacCulloch, 1982)에 의해 감소되었으며, 보건사회보장성의 지위는 『1983년 정신보건법에 대한 보고서(Memorandum on the Mental Health Act 1983)』(Department of Health and Social Security, 1983)에서 더욱 명확해졌다. 이 보고서는 다음과 같이 서술하고 있다(para. 269).

다음과 같은 환자들에게 특수한 병원으로의 입원은 일반적으로 적합하지 않은 것으로 간주된다.

- 심각한 정신적 손상이 있는 경우—다만 환자가 직원이나 다른 환자에게 심각한 해를 끼칠 가능성이 높은 경우는 그러하지 아니하다.
- 지역사회 혹은 지역 병원에 극심한 지장을 주거나 반사회적인 행동을 보이지만 심각한 물리적 상해를 입힐 가능성이 없는 경우
- 주로 자해를 예방하기 위하여 밀접한 관찰이 필요한 경우—다만 타인에게 폭력을 행사할 가능성과 관련되어 있다면 그러하지 아니하다.
- 보호수용소/장기적인 관리가 필요하지만 더 낮은 보안 수준도 대중의 보호에 충분한 경우
- 물리적으로 안전한 체제의 안전성과 지원으로 혜택을 받을 수 있는 경우—다만 대중 일반에게 심각한 위해를 끼칠 위험이 있는 경우는 그러

하지 아니하다.

- 16세 미만이거나 60세 이상인 경우—이러한 환자들을 위한 종합시설의 제공은 광역 그리고 지구의 보건당국의 책임하에 있다. 배치하기 어려운 환자들을 위한 지역 차원의 시설 제공 부족은 특수한 병원으로의 입원 사유로 용납되지 않을 것이다.

특수병원 정신과 의사들 사이에는 여전히 보호병동이 단기입원 환자들만 받아들이고 장기입원 환자들은 자신들이 담당하게 될 것이라는 우려가 남아 있지만, 이런 두려움은 근거 없는 것일 확률이 높다. 지난 몇 년 간 특수병원으로의 입원 비율은 완화되지 않았으며, 여전히 많은 정신이상 범죄자가 부적절하게 배치된 가운데, 소중한 특수병원 자리에 대한 수요는 지속될 것이다. 특수병원에 배치되는 것이 초반에는 바람직할 수 있으나, 대부분 환자의 입원 기간은 보호병동들이 그러한 환자를 받아들이려는 의향에 좌우될 뿐만 아니라 일반 국립보건 정신과 병원들이 환자가 먼저 광역 보호병동에서 '적합하다는 것을 스스로 증명'하지 않았더라도 받아들일지의 여부에 달려 있다. 특수병원은 자신들의 철학에 변화를 줌으로써 이 문제에 대응하려는 시도를 하고 있다. 즉, '위험성을 제거하는 것'(그리고 일반병원으로 하여금 치료와 재활을 완성하게 하는 것)의 철학에서 특수병원 고유의 재활 절차를 발전시켜 고도로 구조화된 체제를 떠날 시간이 되었을 때 환자가 일반병원이나 지역사회 시설에 더 잘 적응할 수 있게끔 하는 방향으로 변화하려는 것이다.

그러나 현재로서는 보호병동의 자리를 기다리는 특수병원의 환자들로 병목 현상이 나타나고 있고, 보호병동들은 교도소에 있는 정신이상 범죄자의 수에 아직까지 영향을 미치지 못하고 있다. 파커와 테넨트(Parker & Tennent, 1979)는 최근 몇 년 동안 국립보건 병원 입원을 위한 병원명령의 감소와 이에 따른 특수병원과 교도소의 부담을 서술하면서, 광역 보호병동이 가까운 미래에 문제를 해결할 수 있을 것이라는 데 의문을 제기했다. 파커와 테넌트는 형벌 제도 안에 더 포괄적이고 더 나은 정신과 시설들이 발전되어야 한다고 주장하였고, 보호병동이 판도라의 상자가 될 수 있다고 믿고 있다.

「브루어 관용구 우화사전(Brewer's Dictionary of Phrase and Fable)」의 숙어와 우화 사전에 따르면, 판도라의 상자는 겉으로는 값진 선물로 보이지만 실상은 저주인 것이다. 마치 손이 닿는 것마다 황금으로 변해 결국 아무 음식도 먹을 수 없게 된 마이다스(Midas)처럼 말이다. 상자가 열리자 모든 악이 흘러나와서 그 후로 계속 세상을 괴롭히고 있다. 어떤 설명에 따르면, 상자에서 마지막으로 빠져나간 것이 희망이었다. 또 어떤 이들은 희망이 빠져나오지 않고 남아 있었다고 한다. 그랬기를 희망해 보자.

참 고 문 헌

Bluglass, R. (1977). Current developments in forensic psychiatry in the United Kingdom. *Psychiatric Journal of the University of Ottawa, 11*, 53-62.

Bowden, P. (1975). Liberty and psychiatry. *British Medical Journal*, iv, 94-6.

Bowden, P. (1977). The NHS practice of forensic psychiatry in one region. *Psychological Medicine, 7*, 141-8.

Carney, M. W. P. and Nolan, P. A. (1978). Area security unit in a psychiatric hospital. *British Medical Journal, 1*, 27-8.

Craft, M. J. (1974). A description of a new community forensic psychiatry service for doctors. *Medicine, Science and the Law, 14*, 268-72.

Dell, S. (1980). Transfer of Special Hospital patients to the NHS. *British Journal of Psychiatry, 136*, 222-34.

Department of Health and Social Security (1974). *Security in NHS Hospitals* for the Mentally Ill and the Mentally Handicapped. HMSO, London.

Department of Health and Social Security (1983). Mental Health Act 1983. Memorandum on Parts I to VI, VIII and X. HMSO, London.

Faulk, M. (1979). Mentally disordered offenders in an interim regional medium secure unit. Criminal Law Review, 686-95.

Gunn, J. (1971). Forensic psychiatry and psychopathic patients. British Journal of Hospital Medicine, 6, 260-4.

Hamilton, J. R. (1980). The development of Broadmoor 1863-1980. Bulletin of the Royal College of Psychiatrists, 4, 130-3.

Higgins, J. (1979). Rainford Ward, Rainhill Hospital. Bulletin of the Royal College of Psychiatrists, 3, 44-6.

Higgins, J. (1981). Four years' experience of an interim secure unit. British Medical Journal, 282, 889-93.

Home Office and Department of Health and Social Security (1974). Interim Report of the Committee on Mentally Abnormal Offenders. Cmnd 5698. HMSO, London.

Home Office and Department of Health and Social Security (1975). Report of the Committee on Mentally Abnormal Offenders. Cmnd 6244. HMSO, London.

MacCulloch, M. (1982). The Health Department's management of Special Hospital patients. In Dangerousness: Psychiatric Assessment and Management, ed. J. R. Hamilton and H. Freeman, pp. 101-5. Gaskell, London.

Ministry of Health (1961). Special Hospitals. Report of Working Party. HMSO, London.

Parker, E. and Tennent, G. (1979). The 1959 Mental Health Act and mentally abnormal offenders: a comparative study. Medicine, Science and the Law, 19, 29-38.

Patridge, R. (1953). Broadmoor. Chatto and Windus, London.

Royal College of Psychiatrists (1980). Secure Facilities for Psychiatric Patients.

A Comprehensive Policy.

Royal College of Psychiatrists (1983). *The Future of the Special Hospitals*

Snowden, P. R. (1985). *A Survey of the Regional Secure Unit Programme.*
British Journal of Psychiatry (in press).

12

교도소 내 정신의학의 역할과
'처벌받을 권리'

존 건(John Gunn) 저
이수정 역

교도소 내 정신의학의 합법성

감금은 굉장한 스트레스를 야기해서 때로는 신경쇠약을 일으키기도 한다. 범죄자 혹은 전쟁포로 등의 억류자가 감금되어 있는 교도소에서 일해 본 사람이라면 누구나 소위 구금 정신증(prison psychosis)의 사례를 보았을 것이다. 성격장애에서 나타나곤 하는 구금 정신증은 교도소 용품이 빈번히 등장하는 내용의 편집증적 망상이나 환각 상태이며, 자유를 되찾았을 때 그 증상이 완화되는 경향이 있다. 이에 못지않게 흔히 볼 수 있는 것은 장기형이 시작되었을 때, 혹은 살인과 같은 범죄로 교도소에 수감된 자가 수감의 결과를 낳은 행위의 심각성을 깨닫기 시작하는 시점에 심각한 우울증이 나타나는 것인데, 이는 충분히 납득할 만한 현상이다. 특히 수감된 지 몇 개월 지나지 않은 사람들 사이에서 교도소 내 자살률이 높은 것은 이런 종류의 우울증과 일부 관련이 있을 것이다.

일부 견해에 따르면, 교도소는 정신증적 문제를 발생시킬 뿐만 아니라 의료서비스를 받아야 할 사람들을 한데 모아 비공식적 정신병원의 역할을 한 다. 영국 교도소 체제 내의 정신보건 조사에 따르면, 형 선고를 받은 자들의 약 1/3이 정신과 환자로 인정될 수 있었다(Gunn et al., 1978). 이런 사람들 모두에게 입원치료가 필요하다는 의미는 아니다. 이들 중 대다수가 성격장 애, 만성 신경증, 알코올 중독 그리고 약물 의존으로 고통받고 있었다. 하지 만 20퍼센트는 이전에 국립보건서비스의 치료를 받았던 적이 있었으며, 다 수가 심각한 불안과 우울 증상을 보였다. 짐작해 보건데, 1퍼센트는 정신증 환자였다.

영국의 교도소가 과도하게 많은 정신질환자를 수용하고 있는 게 사실이라 면, 이것은 아마도 범죄와 정신장애 사이에 특별한 관계가 있기 때문일 것이 다. 그러나 이와 같은 가설은 평가하기에 너무 단순화된 것이다. 단언할 수 있는 것은, 정신장애와 교통범죄, 절도와 같은 일반적 범죄 사이에는 특별한 관계가 없지만, 정신장애와 행동 사이에는 일정 수준의 특별한 관계가 있다 는 것이다. 예를 들면, 알코올 남용과 폭행, 불안정한 성생활과 성범죄 간에 는 상관이 있다. 또한 조현병, 만성 조증, 정신발달장애, 심각한 성격장애 등 만성적이고 치료되기 어려운 장애가 있는 환자들이 건강한 사람에 비해 잘 못된 행동을 하여 형사사법제도와 엮일 가능성이 높은 것도 사실이다. 이러 한 만성적인 환자들은 공공서비스 체제 내에 분쟁을 발생시키고, 아무도 그 들을 원하지 않는다. 의사와 간호사들은 이들을 환자로 받지 않기 위해 환자 가 정상적이라고 말하거나 진료 정원을 꽉 채우는 등 온갖 애를 쓴다. 법원 이 보기에 이들은 비용이 많이 드는 연습부대로, 억제모델이라는 훌륭한 이 론적 모델에 들어맞지 않고, 따라서 치료가 필요한 자들로 본다. 교도소 관 계자들은 결국 자신들이 이들에 대한 책임을 짊어져야 한다는 사실에 절망 한다. 다른 이들과 마찬가지로 교도소 역시 마땅한 치료책이 없을 뿐만 아니 라, 이러한 범주에 속하는 많은 자들에게 교도소의 관리 징계 체계가 효과가 없기 때문에 윤리적 딜레마에 빠지게 된다. 이렇듯 환자들을 거부하는 현상이 나타나자 교정의료서비스의 책임자였던 오르(Orr) 박사는 재직 당시 다음과 같이 말하기에 이르렀다. "정신이상 범죄자들이 교도소로 들어오고 있다. ……병원에 자리가 마련되어 있지 않기 때문이다. ……병원은 다른 곳에서 지낼 능력이 없는 자들을 위한 보호수용소의 전통적 역할을 벗어던지려 하고 있다(Orr, 1978)."

　이 모든 것이 더해져 교도소 내 정신과 의사의 역할을 합법화하는가? 그럴지도 모른다. 하지만 정신과 의사가 교도소에 있는 진짜 이유는 다른 데 있다. 18세기에 의사들은 전염병 때문에 교도소에 관심을 갖기 시작했으며, 특히 발진티푸스, 소위 감옥열(gaol fever)에 관심을 두었다. 19세기 중반에는 더욱 명확하게 정신적으로 이상이 있는 사람들을 형벌제도에서 제외시키자는 의견이 나오기 시작했고, 이때부터 정신이상 진단이 교도소 의사들의 관심사 중 하나가 된 것이다. 즉, 교도소 정신의학의 근본 동기 중 하나는 법의 엄격함으로부터 정신이상자를 보호하려는 전통적인 것이었다. 어떤 수단으로도 교도소에 있는 정신질환자들을 모두 내보낼 수 없게 되자, 1850년에 그들을 위한 특수시설이 따로 마련되었다. 템스 강에 있던 폐선의 선체 중하나가 신체적·정신적 병약자들을 위한 '환자용 창고(invalid depot)'로 지정되었고, 1855년이 되자 담당 의료관은 100명의 '심약한' 재소자들을 관리하게 되었다. 1889년 내무부는 치안판사들에게 안내문을 보내 정신이상자들에게 자유형을 선고할 것이 아니라 보호수용소로 보낼 것을 촉구하였다. 20세기 초 파크허스트(Parkhurst)는 '정신장애 때문에 일반적인 형벌징계에 부적합한' 자들을 위한 교도소였다.

그렌든 교도소

교도소 정신의학을 역사적으로 분석한 다른 문헌(Gunn et al., 1978)에 따르면, 내무부(Home Office)의 뚜렷한 철학은 교도소로부터 정신질환자를 가능한 한 많이 제거하는 것이었으나, 거부할 권리가 있는 보건관리제도의 저항에 부딪쳐 실패로 돌아갔다. 이와 같은 철학의 타당성에 의문이 제기되었던 단 하나의 시기는 이른바 실증주의 시대로, 범죄를 의학적·심리적 요법으로 치료하는 것이 유행하던 때였다. 이 시기는 그 유명한 1939년 이스트-휴버트 보고서(East-Hubert Report)를 탄생시켰으며 결국 그렌든(Grendon) 교도소가 세워졌다. 이 보고서는 실제로 "범죄 업무에서 정신치료의 주된 목적은 개인에 의한 범죄와 재범을 방지하기 위함이다."라고 서술하고 있다.

몇 년 전, 우리 중 몇 명은 그렌든 교도소를 면밀히 조사하였다. 1962년 개소 당시 그렌든 교도소는 노스필드(Northfield) 병원의 전시 집단치료와 헨더슨(Henderson) 병원을 모델로 하는 치료 공동체로 고안되었다. 그렌든 교도소에는 20대 중반에 이미 상습범이 된 자들이 대부분인 신경증 환자와 성격장애 환자들을 수용하고 있었다. 평균적으로, 그들의 복역기간은 꽤 길었고(3년 6개월), 과거 복역경험이 많았다(3년). 여기에서 그들은 집단 위주의 집중치료를 받았고, 교도소 내에서 가능한 한 많은 민주주의를 누렸으며, 재소자와 교도관 사이에는 놀라울 정도의 평등이 존재하였다. 논란의 여지 없이 그렌든 교도소는 다른 모든 교도소와 분위기가 달랐다. 발리니(Barlinnie)의 특수병동은 그렌든 교도소를 모델로 삼은 것이다. 그렌든 교도소는 다른 교도소에서 관리할 수 없었던 난폭한 범죄자들과 성범죄자들을 관리할 능력이 있는 것이 분명했다. 권위 대상에 대한 재소자들의 태도가 개선되었고, 재소자들이 보다 많은 사회적 자신감이 생겼으며, 재소자들의 신경중적 증상이 현저히 감소했다. 그러나 출소 후 재범률 향상에 있어서는 다른 교도소들과 별반 차이가 없었다. 만약 그렌든 교도소 퇴소 후 적절한 사후관리가 개발되어 실행된다면 재범률이 일부 개선될 것이라고 저자들이 제안하기는 했으나, 기존에 설립되어 있는 교도소들은 범죄를 저지른 사람을 치유하지는 않는다. 이스트와 휴버트가 이런 결과를 알았다면 놀랐을 텐데, 예상 외로 현재의 사람들도 이런 사실에 놀라곤 한다. 교도소에서 사용하는 대다수의 기술은 심리학에 근원을 두고 있지만 사실상 일반 교도소 직원들도 습득할 수 있는 것이며, 의학적 개입은 주로 감독 정도만 요구된다.

보고서를 위한 미결구금

영국 교도소는 법원을 위해 재소자들의 정신감정을 하는 장소이다. 많은 나라에서 법원이 피고인의 기소된 범죄 행위 당시의 정신 상태를 알고자 할 때에는 정신감정을 위해 그를 정신병원으로 보내지만, 영국에서는 그렇지 않다. 관리의 필요가 있는 자들은 미결구금 교도소로 보내져 교도소 의사에게 검사를 받게 된다. 평균적인 해에 교정의료서비스는 매주 170개 이상의 보고서를, 한 해에는 9,000여 개 이상의 보고를 올린다. 물론 상당수의 피고인들이 자신이 선택한 정신과 의사에게도 검사를 받지만, 그러한 검사 역시 교도소 내에서 실시된다. 병원 및 국립의료 정신과 의사들이 범죄자와 관련된 업무에 관여하기를 꺼려하는 사실을 감안한다면, 이것은 일을 처리하는 지극히 합리적인 방법으로 보일 수 있다. 그러나 이 방법에는 많은 문제점이 있다.

가장 뚜렷한 문제점은 심리가 이루어지지 않은 자들, 그중 일부는 완전히 무죄한 자들을 단지 의학보고서를 얻기 위해 교도소로 보낸다는 것이다. 이는 명백히 부당한 처사다. 또한 범죄로 기소는 되었으나 자유형을 받지 않은 자들도 법원에 의학보고서를 제출하기 위한 목적으로 미결구금에 치해지는 경우가 간간히 있다. 다음으로, 이러한 방법이 있는 한 국립의료서비스는 제대로 된 평가 시설을 제공하는 것에 대한 압박감을 전혀 느끼지 못하게 된다. 네 번째로, 교도소 내의 평가는 훌륭한 환경에서 이루어지는 평가만큼 완전하고 적절할 수 없다. 교도소 환경은 한 개인에게 있을 수 있는 병에 대한 징후와 증상을 알아내기에는 지나치게 비정상적이며, 특수 조사를 하기 어렵다. 심리학자, 작업치료사 등의 다른 전문가들로부터 얻을 수 있는 의견은 매우 제한적으로 공급되고, 약물치료 외에 다른 치료법 시행은 사실상 불가능하며, 교도소라는 환경 때문에 친지들과의 연락도 왜곡된다. 마지막으로 매우 중요한 이유는, 교도소 내의 평가는 수용자를 교도소로 보내는 쪽으로 의학보고서를 편향시킨다는 것이다. 어떤 의사든지 자신이 친숙한 시설, 치료법, 처치에 대해 논의하고 추천하게 되는데, 교도소 의사들도 예외는 아니다. 그들은 심리치료, 치료적 공동체, 물리치료 등과 같이 교도소 내에서 가능한 처치를 먼저 그리고 우선적으로 생각하여 이를 법원에 권고할 것이다. 국립보건서비스나 특수병원 내 치료가 필요하다는 확신이 들더라도, 교도소 의사들이 할 수 있는 것이라고는 적절한 기관으로부터 의사가 방문하도록 설득하여, 방문 당일 충분한 병적 측면을 발견하고 환자의 병원 치료에 동의하는 것을 바라는 것 밖에 없다.

기븐스 등(Gibbens, Soothill, & Pope, 1977)은 이처럼 의학보고서를 위하여 범죄자들을 미결구금하는 양상이 소도시보다 런던에서 훨씬 더 두드러진다고 보고했으나, 이러한 양상은 전국적으로 나타난다. 의학보고서 때문에 미결구금되는 자들의 수를 감소시키려는 시도로 보호감호소(bail hostel)와 치료감호소(bail clinic)가 마련되었으나, 그 효과는 미미하였다. 1983년 정신보건법 또한 이러한 사례를 줄이고 병원에서 평가를 받게 하려는 시도로 병원 내에서의 미결구금과 임시 병원명령이라는 2개의 법조항을 새로 마련하였다. 그러나 실제 문제가 자원과 태도에서 비롯되는 것인 만큼, 이러한 입법이 큰 차이를 만들어 낼 것이라고 보기는 어렵다. 범죄자가 병원에 머무는 것을 조건으로 교도소에서 풀려나는 것을 요청하는 것은 늘 가능했다.

폴 보든(Paul Bowden) 박사가 의학보고서 때문에 브릭스톤(Brixton) 교도소를 거치는 자들을 조사한 결과(Bowden, 1978a), 치료를 권고받은 자들은 급성 정신질환의 진단을 받는 경향이 있었고 더 자주 정신병원에 입원한 과거력이 있었다. 이들은 관리하기 어렵고, 때로는 위협적이며 잠재적 폭력성이 있다는 평가를 받았다. 치료를 권고받지 않은 자들은 과음의 과거력이 있는 경우가 많았고 더 방대한 범죄 경력이 있었다. 14개월 후, 병원으로 갔던 자들의 3/4 정도가 퇴원했다(Bowden, 1978b). 병원으로 보내진 자들은 세 집단으로 나누어졌다. 치료가 확실히 유익했던 급성 정신증 환자들, 정신상태의 호전에도 불구하고 행동은 계속 불안정했던 집단, 그리고 입원이 도움이 되지 않았던 만성 장애 집단이 그것이었다. 정신상태의 호전이 있었던 두 집단은 브릭스톤 교도소의 초기 수용 인원의 5퍼센트밖에 안 되었다.

그당시 독특한 영국 교도소 체계는, 조금도 과장하지 않고, 매우 비효율적이었다. 의학보고서를 위한 미결구금 절차는 그것이 교도소에서 행해지건 병원에서 행해지건 비효율적이다. 이 비효율성은 치료가능한 사례를 놓치지 않으려는 불굴의 노력을 의미한다는 점에서 선(善)일 수 있다. 하지만 영국의 제도가 많은 수의 피의자를(그들 중 일부는 죄가 없으며, 일부는 자유형을 받지 않을 것이고, 일부는 자유형을 받을 자격 요건도 없다) 단순히 (교도소에서의 관리가 적절하다는 쪽으로 편향된) 의학적 소견을 얻고자 교도소에 구금시킴으로써 정의를 위협하는 것은 선이 아니다.

물론 병원에서 미결구금하게 하는 제도도 마찬가지의 위험을 일부 안고 있다. 미국에서는 법원이 보고서를 위해 병원에 미결구금하는 권한이 있고 이 권한을 자주 행사하지만, 병원이 영국의 교도소 못지않게 거칠고 감옥 같은 경우가 적지 않기 때문에 범죄자들을 그다지 감명시키지 못한다. 그러나 책임이 보건관리제도 쪽에 있을 때에는 효율성과 정의를 향상시키고 보다 치료적인 제도를 마련하는 것이 쉬워진다. 미국의 일부 지역에서는 지역사회 법정신의학 클리닉이라 불리는 외래환자 서비스가 만들어지고 있으며, 법원이 의학적 소견을 구할 때 주립병원보다는 이 클리닉에 의뢰하도록 권장된다. 베란과 투미(Beran & Toomey, 1979)는 오하이오 주 내 이러한 제도의 발전을 연구한 결과, 당해 서비스 비용이 더 적게 들 뿐만 아니라, 리마(Lima) 주립병원 내 감금에 역점을 두던 구제도에 비해 더 간단하면서 외래 기반의 정신과 권고로 이어짐을 보고하였다. 기븐스 등(Gibbens et al., 1977)의 연구의 결론에서 저자들은 법정신의학의 실천을 소수의 사람에게만 맡기지 말 것을 요청한다. 그들은 정신이상 범죄자를 지역사회로 통합시키는 가장 희망적인 방법은 그를 가능한 한 일반 환자처럼 대우하는 것이라 말한다. 이렇게 하면 사람들이 그를, 그리고 그가 자기 자신을 사회적 소외자나 특수한 사례로 바라보는 경향을 극복하게 할 것이다. 그들은 또한 정신과적 문제가 있는 범죄자의 대다수가 일반 정신과 의사 혹은 특별분야에 관심이 있는 일반의들에 의해 다뤄져야 한다고 촉구한다.

중간 결론

수감의 결과로 정신질환을 앓게 된 자들이나 정신질환이 있는 상태에서 사회적 압력에 의해 교도소로 밀려들어 온 자들이 복지사회 내에 존재하는 한, 교도소 내 정신과 의사의 역할이 있다는 것에 대해서는 의문의 여지가 없다. 마찬가지로, 법원과 병원이 정신질환자를 교도소 내 미결구금에 처하게 하는 이상, 정신과 의사가 정신감정을 해야 하는 역할은 늘 존재할 것이다. 이러한 입장의 난점은 교도소 제도 안에 정신과 의사가 존재한다는 사실 자체가 사회와 법원으로 하여금 더 많은 정신이상자를 교도소로 보내도록 유도할 수 있다는 것이다. 그렇기 때문에 정신과 의사들은 범죄가 의학적·심리학적·준의학적 요법에 의해서 치유될 수 있다는 잘못된 가정하에 교도소 업무에 임해서는 안 되며, 대신 아픈 사람이 있는 곳이라면 어디든지 의학적 기술을 발휘해야 한다는 분명한 윤리적 기초를 가지고 임해야 할 것이다.

처벌받을 권리

여러 연구에서 재범률은 행형정책의 영향을 별로 받지 않는다는 것이 밝혀졌다(예: Brody, 1976). 처벌받을 권리 운동이 주장하는 바는 다음과 같다. "치료에 대해서는 그냥 잊는 것이 어떠한가. 치료는 처벌보다 더 오래 걸리고 더 침입적이다. 적절한 양, 즉 범죄에 대한 현행 양형 체제에 따른 처벌을 내리면 되지 않는가?" 처벌받을 권리의 개념에는 또한 정신의학의 온정주의에 대한 반발도 부분적으로 포함되어 있다. 이들은 "내 영혼을 구해주겠다고 말하는 자칭 구원자들은 누구인가? 왜 내가 더 나아져야 하나? 나는 내 범죄의 위험요소에 대해 알고 있다. 내가 실수했을 때 그에 대한 처벌을 감수할 수 있다."라고 주장한다. 이는 몇몇 인권단체들이 정신과 경찰(psycho-cop)이라고 부르는 공포스러운 현상에 대한 반발이기도 하다. 즉, 정신과 의사가 포로나 환자가 위험하다고 판단하는 엉성한 예상을 근거로 형기를 무기한 연장할 수 있어야 한다는 주장에 반발인 것이다. 또한 어떤 면에서는 반사회적 행동을 미친 것으로 낙인찍고 가해자의 입장에서는 지극히 합리적이거나 타당한 행동을 평가절하하는 경향에 대한 반발이기도 하다. 이에 대한 극단적인 예로 러시아에서 반체제 인사들을 정신이상으로 감금하는 것을 들 수 있다.

1973년 한 소녀가 철도 객차에 홀로 앉아 있는데 갑자기 한 청년이 들어왔다. 열차가 역 사이를 달리고 있을 때 그는 일어서서 바지를 벗고 소녀에게 다가가 키스해 달라고 했다. 소녀가 거절하자 그는 소녀의 목을 졸라 기절시켰다. 소녀가 의식을 되찾았을 때 그는 자신의 성기를 그녀의 입 속에 강제로 넣었다. 이미 성적인 문제로 병원에 다니고 있었고 최근 입원이 승인된 이 남성은 구속되었다. 그는 자신의 결백을 주장했지만 목격자 대질에서 소녀에 의해 범인으로 지목되었고 유죄판결을 받았다. 10년 동안 그는 자신의 무죄를 주장하고 자신의 알리바이를 뒷받침하기 위한 상당한 양의 증거를 제시했다. 여러 명의 저명한 법학자와 텔레비전 시청자들이 설득되었는데, 이는 논외의 이야기다. 결국 그는 과반수 평결로 유죄가 인정되어 4년형을 선고받았다. 32개월 후 석방이 예정되어 있었지만 석방되지 않았으며, 자유형기가 만료되기 직전에 특수병원으로 후송되었다. 아무도 그가 정신질환이 있다고 주장하지 않았고, 젊은 여성을 다시 공격하여 죽일 수도 있는 위험하고 치료 불가능한 사이코패스로 보았다. 그는 정신보건 심사위원회에 항소하였지만, 위원회는 의사의 조언을 받아들여 계속 구금하는 결정을 내렸다(Young & Hill, 1983). 그는 당연히 분노했고 형벌보다 정신의학이 자신을 더 가혹하게 취급했다고 믿었다. 그는 지속적 통제를 받아야 하는 만성장애 환자로 취급되기보다는, 처벌된 이후 자유롭게 살 수 있는 범죄자로 취급받을 권리를 원했다. 누가 그를 비난할 수 있겠는가?

정신과 의사들은 공공의 이익과 안전을 무시할 수 없다. 순화해서 표현하자면, 누군가를 폭행, 강간 혹은 살인을 저지르는 것이 환자에게 최선의 이익이 되는 것이 아니며, 만약 달리 주장된다면 정신과 의사의 직업은 곧 존경을 잃게 될 것이다. 이것보다 대중이 정신과 의사에게 바라는 점은 위험한 정신이상자들로부터 자신들을 보호해 주는 것이며, 이러한 문제에 대해 조언을 해 줄 '전문가'를 늘 고용할 것이다. 만약 의사들이 이러한 조언을 해 주기를 거부한다면 다른 전문가들이 나타날 것이다. 그러나 이러한 문제를 다루는 방법이 앞서 언급한 방법밖에 없다고 가정할 이유는 없다. 의료 문제 내에서도 정의와 항소 수단은 존재하여야 한다(예: Floud & Young, 1981; Gunn, 1982). 앞의 사례에서 의사와 위원회의 결정이 옳았을 수도 있다. 환자가 매우 위험하여 장기구금이 필요했을 수도 있다. 그러나 공개법정에서 왜 그렇게 무거운 형을 받는지에 대한 설명 없이, 그리고 공개법정에서 제시된 사실에 대해 논쟁하고 다른 시각을 제시할 기회도 없이 한 사람을 장기 보호구치(保護拘置)의 대상으로 삼는 것은 분명 부당해 보인다. 또한 법원이 부과한 타당한 양형 체제의 형기 말기에 사전경고 없이 보호구치를 부과한 것도 부당해 보인다. 그는 자신의 운명이 어떻게 될지에 대해 처음부터 알았어야 한다.

1983년 정신보건법에서 앞에서 언급한 불공정성을 다루기 위한 시도가 이루어졌다. 특히 사이코패스는 치료 가능성이 있다고 판단되지 않는 이상 구금될 수 없다. 치료 가능성이 무엇을 의미하는지는 사람에 따라 다르게 해석되겠지만, 적어도 앞으로는 사이코패스의 순수한 치료적 구치를 위해 특수병원이나 다른 병원이 이용되는 위험이 없기를 바란다. 그리고 정기적으로 열리는 정신보건 심사위원회에서는 위험성뿐 아니라 경과에 대해서도 질의가 이루어지길 기대해 본다. 새로운 법의 또 다른 보호장치는 제한명령 중에 있는 자들을 포함하여 모든 환자가 실질적인 권한을 갖춘 정신보건 심사위원회에 접근이 보장된다는 것이다. 이러한 규정에 어떤 이점이 있을지는 더 두고 볼 일이다. 이런 환자들의 방면을 위한 결정에 있어서 내무부가 보통의 정신보건 심사위원회보다 덜 공정하다거나 정보가 부족하다는 증거는 없다. 오히려 그 반대가 사실일 가능성이 높다.

제한명령

영국에서 처벌받을 권리를 위해 탄원하는 희한한 광경을 없애기 위해서는 두 가지의 작은 변화가 큰 도움이 될 것이다. 이는 법제의 변화 없이 실행 가능하다. 첫 번째는 판사가 기한이 정해진 제한명령을 더 많이 사용하는 것이다. 제한명령은 유죄판결을 받은 자에게 입원명령이 있을 경우 판사가 부과하는 것으로, 환자를 퇴원시킬 권한을 의사로부터 가져가 내무장관에게 준다. 이러한 제한명령에는 정해진 기한이 있을 수도 있고 없을 수도 있는데, 후자의 경우 퇴원과 허가에 관한 무기형과 같은 효력이 발생한다. 제한명령은 대부분 기한이 정해져 있지 않은데, 이것은 물론 증인과 법원이 언제 환자가 위험하지 않게 될 것인지를 예측하고 싶어 하지 않기 때문이다. 게다가 제한명령은 살인 등의 범죄로 어차피 무기형을 받았을 사람에게 내려지는 경우가 흔하다. 하지만 폭행, 방화, 주거 침입 등과 같이 정도가 덜한 범죄로 5년 내지 10년의 정기형을 받았을 사람들 중에도 우울증이나 조현병 등의 의학적 상태 때문에 병원으로 보내지는 경우가 있다. 이런 경우에는 인정된 범죄의 양형 체제에 부합하는 제한명령을 부과하고 의학적 문제는 별도로 고려하게 하는 것이 더 정당해 보인다. 예를 들어, 우울증이 있는 사람이 방화를 저지른다면 입원명령을 받고 방화죄에 부합하는 7년의 제한명령을 받는 것이다. 만약 7년이 되기 전에 그가 퇴원할 준비가 되었다면 의사와 내무부 사이에 통상적인 논의가 오고간다. 만약 7년이 지나도록 상태가 호전되지 않는다면, 제한명령이 종료된 후에는 결정권이 오로지 담당 의료관에게만 있게 된다. 이런 방법을 사용한다면, 건강한 범죄자에 비해 정신과적 문제가 있는 범죄자들이 더 오랜 기간 형벌을 받는 것처럼 느껴지지 않을 것이다.

가석방

두 번째의 작은 변화는 확실한 정신과적 요인이 관여되어 있지 않는 한, 정신과 의사가 위험성과 석방 문제를 판단하는 것을 삼가는 것이다. 현재 정신과 의사들은 재소자가 정신적인 문제가 있든 없든 모든 가석방 결정에 관여한다. 정신과 의사들이 정신과 문제와 관련 없는 양형 결정에 결코 관여하지 않는다고 자신있게 말할 수 있다면 '정신과 경찰'이라는 모욕적인 별명을 더 이상 듣지 않게 될 것이다.

결 론

결론적으로, 영국의 과부하된 교도소에서 상당한 양의 훌륭한 정신과적 업무가 이루어지고 있지만, 교도소가 정신병원의 대체수단으로 활용된다면 이는 잘못된 것이다. 특히 정신과적 평가는 그 목적을 위한 시설이 완비된 병원에서 이루어져야 하며, 여기에서 병원이라 함은 특수병원, 중간 수준의 보호병원 그리고 개방병원 모두를 포함한다. 교도소 정신과 의사들은 자원이 심각하게 부족한 상태이고 국립보건서비스 소속 동료들로부터 훨씬 더 많은 지원을 받을 필요가 있다. 오늘날 교도소 정신과 의사들은 자신이 범죄에 대한 의학적 치료를 제공하고 있다고 믿기에는 다른 일을 하느라 너무 바쁘다. 다시 말해, 다른 곳에서 행해져야 할 기초 정신의학 업무를 그들이 하고 있는 것이다.

치벌받을 권리에 대한 문세를 삼재우기 위해 우리가 해야 할 간단한 일들이 몇 가지 있다. 첫째, 국립보건서비스가 정신이상 범죄자들을 기꺼이 받아들이도록 해야 한다. 둘째, 법원이 공개적으로 다루기 힘든 문제를 처리하기 위한 방편으로 병원이 사용되지 않도록 해야 한다. 특히 단순히 보호구치를 위한 장소로 사용되어서는 안 된다. 셋째, 일반 정신의학의 관심사를 만성환자의 치료로 돌릴 필요가 있으며, 그로 인해 만성적인 성격장애나 그 밖의 치료가 어려운 정신과적 문제가 있는 사람들로 하여금 의사가 진정 자신의 편에 있는 보호 대리인이라고 생각할 수 있게 해야 한다. 법률가, 사회복지사, 간호사, 의사 모두가 조현병, 만성 조증, 반사회성 성격장애, 알코올 중독 등으로 고통 받는 환자들에게 도움을 줄 수 있다. 하지만 결국 가장 큰 영향을 미칠 사람은 실제로 그곳에 있는 사람이다. 법원과 형벌 관리인이 건강 문제와 형벌 문제를 보다 분명하게 구별하도록 장려해야 하며, 정신과 의사들은 정신이상이 없는 범죄자들의 형 선고 및 석방에 관여되지 않도록 해야 할 것이다.

참고문헌

Beran, N. J. and Toomey, B. G. (1979). *Mentally Ill Offenders and the Criminal Justice System*. Praeger, New York.

Bowden, P. (1978a) Men remanded into custody for medical reports: the selection for treatment. *British Journal of Psychiatry, 133*, 320-31.

Bowden, P. (1978a) Men remanded into custody for medical reports: the outcome of the treatment recommendation. *British Journal of Psychiatry, 133*, 323-8.

Brody, S. R. (1976). *The Effectiveness of Sentencing: A Review of the Literature.* Home Office Research Study No. 35. HMSO, London.

East, W. M. and Hubert, W. H. de B. (1939). *The Psychological Treatment of Crime.* HMSO, London.

Floud, J. and Young, W. (1981). *Dangerousness and Criminal Justice.* Heinemann, London.

Gibbens, T. C. N., Soothill, K. L. and Pope, P. J. (1977). *Medical Remands in the Criminal Court.* Oxford University Press, Oxford.

Gunn, J. (1982). An English psychiatrist looks at dangerousness. *Bulletin of the American Academy of Psychiatry and the Law, 10*, 143-53.

Gunn, J., Robertson, G. R., Dell, S. and Way, C. (1978). *Psychiatric Aspects of Imprisonment.* Academic Press, London.

Orr, J. H. (1978). The imprisonment of mentally disordered offenders. *British Journal of Psychiatry, 133*, 194-9.

Young, M. and Hill, P. (1983). *Rough Justice.* BBC, London.

13

정신보건과 인권

래리 고스틴(Larry Gostin) 저
이선혜 역

몇 년 전 환자를 구금시키도록 하는 명령에 서명했다는 혐의로 한 의료인이 소송을 당한 적이 있다. 그 일이 있고부터 많은 의료인이 환자의 정신병원 입원 명령에 서명하기를 거부해왔다. 필자의 소견으로는 의료인에게 다소 느슨한 기준을 적용할 필요가 있을 것이다. ……그런 류의 행동을 처벌하기 위해서는 의료인의 잘못을 증명해야만 할 것이라는 생각이 든다(Sir Trevor Lawrence, 1877).

의료인의 소견이 개인의 정신이상에 대한 증거로 간주되어서는 안 된다. [몬태규 스미스(Montague Smith) 하원의원에 의한 1845년 정신이상 규정 법안 수정 조항]

정신보건 영역에서 인권이 갖고 있는 상대적 속성

전통적으로 법률가들과 정신의학자들은 정신보건에 대한 자신들의 접근법이 당사자의 이익을 위한 것이라고 믿어 왔다(Gostin, 1983a, b). 정신질환자의 '인권'에 관해 논하려면 먼저 '인권'이라는 용어를 검토할 필요가 있다. 인권이란 법률적 혹은 도덕적으로 인간이 가질 수 있는 자격 이상의 것은 아니다. 만일 우리가 인권이란 용어를 법률상의 권리로 해석한다면 그것은 국가가 특정 집단과 관련하여 입법 여부를 선택할 수 있는 것이기 때문에 더 이상의 논의는 기대할 수 없다. 법률상의 권리는 불변성이 없어 시대와 국가에 따라 이탈하는 현상을 보인다. 일반적으로 인권이란 일정 정도의 영속성을 내포하는 개념으로 이해되는데, 예컨대 정치적 목적으로 의술을 사용하지 않을 권리를 들 수 있다. 그러나 심지어 이런 식의 인권 개념조차도 두 가지 상반된 목표에 대한 도덕적 선택을 전제하고 있다. 즉, 정치적 · 사회적 목적을 위해 의료전문직을 동원하는 것보다 개인의 이익을 위해 의료행위를 제한하는 것이 더 중요하다는 선택을 전제로 한다. 어떤 도덕적 선택을 할 것인가의 문제는 다른 정신보건 이슈에서와 달리 분명치 않은데, 이는 그러한 선택이 당사자의 어떠한 이익을 보호할 것인가, 다시 말해 당사자의 건강과 안녕을 보호할 것인지, 아니면 자기결정과 법적 자유를 보호할 것인지에 따라 달라지기 때문이다. 그래서 인권은 어떤 가치를 선택하는가에 따라 상당히 다른 방식으로 규정된다. 전자를 보호하는 경우는 법적 걸림돌 없이 보건서비스에 접근하는 데 강조점을 두게 된다(이 경우는 치료와 돌봄이 항상 이로운 것이며 어떠한 지장도 없어야 한다는 것을 전제로 한다.). 후자를 보호하는 경우는 실질적으로나 절차상으로 볼 때 부당한 감금이나 강압이 이루어지는 경우 그에 대해 통상적인 법적 제어기능이 보장된다(때로 법적 안전

장치는 반치료적 성격을 갖는 것으로, 그리고 법률가는 정신의학에 대해 비판적인 것으로 오인되기도 한다.).

정신보건에 관한 한 어쩌면 이상적인 도덕행위도, 보편적인 도덕적 승인을 이끌어 낼 해결책도 존재하지 않는지도 모른다. 이 글에서 내가 추구하는 인본주의적 가치는 무엇이 당사자에게 득이 되는지와 관련하여 당사자의 선택을 극대화하는 것이다. 이성적 선택을 행사할 능력이 없다는 이유로 사회가 선택이라는 기본적 특권을 개인으로부터 철회하고자 할 때, 사회는 먼저 비편파적 의사결정자 앞에서 그러한 평판에 반박할 기회를 그에게 제공해야 한다. 실제로, 법령이 아니라 상위 헌법보장에 근거하여 인권에 대한 판단이 이루어진 경우에, 인권을 보호받을 권리는 대부분 적법절차를 보장받을 권리와 관련된 것이다.

강제입원에 대한 사법심사

'적법절차'의 원칙은 자유와 자기결정권을 박탈해야 할 필요와 관련하여 법원이나 법률의 결정에 대한 일반적 권리에 근거하고 있다. 이 원칙은 시민적, 정치적 권리에 관한 국제규약(International Covenant of Civil and Political Rights)(Totsuka, 1983), 유럽인권조약(The European Covenant of Human Rights)(Gostin, 1982) 그리고 미국 등의 국가 헌법(Herr, Arons and Wallance, 1983)에서 찾아볼 수 있다. 이 세 가지 모두 정신질환자에 대한 일반적 권리를 적용시켜 위기개입을 위한 단기입원을 제외하고는 병원 강제입원에 대해 반드시 사법심사가 이루어져야 한다는 원칙을 내세우고 있다.

사법심사 개념은 정신보건에 대한 법률적 접근과 밀접한 관계가 있다. 입원 결정에 대한 사법적 승인은 정신질환이 있는 사람을 범죄인 취급하는 것이라는, 그리고 보다 중요하게는 그가 필요로 하는 치료와 돌봄 서비스에 접근하는 과정에 기술적인 절차상의 장애물을 부과한다는 비난을 받아왔다. 법원의 개입은 그 목적이 '옳은' 결정을 내리기 위한 것이라면 의미 없어 보일 수 있다. 그 이유는 형사법정이 검찰이나 경찰보다 더 정확하게 유무죄를 밝혀낼 수 없는 것처럼, 법원이 의료인보다 '더 나은' 결정을 할 것이라 단정할 만한 근거가 없기 때문이다. 이러한 유추를 의도적으로 하는 이유는 바로 지금 쟁점이 되고 있는, 인권을 보장한다는 것(특히 감금에 대한 사법심사)이 양쪽 결과에 모두 동일하게 적용되는 것이기 때문이다. 사법심사의 정당성은 '정확한' 결과를 확보하는 것이 아니라 당사자에게 공정성을 보장하는 것에 있다.

우리는 흔히 사법적 과정이 의사결정자에게 충분한 정보를 제공할 것으로, 그래서 정의롭고 보다 정확한 결과를 도출하는 데 도움이 될 것으로 기대하지만, 그 결과가 어떠하든 사법심사의 목적은 진실도 편의주의도 아니다(물론 나의 이러한 생각을 증명할 수는 없다.). 법원심사의 목적은 자율성이 극도로 축소된 개인에게 독립적 의사결정자에게 접근할 권리를 부여함으로써 의사결정자가 가용한 모든 증거를 토대로 박탈 요청을 반박하는 데 전력을 기울이도록 하는 것에 있다. 개인의 통상적 자유를 막을 정당한 이유가 있는지를 밝히기 위해 사회로 하여금 공평무사한 심사 기회를 당사자에게 제공하도록 종용하는 것은 그리 어려운 일이 아니다. 나아가, 이러한 심사의 취지가 '처벌'이 아니라 '치료'에 있다 해도 개인의 자유가 위태롭다는 핵심에는 변함이 없다.

이 같은 기본 원칙을 인식하는 데 있어 형사재판에서와 같은 절차적 안전장치를 의무화하는 등의 유추를 굳이 동원할 필요는 없을 것이다. 정신보건에 관한 사법심사의 취지는 비밀이 없는 상태에서 충분하고도 공정한 공판의 기회를 제공하는 데 있다. 여기에는 국선대리인과 독립된 전문가의 조언을 지원 받아 법정에 출석할 권리, 법원에 제출된 모든 정보에 대해 알 권리, 증거와 증인에 대한 의견제시 및 질의의 권리, 법원 결정의 이유를 전달받을 권리를 포함하여 기본적인 절차상의 공정성이 확보되어야 한다. 그 외 배심 재판, 증거의 기준, 묵비권, 범죄행위의 입증과 같은 공식적인 형사상의 적법절차는 정신보건 분야에서 별 도움이 되지 않는다. 사법심사가 잉글랜드와 웨일스의 다학제적 심사위원회에서와 같은 비공식적 분위기에서 이루어진다면 사법심사에 대한 많은 반대 의견을 피해 갈 수 있다.

사법심사는 응급이 아닌 경우 치료에 대한 접근을 지연시킨다는 주장이 있는데, 이는 근거 없는 것이다. 이 주장은 아직 증명되지 않은 점, 즉 당사자는 치료를 필요로 하고 이는 병원에서 가장 효과적으로 받을 수 있다는 점을 전제하고 있다. 법적 절차의 도입은 정신보건 전문가 입장에서 치료가 필요하다고 판단되는 이들에 대한 치료를 단념하도록 할 가능성이 있다. 그러나 치료를 가로막는 것은 법적 절차가 아니라 법적 절차에 대한 전문가의 거부감이다. 만일 사회가 개인의 자유를 강제로 구속할 수 있는 권위를 전문가 집단에게 부여한다면, 그러한 힘을 행사하는 데 대한 기준과 절차를 제시해야 한다. 또한 사법심사제를 활용하여 사회적으로 문제가 되는 부분을 짚어 낼 필요가 있다. 전문가는 많은 책임을 지는 사람으로서, 전문가적 판단에 대한 확신을 담보하기 위해 사법심사가 필요하다는 점에 크게 좌우되지는 않을 것이라 보는 것이 합리적일 것이다. 의학적 판단은 다른 전문적 판단과 마찬가지로 오판의 가능성이 있기 때문이다.

치료에 대한 동의

사법적으로 강제입원이 결정된 상태에서 치료 등 특정한 강제력의 행사를 결정함에 있어 추가적으로 심사가 필요한지에 대해 종종 의문이 제기된다. 그에 대한 답은 당시지에게 해당 권리를 행시할 능력이 있는지의 여부를 판단하기 위해 이루어졌던 당초의 사법적 결정에 따라 많은 부분이 달라진다. 이상적으로는 법원이 환자의 강제입원 결정을 심사하는 과정에서 환자가 치료를 거부할 능력이 있는지를 판단하게 될 것이다. 대부분의 법령에는 법원이 그러한 판단을 할 수 있는 기준이 제시되어 있지 않으나, 설령 있다 해도 그 판단은 만만치 않은 과제다. 개인에게 치료를 거부할 수 있는 능력이 있는가의 문제는 시대에 따라 그리고 관여된 치료가 무엇인지에 따라 다르다. 최근 들어 강제 격리된 환자들이 모두 특정 치료의 본질과 목적에 대해 이해할 능력이 없는 것은 아니라는 인식이 확산되고 있다. 예를 들어, 정신증이 동반된 질투를 보이는 남편은 아내에게 실질적 위협이 될 수 있고 적절히 격리 조치될 것이다. 그러나 자신에게 약물이 주어지는 이유를 이해하거나 졸림, 떨림, 집중력 감소 등 자신에게 나타나는 약물의 부작용을 인식할 수는 있을 것이다.

환자에게 치료를 강제할 관습법적 권리는 환자가 치료에 동의할 능력이 없다는 것을 전제로 한다. 특정 부분의 무능력, 즉 환자 스스로 특정한 판단을 할 능력이 없다는 점이 입증되지 않는 한, 개인의 자기결정권은 어떠한 이유로든 박탈될 수 없다. 다른 의료 분야에서는 능력이 있는 사람이 설령 그 선택이 극심한 고통이나 죽음을 초래할지라도 자신에게 이익이 되는 것을 거부할 권리를 갖고 있다. 정신과 환자의 경우도 합리적 선택을 할 능력이 있는 경우라면 이 원칙을 바꿀 이유가 없다(Gostin, 1981).

전문가끼리의 동료 심사

그렇다면 환자가 판단 능력이 있는지의 여부를 누가 결정할 것인지의 문제가 발생한다. 환자 입장에서 볼 때, 무엇이 환자에게 최선인지에 대한 문제에 있어 환자 자신과 의사의 의견이 불일치한다. 이 관계에서 둘 중 한 사람에게는 (환자가 의사에게 동의하지 않거나 혹은 다른 이유로 인해) 환자에게 능력이 없다는 것을 결정하는 행위가 공정하고 효과적인 의사결정으로 간주될 수 없을 것이다. 그러한 의견 불일치의 해소가 공정하게 이루어졌다는 인식을 환자가 갖도록 하기 위해서는 환자가 신뢰할 수 있는 공평무사한 의사결정자에게 자신의 입장을 제시할 수 있어야 한다. 환자도 사회도 전문가들 사이에서 이루어지는 동료 심사는 신뢰하지 못할 것이다. 전문가의 자기 규제는 비편파성, 열의 및 개방성 측면에서 충분하지 않다는 비판에 항상 취약하다. 이런 말은 의료 직종을 비판하기 위한 것이 아니라 전문직 집단이 내린 결정을 심사하는 과정에 일반적으로 적용할 수 있는 공정성의 원칙에 기초한 것이다.

치료가 환자에게 득이 되는 것인지의 질문은 전적으로 의료적·과학적 결정을 요하는 것이다. 그러나 그 치료가 법의 힘을 통해 개인에게 부과되어야 하는가의 여부는 임상적 영역에 한정된 질문이 아니라 사회적인, 일반인의 판단 영역에 속한다. 이 질문의 핵심은 무엇이 환자에게 좋은 것인가가 아니라 환자가 넓은 의미의 합리성에 근거하여 어떠한 선택을 할 수 있는가, 다시 말해 환자의 선택 능력에 결함이 많아 사회가 그 환자에게 특정한 행동 방침을 부과할 필요가 있는가다.

그 어떤 해결책도 인권을 수호하기 위한 절대적 방안이 되지 못한다. 그럼에도 정신보건 맥락에서 일반인에 의한 심사, 즉 환자로 하여금 증거를 제시할 수 있도록 허용하는 것, 그리고 환자에게 치료가 필요하다고 판단되는 이유를 환자가 알고 또 그러한 이유에 대해 의견을 밝힐 수 있도록 하는 것은 환자 개인의 권리가 최대한 발효되게끔 한다. 환자 입장에서 볼 때, 환자로 하여금 자신이 확신하는 의사결정 과정에 접근할 수 있도록 하는 것만큼 인권 원칙에 충실한 것은 없을 것이다. 환자가 이러한 권리를 보장받도록 하기 위해서는, 다른 사법 영역에서와 마찬가지로 당사자는 자신의 입장과 증거를 충분히 공정하게 제시할 수 있어야 하고, 의사결정자는 전적으로 독립적이며 어떤 전문가의 의견도 대변하지 않도록 해야 한다.

서비스에 대한 권리

적절한 서비스에 대한 정신질환자의 권리가 인권으로서 명확하게 표현된 적은 이제까지 없었다. 그에 대한 표면적 이유는 국경을 넘어 사용될 수 있는 절대적 수준의 자원과 치료가 존재하지 않기 때문이라는 것이다. 게다가 서비스에 대한 접근은 전통적으로 헌법으로 보장된 것이 아니라 법령을 통해 국가로부터 주어지는 특권이었다(International Commission of Jurists, 1981). 그럼에도 국가마다 서비스에 대한 권리를 옹호하는 그럴듯한 주장, 다시 말해 자선이나 전문가 판단에 의한 것이 아니라 집행 가능한 법에 의한 서비스에 대한 권리를 옹호하는 주장이 존재하고, 그 주장의 핵심에는 평등의 원칙이 자리 잡고 있다. 공평과 공정의 규칙은 헌법에 깊이 뿌리박고 있는 원칙이다. 넓은 의미의 법적 관점에서 볼 때, 정부는 보건서비스나 복지서비스를 제공할 아무런 의무가 없다. 그러나 일단 그러한 서비스를 제공하기로 결정하는 경우, 정부는 특정 사람들 혹은 클라이언트 집단을 임의로 배제할 수 없다. 만일 정부가 불합리한 이유로 서비스를 거부하는 경우 그에 대한 해결은 법에 따라 이루어지고 또 그래야만 한다.

미국의 경우 치료와 재활 훈련에 대한 권리는 강제 구금의 행사에서 논리적으로 파생되어야 할 의무로 제안되어 왔다. 치료적 구금에 있어 필수불가결한 조건은 환자의 치료 필요성이다. 최소한의 치료도 없는 구금은 결코 정당화될 수 없다. 심지어 미국 대법원은 위험하지 않은 환자에 대해 치료는 하지 않은 채 강제구금만 하는 행위는 위헌이라고까지 말한 바 있다. 그렇다고 해서 환자에게 치료나 재활 훈련에 대한 일반적 권리가 있음을 대법원이 명확히 밝힌 것은 아니다(*O'Connor v. Donaldson*, 1975).

유럽인권위원회는 유럽인권조약 제3조에 근거하여 치료의 최소기준을 강요하고자 노력해왔다(*A. v. United Kingdom*, 1980; Gostin, 1983a). 같은 조약 제3조는 비인간적이고 모멸적인 치료를 금지하는 조항으로 치료에 대한 권리를 수립하는 노력에 활용되어 왔으나, 위원회가 이 정도로 강경한 입장을 취한 적은 없었다. 위원회의 입장은 다음에 제시된 옵살(Opsahl)의 반대의견에 잘 요약되어 있다(*B. v. United Kingdom*, 1981).

> 제3조에 근거했을 때 이 사례가 여러모로 우려를 낳고 있다는 점에 대해서는 모든 회원이 동의하시는 것 같다. 여기서 구체적 내용을 반복할 필요는 없을 것 같고 간단히 정리하자면 다음과 같다. 기관의 과밀하고 열악한 시설 상태는 충격적이고, 그런 곳에 환자를 배치하고 유지하기로 결정하는 데 어떤 이점이 있는지에 대해 상당한 의구심이 들며, 의도했던 치료목적을 달성하기 어렵다는 점이 너무도 자명하다. 이제 관건은 이런 요소들 중 어떤 한 가지가 혹은 이런 요소들이 총체적으로 모여 제3조에 규정된 기준을 준수하지 못하게 하는 결과를 초래할 수 있는지의 여부다.

위원회는 이러한 해악 요소들이 각각 분리 검토되어야 한다고 주장하면서, 이 사례에서 제3조에 대한 위배는 발견되지 않은 것으로 판단했다. 또한 위원회는 위법행위의 심각성과 그에 따른 해로움 사이의 비례성을 고려하지 않았다. 옵살의 결론은 다음과 같다.

이 사례에 나타난 결과는 '처벌'이 아니라 '치료'의 일환이었다는 공식적 근거에 의해…… 비례성에 대한 이의는 거부되었다. 치벌은 물론 특정 '치료'를 금지하고 있는 같은 조약 제3조에 비추어 볼 때, 이런 주장은 납득이 가지 않는다.

제3조에 대한 위배가 없었다는 위원회의 결정은 근소한 투표 차(8:5)로 이루어졌고, 따라서 심각한 해악이나 방임 측면에서 추후 위배로 판단할 수 있는 여지를 전혀 남기지 않은 것은 아니다. 하지만 그렇다고 해서 향후 위원회가 치료에 대한 일반적 권리를 옹호하게 될 가능성을 시사해 주지는 않는다.

결 론

최근 들어 정신과 환자의 권리에 대해 국제적으로 상당한 수준의 우려가 일고 있다. 정신의학을 정치적 목적에 이용하는 데 대한 서구 사회의 지속적 비판은 적절하나 다소 진부하다. 그러나 진정한 치료적 목적을 가진 정신병원 입원과 개입이 인간 존엄성과 자율성의 최소 기준을 위배할 가능성이 있다는 주장은 국제 인권 분야에서 새로운 비판이다. 환자의 법적 권리에 관한 사회적 움직임은 1960년대 북아메리카에서 주로 사법 처리의 방식으로 시작되었다. 세계보건기구는 정신건강 입법에 관한 국가 간 비교조사를 실시하고 1978년 그 결과를 발간한 바 있다(Curran and Harding, 1978). 당시 유럽인권위원회에는 이미 영국 정부를 상대로 여러 사례가 제소된 상태였고, 그중 대표적인 사례는 1981년 승소하였다(X. v. United Kingdom). 국제법률가위원회(1980)는 국제연합의 초청으로 정신적으로 건강하지 못한 사람을 보호하기 위한 원칙의 초안을 마련하고자 두 개 연구팀을 구성하였다. 양 팀 모두 사법심사에 대한 권리와 관련하여 미국과 유럽의 입장을 수용했다. 그러나 정신건강 분야에서는 인권이란 개념이 상대적 속성을 갖기에, 두 팀은 치료 가능성이라는 개념을 포함하여 선언문의 몇 가지 핵심 부분에 있어 조정 불가능한 입장 차를 보였다. 최종 문서는 현재 국제연합의 비준 과정을 거치고 있으며, 유럽회의에서도 이와 유사한 문서를 발간한 바 있다(1983).

치료에 대한 일반적 권리가 부재한 상황은 계속해서 정신의학과 법을 최대의 딜레마 상황에 빠뜨린다. 인권이란 것이 치료로부터의 자유라는 개념에서 도출될 수는 있으나 적절한 치료와 관리에 대한 접근이라는 차원에서는 불가능하다는 점이 참으로 역설적이다. 그럼에도 개별 정부는 개인의 요구에 의해 집행 가능한, 서비스에 대한 권리를 창출할 수 있다. 이는 미국의 발달장애법과 잉글랜드 및 웨일스의 1983년 정신건강법의 사후관리 부분을 통해 구체화된 바 있다(Gostin, 1985). 법령을 통해 서비스에 대한 권리를 창출하는 움직임은 정신건강에 대한 법적 접근과 관련한 최근 변화 중 가장 긍정적인 것으로, 필자는 이를 가리켜 '권리의 이데올로기'라 명명한 바 있다(Gostin, 1983a). 이러한 목적을 위해 정신의학자와 법률가가 연합한다면 향후 효과적인 공동 전략과 합일점을 도출해 낼 수 있을 것이다.

참고문헌

Council of Europe (1983). Recommendation No. R(83)2 of the Committee of Ministers to Member States Concerning the Legal Protection of Persons Suffering from Mental Disorder Placed as Involuntary Patients. Adopted by the Committee of Ministers on 22 February 1983 at the 356th Meeting of the Ministers' Deputies.

Curran, W. J. and Harding, T. (1978). *The Law and Mental Health: Harmonizing Objectives*. World Health Organisation, Geneva.

Gostin, L. (1981). Observations on consent to treatment and review of clinical judgement in psychiatry: a discussion paper. *Journal of the Royal Society of Medicine, 74*, 742-52.

Gostin, L. (1982). Human rights, judicial review and the mentally disordered offender. *Criminal Law Review* (1982), 779-93.

Gostin, L. (1983a). The ideology of entitlement: the application of contemporary legal approaches to psychiatry. In *Mental Illness: Changes and Trends*, ed. P. Bean, pp.27-54. Wiley, Chchester.

Gostin, L. (1983b). Contemporary social historical perspectives on mental health reform. *Journal of Law and Society, 10*, 47-69.

Gostin, L. (1985). *Mental Health Services and the Law*, Shaw and Sons, London.

Herr, S., Aarons, S. and Wallace, R. (1983). *Legal Rights and Mental Health Care*. Lexington, Mass.

International Commission of Jurists and International Association of Penal Law (1981). *The Protection of Persons of Unsound Mind*. International Association of Penal Law, Siracusa, Sicily.

Lawrence, T. (1877). Evidence to Select Committee to Inquire into the Operations of the Lunacy Act as Regards the Security Afforded against Violations of Personal Liberty, 12 February 1877, para.4839.

Totsuka, E. (1983). Mental health and human rights under the International Covenant on Civil and Political Rights. In *Proceedings of the International Congress on Psychiatry*, Law and Ethics, ed. J. Carmi. (In press).

판례(Cases)

X *v. United Kingdom*, application number 6998/75. Judgment of the European Court of Human Rights, 5 November 1981.

B *v. United Kingdom*, application number 6870/75. Report of the European Commission of Human Rights, 7 October 1981.

A *v. United Kingdom*, application number 6840/74. Report of the European Commission of Human Rights, 16 July 1980.

O' Connor v. Donaldson, 422 US 563 (1975).

14

변화하는 가치와 정책을 반영하는
정신보건법제상의 변화*

마가렛 소머빌(Margaret A. Somerville) 저
권오용, 변정은, 서지예 공역

변화는 혼합된 감정들을 야기한다. 특히 변화에 의하여 야기되는 미지와 의심에 대한 두려움은 정신의학에 법률이 개입하는 것처럼 초학문적(超學文的) 활동이 일어나는 곳에서 발생하기 쉽다.[1] 실제로, 이러한 초학문적 접근과 그에 따라 일어나는 변화들은 일부 정신과 의사들에게 위기로 인식되기도 한다. 중국어에서 '위기(危機)'라는 단어는 두 개의 다른 글자를 합쳐서 적는데, 바로 '위험'과 '기회'다. 위험과 기회는 구(舊)정신보건법에서 신(新)정신보건법으로 넘어가고 있는 영국의 중요한 현 시점에도 존재하며, 이는 비슷한 변화가 일어나고 있는 다른 국가들에서도 마찬가지다.

여기에서 '정신보건법제상의 변화'의 목표는 영국 신법제에서 규정된 몇 가지 주된 변화를 개괄하고, 구법제 및 다른 관할권하의 접근방법, 특히 캐나

---

* 역자 주: 여기에서 '영국정신보건법'이라 칭한 것은 주로 정신보건(개정)법을 의미한다. 이 글이 작성된 후 정신보건(개정)법과 1959년 정신보건법이 잉글랜드와 웨일스의 1983년 정신보건법으로 통합되었다.

1) 이와 같은 상황은 반대의 경우, 예컨대 형법에서와 같이 정신의학이 법률에 개입하는 경우도 마찬가지다.

다 온타리오(Ontario)주의 접근방법과 비교하여 이 새로운 법들에서 나타나는 가치와 정책의 변화를 서술함에 있다. 이것은 쉬운 과제가 아니며 그 자체로 가치 판단을 내포한다. 사실, 제기되는 의문, 확인되는 가치, 기준으로 사용된 다양한 가치, 그리고 각각의 가치에 부여된 상대적 중요성은 모두 가치판단의 요소를 포함한다. 그러나 객관성을 획득하는 방법이 없지는 않다. 특히 기저의 원칙을 확인하여 서술하면, 과업을 수행하는 사람뿐 아니라 좀 더 객관적인 판단을 내릴 수 있는 제3자에 의해서도 이 원칙이 평가될 수 있다.

'정신보건법제의 가치와 정책 저변의 일반적 고찰'에서는 정신보건법에 의해서 설립된 구조와 관련된 보다 일반적인 가치와 정책의 고려사항을 다룰 것이며, '정신보건 정책이 운용되는 구조'에서는 이 구조의 몇 가지 중심축을 살펴볼 것이다. 여기에는 의학에 관련된 법률의 역할과 전문직의 성격, 그리고 그들의 규제 방법과 의사결정에 관련된 원칙이 포함된다.

여기의 '정신보건법제상의 변화'와 나머지 부분들 간의 관계, 그리고 각 부분에서 취한 접근방법의 차이는 다른 방식으로도 표현할 수 있다. '정신보건법제상의 변화'에서는 정신보건법의 '명백한' 가치들을 탐색한다. 즉, 분석의 시발점이 법규다. 이에 비하여 '정신보건법제의 가치와 정책 저변의 일반적 고찰'과 '정신보건 정책이 운용되는 구조'에서는 시발점이 보다 일반적인 가치들의 고찰이며, 정신보건법제는 이러한 가치들의 예, 특히 의학과 관련된 가치의 예로서 사용된다. 어떤 형태의 분석이 취해지든 간에 밝혀지는 가치의 범위는 대체적으로 같을 테지만, 반드시 그렇지는 않을 것이다. 이에 덧붙여 언급하고 싶은 점은, 이 두 가지 다른 방식으로 가치 평가를 하면서, 필자는 현재 관찰되는 사실에 대해 어떤 가치 요소가 영향을 끼쳤는지에 대해 추론하는, 다소 독단적인 태도를 취했다는 것이다(이것은 법률가들이 전형적으로 채택하는 법학적 접근방법일 수도 있겠다). 필자 외 다른 사람들은 이러한 결론에 도달하는 데에 좀 더 조심스럽게 접근할 수 있겠다.

Part I 정신보건법제상의 변화

실제적 변화

영국과 온타리오주 모두에서 비자발 입원의 근거에 변화가 있었다. 영국에서는 "치료를 위해, 그리고 환자의 안전과 건강 및 다른 사람들의 보호를 위해 구금이 필요하다."는 기존 조건에 더해 "특정 정신장애 환자들을 구금하려면 이들의 치료가 가능하여야 한다."라는 조건이 추가되었다.[2]

또한 정신보건개정법[3](현재 1983년 「정신보건법」)에 따라 '치료를 위해 입원된' 환자들의 최초 구금 및 차후 입원연장의 기간이 반으로 줄었다. 1978년 법 개정 전에는 온타리오주에서도 현재 영국에서 시행 중인 법과 유사한 '안전'의 기준이 비자발 입원 요건에 포함되어 있었다.[4] 온타리오주는 이후 더욱 엄격한 '위험성'의 기준을 도입하였는데, 이 기준은 정신이상이 있는 환자 자신 또는 다른 사람들에게 심각한 신체적 해를 끼칠 가능성을 필요조건으로 한다.[5] 절차 면에서, 1978년 온타리오주 법은 입원 가능성이 있는 환자를 먼저 짧은 기간 동안 평가를 위해 병원에 수용하는 방식을 채택하였다. 이 평가 기간 동안 비자발적 입원이 적절한지 여부가 결정된다.[6] 온타리

---

2) MHA 1959, s.25와 s.26, 두 조항에서 모두 '안전'이라는 기준이 명확히 표현되어 있다. 또한 MHA(A) 1982, s.4 (2) (*b*)는 가벼운 이상을 겪는 환자들이 비자발적으로 입원되려면 '치료 가능성' 조건을 충족해야 한다는 규율을 법제화하였다.

3) MH(A)A 1982, s.12 (2)와 s.12 (3).

4) Mental Health Act, RSO 1980, c.269, s.8 (1) (*a*).

5) MHA(O), s.8 (1).

6) MHA(O), s.9와 s.14.

오주의 접근방법과는 대조적으로, 영국 정신보건법은 이 '평가' 단계[7]에서 의학석인 지료를 허용함으로써 이 기간이 진단뿐 아니라 단기간 치료의 성격도 띠게 된다. 온타리오주 정신보건법이 허용하는 모든 종류의 구금 기간은 영국 법상의 기간보다 훨씬 짧다는 사실을 여기에서 짚고 넘어갈 필요가 있겠다.[8]

영국법은 1959년 법에 따라 설립된 정신보건 심사위원회(Mental Health Review Tribunals)에 환자의 접근성을 높이는 효과를 가져왔다.[9] 또한 자동의뢰 제도가 도입되어 모든 환자가 독립적인 심사를 받을 수 있는 보호장치망이 생겼다.[10] 유럽인권재판소의 1981년 결정에 응하여,[11] 이 심사위원회는 형사상 구금 절차에 따라 제한명령이 내려진 환자들을 퇴원시키는 권한도 부여받게 되었다.[12] 유사하게, 1978년 온타리오주 법은 심사에의 접근성을 높였고[13], 자동심사제도[14]를 도입했을 뿐만 아니라, 심사위원회의 결정에 대하여 자치주나 지방법원에 항소할 수 있는 권리도 부여하였다.[15]

영국과 온타리오주 모두에서 정신보건법 개정으로 인해 치료에 대한 동의와 관련된 정신과 환자의 지위가 명확해졌다. 온타리오주에서는 환자의 설

---

7) MH(A)A 1982, s.3 (1) (b).

8) 예를 들어, 온타리오주 법은 평가 단계에서의 감금은 최대 120시간까지 허용하고, 치료를 위한 강제입원은 최초 명령 시 최대 2주까지 허용한다(각각 MHA(O), s.9와 s.14). 영국 법하에서는 단기 치료는 최대 28일까지이고, 장기치료는 최초 명령하에서 최대 6개월까지다(각각 MHA 1959, s.25 (4), and MH(A)A 1982, s.12 (2)].

9) MH(A)A 1982, s.41와 s.3 (4) (b). 정신보건 심사위원회의 설립에 대하여는 MHA 1959, s.3 참조.

10) MH(A)A 1982, s.40.

11) X. v. United Kingdom [1982] 4 EHRR(1981 판결).

12) MH(A)A 1982, s.28 (4)와 Schedule 1.

13) MHA(O), s.31 (2) (a). 심사위원회에 회부할 수 있는 횟수를 증가시켰다.

14) 같은 책 s.31 (4).

15) 같은 책 s.67이 규정하는 바와 같이 s.33f (1).

명에 입각한 동의(informed consent)가 원칙이다(환자가 동의를 할 능력이 없는 경우에는 최근친의 동의를 받는다).16) 그러나 법에 따르면, 동의를 거절했다 하더라도 3인의 전문가(주치의 1인과 2인의 정신과 의사)의 증명과 온타리오주 심사위원회의 개입이 있으면 이를 기각할 수 있다.17) 표면적으로 영국 법에서는 환자의 치료에 대한 거부를 기각하는 것이 더욱 광범위하게 적용된다. 어떤 치료는 임상의사18) 1인만이 치료가 필요하다는 의견을 제시하여도 행할 수 있다.19) 영국 법은 또한 특정 상황에서는 동의가 필요 없다고 하는 긴급 조항을 제정하였다.20) 마지막으로, 온타리오주 법은 법률 또는 규정에 구체적으로 명시되지 않은 치료를 시행할 때에는 동의가 필요 없다는 조항을 포함하고 있다.21)

영국의 일부 새로운 조항에서는 비자발적 입원은 지역사회서비스나 사회서비스와 같은 다른 수단들이 모두 소진된 이후에만 허용해야 한다는 우려가 반영되었다. 공인 사회복지사는 비자발적 입원 신청서를 작성하기 전에 먼저 구금이 그 환자에게 가장 적절한 방법이라는 확신이 있어야 한다.22) 친족의 신청에 의해 환자가 입원한 이후에는 지정된 사회복지사가 반드시 환자를 면담하고 그의 사회적 환경에 대한 보고서를 작성해야 한다.23)

---

16) 같은 책, s.35 (2).

17) 같은 책, s.35 (4).

18) MH(A)A 1982는 'medical practitioner(임상의사)' 라는 용어를 사용하는데, 이는 Medical Act 1956, 4 & 5 Eliz. Ⅱ, c.76 (UK), s.7.에서 정의 내려졌다. 온타리오주에서의 동일한 개념으로 사용하는 단어는 'physician(의사)' 이며 등록된 임상의사다. 영국에서 'physician' 이라는 용어는 'specialist physician(전문의)' 을 뜻할 때 사용되며, 이는 온타리오에서는 'internist(내과 전문의)' 라고 불리는 경향이 있다.

19) MH(A)A 1982, s.44 (3) (b)와 s.44 (4). 임상의사는 이러한 목적으로 국무장관에 의해 임명되고, 환자의 치료에 전문적으로 관여한 다른 두 사람의 자문을 반드시 구해야 한다.

20) 같은 책, s.48.

21) 같은 책, s.49.

22) 같은 책, s.16 (3).

23) 같은 책, s.17.

범죄자의 경우에 개정된 영국 법은 피의자를 병원에 미결구금하는 제도를 도입하여 정신과적인 평가와 치료에 대한 기회를 증가시켰다.[24] 온타리오주에도 이런 자들을 다루기 위한 유사한 법조항이 주 단위뿐 아니라 연방정부 단위에서도 존재한다.[25] 1959년 영국 정신보건법은 범죄를 저지른 정신장애인에게 적용 가능한 병원명령 제도를 도입하였다.[26] 1983년 정신보건법도 기본 체계는 근본적으로 변하지 않았지만, 환자가 구금과 퇴원에 대해 심사받을 수 있는 권리가 보다 확장되었다.[27] 온타리오주는 형법이 연방의 관할권하에 있기 때문에[28] 이러한 제도를 규정하는 것이 헌법적으로 금지되어 있고, 캐나다 연방 형법 조항 또한 이러한 자들을 적절히 관리하지 못하고 있다.[29] 연방 형법 조항에 따르면, 이러한 자들이 구금되지 않고 입원되는 것은 의무가 아니며, 치료를 받아야 한다는 규정도 없다. 치료를 받는다고 해도 그 치료의 동의에 대한 지위 또한 명확하게 규정되어 있지 않다.[30]

---

24) 같은 책, s.29, s.30, s.31. 이 조항의 목적에 관한 논의는 다음에 나와 있다. 'Reform of Mental Health Legislation', para s. 49-51, Cmnd 8405 (1981) ('White paper').

25) 주(州)의 조항인 MHA(O) s.15와 s.16 참조. 또한 Criminal Code RSC 1970, c.C-34(개정된), s.465, s.543 (2), s.544, s.738 (5)와 (6) 참조. 쉬퍼(M. E. Schiffer)는 연방 조항들이 "재판 과정의 아무 단계에서나 전환할 수 있는 충분한 기회를 제공한다."(*Mental Disorder and the Criminal Trial Process*, Butterworth, Toronto, 1978, p. 20)고 한다.

26) MHA 1959, s.60-s.64.

27) MH(A)A 1982, s.28 (4).

28) Constitution Act 1867, 30 & 31 Vict., c.3(UK), s.91 (27).

29) Section(주석 25번) 545조 (1)과 546조는 각각 주의 부지사에게 정신이상으로 죄가 없다는 판결이 난 자와, 유죄판결을 받아 주 교도소 내 수감 형을 선고받은 정신이상자에게 입원명령을 내릴 재량을 부여한다. 이를 제외하고는 형법에 정신이상 범죄자에게 적용 가능한 특별 선고가 따로 없다(캐나다 법에서 정신이상 범죄자가 다뤄지는 방법에 대한 논의를 보려면 25번 주석의 Schiffer, p. 227 참조). 흥미롭게도, Schiffer는 형법에 획일적인 입원명령 제도가 채택되어야 한다고 제안하는데, 그렇게 된다면 캐나다의 입장이 영국과 더욱 맥을 같이하게 될 것이다. 다만 Schiffer는 영국 법의 무기한 갱신과 퇴원을 제한하는 명령에 대해서는 거부한다.

30) 정신이상 범죄자의 치료 및 치료 동의에 관한 현재 법과 실제에 대한 논의를 보려면 Schiffer의 제10장 참조. 및 M. A. Somerville의 'Refusal of treatment in "captive" circumstance', *Canadian Bar Review* (1985) 참조.

가치와 정책의 변화

앞에서 개괄한 '민사상 구금(civil commitment)'을 규율하는 법 조항들은 어떠한 가치와 정책을 나타내며, 또한 가치와 정책의 어떠한 변화를 나타내는가?

비자발적 입원의 근거

온타리오주 법에 의해 비자발적 입원이 허용되려면 주치의의 소견상 '환자가 가지고 있는 정신장애의 속성이나 성질상 자신 또는 타인에게 심각한 신체적 위해를 가할 수 있거나 그에 준하는 심각한 신체적 손상이 야기될 수 있어야' 한다.[30a] 제안된 대로 '위험성'을 약간 확장된 의미로 정한다면, 비자발적 입원의 모든 경우에 환자가 자신 혹은 타인에게 위험해야 한다는 필요조건으로 해석될 수 있다. 이러한 접근방법은 모든 비자발적 입원 결정이 위험성이라는 동일한 기준 조건하에 내려지게 하는데, 이는 바람직하다고 제안된 바 있다. 비자발적 입원 기준의 통일에 관하여 의혹이 존재하는 이유는 앞의 조건 중 영국 법에서 옹호된 정신질환자의 비자발적 입원의 기준인 '건강 혹은 안전' 조건과 비교될 수 있는 '임박하고 심각한 신체적 손상'에 관한 것이다. 그러나 온타리오주의 규정은 영국 법보다 훨씬 더 제한적이며 '위험성' 이유 안에 포함될 수 있다. 환자가 명백한 자해 행위보다는 '자신을 돌볼 능력이 부족'하기 때문에[30b] 스스로에게 위험하게 되는 상황에 온타리오주 법 규정이 적용되는 경우가 바로 이에 해당한다.

30a) MHA(O), s.13(1).
30b) MHA(O), s.8(1).

물론 이 분석을 반대하는 이유도 있다. 비자발적 입원은 의사를 통해 행해지는 국가의 간섭이며, 개인의 자유를 방해하는 것이다. 이론적으로 그러한 간섭은 위험성에 근거를 두었을 때에는 국가의 '경찰권'에 의하여, 건강의 보존에 근거를 두었을 때에는 '국친사상'(국가가 '좋은 부모'로서 스스로 돌볼 능력이 없는 구성원들을 보호할 수 있는 힘)에 의하여 정당화될 수 있다. 간섭할 수 있는 권한의 한계를 명확히 정해야 한다면 그러한 간섭을 정당화하는 권한의 근원을 확인하는 것이 중요할 것이다. 즉, 간섭을 정당화하는 실제 근거가 국친사상에서 비롯된 것이라면 경찰권을 그 정당화 이유로 내세울 수 없을 것이다. 이러한 관점에서 개인 본인하고만 상관있는 결정에 대한 모든 간섭은 위험성 여부와 관계없이 국친사상의 바탕에서 이루어져야 한다고 주장할 수 있는 것이다. 온타리오주 법과 영국 법은 둘 다 경찰권과 국친사상 모두로부터 권한을 도출하고 있다. 이 두 법 사이의 차이점은 '최초의 초점을 어디에 두는가, 그리고 이 두 권한 사이의 전체적인 균형을 어떻게 잡는가'뿐이다. 온타리오주 법은 경찰권을 보다 지향하고, 영국 법은 국친사상을 보다 지향하는 것으로 나타난다.

위험성에 독점적인, 혹은 최소한 주된 중점을 두는 온타리오주의 접근방법은 북아메리카에서 비자발적 입원의 기준을 정하는 일반적인 경향을 나타낸다. 적어도 법상으로는 이런 접근법이 비자발적 입원을 인정함에 있어, 위험성에 대한 고려를 포함하면서도 환자 혹은 타인의 건강 및 안전을 고려하는 영국 법에 비해 더욱 제한을 가하는 것으로 보인다. 이러한 영국 법은 온타리오주 법과 비교할 때 복지에 더 기초를 두고 있다.

앞에서 이미 서술하였지만, 영국과 온타리오주의 법제에서 한 가지 중요한 공통점이 있다는 사실을 명확히 짚고 넘어갈 필요가 있다. 그것은 두 법제 모두에서 환자가 정신질환을 앓고 있다는 것이 선행조건이라는 것이다.[30c] 영국법과 온타리오주 법은 또 다른 중요한 유사점이 있는데, 두 법제 모두에서 비자발적 입원의 기준과 그 법 조항의 적용과 관련한 요건들을 보면, 비자발적 입원은 오직 최후의 수단으로서만 사용되어야 한다는 것이다.[31] 이러한 접근방법은 정신질환자의 치료가 우선적으로 지역사회 내에서, 혹은 필요하다면 자발적 입원에 의해서 시행되어야 한다는 정책을 촉진한다.

혹자는 피해의 방지라는 가치와 비교했을 때, 안녕의 창출[때로 선행(beneficence)이라고 불리는]이라는 가치를 촉진하는 측면에서 비자발적 입원의 다양한 기준들이 반영하는 것이 무엇인가를 질문할 수 있다. 피해 방지를 위한 간섭이 정당화되는 상황에서는 혜택 부여를 위한 간섭이 정당화되지 않을 수도 있다.[32] 비자발적 입원에서 '위험성' 기준이 주로 피해 방지라는 기초 가치와 정책을 반영하고 '건강과 안전' 기준은 혜택 부여라는 보다 넓은 범위의 것을 반영한다고 말할 수 있을까?

비자발적 입원의 기준을 '위험성'이라는 보다 제한적인 기준으로 바꾼 것은 과거와 비교했을 때 오늘날 비자발적 입원의 허용을 더욱 주저한다는 것을 나타낸다. 개인을 감금하기 위해서는 형사 판결로 유죄를 선고받아야 하지만, 서구 사회에서는 이에 대한 예외로 비자발적 입원이 존재한다는 사실에 대한 인식이 점차 증가하여 왔다. 그렇다면 그것은 심각한 사안이고, 그것이 의료상의 결정이라는 사실에 의해 예전처럼 그 심각성을 숨기거나 감

30c) 이는 무엇이 '정신질환'인지에 대한 쟁점과 '합리적인' 자살에 대한 쟁점을 야기한다.

31) 영국 법이 이 원칙을 인정하고 있다는 사실은, 비자발적 입원 외에 환자를 위한 다른 서비스나 방안이 존재하는지를 판단하기 위하여 환자의 과거 및 현재의 사회적 평가를 고려해야 한다는 법 조항에서 알 수 있다.

32) 그러나 특정 행위가 혜택을 주는지 아니면 해를 피하게 해 주는지 여부는 크게 보았을 때 의미론의 문제일 수 있다. 게다가 해를 피하는 것은 물론 이득이 될 수 있다. 하지만 여기서 말하고자 하는 것은 세 종류의 다른 태도다. 첫 번째 부정적인 태도는, 해가 가해지거나 위험된다. 두 번째 중립적인 태도는, 이러한 해나 해의 위험을 피하는 것이다. 세 번째로 긍정적인 태도는 개인에게 혜택을 주는 것을 목표로 한다.

소시킬 수 있는 것이 아니다. 개인의 자유에 대한 침해는 극히 예외적인 상황에서 충분히 정당화될 수 있을 때에만 이루어져야 한다.

지금까지 서술한 것은 사실이지만, 영국 법과 온타리오주 법은 모두 전문가의 판단에 상당한 여지를 남긴다. 예를 들어, 정신질환자의 행위만으로 '위험성'의 법정 정의를 충족시킬 수 있는지는 논쟁의 소지가 있으며, '위험성'이 예측될 수 있는가에 대해서도 많은 논란이 있어 왔다.[33] 요약하면, 이론상의 법과 법 제정, 그리고 실제에서의 법의 해석과 적용을 구별해야 할 필요가 있다. 이 두 가지는 상당히 다른 것으로, 이러한 차이점은 가치와 정책이 이론과 실제 상에서 다를 수 있음을 나타낸다.[34]

이론과 실제 사이의 이러한 변형을 설명하기 위해 생겨난 몇 가지 이론들이 있다. 예를 들면, 도브(Daube)의 숨은 훼손의 원리에 따르면, 사람들은 자신이 누군가를 훼손했다는 사실을 그 결과에 직면시켜 지속적으로 상기시켜 주지 않는 한 그 행동을 용인한다.[35] 그런가 하면, 공공연한 의사결정과 잠재적인 의사결정에 관련한 이론도 있다.[36] 이 이론에 따르면 의사결정과 무시하는 행동이 공공연한 것이 아닌 이상, 사람들은 생명의 존엄성과 같이 최우선시되는 가치를 무시하는 결정도 용인하게 된다고 한다.[37] 이 이론과

---

33) R. Anand, 'Involuntary civil commitment in Ontario: the need to curtail the abuses of psychiatry', Canadian Bar Review, 57 (1979), 250 참조. F. R. Hartz, 'Dangerousness-postdict and predict: a review of the literature', Legal Medical Quarterly, 1-2 (1977-8), 204 참조.

34) 주석 35번, p. 186 참조.

35) D. Daube, 'Transplantation: acceptability of procedures and required legal sanctions', in G. E. W. Wolstenhome and M. O'Connor (eds.) Ethics in Medical Progress: with Special Reference to Transplantation (London, J. & A. Churchill, 1966), p. 188.

36) M. A. Somerville, Legal and Ethical Aspects of Decision-Making by and for Aged Persons in the Context of Psychiatric Care (to be published by Nebraska Psychiatric Institute, University of Nebraska Medical Center).

37) G. Calabresi, The Costs of Accidents (New Haven and London, Yale University Press, 1970) 및 주석 38번, pp. 185-6 참조.

관련하여 위험의 배분에 관련된 이론도 있다. 즉, 고의적인 선택에 의해 발생된 위험에 비해 우연히 발생하는 위험의 경우, 그 가능성과 심각성 면에서 훨씬 더 높은 정도의 위험이 용납된다고 한다.[38]

비자발적 입원의 입·퇴원 기준들 사이의 관계

비자발적 입원의 시행 근거도 고려해야 하지만, 비자발적 입원이 실행되는 용이도와 비자발적 입원 결정이 철회되는 용이도도 서로 비교될 필요가 있다.

비자발적 입원과 퇴원의 용이도에 대해서는 다음과 같은 경우의 수가 존재한다. 첫째로 입원과 퇴원이 모두 어려운 경우, 둘째는 입원과 퇴원이 모두 쉬운 경우, 셋째는 입원하기는 쉽지만 퇴원하기는 어려운 경우, 그리고 넷째는 입원하기는 어렵지만 퇴원하기는 쉬운 경우다. 이들 중 네 번째 경우가 자유와 자율성 그리고 자기결정권을 존중하는 가치를 강조한다는 점에서 시민적 자유를 가장 많이 보호하는 것이며, 세 번째 경우가 가장 적게 보호하는 것이다. 온타리오주 법은 첫 번째 경우와 가장 흡사하며, 영국 법은 두 번째 경우와 가장 흡사하다고 일컬어진다. 첫 번째와 두 번째 경우는 세 번째와 네 번째 경우의 양 극단 사이에서 각기 다른 절충안을 구성하는 것이다.

온타리오주는 '까다로운 입원'을, 영국은 '쉬운 입원'을 법으로 제정하였다고 주장할 수 있는 이유는 앞서 기술한 비자발적 입원의 근거에 대한 논의에 나타나 있다.[39] 나아가 해석에 따라, 온타리오주 법은 '까다로운 퇴원'

---

38) M. A. Somerville, 'Joinder of issue at the frontiers of biomedicine: a review essay on *Genetics, Ethics and the Law*, by George P. Smith, II' *University of New South Wales Law Journal, 6* (1983), 103.
39) 주석 38번, pp. 159-61 참조.

을, 그리고 영국 법은 '쉬운 퇴원'을 제정했다고 주장할 수도 있다. 영국 법과 온타리오주 법에서 규정된 비자발적 입원에 대한 심사를 받을 수 있는 권리는 잠시 제쳐 두고, 이들 두 법제하에서 퇴원을 위한 다른 절차들을 비교해 보자. 영국의 경우, 담당 의료관, 병원관리자, 그리고 환자의 최근친 모두가 환자를 퇴원시킬 권한이 있다.[40] 담당 의료관과 병원관리자는 별도로 정해진 법정 기준 없이 언제라도 환자를 퇴원시킬 권한을 행사할 수 있다. 환자의 최근친은 유사한 퇴원의 권한을 갖고 있으나, '환자가 타인이나 자기 자신에게 위험하게 행동할 소지'가 있는 경우 담당 의료관에 의해 권한 행사가 제한될 수 있다.[41] 이는 이론적으로 비자발적 입원의 요건에 비해 더 엄격한 기준이며 환자의 자유를 더욱 보호하는 것이다. 이와 대조적으로, 온타리오주 법에서는 '환자가 더 이상 관찰, 보살핌, 치료가 필요하지 않을 때에 [짐작하건대 주치의에 의해서] 퇴원된다.'고 규정하고 있다.[42] 이것은 온타리오주 법의 비자발적 입원의 요건에 비해 자유의 보호 측면에서 명백히 덜 엄격한 기준이다. 그러나 '위험성'은 한 개인의 비자발적 입원의 정당화를 위해서 지속적으로 요구되는 조건이며, 퇴원 규정도 이러한 요건을 고려하여 해석되어야 한다고 주장될 수 있다. 혹은, 이러한 퇴원 규정을, 환자가 스스로 퇴원을 위한 절차에 착수할 수 있는 권리에 비교했을 때, 환자가 더 이상 '위험'하지 않을 때가 아니라 더 이상 보살핌이 필요 없을 때에만 발생하는 퇴원시킬 의무를 규정한 조항으로 볼 수도 있다.[43] 그러나 이러한 구조적 해

---

40) MHA 1959, s.47, 및 MH(A)A 1982, s.13 (1).

41) MHA 1959, s.48 (2).

42) MHA(O), s.28 (1).

43) 홍미롭게도, 미국의 *In re SL* 52 USLW 2074 (1983) (NJ Sup. Ct.)에서의 최근 결정에 따르면, 민사상 구금의 주(州)의 기준을 충족시키지는 못하지만 여전히 어느 정도의 구금 관리를 필요로 하는 주립 정신병원 입원 환자들은, 뉴저지주 법하에 시설 외의 적절한 지원 체계에 배치될 때까지 구금 상태로 남아 있을 수 있다.

석의 어려움과는 달리, 앞서 살펴본 모든 차이점은 다양한 법 조항의 실제 적
용, 그리고 두 법제에서 규정된 비자발적 입원에 대해 심사를 신청할 수 있는
권리를 참작한다면, 그저 이론상의 차이점에 불과할 수 있다.

정신보건법의 의사결정권과 절차[44)]

의사결정권자 및 의사결정 절차의 선택

또 다른 문제는 어떤 이가 비자발적 입원의 조건을 충족시키는지 여부를
어떤 절차에 따라 누가 결정하느냐의 것이다. 의사결정권자와 절차의 선택
역시 특정 가치를 반영한다.

영국과 온타리오주는 정신보건법제 전반에 걸쳐 의사결정의 의료화를 유
지하였다. 이는 아마도 의료직에 대한 신뢰라는 가치와 이 맥락에서는 의사
들이 가장 적합하고 훌륭한 의사결정자라는 가치, 그리고 관련 의사결정이
근본적으로 또는 대부분 의학적인 것이라는 견해, 혹은 더 폭넓은 범위를 아
우른다 하더라도 의학적 의사결정이 이루어져야 하는 분야라는 견해를 반영
하는 것으로 보인다.

물론 두 법제 모두에서 환자에 관련된 의사결정이 보다 사법화(즉, 법원이
나 준사법적인 심사위원회 혹은 단체가 개입)된 부분이 있으며, 의사가 아닌 다
른 사람(법원은 제외)이 의사결정에 관여하도록 요구되는 등 비의료화된 부
분이 존재한다. 이것은 어떠한 가치 혹은 정책을 반영하는 것인가? 의료직에
대한 불신을 의미하는가? 꼭 그렇다고 볼 수는 없으며, 또한 그러한 암시가
사실이라고 믿을 만한 충분한 이유가 없는 이상 그러한 해석은 피해야 할 것
이다. 그보다는 어떠한 의사결정에 있어서는 의사들의 관점에서 제공되는

---

44) 의사결정의 보다 일반적인 가치와 정책에 관한 논의는 주석 45번, p. 81f에 나와 있다.

가치만이 아니라 더욱 넓은 범위의 가치 기초가 필요하다는 인식을 드러내는 것이다. 그러나 안타깝게도, 많은 의사가 이러한 요건이 자신들에 대한 불신을 나타내는 것이라고 생각한다. 이러한 생각을 보여 주는 한 예로, 미국 법원이 말기환자 치료의 비연장에 관해 내린 일부 결정에 대한 의사들의 발언을 들 수 있다.45)

의사결정에 사용되는 절차는 필연적으로 의사결정권자의 성격과 관련된다. 예를 들어, 법원이 의사결정 기구일 때와 순전히 의학적인 의사결정일 때 요구되는 절차는 다를 것이다. 하지만 결정에 대한 이유를 설명하는 기록의 보관 의무 등 일부 조건은 늘 같을 수 있다.

또한 비자발적 입원을 행하기 전에 다른 대안을 고려할 의무와 같이 특정 의사결정 상황에서는 절차적 요소와 실체적 요소가 혼합된 요건도 있을 수 있다. 이러한 요건들은 종종 '합리적으로 가능한 최소한의 제한과 최소한의 외과적 선택을 요구하는 규칙이라고 총칭된다. 따라서 보다 외과적이고 제한적인 절차는 그것이 유일하게 존재하는 합리적인 대안일 때에만 사용될 수 있다. 이러한 기준의 자세한 설명은 특정 예에서 가장 잘 나타난다(예: 정신적으로 무능력한 자들의 불임과 관련하여 법원 및 법률 개정 위원회 등의 조사기구가 세운 기준).46)

정신과적 평가의 활성화와 비자발적 입원

시민적 권리상의 가치와 관련하여서는 두 가지 중요한 쟁점이 존재한다.

---

45) P. H. Wagner, 'North Carolina law and procedures regarding death and dying' (June 1983) *North Carolina Bar Association Foundation II-3*, *Durham Morning Herald*, 14 May 1983, pp. 11-15를 인용함.

46) 예시는 Law Reform Commission of Canada Working Paper No.24, 'Sterilization: implications for mentally retarded and mentally ill persons', Supply and Services Canada, Ottawa, 1979 참조.

첫째로 비자발적 입원이 필요할 것이라고 생각되는 사람이 필요조건을 충족시키는지를 판단하기 위하여 그 사람을 평가 장소로 데려오는 방법, 둘째는 비자발적 입원을 위한 명령장을 발급받는 주체에 관한 것이다.

영국에서는 공인 사회복지사가 특정 제한적 상황에서 정신과적 평가를 위해 개인을 병원으로 이송하기 위한 명령장을 발급하여 줄 것을 치안판사에게 요청할 수 있다.[47] 경찰 역시 정신질환이 있는 것으로 의심되는 사람을 공공장소에서 발견한 경우 정신감정을 위한 구금 권한이 있다.[48] 온타리오주에서는 어느 누구라도 정신과적 평가를 위한 명령장을 발급받기 위하여 치안판사 앞에서 선서를 하고 구체적인 상황 증거를 제공할 수 있다.[49] 추가적으로, 경찰은 앞서 설명한 절차를 진행하는 것이 위험할 수 있다고 느낄 경우, 해당 개인을 정신과적 평가를 위해 유치할 수 있는 권한을 가진다.[50]

영국 법하에서는 기간의 장단을 불문하고 비자발적 입원에 대한 신청은 공인 사회복지사 혹은 최근친에 의해서 이루어져야 하며, 환자를 검사한 2인의 임상의사(그중 1인은 정신과 경험이 있어야 한다)의 서면에 의한 권고가 있어야 한다.[51] 온타리오주에서는 환자를 검사한 의사만이 정신과적 평가를 신청할 수 있고,[52] 신청이 이루어진 후에는 또 다른 의사가 환자를 검사하고 평가하며, 그 다음에 비자발적 입원이 이루어질 수 있다.[53]

다시 한번 말하지만, 평가나 비자발적 입원 절차를 착수시킬 수 있는 사람의 범위가 다양하다는 것에서 반영되는 가치와 정책에는 미묘한 차이가 있

---

47) MH(A)A 1982, s.135 (1).
48) 같은 책, s.136.
49) MHA(O), S.10 (1).
50) 같은 책, s.11.
51) MHA 1959, s.27 (1), 이에 더해, 임상의사 중 1인은 정신장애의 진단 및 치료에 전문적 경험이 있다는 사실이 국무장관에 의해 승인되어야 한다[MHA 1959, s.28 (2)].
52) MHA(O), s.9.
53) 같은 책, s.14.

을 것이다. 예를 들어, 온타리오주 법하에서 비자발적 입원에 대한 절차를 개시함에 있어 의사 외 직종의 사람들이나 친족들에게 아무런 공식적인 역할을 부여하지 않는 것에 대해서는 다양한 설명이 가능하다. 예를 들면, 결정이 전적으로 의학적으로 이루어진 것으로 보이도록 하거나, 가족구성원 간의 이해관계 대립 및 복수의 가능성을 배제하려는 의도, 혹은 후일에 환자가 가족구성원을 비난하는 것을 배제하고자 하는 바람 등이 그 이유가 될 수 있다.

긴급 상황에서의 결정

영국 법에서는 긴급 조항이 있는 반면 온타리오주 법에는 그러한 조항이 없다는 점도 비교해 볼 수 있다. 그중 한 예는, 명시된 특정 긴급 상황에서 환자의 동의나 제2의 의사의 소견 없이 치료가 시행될 수 있다는 규정이다.[54] 일반적으로 이런 긴급 상황이란 생명에 대한 위협, 심각한 병세의 악화, 심각한 고통 혹은 폭력적 행동을 방지하기 위해 즉각적인 조치가 필요한 경우다.[55] 또 하나의 긴급 조항은 긴급 상황에서 입원 요건을 완화하는 것으로, 가능하다면 환자와 면식이 있는 임상의사 한 명만 서면으로 권고를 해도 비자발적 입원을 허용한다.[56] 온타리오주 법에서는 긴급 조항이 묵시적으로는 존재할 수 있으나 명시적으로는 존재하지 않는다. 아니면 법에 그러한 명시적 규정을 두지 않는 것이 이를 묵시적으로도 인정하지 않으려는 입법자의 의도를 나타내는 것은 아닐까?

---

54) MH(A)A 1982, s.48.
55) 같은 책.
56) MHA 1959, s.29 (3).

비자발적 입원을 심사받을 수 있는 권리

영국 법과 온타리오주 법 모두에서 비자발적 입원은 연장되지 않는 이상 자동적으로 기간이 만료된다. 연장을 하기 위한 요건 자체가 환자의 계속적인 입원 필요성에 대한 하나의 심사이며, 이 심사는 특정 시기마다 이루어져야 한다.[57) 환자 역시 심사를 요청할 수 있는 권리가 있다.[58) 정신보건법제에서 비자발적 입원을 심사받을 권리가 적법절차 요건인 이상, 그러한 요건이 어떠한 가치를 나타내는지 질문할 필요가 있다. 이러한 가치로는 자연법상의 정의(의견 개진권과 공정한 평가자에 의하여 심사받을 권리)가 있으며, 이는 공정함, 합리성, 공개성, 심사에의 접근권, 양 당사자의 의견 청취권 그리고 사법적 혹은 준사법적 심사위원회에의 접근권 등을 포함한다.

이러한 가치들을 연구할 때에는 그 가치가 단순히 개인적인(전통적으로 '남성적'인 것으로 지칭된) 것인지 아니면 통합적(전통적으로 '여성적'이라고 지칭된)이기도 한지를 살펴보는 것이 도움이 된다.[59) 정신질환자를 단순히 한 개인으로만 보는 것은 충분하지 않으며, 가족, 지역사회, 사회라는 사회적 관계망 속에서도 바라볼 필요가 있기 때문이다. 개인적인 가치를 존중하는 것이 통합적인 가치를 파괴하거나 그 반대의 경우 어려움이 발생한다. 이제까지 법은 통합적인 가치는 별로 혹은 전혀 보호하지 않았다. 사실 통합적인 가치는 개인적인 가치에 비해 덜 가치 있다고 여겨졌고 도덕적으로도 후순위로 여겨졌다.[60) 통합적인 가치를 우선시하여 추구할 때에는 개인의 권리

57) MHA(O), s.14 (4); MH(A)A 1982, s.12.
58) MHA(O), s.31; MH(A)A 1982, s.39.
59) C. Gilligan, 'New maps of development: new visions of maturity', *American Journal of Orthopsychiatry, 52*(2) (1982), 199. 및 B. Bruteau, 'Neo-feminism and the next revolution in consciousness', *Cross Currents, 27*(2) (1997), 170 참조.
60) Gilligan, 같은 책.

가 부당하게 희생될 수 있다는 위험이 따른다. 이러한 위험을 피하기 위해서는 개인적 가치와 통합적 가치가 충돌할 때 무엇이 그 개인을 위해 최선인지를 고려하여 어떤 가치를 우선으로 할 것인지를 판단해야 한다. 똑같이 한 가족의 유익을 추구한다고 해도, 정신질환자를 위해 그렇게 하는 것과 나머지 가족구성원들을 위해 그러는 것은 상당히 다른 문제다.

또 하나의 관련 질문은 친밀한 사람들 간의 관계를 다룰 때와 낯선 사람들 간의 관계를 다룰 때에 서로 다른 고려 사항, 원칙, 절차가 적용되어야 하는가다.61) 만약 그래야 한다면, 여기에서 파생되는 쟁점은 일반적으로는 의료적 관계, 구체적으로는 정신과 의사와 환자의 관계가 친밀한 사람간의 관계로 다루어져야 하는지 아니면 낯선 사람들 간의 관계로 다루어져야 하는지가 될 것이다.

심사에 관하여 추가적으로 고려해야 할 사항은 누가 그 심사를 실시하며 심사위원회는 누구의 이익을 대변하는가다. 심사위원회는 환자, 지역사회, 의료 종사자 중 누구의 이익을 대변하는가? 아니면 이들 모두의 이익을 대변하는가? 그렇다면 서로의 이익이 상충할 경우에 심사위원회는 어떻게 하는가? 정신보건법제는 이러한 측면에서 우선순위를 정할 때 신중한 분석이 필요하다. 특히 심사위원회가 누구로 구성되어 있는지가 중요한 요인이 될 것이다.

비자발적 입원 명령이나 퇴원에 대한 심사를 신청할 수 있는 사람의 부류도 살펴볼 필요가 있다. 영국 법에서는 최초의 평가 및 치료의 기한 이내에는 환자 본인만이 심사를 청구할 수 있으나,62) 온타리오주 법에서는 환자뿐 아니라 환자의 대리인도 심사를 청구할 수 있다.63) 영국에서 최근친은 비자발적으로 입원된 환자를 퇴원시킬 권한을 갖지만 이 권한은 담당 의료관의

61) S. Toulmin, 'Equity and principals', *Osgoode Hall Law Journal, 20*(1) (1982), 1.
62) MH(A)A 1982, s.3 (4); MHA 1959, s.32 (4).
63) MHA(O), s.31.

'금지 증명서'에 의하여 행사하지 못하게 될 수 있는데,[64] 이때 최근친은 정신보건심사위원회에 금지 증명서에 대항하는 항소를 제기할 수 있다.[65] 온타리오주에서는 누구나 비자발적으로 입원된 환자를 대신하여 퇴원을 요청할 수 있지만, 이러한 권한은 단순히 환자의 비자발적 입원에 대한 심사를 요청할 일반적 권리의 일부일 뿐이다.[66]

환자를 대신하여 제3자가 개입할 수 있는 권한에 가해지는 다양한 수준의 제한은 어떠한 가치나 정책을 반영하는가? 영국 법제에서 환자에게만 권한을 부여하는 것은 특정 상황에서 '주제넘게 참견하는 자'들을 배제하고자 하는 가치를 나타내는가? 아니면 환자가 스스로 심사를 청구할 정도로 건강하고 동기부여가 되어 있지 않는 한 비자발적 입원이 지속되어야 한다는 의학적 견해의 가치를 반영하는가? 이것은 특히나 최근친의 청구나 자동 심사 절차에 의해 퇴원이 가능하므로 무기한 구금과 비교했을 때 비교적 적절한 보호를 제공하기 때문에 더욱 그럴 수 있다. 심사 청구의 권한을 환자에게만 부여하는 것은 의료계의 현실을 반영하는 것인가, 아니면 시설화가 환자에게 미치는 영향을 고려하지 못한 결과인가?

이렇듯 상대적으로 작지만 중요한 쟁점인, 누가 심사를 청구할 수 있는가의 문제 역시 정책을 수립할 때 추구하고자 하는 가치와 실제로 촉진되는 가치를 확인할 필요가 있음을 보여 준다. 아울러 대안적 접근방법에 따른 혜택과 위해 사이의 균형을 맞추며, 대안적 접근방법에 의하여 증대되거나 억제되는 고려사항과 이익 사이의 균형도 맞출 필요가 있음을 알려 준다.

---

64) 최근친이 퇴원시킬 권리에 대해서는 MHA(A)A 1982, s.13 (1) 참조. 퇴원 금지 증명서에 관해서는 MHA 1959, s.48 (2) 참조. 흥미로운 점은, 담당 의료관이 금지 증명서를 발급할 수 있는 근거가 환자가 퇴원할 경우 자신이나 타인에게 위험한 방식으로 행동할 가능성이 높다는 것인데, 이 기준은 입원 요건보다 더 엄격해 보인다.

65) MHA 1959, s.48 (3).

66) MHA(O), s.31.

치료에 대한 동의와 거절

비자발적 입원과 동의의 혼동

비자발적 입원과 관련된 쟁점들은 종종 환자로부터 고지에 입각한 동의를 받을 의무와 환자가 치료를 거절할 권리와 혼동되곤 한다. 때로는 비자발적 입원과 치료에 대한 동의 혹은 거절과 관련된 쟁점들이 뒤섞이는 이유가 이러한 혼동 때문이 아니라, 비자발적 입원에 대한 유일한 정당한 근거가 환자를 치료하기 위함이라는 견해 때문이었다. 즉, 환자를 치료하지 않으면서 강제로 입원시키는 것은 허용될 수 없을 뿐만 아니라, 강제 입원에 의해 치료가 의무화되는 것이다. 이러한 접근방법은 거의 보편적으로 변화되어, 현재는 비자발적 입원과 치료에 대한 동의 혹은 거절의 권리는 별개의 문제로서 다루어지고 있다.

환자의 결정의 기각

설명에 입각한 동의를 받을 의무와 치료를 거절할 권리를 존중하는 것의 저변의 가치는 바로 그 개인에 대한 존중이며 그의 자율성 혹은 자기결정권과 불가침성(즉, 동의 없이는 사람의 육체적·정신적 온전함을 간섭받지 않을 권리)에 대한 존중이다.[67] 그러나 영국과 온타리오주의 정신보건법제에는 의사를 결정할 능력이 있는 환자의 치료 거절을 기각할 수 있는 법 조항이 존재하며,[68] 이는 자율성이 절대적인 가치로 간주되지는 않음을 나타낸다.[69]

---

[67] M. A. Somerville, *Consent to Medical Care* (Protection of Life Series, Law Reform Commission of Canada, Ottawa, 1979).

[68] MH(A)A 1982, s.44 (1) (*b*); MHA(O), s.35 (2). 및 주석 69번, p. 172 참조, 'Categories of treatment'.

[69] 주석 70번, pp. 183-5 참조.

환자의 치료 거절이 기각되는 상황은 영국보다는 온타리오주에서 보다 제한
적이며, 요구되는 조건 또한 온타리오주에서 보다 엄격하다. 영국 법에서 동
의와 관련하여 한 가지 중요한 해석상의 문제가 있다. 의사는 처음 3개월의
치료기간 동안은 환자의 치료거절 결정을 존중하지 않아도 되기 때문에, 이
기간 동안에는 환자의 동의를 받을 의무도 없다고 주장할 수 있다.[70] 거절
이 존중될 필요가 없는 누군가의 동의를 구하는 것이 비논리적이라면, 이는
맞는 이야기다. 그러나 그러한 해석은 강하게 거부되는 것이며, 법 또한 그
러한 거부에 부합되게 해석되어야 한다. '동의 절차'는 단순히 승낙을 얻어
내는 기능에 그치는 것이 아니다. 이 절차는 환자에게 정보를 제공하는 기능
이 있다. 그러한 정보에 대한 접근은 환자의 중요한 권리이며, 환자는 절대
적으로 필요한 것 이상으로 권리를 박탈당하거나 권리의 정도를 침해당해서
는 안 된다. 나아가 정신보건법상의 이러한 조항은 일반법과는 다른 것으로,
법 구조상 이러한 조항은 환자의 권리를 박탈함에 있어서 일반법에 대한 예
외를 가능한 최소한의 범위로 인정하는 것으로 해석되어야 한다.

환자의 치료동의 거절이 기각될 수 있는 경우를 살펴보는 것이 중요한데,
이를 통해 자율성에 부여된 상대적 가치의 비중을 가늠할 수 있기 때문이다.
또한 자율성이 타인에게 부여된 혜택과 충돌할 때 선행이라는 경합적 가치
에 부여된 상대적 중요성도 알 수 있다.[71] 이러한 관점에서, 혜택을 부여한
다는 명목하에 다른 사람의 권리를 파괴하는 것만큼 위험한 상황은 없다는
것을 염두에 둘 필요가 있다. 우리는 우리가 다른 사람에게 혜택을 베풀고
있다고 주장할 때보다 그런 주장을 하지 않을 때에 스스로 행동을 더욱 조심
할 것이며, 다른 사람에게도 주의하도록 알려 줄 것이다.

---

70) MH(A)A 1982, s.44 (1) (b).
71) 주석 72번, pp. 196-7 참조.

능력

능력에 대한 정의와 능력이 있는 환자와 그렇지 않은 환자의 구별은 이론과 실제 모두에서 복잡하고 어려운 일이며, 지금까지도 계속 발전하고 있는 영역이다.

부분적 능력과 전반적 능력   과거에는 능력이 전반적으로 판단되는 경향이 있었고, 개인은 모든 면에서 능력이 있거나 혹은 모든 면에서 능력이 없는 것으로 간주되었다. 이러한 경향은 바뀌었다. 더욱 현대적인 접근방법은 기능적인 능력을 평가하는 것이다. 다시 말해, 특정 능력이 요구되는 기능 측면에서 그 능력을 판단한다.[72] 이러한 접근방법은 부분적인 능력과 부분적인 무능력, 그리고 전반적인 능력과 전반적인 무능력 모두를 고려하는 것이다. 부분적인 능력이 있는 개인은 한 가지 기능은 수행할 수 있지만 모든 능력을 수행할 수 있는 것은 아니다.

정서적 능력과 인지적 능력   과거에는 법이 정서적 능력을 직접적인 고려의 대상으로 삼지 않았으나, 정신의학에서 치료에의 동의 및 거절과 관련하여 정서적 능력은 특히 중요한 분야다.

법은 인지적 능력의 존재 혹은 부재에 더 관심이 있었다. 환자가 인지적 능력은 있으나(즉, '동의가 요청되는 주제의 내용을 이해할 수 있으며 동의하거나 동의하지 않을 때의 결과를 인식할 수 있을 때')[73], 정신질환 중 정서장애가 있어서 의사결정에 영향이 미칠 때에는 곤란한 상황이 발생한다. 이러한 환자의 치료에 대한 동의 혹은 거절은 존중되어야 하는가?[73a] 실제에 있어서는

---

[72] Dependent Adults Act, RSA 1980, c.D-32 및 MHA(O) 참조. MHA(O)의 제1조(g)는 '유능함(competence)'을 고지에 입각한 동의를 줄 수 있는 기능적 측면에서 정의하고 있다.

[73] MHA(O), s.1 (g).

[73a] 주석 30번, Somerville 참조.

그의 동의보다는 그의 거절이 더 문제되기 쉬울 것이다.

이 점에 있어서, 환자의 결정이 의사가 동일한 상황에서 결정했을 법한 것에서 벗어날수록, 그리고 환자의 결정이 환자의 생명이나 건강에 더 심각한 위협을 초래할수록, 그 환자가 무능력하다고 판단될 가능성이 높아진다는 점을 주의해야 한다.[74] 능력있는 환자도 치료를 거부할 수 있다는 사실을 염두에 두어야 하며, 그러한 거절이 과거에 종종 그랬듯이 환자의 무능력을 의미하거나 환자가 무능력하다는 근거를 제공하는 것이 아니라는 점을 유의하여야 한다. 무능력을 구성하는 요소는 전적으로 그 용어의 정의에 달려 있다. 능력의 정의는 폭넓어서, 환자가 능력이 있다고 간주되고 환자의 결정이 법적 효력을 발휘하려면, 단순히 환자가 결정을 표시해야 할 수도 있고, 합리적인 의사결정 과정이나 결과를 보여 줘야 할 수도 있고, 보다 엄격하게는 환자가 자신의 결정이 기초하는 정보에 대해 주관적인 이해를 하고 있어야 할 수도 있다.[75] 어떠한 정의를 채택하는지 그리고 모든 상황에서 동일한 정의를 사용하는지는 가치와 정책 선택의 문제다.

이해와 합리성   환자의 이해와 합리성을 구별하는 것은 능력의 평가와 일반 정신의학에서 특히 중요하다. 환자가 자신에게 주어지고 행동할 근거가 되는 정보를 명백히 이해한다면 충분하다.[76] 능력의 요소로서 합리적인 결정의 결과가 요구될 때도 있는데, 합리적인 결정 능력이 결여되어 환자의 치료 거절을 무시하고 다른 사람의 결정이 강요되어야 할 때다. 그러나 환자가 거절할 수 없다면 환자의 결정을 요구하는 것이 의미가 없다. 동의가 최소한

---

74) L. H. Roth, A. Meisl and C. W. Lidz, 'Tests of competency to consent to treatment', *American Journal of Psychiatry, 134* (1977), 279.

75) 같은 책.

76) 주석 67번, Somerville.

의 의미를 지니려면, 거절할 수 있는 선택권이 항상 존재하여야 하며, 능력이 있는 환자의 치료 거절을 단순히 그것이 비합리적이라는 이유로 부정하는 것은 설명에 입각한 동의를 요구하는 주된 목적인 자기결정권에 대한 존중을 부인하는 것이 될 것이다.[77]

다시 한번 말하지만, 능력에 대한 정의의 선택은 한 사회가 추구하고자 하는 가치에 달려 있다. 만약 사회가 가장 관심을 갖고 있는 것이 자율성을 증진시키는 것이라면, 그 사회는 가장 관대한 능력의 정의를 선택하게 될 것이다. 즉, 이러한 사회에서는 환자가 어떤 정보를 이해하였고 왜 그 선택을 하였는지와 관계없이 환자가 제안된 치료를 승낙하거나 거절하는 결정을 명백히 표현하는 것을 능력이라고 정의하는 것이다. 반면에 어떤 사회가 다른 모든 것에 우선하여 선행이라는 가치를 증진시키기를 원한다면, 그러한 사회에서는 가장 엄격한 능력의 정의를 사용하게 될 것이다. 가장 엄격한 능력의 정의를 사용함으로써 사회는 환자의 이익을 증진시키지 않거나 환자에게 해가 될 수도 있다고 여겨지는 환자의 결정을 기각할 수 있게 된다. 이 두 가지의 극단적인 정의 사이에서 사회는 자율성을 완전히 추구하거나 혹은 선행을 완전히 추구하는 것 사이의 어떤 지점의 절충안을 채택할 수 있다.

무능력자의 자율성을 존중하는 기제　여기서 고려할 수 있는 또 다른 문제는 주기적으로 무능력의 상태가 되는 자들의 자율성을 존중하는 기제를 고안하는 것이 가능한가다. 예를 들어, 어떤 환자가 주기적으로 의식이 명료한 기간이 있다면 자신이 무능력해지는 때를 위해 미리 결정을 내리거나, 자신을 대신하여 결정을 내릴 사람을 위임할 수 있을 것이다.[78] 이러한 방식은

---

77) M. A. Somerville, 'Structuring the issues in informed consent', *McGill Law Journal, 26* (1981), 741.
78) 그러한 접근방법의 한 예로 '사망 선택 유언(living will)'이 있다. 이는 성인이 된 후 작성하여

낯선 사람의 결정을 강요하는 것에 비해 환자의 자율성을 더 존중하며 자율성을 더 실행할 수 있게 해 준다.79) 이러한 기제의 필요성을 인식하고 이에 민감해지는 것은 중요하다. 의료계에서는 이미 임기응변으로 이러한 절차를 사용했을 수도 있으나, 공식적인 법제상으로는 겨우 시작되는 단계다.

무능력자를 위한 의사결정의 근거   여기서 관련된 문제는 무엇을 근거로 무능력자에 대한 의사결정을 내릴 것인가다. 이에 대해서도 최근에 보다 정확한 정의가 내려졌다. 상정될 수 있는 두 가지 근거는 '최선의 이익'과 대리 판단이다. '최선의 이익'은 보다 객관적인 접근방법인데, 제3의 의사결정권자가 무능력자에게 무엇이 가장 이익이 될 것인가를 결정한다. 반면에 대리 판단은 우선 무능력자가 능력이 있었을 당시에 선정한 대리 의사결정권자, 혹은 그러한 선정이 없었을 경우에는 무능력자가 의사를 결정할 수 있었을 경우 어떠한 결정을 내렸을 것인지를 알 수 있는 사람이 포함된다. 개인의 가족구성원이 이러한 조건을 가장 잘 충족시킬 수 있는데, 이것이 바로 이들이 대리 의사결정권자로 지정되는 이유 중 하나다.

여기서 또 다시 '최선의 이익' 접근법과 대리 판단 접근법 중 어느 것이 사용되느냐에 따라 추구되는 가치에 있어서 미묘한 차이가 생긴다. 정책적 함의도 있을 수 있는데, '최선의 이익'의 근거는 대리 판단의 근거에 비해 (관료를 포함한) 제3자에게 더 광범위한 의사결정을 허용하기 때문이다. 예를 들어 대리 판단의 근거가 사용된 경우는, 무능력자가 능력이 있을 당시 행한 진술(예: 특정 상황에서는 생명 유지 치료를 받는 것을 원치 않는다고 한 진술)이나 그의 종교적인 견해(예: 수혈과 관련된 견해) 그리고 다른 주관적인 요

서명할 수 있는 유언으로, 자신이 말기 질환에 걸렸을 경우 가족과 의사에게 연명치료나 일반적이지 않은 치료를 피하고 고통 완화 치료와 자연사를 허용하도록 지시한다.
79) B. L. Miller, 'Autonomy and Proxy Consent', *IRB, 4*(10) (1982), 1.

인들이 '최선의 이익' 모델에 의해 제3자가 의사결정을 내릴 때에 비해 고려될 가능성이 더 많을 것이다. 요약하면, 대리 판단 접근방식이 의사결정의 근거로 쓰일 때에는 '최선의 이익' 접근방식이 쓰일 때보다 자율성이 더 많이 증진된다.

능력의 법적 정의   능력과 관련된 또 다른 쟁점은 명시적 혹은 묵시적 법적 정의에 관한 것이다. 영국 정신보건법[80]에서는 능력이 묵시적으로 정의되어 있고, 온타리오주 정신보건법에서는 명시적으로 정의되어 있다. 그런데 온타리오주 정신보건법[81]상의 정의는 온타리오주 정신무능력법(Mental Incompetency Act)[82]상의 정의와 상당히 다르다. 이러한 사실이 의미하는 바는 단지 환자가 기능해야 할 영역에 따라, 혹은 다른 목적과 상황에 따라 능력이 다르게 평가된다는 것인가? 아니면 한 관할권하에서의 여러 법규들 사이에 정의가 일관성이 없다는 것인가?

무능력이 정의된다고 해도 누가 능력을 판단할지의 문제가 남는데, 대부분의 법규에는 이 부분이 서술되어 있지 않다. 그러나 거의 확실한 것은 의사 혹은 결정 및 심사에 관해 권한이 부여된 특정 의사결정권자가 판단을 내릴

---

80) MH(A)A 1982, s.43 (2) (a)와 s.44 (3) (a), (b). 이 조항들은 각각 '환자가 해당 치료의 성격, 목적, 기대되는 효과를 이해할 능력'이 없는 경우 그 치료를 시행하는 것을 금지하고, 허용한다.

81) MHA(O), s.1 (g): '동의가 요구되는 해당 주제를 이해할 능력이 있으며 동의를 했을 때와 하지 않았을 때의 결과를 인지하여 이해할 수 있다.'

82) Mental Incompetency Act, RSO 1980, c.264, s.1 (e): '선천적인 이유이든 아니면 질병 및 부상으로 인한 것이든 간에 마음의 발달이 정체되거나 불완전한 상태에 있는, …… 그러한 정신장애를 앓고 있는 …… [그 사람의] 보호와 그 사람의 재산의 보호를 위해 …… 보살핌, 감독, 통제[가 요구된다].' 정신무능력법은 정신건강법에 비해 무능력의 정의를 더 광범위하게 법으로 정의하고 있다. 정신무능력법에서의 정의는 자율성보다는 혜택 부여의 원칙에 입각해 있는 것으로 보인다. 무능력의 평가는 그 사람의 보호를 위해 필요한 것이 무엇인지에 대한 객관적인 판단을 참고하여 주로 이루어진다. 이에 비해 정신건강법은 그 사람의 이해하는 '능력'과 결과를 '인지할 능력'에 대한 주관적인 분석을 필요로 한다. 정신무능력법에 의한 정의는 능력(competency)의 요소로 합리적인 결론을 요한다는 관점에 보다 부합한다(이 장의 pp. 264-265 참조).

것이라는 점이다. 또한 능력 혹은 더 중요하게는 무능력의 판단 결과를 독립적으로 판단하거나 심사할 필요가 있는지에 대해서도 쟁점이 존재한다.[83]

치료의 범주

치료의 범주에 대한 개념은 영국 법과 온타리오주 법에 공통적으로 존재한다. 하지만 특정 범주 안에서 치료의 성격이나 환자의 치료거절 기각의 절차 면에서는 두 법제 간에 차이가 있다. 치료의 성격 및 치료거절 기각 절차의 측면에서 온타리오주 법의 요건이 훨씬 까다롭다. 영국법에서는 세 가지의 치료 범주가 상정된다. 첫째는 정신외과 수술(그리고 법에 의해 명시된 기타 치료), 둘째는 전기경련요법과 약물 투여(그리고 법에 의해 명시된 기타 치료), 셋째는 그 밖의 정신장애 치료다.[84] 온타리오주 법은 두 가지 치료 범주를 규정하고 있다. 첫째는 정신외과 수술, 둘째는 그 밖의 치료다.[85] 온타리오주에서는 비자발적으로 입원된 환자에게 정신외과 수술을 하는 것은 전면적으로 금지된다.[86] 반면에 영국에서는 환자의 동의가 있고 환자의 능력에 관한 (1인의 의사를 포함한) 3인의 부차의견, 그리고 치료의 추정효과에 관한 의사의 부차의견이 있으면 정신외과 수술을 시행할 수 있다. 이 보호요건은 자발적 입원 환자와 비자발적 입원 환자 모두에게 적용된다.

치료가 왜 제한적인 범주에 속해 있는지를 살펴보면, 치료의 침습적 성격의 정도, 심각성, 불가역성(환자와 환자의 행동 및 감정을 영구적으로 바꿀 수 있는 가능성), 그리고 실험성 등으로 인해 최소한 환자의 설명에 입각한 동의

---

83) 이는 불임 시술을 시행하도록 제안된 무능력자를 판별하는 것에 관하여 캐나다의 법 개혁 위원회(Law Reform Commission)에 의해 권고된 바 있다.

84) MH(A)A 1982, s.43, s.44, s.49.

85) MHA(O), s.35 (1) s.35 (2).

86) 같은 책, s.35 (3).

없이 치료가 실시되어서는 안 된다는 것이 명백하다.[87) 정신외과 수술이 이러한 치료의 대표석인 예이며 추가적인 보호요건을 필요로 할 것이다. 다른 한편으로는 능력 있는 환자의 설명에 입각한 동의 외에 다른 보호요건을 부여하거나 치료를 금지하는 것이 환자의 자율성을 부당하게 제한하며 의사-환자 관계의 프라이버시를 침해한다고 주장할 수 있다. 하지만 자신에 대한 간섭에 동의할 권리는 제한될 수 없다. 그것은 공공정책과 '공공질서와 공공도덕'의 원칙에 의해 규율되며, 이러한 원칙에 따를 때 특정 간섭은 완전히 금지된다. 따라서 법으로 중간 등급의 치료(전적으로 금지되지도 않으며 그렇다고 해서 고지에 입각한 동의가 있다고 해서 전적으로 허용되지도 않지만, 치료의 성격이나 남용의 위험 때문에 특별한 보호요건이 필요한 것)에 대한 규율을 정하는 것이 합리적일 것이다.

영국 법은 투약을 시작한 후 3개월 동안은 능력 있는 환자의 거절이 있어도 투약이 가능하다고 정하고 있다. 이때에는 환자의 동의 기각에 관한 법상의 추가적인 보호요건을 충족시키지 않아도 투약이 가능하다.[88) 만약 대부분의 치료 거절이 입원 첫 2주 내에 있다는 한 조사의 결과가 일반적으로 적용될 수 있다면, 이 규정은 사실상 대부분의 치료 거절을 제거하게 될 것이

---

87) 정신외과 수술을 시행하기 위한 조건으로 그 환자의 고지에 입각한 동의가 충분조건은 아니지만 필수조건으로 취급되어야 하는지 여부는 추가적인 쟁점이다. 의사능력이 있는 사람들이 자신의 자유로운 결정을 실행하도록 허용치 않는 것도 자율성을 제한하는 것이다. 그러나 '공공정책'과 '공공도덕'의 개념은 동의가 주어지는 행동을 규율한다. M. A. Somerville, 'Medical interventions and the criminal law: lawful or excusable wounding?', *McGill Law Journal*, 26 (1980), 82. 또한 고지에 입각한 동의의 원칙은 그 요소 중 하나로서 자발성을 요한다는 점을 유의하라. 비자발적으로 입원된 환자가 자신이 처한 환경의 효과 때문에, 자유롭고 자발적인 동의를 하는 것이 가당한지에 대한 의문이 제기되어야 한다. 그러나 그러한 접근방법이 보호의 목적이 있다고 하더라도 반대의 효과를 낼 수도 있다. 고지에 입각한 동의의 원칙을 보호시설에 수용된 사람들에게 적용할 수 있는 기반을 전적으로 약화시키고 오히려 보호를 감소시키는 결과를 가져올 수 있다.

88) MH(A)A 1982, s.44, 특히 s.44(1) (b)의 '3개월' 규칙.

다.[89] 또한 처음에는 치료를 거절하였던 환자가 어떤 이유에서 그 거절을 철회하는지도 알 필요가 있다. 그들이 환경에 익숙해지는 것일까? 강압되었거나, 조종되는 것일까? 아니면 2주 정도 지나면 시설, 직원, 심지어 다른 환자들의 요구에 순응하는 등 다른 역할을 취하게 되어 치료를 거절하는 가능성이 낮아지는 것일까? 혹은 2주 후에는 '깨달음'을 얻어서 무엇이 가장 그들에게 이익이 될 것인지에 관한 의사의 의견에 동의하고, 그들에게 제안된 치료를 받아들이게 되는 것일까? "의료과정을 이수하지 않은 심리치료사의 새로운 시대가 열려 치료적 책임이 분산되었다. 행정이나 시스템 관리를 담당하는 건강 전문가가 별도로 생겨남으로써 의사의 사회적 책임은 감소하였다." 이런 상황에서 시설화가 행해지는 현상에 관해 경고의 목소리가 나오고 있다.[90] 그렇다면 필연적으로 심리치료, 치료 그리고 치유의 목적이 시설의 원활한 기능과 행정적 우선순위보다 부차적인 것이 될 수밖에 없는 것이다. 정신보건 관료체계의 급성장을 고려하면, 이것은 정신의학의 '정치화'로 이름 붙여질 수 있을 것이다.[91]

나아가, 영국 법하에서는 약물치료를 제외하고 국무장관이 지정한 일부 치료는 능력 있는 환자의 거절에도 불구하고 실시할 수 있다.[92] 이 중 가장 논쟁이 될 수 있는 치료가 바로 전기경련요법이다.[93] 전기경련요법의 영구

---

89) P. S. Appelbaum and T. G. Gutheil, 'Drug refusal: a study of psychiatric inpatients', *American Journal of Psychiatry*, 137 (1980), 3.

90) S. E. Many, 'Psychiatrists, state hospitals, and civil rights', *New York State Journal of Medicine*, 80 (1980), 1873 on 1874.

91) 같은 책.

92) MH(A)A 1982, ss.44(1) (a)와 44(5).

93) L. Gostin, 'A review of the Mental Health (Amendment) Act.Ⅲ. The legal position of patients while in hospital', *New Law Journal, 132* (1982), 1199. 여기서 고스틴은 전기경련요법이 MH(A)A 1982 제44조하에 동의나 부차적 의견을 필요로 하는 치료에 관한 규정에 포함될 가능성이 높다고 언급한다.

적 혹은 불가역적 효과의 정도에 따라 이것이 정신외과 수술로 분류되어야
히는지, 아니면 약물치료로 분류되어아 하는지가 결정될 것이다. 그러나 약
물치료와 수술 사이에는 심각성, 불가역성, 침입적 성격 면에서 정도의 차이
가 있을 뿐이지 질적 차이는 없을 수도 있다. 예를 들어, 지연성 운동장애와
같은 약물 부작용은 수술에 따른 효과 못지않게 불가역적이며, 심신을 약화
시키며, 심각하고 고통스러운 것이다. 어쩌면 환자가 느끼는 부작용의 정도
는 정신외과 수술보다 정신약물치료에 있어서 더 클 수 있다. 불가역성이 정
신외과 수술에서는 필요적 목적이지만 약물치료에서는 원치 않거나 부차적
인 효과라는 사실이 차이를 만드는가? 정신외과 수술을 엄격하게 제한함으
로써 보호하고자 하는 가치가 무엇인지를 질문할 필요가 있다. 정신외과 수
술을 엄격하게 금지하는 주된 목적이 환자 개인을 정신외과 수술로부터 보
호하는 것인가, 아니면 동의 없이 개인의 정신과정을 다소 극적이고 공공연
한 방법으로 간섭하는 위협으로부터 전체로서의 사회구성원을 보호하고자
함인가? 약물치료에 의한 정신과정에 대한 간섭이 정신외과 수술보다 덜 직
접적이고 덜 분명한 방식으로 동의 없이 침해받지 않을 권리 및 신체적·정
신적 온전성의 불가침성의 원칙에 저촉된다는 점에서, 명백한 저촉은 허용
하지 않지만 잠재적 저촉은 용납하는 또 다른 예인가?[94]

  영국 법은 또한 이 법에서 명시되지 않은 치료는[95] 동의를 요하지 않는다
고 규정하고 있다. 이러한 치료가 무엇인지 의문을 가질 필요가 있는데, 행
동수정이 여기에 속한다. 행동수정은 연속선상에 다양한 형태와 수준으로
존재하여, 그 한쪽 끝에는 삶의 경험이라는 일반적인 행동수정이 있고, 중간
에는 통상적인 방식의 교육, 그리고 다른 끝에는 고의적이고 광장히 침입적
이며 용납되기 어려운 형태의 행동수정 기법이 존재한다. 이론과 실제 모두

---

94) 주석 37번, Calabresi 참조.
95) MH(A)A 1982, s.49.

에 있어서 용납할 수 있는 기법과 용납할 수 없는 기법을 구분하는 경계선을
어디에 그을지 결정하는 일은 어려운 일이다. 법은, 예컨대 계약 조건과 같
은 특정 상황에 있어서의 허용되지 않는 행위를 통제하기 위하여 강압과 부
당 위압이라는 개념을 도입하였다. 그러나 이러한 개념들은 법적 관계를 무
효화하기 위해 사용되는 행동수정 기법에 있어서는 별다른 해결책이 되지
못한다. 나아가, 강압과 협박이라는 개념을 보다 일반적으로 적용한다고 해
도 문제는 없어지지 않는다. 왜냐하면 이들 개념은 허용 가능한 행위와 허용
될 수 없는 행위 사이의 질적 차이가 아니라 정도의 차이를 나타내기 때문이
다. 게다가 무엇이 허용 가능하고 무엇이 허용 불가능한지 구분하는 기준은
상황에 따라 달라질 수 있다.

　행동수정 기법과 같이 비신체적인 침입으로부터 개인을 보호하는 데 있어
서는 법적으로 큰 발전이 있지 않았다. 폭행 금지 등 보호를 위한 형법에서
는 대체적으로 범죄가 성립되려면 신체적 접촉이나 위해가 있어야 한다.[96]
과실에 의한 신경 충격[97]에 관한 불법행위법에 일정 부분 발전이 있었고, 고
의에 의한 정신적 고통이 불법행위로 인정된다.[98] 하지만 이런 법적 조치조
차 부당한 행동수정 기법에 대해서는 불충분한 구제방법일 수 있다.

　정신질환자와 지적장애인과 같이 특별히 취약한 이들과 관련해서는 강압
과 부당 위압이 있는지 여부를 좀 더 광범위한 의미에서 유의할 필요가 있
다. 캐나다에서는 특히 지적장애인에게 혐오 조건 형성과 같이 허용될 수 없
는 행동수정 기법을 사용하는 것이 대중의 우려와 토론의 대상이 된 바 있

96) 조만간 발간될 캐나다 법개혁위원회 조사보고서의 'Psychosurgery and behaviour
　　modification' 참조.
97) J. G. Fleming, *The Law of Torts*, 6th edn (The Law Book Company Ltd, Nettey, South
　　Australia, 1983) pp. 146-53.
98) 같은 책, pp. 30-2.

다.[99] 예를 들어, 억제 시스템은 용납될 수 있는가? 만약 용납될 수 있다면, 언제, 어떠한 조건하에 용납되는가? 지적장애인이 식당에서 음식을 씹어던졌다는 이유로 그들을 굶기고 배고파하도록 하는 것이 허용될 수 있는가? 지적장애인의 팔에 고무줄을 묶고 고통처벌 혐오자극의 일종으로 고무줄을 팔에 튕기는 것이 본질적으로 불쾌감을 유발하는가? 아니면 전기 소몰이 막대를 사용하는 것이 더 용납 불가능한 것인가? 소몰이 막대는 주로 동물들을 제어하기 위해서 쓰이는데, 따라서 소몰이 막대를 지적장애인에게 쓰면 그들을 동물처럼 취급하는 것이라는 느낌을 불러일으킬 수 있다. 이런 심리적 연관성이 소몰이 막대 기법에 내재하는 성격 자체보다도 더 그 기법의 사용을 허용할 수 없게 만드는가? 이런 것들이 모두 표면적 가치와 잠재적 가치, 상징성, 선례 형성 그리고 위험과 혜택과 관련하여 검증되어야 하는 어려운 문제들이다. 방금 서술한 요소들이 바로 한 사회가 특정 행위를 허용할지 금지할지를 결정하는 데 영향을 미치는 요인들이다.

정신보건법제하에서의 권력의 남용

남용의 방지

비자발적 입원의 남용과 그 남용의 방지책 또한 고려가 필요하다. 권력의 남용을 절대적으로 방지할 수 있는 조치는 존재하지 않는다. 또한 권력을 창출해 낸 법제 역시 남용을 방지하기 위한 적절한 보호장치를 반드시 포함하고 있지는 않다. 사실, 그럴 필요가 없는지도 모른다. 왜냐하면 보통법상으로 가능한 구제방법이 있을 수 있기 때문이다. 게다가 법규로서 권력 남용에 대한 구제수단을 규정하는 것은 가능한 구제수단의 범위를 확장하기보다는

---

99) R. B. Sklar, *Aversive Conditioning and the Mentally Retarded* (Faculty of Law, McGill University, forthcoming publication).

제한하는 결과를 낳을 수도 있다. 법규에서 명시적으로 보통법상의 구제수단들을 유보하지 않고, 법원에서 법규 해석과 관련하여 당해 법규가 관련 분야를 망라하고 모든 가능한 구제수단을 규정하며, 이러한 범위에서 당해 법규는 보통법상의 구제수단을 폐지한다는 결정을 내렸을 경우에는 구제수단이 제한되는 문제가 발생하게 된다.[100] 이러한 결과는 바람직하지 않은 것이며, 특히 부당한 비자발적 입원의 구제수단의 문제에 있어서는 더욱 그러할 것이다.

법적 구제수단에 의하여 보호되는 가치

부당하다는 혐의가 제기된 계속적인 구금에 대해 보통법은 인신보호 영장으로 구제수단을 정해 놓고 있다. 환자를 구금하고 있는 자에게 영장이 발급되며, 그 사람은 짧은 시일 내에 법정에 출석하여 구금 사유를 정당화해야 한다. 그렇지 못하면 법원은 구금된 자의 석방을 명하게 된다. 법원이 인신보호 영장에 우선권을 부여한다는 사실은 자유권 및 자유권의 보호에 중요한 가치를 부여한다는 점을 역설하는 것이다.

개인을 비자발적으로 입원시키기 위해 사용될 수 있는 협박, 폭행, 부당한 감금, 부주의에 대한 보통법의 구제방법이 옹호하는 가치에 대해서도 살펴볼 필요가 있다.[101] 협박과 폭행을 불법행위로 정하는 것은 개인의 자유로운 의사결정에 의한 동의 없이 접촉당하거나 접촉의 위협을 받지 않을 권리인 불가침성과 자율성을 보호한다. 부당한 구금에 대한 소송의 근거는 이동의 자유를 보호하는 것이다. 부당한 구금은 물리적으로 부당한 구금과 심리적으로 부당한 구금으로 나눠질 수 있다. 심리적으로 부당한 구금은 가해자

---

100) 한 예로, *Board of Governor of Seneca College of Applied Arts and Technology v. Bhadauria* (1983) 124 DLR (3d) 193 (SCC) 참조.

101) 여기에서 언급된 불법행위의 더 자세한 논의는 주석 98번, Fleming, pp. 23-30, 97-100 참조.

가 요구하는 것과 다른 것을 하려고 시도하면 자유가 속박될 수 있다고 믿을
합리적 근거가 있거나 실제로 믿는 것이다. 이를 불법으로 규정한 것은 개개
의 시민의 자유에 부여한 가치의 법적 표현이며 그러한 자유에 대한 중요한
보호수단 중의 하나다. 그러나 다른 많은 법적 구제수단과 마찬가지로 이것
은 불법이 범해진 사후에 소급적으로 이루어지며, 잠재적 침해로부터 개인
의 자유를 사전에 보호해 주지는 않는다. 다만 다른 사람의 자유를 침해했을
때 소송을 당할 수 있다는 점이 억제 효과가 있을 뿐이다. 부주의에 대하여
배상할 법적 책임의 근저에 있는 기본적 원리와 가치는 개인은 자신의 잘못
으로 인하여 야기된 손해를 배상해야 하며, 그 손해가 비록 해칠 의도가 없
어 고의로 야기된 것이 아니라 할지라도 배상해야 한다는 것이다.

의료과오의 개념

비자발적 입원과 관련한 법적 책임을 피하려면 정신과 의사는 전문적 판
단을 내릴 때에 매우 신중해야 한다. 이에 대응하여 법률이 '합리적 전문가
의 판단'이라는 개념을 통하여 허용 가능한 의사결정의 범위를 제공해 주고
있다는 사실을 염두에 둘 필요가 있다. 의사결정이 합리적 전문가의 판단 범
위 내인 한, 법은 정신과 의사에게 법적 책임을 면제시켜 준다. 의료과오는
주어진 상황에서 합리적 능력을 갖춘 다른 의사라면 하지 않을 법한 의료행
위를 했을 때 발생한다. 실수 자체가 의료과오가 되는 것이 아니다. 법적 책
임은 합리적으로 능력을 갖춘 의사라면 하지 않았을 실수를 했을 때에 부가
되는 것이다.

법적 책임은 부당한 비자발적 입원뿐만 아니라 합리적인 의사라면 입원시
켰을 환자를 강제로 입원시키지 못했을 때에도 발생한다. 그 결과 환자가 자
신이나 타인에게 해가 되는 행동(예: 자살이나 살인)을 한다면 정신과 의사가
그 손해에 책임을 물어야 할 수 있다. 타인에게 해가 되는 행동과 관련해서

는 또 다른 법적 책임의 문제가 발생할 수 있다. 즉, 정신과 의사가 합리적 전문가의 판단이라는 개념을 통해 환자를 강제입원시키지 않은 것에 대해 보호된다고 하더라도, 정신과 의사로서 잠재적 피해자에게 경고를 해 줄 의무는 있다.102) 의사에게 이러한 법적 책임을 부여하는 것은 많은 난제를 수반하는데, 그중 특히 잠재적 피해자에게 경고를 하려면 환자의 비밀유지 의무를 위반해야만 하는 문제가 있다.

환자를 부당하게 퇴원시키지 않으면 부당한 구금의 법적 책임을 유발할 수 있는 것처럼, 부주의한 퇴원조치 또한 마찬가지로 법적 책임을 발생시킬 수 있다. 합리적인 의사라면 퇴원조치를 하지 않았을 경우에 환자를 퇴원시켰는데 그 환자가 자신이나 타인에게 위해를 가했을 경우, 의사는 사법적인 손해배상의 책임을 질 수 있으며, 퇴원조치가 사람의 생명 및 안전에 대한 고의적 또는 부주의한 묵살이라고 인정되는 매우 드문 경우에는 형사책임까지 질 수 있다.103)

자주 주장되는 바와 같이 몇몇 관할권하에서 의료과오에 대한 문제가 전환기에 있는 것이 사실이라면, 이러한 때에 알 수 있는 가치와 정책은 무엇인가? 단지 전문가적 기준을 유지하려는 바람인가, 아니면 특정한 통제나 처벌의 목적이 있는가? 혹은 의사가 환자보다 더 보장받는 지위에 있으며 환자는 의사가 법적인 책임이 있다고 인정될 경우에만 배상을 받을 수 있기 때문에 이에 대응하는 위험 배분의 기제인가? 이에 대한 대안책으로서 의사의 잘못에 의하든 의하지 않든 손해가 발생하였다면 손해에 기초하여 배상을 해 주는, 이른바 무과실 혹은 엄중한 법적 책임 제도를 생각할 수 있다.104)

---

102) *Tarasoff v. Regents of University of California* (1976) 551 P. 2d 384 (Supreme Court of California).

103) 예: 주석 25번, Criminal Code, s. 202 (1) 참조.

104) 이러한 쟁점들에 관한 법원의 논의는 *Helling v. Carey* (1974) 83 Wash. 2d 514 (Supreme Court of Washington en banc) 참조.

이러한 제도는 의사가 잘못을 저질렀다는 오명을 피하게 해 주지만, 법적 책임을 지우는 것 사체만으로 불법행위가 있었다고 주장하게 만들 수는 있다. 또한 엄중한 법적 책임 제도를 도입하면 환자는 순조롭게 배상받게 되겠지만 의사의 배상이나 보험 비용을 증가시켜 의료비용까지 높아질 수 있다.

정신보건법제와 차별 금지의 근거

나이

영국의 1982년 개정법이 1959년 법에 있던 나이 제한을 없앴다는 사실이 흥미롭다. 1959년 법에서는 '경미한 장애'가 있는 환자들은 만 21세 미만인 경우에만 장기치료를 위한 비자발적 입원이 허용되었다.[105] 1982년 개정법으로 경미한 장애가 있는 21살 이상의 사람은 '치료가능성' 조건이 충족될 경우 비자발적 입원의 대상이 될 수 있다. '치료가능성' 요건이란 치료로 인한 혜택을 기대할 수 있음을 뜻한다.[106] 이러한 법의 변화는 나이에 따라서 차별하지 않으려는 가치에 대한 인식의 증가를 반영한다. 이전 법은 성인에 비해 미성년자에게는 가부장적인 태도가 허용된다는 견해를 반영하였던 것이다.[107]

지적장애가 있는 사람

지적장애인에게 정신보건법을 적용하는 것과 이것이 반영하는 가치와 정책 또한 조사할 필요가 있다. 1959년 영국 법상 정신장애의 정의[108]는 개정

---

105) MH(A)A 1982에서 개정된 MHA 1959, s.26. 및 주석 161번 참조.
106) MH(A)A 1982, s.4 (1) (b).
107) 1959년 법이 공포되었던 때에는 21세가 성년의 나이였다.
108) MHA 1959, s.4 (1): '정신질환, 마음의 발달이 정체되거나 불완전한 상태, 정신병질적 장애, 그 외 마음의 질병 및 장애.'

법에서도 변하지 않았으며 이 정의는 지적장애인에게 제한적으로나마 비자발적 입원을 인정할 수 있을 정도로 폭이 넓다. 개정법에 대한 보고서는 이 법이 지적장애인에 대해서도 일정한 경우에는 적용될 수 있도록 의도하였음을 명백히 밝히고 있다.[109] 그러나 지적장애인이 장기간의 비자발적 입원 조항에 의하여 입원되는 경우를 상정하기는 힘들 것이다. 왜냐하면 장기 입원조치를 하기 위해서는 '비정상적으로 공격적이거나 심각하게 무책임한 행동'('정신적 손상' 혹은 '심각한 정신적 손상')[110]과 결부된 '지적 기능과 사회적인 기능의 장애'가 있을 것을 요하기 때문이다. 영국 법과는 대조적으로, 온타리오주 법은 지적장애인에게 적용되는 경우가 훨씬 적다. 지적장애가 정신적 장애, 즉 '마음의 모든 질병이나 장애'[111]라는 개념 속에 포함되기는 하지만, 법에 의해 비자발적 입원이 허용되려면 자기 자신이나 타인에게 심각한 물리적인 해를 가할 가능성과 결부되어야 하기 때문이다.

비자발적 입원과 관련한 문제 중 하나는 부모나 보호자에 의해 지적장애 아동 및 성인이 시설에 수용되는 경우다. 물론 이런 조치가 필요한 상황이 있다. 그러나 적어도 캐나다 내에서는, 시설 수용 자체가 정당화될 수 있는지에 대해 점차 의문이 제기되고 있다. 다소 엄격한 조건이 충족되지 않는 한 비자발적 입원을 허용하지 말아야 할 필요성에 대한 인식이 증가함에 따라, 지적장애인을 시설에 수용하는 것에 대한 일반적인 접근방법이나 태도에도 영향을 미칠 것으로 보인다.

---

109) 주석 24번, 'Reform of Mental Health Legislation'의 8-10문단 참조. 그러나 보고서가 MH(A)A 1982, s.1(2)에서처럼 'mental impairment'라는 용어 대신에 'mental handicap'이라는 용어를 사용했다는 점을 고려하면, mentally handicapped(지적장애인)에게 어떤 규정이 적용 가능한지는 분명하지 않다. 고스틴(Gostin)(주석 94번)은 지적장애인들에게 적용 가능한 조항은 '정신장애'만을 요구하는 조항들이라고 제안한다.

110) MH(A)A 1982, s.1(2)와 s.26 (2) (a).

111) MHA(O), s.1 (f).

　　이런 점에서 최근 캐나다에서 있었던 두 개의 사례를 살펴보는 것이 도움
이 되겠다. 첫 번째 사례는 저스틴 클라크(Justin Clark)라는 청년의 이야기
다. 저스틴은 뇌성마비를 앓았고 어린 나이 때 부모에 의해 시설에 수용되었
는데, 시설에서 나와 오타와(Ottawa)의 장애인공동생활가정(group home)
에 들어가길 원했다.[112] 저스틴의 부모는 그의 결정을 반대했고, 아들이 시
설에서 나오는 것을 막기 위하여 법원에 후견인제도를 신청하였다.[113] 이 신
청이 받아들여질 경우 부모는 그의 후견인으로서 저스틴의 보호와 양육과
관련된 결정을 내릴 수 있었다. 온타리오주 지방법원은 부모의 요청을 거절
하며 저스틴이 자신의 결정을 자유롭게 내릴 수 있고 시설을 떠나는 결정을
내릴 수 있다는 판결을 내렸다.

　　저스틴 클라크 사례에서 제기되는 쟁점 중 하나는 비자발적 입원과 일반
후견인제도 명령에 대한 법규 간에 겹치는 접점이 존재한다는 것이다.[114] 이
쟁점은 앨버타(Alberta) 주의 피성년후견인 법[115](후견법률)과 정신보건법(비
자발적 입원의 법률)하에서 취급되는 사건들이 존재함으로써 현재도 꾸준히
시험대에 오르고 있다.[116] 앨버타 주의 한 정신보건시설은, 비자발적으로
입원한 능력이 없는 사람들에게는 본인의 동의가 없어도 치료를 시행할 수
있으며 따라서 후견인이 필요없다고 주장한다. 이에 맞서는 공공후견인의

---

112) *Clark* v. *Clark* (1983), 40 OR (2d) 383, (Provincial County Court)

113) 어떤 사법관할에서는 후견인 명령이 '구금 명령(commitment orders)'이라고 불리는데, 그런
　　경우 이 명령은 종종 '비자발적 민사상 구금(involuntary civil commitment)'이라고 불리는
　　비자발적 입원 절차와 구별되어야 한다.

114) 이 점과 관하여 MH(A)A 1982, s.7와 s.8에서 개정된 MHA 1959, s.33와 s.34 자체가 '공식적
　　혹은 비공식적으로 병원의 치료를 필요로 하지 않는, 그러나 정신장애로 인해 지역사회 내에서
　　밀접한 감독과 어느 정도의 통제를 필요로 하는, 매우 소수의 정신질환자'를 위해 한정된 후견
　　인 제도를 규정할 수 있다는 점에 주목하라('Reform of Mental Health Legislation', 주석 24
　　번, 43-5문단 참조).

115) 주석 72번 참조.

116) Mental Health Act, RSA 1980, c.M-13.

주장은, 정신보건법이 정신보건시설에 치료를 제공할 의무를 부과하고 있는 것은 사실이지만, 정신보건시설이 능력 없는 개인에게 적절한 절차를 거쳐 선정된 법정대리인의 동의 없이도 치료를 할 권한을 갖는 것은 아니며, 특히 현재는 성인 피후견인법에 의해 법정 의사대리권자가 있는 상황에서 따라야 할 적법절차를 구체적으로 명시하고 있기 때문에 더욱 그러하다고 한다.[117] 물론 능력 없는 환자는 이 두 법이 모두 적용될 때 더욱 큰 법적 보호를 받게 될 것이다. 문제는 이것이 과연 실제로 적용 가능한지이며, 또한 이것이 적용되어야 하는지 아니면 적용되어서는 안 되는지에 관한 법적인 의도가 기술법적으로 내포되어 있다고 볼 것인가다. 영국 법제는 제2의 의사가 환자의 무능력 및 제안된 치료의 혜택 가능성을 증명하여 치료 시행에 대한 권한을 부여하는 기제를 만들어 이러한 문제 중 일부를 피하고 있다.[118] 이와 대조적으로, 온타리오주에서는 최근친이 능력 없는 사람을 위해서 동의를 하는 것을 허용하고 있다.[119] 그러나 법정 후견인이 존재하는 상황에서 법정 후견인과 최근친 사이에 동의 여부를 둘러싼 의사충돌이 있을 경우 어떻게 해결할 것인가에 대해서는 법규정이 존재하지 않는다. 한편으로는, 법구조상의 충돌 해결 논리에 따라 특별법인 정신보건법에서 최근친에게 결정의 권한을 부여하고 있으므로 이것이 일반법인 후견법률 규정에 우선하여 적용된다고 주장할 수 있다. 그러나 다른 한편으로는, 법원에 의하여 선정된 후견인은 그 자체로 더욱 특정한 규정이라고 간주될 수 있어서 법원의 결정이 우선한다고 해석할 수도 있다.

능력 없는 환자를 위한 의료적 의사결정과 관련된 또 다른 문제는 환자의 비자발적 입원 여부를 불문하고 후견인이 요구될 것인가, 혹은 만성 환자에

---

117) 앨버타의 공공 후견인 Joel Christie의 편지, 28 March 1983.
118) MH(A)A 1982, s.44 (3) (b).
119) MHA(O), s.35 (2).

대해서만 후견인이 요구되고 계속 능력이 없지는 않을 것이라고 생각되는 급성 환자에 대해서는 후견인이 요구되지 않을 것인가 하는 점이다.[120] 모든 능력 없는 환자를 일일이 치료하기 전에 법원의 간섭이 필요하다면 이는 경제적 비용과 사법적 시간적 비용이 많이 들어가는 것이다. 하지만 후견법률은 능력 없는 개인들에 대해서만 적용되는 것이며, 능력 있는 환자의 동의 거절을 기각하거나 능력 있는 환자의 동의 없는 치료를 하기 위해서는 그것이 정신보건법에 의하여 명시적 혹은 묵시적으로 규정되거나 적어도 법원에 의한 결정이 내려져야 한다.[120a] 이러한 관점에서 비자발적 입원에 따른 강제 치료에 대한 근거를 제공하는 법규가 시설수용된 지적장애인에게도 자동적으로 적용되는 것이 아니라는 점은 당연하지만 언급할 가치가 있는 것이다.

시설수용된 지적장애인과 관련한 두 번째 캐나다의 사례는 다음과 같다. 시설에 근무하는 보건직원이 지적장애인의 머리를 숟가락으로 때리는 신체적 훈육을 하였는데,[121] 그 직원은 자신의 형사책임을 방어하는 과정에서 지적장애가 있는 성인은 형법 규정의 목적에 따르면 아동과 다를 바 없으며 따라서 아동에 대한 합리적 체벌은 허용되는 것이라고 답변하였다.[122] 온타리오주 항소법원은 그 지적장애인이 아동이 아니며 그 직원은 법규정에서 교사나 부모와 같이 취급되지 않는다며 1심 법원의 판단을 파기하였다. 그리고 이 사건에서 캐나다 대법원은 항소법원의 판결을 유지함으로써 당해 판결을 확정지었다.[122a] 이 판례는 캐나다 사회가 지적장애인을 어떤 시각으

---

120) 최근친이 무능력한 성인 환자의 대리 의사결정권을 갖지만, 이것이 실제로 보통법에 의해 승인되는 것인지, 즉 법령이 규정하지 않는 상황에서 최근친이 의사결정권을 행사할 수 있는지 여부에 대하여 의문이 존재한다.

120a) 주석 30번, Somerville 참조.

121) *Regina* v. *Ogg-Moss* (1981) 5 Leg. Med. Q. 146 (C.A. Ont.).

122) 위의 25번 주석 Criminal Code, s.43.

122a) *Ogg-Moss* 대 *R*, Supreme Court of Canada, October 1984(unreported; to be reported in Dominion Law Reports).

로 바라보는지를 나타낸다. 특히, 이 판례는 캐나다 사회는 지적장애인을 아동 취급하는 현상을 적어도 명시적으로 묵살할 준비가 되어 있지 않음을 보여 준다. 우리의 법이 대체로 성인에 비해 아동에게 추가적인 보호를 제공하려 하지만, 방금 언급한 형법 규정이 제시하는 바와 같이, 늘 그런 것은 아니다. 나아가, 보호를 제공하는 것조차도 항상 혜택만을 부여하는 것은 아니며, 보호의 과정에서 해악 또한 야기할 수 있음을 보여 준다. 이것은 혜택과 해악이 경합할 때 어느 것을 선택할 것인가의 문제이며, 종종 가치판단의 문제가 된다.

정신보건법제의 범위

앞에서의 논의는 정신보건법제 전반에 걸쳐 충분히 다루어지지 못한 문제를 상기시킨다. 요약하면, 법제의 범위가 그것이다. 게다가 앞에서 인용한 앨버타 주의 사례에서 알 수 있듯이, 법들 사이의 경계는 항상 명확하게 선을 그을 수 있는 것이 아니다.

정신보건법의 적용 범위와 관련한 최근의 한 의문점은 영국 정신보건법상의 비자발적 입원에 관한 규정들이 일반적인 의료 사안에 있어서도 적용될 수 있겠는가 하는 것이다.[123] 예를 들면, 이 법이 능력 있는 환자가 생명유지 치료를 계속하기를 거부했을 때 그의 결정을 기각함에 있어 적용될 수 있는가? 이 법이 그러한 경우에 적용되는 것은 전혀 의도한 바가 아니라고 주장된다. 그러나 그렇게 적용되는 것을 막으려면, 법제의 묵시된 의도를 찾거나 비자발적 입원의 선행조건을 정신장애의 존재 등으로 엄격하게 해석하는 수밖에 없다.

---

123) Editorial, 'The right to die', *The Lancet, I* (1983), 1197.

정신보건법제 적용에 대한 감독

영국 법과 온타리오주 법 모두에서 심사위원회가 설립되어 이들 법의 적용을 감독하는 기능을 한다. 영국 법에 의해 설립된 정신보건법 위원회(Mental Health Act Commission)는 독립적이고, 규모가 크며(90인으로 구성됨), 초학문적이고, 감독과 자문 기구의 역할을 한다는 점에서 주목할 만하다.[124] 이 위원회의 권한은 병원을 방문하고, 관리와 치료의 모든 면에 대한 심사를 하며(이것은 광범위한 권한으로 보인다), 환자의 불만사항이나 시민적 권리 그리고 일반적 정신보건 제도에 대해 자문을 할 수 있는 것이다. 이 위원회가 갖는 일반적인 효과 중에 가장 중요한 것은 아마도 정신보건법하에서 작성하도록 요구되는 실무지침(Code of Practice)에 대한 제안서를 제출하는 것일 것이다.[125]

가치와 정책 분석에 관한 한, 위원회는 지역사회의 가치를 정신보건법에 도입해야 할 필요성과 정신보건법하에서 주어진 권력을 지역사회가 감독해야 할 필요성에 대한 인식을 대변하는 역할을 한다. 나아가, 위원회가 자신의 감독 과제를 이행하고 또한 외부에게 그러한 과제를 효과적으로 이행하고 있다고 보여 주기 위해서는, 위원회는 독립적이어야 하고 초학문적이어야 하며, 또한 다양한 범위의 지역사회와 직업군으로부터 존중받을 수 있는 구성원이 필요하다. 이러한 기관을 설립해서 일어날 수 있는 주된 위험은, 이러한 기관의 존재가 필요한 모든 보호 수단이 취해졌다는 의미로 해석되어, 만약 그러한 보호 수단이 실제로는 보호하는 역할을 하지 못했을 경우에 그러한 보호기제가 설립되지 않았을 때와 비교하여 환자가 덜 보호받게 될 수 있다는 것이다. 위원회의 역할과 효율성에 관한 연구, 특히 위원회의 내

---

124) MH(A)A 1982, s. 56.

125) 같은 책, s.53.

부적 실무와 외부적 실무에서 나타나는 집단 역동 및 결정 도출의 방법에 대한 연구가 가장 도움이 될 것이다.

'형사 구금'과 가치

영국에서는 정신보건법이 비자발적 민사상 구금과 형사상 구금 모두를 관할한다.126) 민사상 구금은 민사상 절차를, 형사상 구금은 형사상 절차를 따른다. 이와 달리 온타리오주에서는 주로 연방 형법이 형사상 구금을 관할하며,127) 비자발적 민사상 감금은 주(州) 법의 영역에 속한다. 형법은 연방 관할로, 건강법은 주(州) 관할로 된 원인이 역사적 우연에 의한 것이라는 점은 차치하더라도, 온타리오주에서 민사상 구금과 형사상 구금을 다른 방식으로 다루는 것이 두 종류의 구금 간의 가치 및 정책의 접근방법의 차이를 반영하거나, 혹은 더욱 중요하게는, 발생시키는가? 민사상 감금과 형사상 감금을 같은 법하에서 다루면 형사법을 위반한 정신질환자와 민사법을 위반한 정신질환자를 동일하게 취급하는 결과를 낳아, 형사 범죄인을 일차적으로 범죄인의 신분으로 다루고 이차적으로 정신질환자로 다루는 것이 아니라, 먼저 정신질환자의 신분으로 다루고 그다음에 범죄인으로 취급하게 되는가? 어떤 신분을 우선적으로 다루는지는 결정 결과에 영향을 미칠 수 있는데, 일차적 신분이 지배규범으로, 이차적 신분이 예외규범으로 취급될 수 있기 때문이다.128)

'형사상 구금'이라는 문제는 복잡한 것이다. 공공의 보호가 훨씬 더 지배

---

126) MH(A)A 1982, parts II, III.
127) 주석 25번 Criminal Code.
128) 주석 130번, p. 204 참조.

적인 고려사항이기 때문에, 가치의 균형이 민사상 구금의 경우와 다르다. 이 것은 형사 범죄로 유죄판결을 받은 정신질환자와 관련해서 특히 그러하다. 그러나 정신질환자가 항상 형사 범죄로 유죄판결을 선고받는 것은 아니다. 형사상 구금되어 있는 정신질환자가 재판을 받기에 적합하지 않은 경우 정신 보건시설에 수용될 수 있고, 범죄로 기소되었으나 재판 중에 있지는 않은 정 신질환자를 정신과 의사가 사법적으로 정신보건시설에 수용할 수도 있다. 이 과정에서 환자는 형사소송 절차에서 벗어나 유죄 선고 전에 정신보건제도 로 편입되는 것이다.[129] 정신질환자가 사법상 구금되어 있을 때에는 다른 사 법상 구금과 같은 규칙이 적용된다. 그러나 개인이 입원 명령에 의하여 형사 상 구금되어 있을 경우에는 영국과 온타리오주 모두 다른 규칙을 적용한다. 이 규칙은 영국 법제하에서는 '제한명령(restriction order)'으로,[130] 캐나다 형법하에서는 부지사(副知事) 영장으로[131] 부정기 입원을 허용한다. 형사상 구금되는 사람의 대표적인 예는 정신이상 항변을 성공적으로 한 범죄자다.

    형사 범죄로 기소되었거나 유죄판결을 받은 자에 대해서는 그렇지 않은 자에 비해 감금 및 감금 연장을 할 때 대체로 더 정당하다고 느끼게 되며 우 려도 더 적게 유발한다. 형사상 구금된 자에 대한 이와 같은 상이한 태도는 정신보건법에 반영되어 있을 뿐만 아니라,[132] 민사상 구금된 사람보다 형사 상 구금된 사람의 권리에 대해 덜 우려하게 되는 결과를 낳기도 한다. 이러 한 태도가 바람직한 것은 아니지만, 판사와 배심원들은 그들이 형사상 구금 시킬 자가 순조롭게 석방되지는 않을 것이라는 점을 명심할 필요가 있다. 그

---

129) 주석 25번 Schiffer 참조.

130) MH(A)A 1982, s.28 (1)에서 개정된 MHA 1959, s.65.

131) 주석 25번, Criminal Code, s.545, s.546 참조.

132) 예를 들어, 영국 법하에서 '입원 명령'에 의하여 감금된 사람들은 민사상 감금된 환자에 비하 여 더 적은 권리를 갖는다. 예를 들어, '입원 명령'에 의해 감금된 사람은 정신보건 심사위원회 에 회부할 수 있는 권한이 더 제한되며 최근친이 환자의 석방을 요청할 수 없다.

러한 확신 없이는 형사상 구금 절차를 사용하는 것을 꺼리게 될 것이며, 결과적으로 형사 범죄로 기소되거나 유죄판결을 받은 정신질환자의 경우에는 상황이 더 악화될 것이다. 그럼에도 불구하고 형사법 영역에서 정신질환이나 무능력의 이유로 장기간의 입원을 허용하는 조항은 남용의 대상이 되어 왔다. 캐나다의 한 사례에서, 날치기 혐의로 기소되었지만 유죄판결을 받지는 않은 한 청년이 18세의 나이에 감금되었다. 그는 재판을 받기 부적합하다는 이유로 감금되었었는데, 17년 후에 캐나다 지적장애인 협회(Canadian Association for the Mentally Retarded)에 의해 발견되었다. 이 기간 동안 그는 형사 범죄를 범한 정신질환자들이 수용되는 최고 강도의 보안시설에 수감되어 있었던 것이다.[133]

현재 캐나다는 형법에 있는 '정신질환' 규정을 검토 중에 있으며, 검토의 목표 중 하나는 남용을 완전히 예방할 수는 없을지라도 적어도 남용을 억제하는 법과 규정의 초안을 작성하는 데 있다.[134] 이러한 관점에서 중요하게 고려되어야 할 사항은 첫째, 정신보건제도보다 형벌제도로 다루어져야 할 범죄자는 정신보건제도에서 배제되도록 보장하며,[135] 둘째, 형사상 감금된 환자들을 대상으로 한 적절한 자동 심사 제도를 도입하며, 셋째, 자신의 감금에 대한 심사를 착수시킬 수 있는 적합한 기회를 제공하는 것이다. 이러한 목표들 모두가 영국 법제에서 고려되었다. 여기에서 추가적으로 고려되어야 할 사항은 형벌제도가 아니라 정신보건제도로 다루어져야 할 범죄자에게 정

133) 뉴브런즈윅의 에머슨 보너(Emerson Bonner) 사례에 관하여 토론토의 캐나다 지적장애인 협회 회장인 Orville Endicott과의 개인적 교신.
134) 토론토에 있는 온타리오 보건성의 법률자문인 G. Sharpe, 그리고 오타와의 법무차관부(Solicitor General's Department)의 W. McCalla와의 개인적 교신.
135) MH(A)A 1982, s.19는 정신병질 장애나 지적장애가 있는 사람에 대하여는 병원에서의 의학적 치료가 그 범죄자의 상태를 완화시키거나 상태가 악화되는 것을 방지할 수 있다는 의학적 증거가 있지 않는 한 법원이 병원명령을 내릴 수 없다고 규정함으로써 이 접근방법을 채택하고 있다.

신보건제도에 대한 충분한 접근권을 보장하는 것이다.

최근 미국 대법원은 형사 범죄로 유죄 판결을 받은 자에 대한 '입원 명령'의 기간이 유죄 판결로 수감된 기간의 최장기를 초과할 수 있을지에 대하여 심사하도록 요청받았다.[136] 대법원은 정신질환이 있는 사람을 감금할 수 있는 근거는 위험성이며, 따라서 석방될 수 있는 조건은 그 사람이 더 이상 위험하지 않다는 것이라고 결정했다. 만약 어떤 사람이 수감 상태였다면 인정되었을 최장기의 기간과 동일한 기간 동안 병원에 입원되어 있었다면 이후 그는 석방되어야 한다는 주장은 받아들여지지 않았다.

이러한 맥락에서 재소자에 대한 의학적 치료와 그들의 치료에 대한 동의라는 매우 어려운 문제가 발생한다. 기본적 가치와 정책으로 제안되는 것은 언제나 재소자를 인간으로서 존중하며 그들의 권리를 가능한 한 많이 존중해야 한다는 것이다. 즉, 수감이라는 특수한 사정으로 인해 어쩔 수 없는 경우가 아니라면, 일반인에게 있어서 침해되지 않는 권리는 재소자에 있어서도 무시되지 않아야 한다는 의미다. 따라서 재소자는 다른 이들과 마찬가지로 치료를 거절할 권리를 가져야 하며, 이들의 치료거절권이 인정되지 않는 경우는 전염병 등의 경우에서처럼 치료를 거절하면 다른 재소자들의 안녕을 위협받는 때로 제한되어야 할 것이다.[137] 재소자들의 치료에 대한 동의와 관련된 문제는 더 난해하며 논란의 여지가 많다. 이 문제는 재소자가 정신질환이 있거나 형사상 감금된 경우 더 복잡해진다. 영국에서는 치료에 대한 동의에 관해서는, 정신보건법의 규율을 받는 재소자들이 비재소자들과 같은 규정의 적용을 받는다. 온타리오주는 다르며, 이 문제와 관련하여 많은 의문이 제기된다.

수감이라는 현실에 의하여 축소되는 권한을 제외하고, 재소자에게 우리

---

136) *Jones v. United States*, 52 USLW 5041 (United States Supreme Court 1983).

137) 주석 67번, Somerville 참조.

사회의 다른 구성원들이 누리고 있는 것과 같은 권리를 부여하는 것은 재소자에 대한 바람직한 접근방법과 태도를 성취하는 데 도움이 될 수 있다. 다양한 접근방법들을 정교한 이론으로 구분한다고 해도, 현실에서는 어떤 이론이 적용되는지가 별다른 상관이 없다고 주장할 수도 있다. 그런 경우가 종종 있기는 하지만, 이론상에서 재소자에게 권한이 없다고 간주한다면 실제에서 재소자를 비인격화할 위험을 초래한다. 앞에서 제안한 접근방법은 이 문제를 극복하는 데 유용할 수 있다.

또한 고려사항이나 상대적 가치가 재소자와 비재소자 사이에 다른 경우도 있을 수 있다. 예를 들면, 재소자가 수감 제도를 조종하기 위해서 치료를 거절한다면, 그러한 목적 없이 치료를 거절하는 비재소자의 경우와 동일한 비중을 부여할 수는 없을 것이다. 최근에 미국에서는 한 재소자가 다른 교도소로 이송되려는 목적으로 혈액투석을 거부하였다(그는 혈액투석을 받지 않으면 말단 신부전증으로 짧은 기간 내에 사망할 수 있었다). 법원은 그가 치료를 거절한 것이 아니라고 결정을 내렸다. 그는 혈액투석 자체를 거절한 것이 아니라 투석을 받는 환경을 거절한 것이며, 그에게는 이러한 거절을 할 수 있는 선택권은 없었던 것이다.[138]

이와 관련된 쟁점으로 교도소 내의 단식투쟁이 있다. 국가가 재소자에게 강제로 음식을 먹이려는 의도는 비재소자의 단식투쟁의 경우와는 다를 것이다. 선택이 제한되는 상황에 의도적으로 놓이게 된 사람에 관련해서는 해당 가치 및 가치의 비중이 달라지는가? 감금되어 있는 상황에서 의학적 치료나 음식을 거절하는 것 외에 수감 제도를 조종할 수 있는 방법이 없다는 사실이 차이를 가져오는가?[139] 최근 한 캐나다 사례에서 주장된 것처럼, 재

138) *Commissioner of Correction* v. *Myers*, 399 N.E. 2d 452 (Sup. Jed. Ct. Mass. 1979).
139) G. J. Annas, 'Prison hunger strikes: why the motive matters', *The Hastings Center Report*, 12(6) (1982), 21; 주석 30번, Somerville.

소자들을 강제로 먹이는 것은 '잔인하고 비통상적인 방법'인가?[140) 재소자들을 강제로 먹이는 것이 죽을 권리 운동에서 표현되는 가치와 어떠한 연관성이 있으며, 또한 생명유지치료(특히 인공 영양 공급)의 철회를 둘러싼 논란과는 어떠한 연관성이 있는가?[141) 이런 것들은 일반 의료계의 쟁점이지만, 일반의학적 선례들이 재소자들의 치료 및 정신보건 영역에 방대한 영향을 끼칠 수 있다.

요약하면, 재소자의 보건과 치료에 대한 가치와 쟁점을 간단히 살펴봄으로써 분명히 알 수 있는 것은, 가치가 평가되고 중요도에 따라 순서가 매겨져야 하는 상황이 바뀌면(예: 교도소 내의 환경과 교도소 밖의 환경) 결론 또한 바뀐다는 것이다.[142)

Part II 정신보건법제의 가치와 정책 저변의 일반적 고찰

이 장의 Part I에서는 현실적 사실과 정신보건법제 내에서 일어난 변화를 기술하는 것으로 시작하여, 이러한 사실과 변화가 나타내는 가치와 정책을 짐작해 보는 것으로 끝마쳤다. Part II에서는 정신보건법제의 가치와 정책 저변의 일반적 고찰에서 논의를 시작한다. 즉, 가치와 정책의 몇 가지 특징을 고찰할 것인데, 일반적인 개념으로서도 살펴보고, 정신보건법제와 관련된 영역에서의 특징도 고려할 것이다. 이러한 고찰은 정신보건법제의 기저에 있는 가치와 정책 및 그 변화에 대한 통찰을 제공하는 데 그 목적이 있다.

---

140) *Attorney General of British Columbia* v. *Astaroff* (1983) 6 W.W.R. 332 (B.C.S.C.); (1983) 10 W.C.B. 223 (B.C.C.A.); (1983) 6 C.C.C., 3d 498 (S. C. and C. A).

141) K. C. Micetich, P. H. Steinecker and D. C. Thomasma, 'Are intravenous fluids morally required for a dying patient?', *Archives of Internal Medicine, 143* (1983), 975.

142) pp. 296-297 참조.

가치의 성질

정치, 정책과 가치의 정의

'정치'의 가장 짧은 정의는 가능성의 예술(the art of the possible)이라는 것이다. 정책은 『옥스퍼드 영어 사전(Oxford English Dictionary)』에 '정부, 정당, 통치자, 정치가 등에 의하여 채택되고 추구되는 행동방침; 유리하고 편리하여 채택된 행동방침(주된 생활양식)'으로 정의되어 있다. '가치'는 옥스퍼드 영어사전에서 윤리적인 의미로, '그 자체로 존경받을 가치가 있는 것; 외현적인 가치를 지닌 것'이라고 정의되어 있다.

어떤 의미에서, 정책과 가치 없이 사는 것은 불가능하다고 할 수 있는데, 결정을 내리지 않는다는 방침은 그 자체로 정책이며, 가치를 드러내기 때문이다. 요약하면, 정책과 가치를 피할 수는 없다. 정책과 가치를 구별·표현·평가하게 되며, 가치 간 충돌이 있을 때에는 택일하거나 조화시키게 되는 것이다. 또한 정책이 자신이 선택한 가치를 실현시키는지 여부에 대한 평가도 필요하다. 밝혀지지 않은 모순이 존재할 수 있기 때문이다. 모순은 명시적인 가치와 잠재적인 가치가 일치하지 않을 때 발생할 수 있다.[143] 이를 명백히 보여 주는 예는 바로, 대다수의 사회가 그러하듯이 한 사회가 생명의 존엄성이 모든 가치에 우선하는 최우선의 가치임을 선언하면서도, 실천에 있어서는 생명을 보호하고 연장하기 위해 가능한 모든 조치를 취하지 않는 것이다. 예를 들면, 혈액투석은 영국에서는 모든 말기 신부전증 환자에게 일반적으로 제공되는 치료는 아니며, 병원에 따라 60세 이상 혹은 65세 이상

---

143) 주석 37번, Calabresi 참조.

이어야 제공된다.144) 유사하게, 영국과 캐나다 양국 모두에서는 장애를 갖고 태어난 신생아에 대한 치료는 생명의 존엄성이라는 가치를 완전하게 실현시키지 못한다. 그러한 숨겨진 가치충돌로 인하여 보건전문가에게는 적합하다고 여겨지는 결정이 일반 대중에게는 강하게 비난받을 수도 있다. 보건전문가는 이러한 상황에서 잠정적인 가치를 적용한 반면에 일반 대중은 명시적인 가치를 적용하였을 때에 그러한 현상이 발생할 수 있다.

이론과 실제에 있어서의 가치

잠재적 가치의 쟁점은 이론적으로 이상적인 것과 실제에서 가능한 것을 어떻게 조화시키는가에 대한 질문을 불러온다.

법, 규칙, 지침, 권고를 무시하거나 공개적으로 위반함으로써 악평을 듣지 않도록 주의를 기울여야 한다. 특히나 이런 것들은 이행하기 어려울 때에 공공연하게 위반되기 쉽다. 앞서 겉으로 보기에는 온타리오주 정신보건법이 영국 법보다 환자의 권리를 더 많이 보장하는 경향을 보인다고 언급하였다.145) 그렇다고 해서 영국 법이 온타리오주 법보다 의료계의 현실을 더 잘 반영한다고 볼 수 있는가? 법은 비록 근본적 인권의 개념만큼 중요한 것이지만 이론적인 개념만에 기초하여 제정될 수는 없다. 법은 일상생활이 일어나는 곳에서도 운용이 가능해야 하기 때문이다. 태도와 가치를 바꾸기 위한 용도로 법을 사용하는 것과 현재의 태도와 가치 그리고 실천과는 너무 동떨어져 있어 무시되고 악평을 듣는 법을 제정하는 것, 이 둘을 구별하는 것은 어려울 수 있다. 이러한 현상은 다른 법까지 경시하게 만들 수 있다는 점에서

---

144) Editorial, 'Ethics and the nephrologist', *The Lancet, I* (1981), 594. 및 M. A. Somerville, Letter to the Editor re 'Ethics and the nephrologist', *The Lancet, I* (1981), 1109 참조.

145) 이 장의 '정신보건법제상의 변화' 절 참조.

법의 전반적인 보호적 기능을 해하게 될 수 있다.

이론적 변화와 실제적 변화

또 다른 문제는, 정신보건법제상의 변화가 실제로 가치관과 정책의 변화를 나타내는 것인지, 아니면 '변화 없는 혁신', 즉 겉으로만 그렇게 보이는지에 대한 것이다.[146] 이 문제는 이론적·실천적 차원 모두에서의 검증이 필요하며, 각각의 차원에서의 대답이 다를 수 있다. 달리 말하면, 비록 이론상에서 가치관의 변화가 있는 것처럼 보여도, 실천에 있어서 법이 시행되는 방법을 조사해 보면 이론과는 상반된 결과가 나타날 수도 있는 것이다.

그러나 설령 가치관의 변화가 이론적인 차원에서만 일어난다고 할지라도, 이로써 저변의 가치를 밝히는 필요성에 대한 관심이 증대될 수 있고, 자아성찰을 하게 될 수 있으며, 이로부터 또한 진정한 변화가 일어나게 될 수 있다. 문제를 분석하는 과정은 그 문제에 대하여 내려진 실제 결정만큼이나 중요하다. 다시 말하면, 특정 상황에서 두 개의 동일한 행동방침이 세워졌다고 하더라도, 이에 이르는 과정에서는 상이한 결정분석이 행해졌을 수 있다는 것이다. 이러한 차이를 인식하는 것은 선례를 설정한다는 효과 면에서 중요하다. 장래의 의사결정에 있어서는 어떠한 결정분석이 행해졌는가에 따라 다른 의사결정이 이루어질 수 있기 때문이다.

나아가, 의학의 도덕적 목표에 대해 반대하는 사람들이 점점 많아지고 사회 다원화가 이루어지고 있는 우리 사회에서는, 이러한 의사결정 과정에 대

---

146) C. J. Smith, 'Innovation in mental health policy: the political economy of the community mental health movement 1965-1980', unpublished paper presented at 'Community Mental Health Care in Crisis', Association of American Geographers Meeting, Denver, Colorado, April 1983.

한 인식 증가 및 자아성찰이 더 중요해지고 있다. 어떤 결정의 선택에 반대하는 사람이 많으면 많을수록 그 선택을 택하고 정당화하기 위해 더 정교한 분석이 필요하게 될 것이다.

감춰진 갈등을 덮는 가치

가치 논쟁은 감춰진 갈등을 덮는 용도로 사용될 수도 있다. 예를 들어, 가치 충돌이 일어나는 곳에서는 직업 간 권력 다툼이 일어나고 있을 수 있다. 예를 들면, 비의사 보건전문가는 의사의 독점 및 진료 독점권과 권력에 도전하기 위한 방법으로 환자의 권리를 이용할 수 있다.

가치 간 연계성

어떤 가치는 다른 가치와 필연적으로 연결되어 있다고 보일 수 있는데, 여기에는 위험이 도사리고 있다. 즉, 한 쌍의 가치 중 하나가 폐지되었을 때 다른 하나도 같은 운명에 처하고, 이것이 바람직하지 않은 결과라면 여기에 위험이 있는 것이다. 예를 들어, 돌봄이라는 가치는 필연적으로 온정주의와 연결되어 있다고 간주될 수 있는데, 따라서 온정주의의 강도를 줄이게 되면 돌봄이라는 가치도 감소하게 되는 위험이 있다. 자율성과 책임은 서로 연결되어 있는가? 만약 그렇다면, 자율성에 기초한 제도에서는 어떤 환자에게 질환이 있다는 것은, 특히 그 질환이 환자가 자초한 것이거나 환자가 치료를 거부하였다면 환자의 잘못이 되는 것인가? 이로 인하여 발생할 수 있는 문제 중 하나는 환자가 자기의 병에 대하여 책임이 있다는 말을 들었을 때 죄책감을 갖게 되는 것이다. 이러한 죄책감은 치료에 방해가 될 수 있고 상황에 따라서는 추가적인 고통을 유발할 수 있다. 따라서 죄책감의 야기라는 위험을 방지하기 위해서 주의해야 할 필요가 있을 것이다.

가치는 상대적인가 혹은 절대적인가

절대적인 가치라는 것이 존재하는지 아니면 모든 가치는 주어진 환경과 상황과의 관계에서 판단되어야 하는 것인지(이른바 상황윤리 접근) 역시 여기서 다룰 필요가 있다.[147] 적어도 'primum non nocere', 즉 '해를 입히지 말라.'는 절대적인 규칙 하나쯤은 있을 수 있는가, 아니면 혜택을 부여하기 위해서는 해를 끼칠 필요도 있고, 무엇이 용인될 수 있는 행위인지가 단순히 위험—이익 분석과 균형에 따라 판단되어야 한다면, 이런 규칙조차 상대적인 것인가? 이런 것들은 복잡한 철학적인 문제로 여기서 다룰 수는 없으나, 이러한 문제가 있다는 것을 인식하고 있을 필요는 있다. 관건은 전반적인 혜택을 부여하려는 의도만이 있다는 전제하에, 만족스러운 지침의 역할을 할 수 있는 절대적인 규칙이 존재하는가다.

정신보건법제와 관련된 일부 특정 영역 관련 가치

가치와 언어

의미
특정 용어에 어떠한 내용의 의미를 부여할 것인지는 종종 가치 판단의 문제이다. 예를 들면, 영국과 온타리오주에서는 비자발적 입원을 위한 조건을

---

147) J. F. Flecher, *Moral Responsibility: Situation Ethics at Work* (Philadelphia, Westminster Press, 1967).

정의하기 위하여 서로 다른 용어를 사용하였지만, 실제에서 그 용어들이 서로 다른 상황에 적용되는 것으로 해석되는지에 대해 의문을 가질 필요가 있다. 예를 들어, 영국 법하에서는 비자발적으로 입원될 수 있는 사람이 온타리오주 법하에서는 입원될 수 없는지 여부에 대하여 살펴볼 필요가 있는 것이다.[148]

또한 앞서 밝혔듯이, 영국 법과 온타리오주 법은 모두 잠재적 환자의 평가에 대한 법 조항을 두고 있으나, 영국 법제하에서 이것은 치료를 위한 단기 비자발적 입원의 한 형태인 것에 비해, 온타리오주 법제하에서는 단지 정신과적 검사를 의미한다. 이렇듯 같은 단어도 매우 다른 개념을 내포하고 있을 수 있으며, 따라서 비교연구를 할 때에는 다른 의미를 내포하는 동일한 용어를 혼돈하여 쓰지 않도록 주의하여야 할 것이다.

복잡성

선택된 언어의 복잡성에 대한 문제도 있다. 대체로 영국 법에서 쓰인 언어는 온타리오주 법의 언어보다 더욱 복잡하며, 그 이유가 궁금할 수 있다. 그 이유는 문화적 차이를 반영한 것일 수도 있고, 단순히 입안 기술의 차이일 수도 있다. 혹은 더욱 미묘한 이유에서 비롯된 것일 수도 있다. 예를 들어, 입원 후 처음 3개월 동안 환자의 치료 동의를 받을 필요가 없다는 조항은 영국 법에서 특히 복잡한 방법으로 서술되어 있다.[149] 이러한 양식을 택한 이유에 대해서는, 법제가 환자의 치료에 대한 동의가 필요함을 기본적인 전제로 설립한 후 이 기본적인 전제에 대한 상황에 따른 예외(즉, 동의가 필요하지 않은 상황)을 수립하려고 하였기 때문이라는 설명이 가능할 것이

148) 이 장의 pp. 251-255 참조.
149) MH(A)A 1982, s.44(1) (b).

다. 만약 이러한 설명이 사실이라면, 복잡한 입안 양식은 자율성과 자기결
정권을 증진시키기 위한 목적으로 선택된 것일 것이다. 반면에, 복잡한 언
어와 양식이 사용된 이유가 특정 상황에서는 동의가 필요하지 않다는 사실
을 어느 정도 감추기 위함이라는 설명도 가능하다. 이 두 가지 이유 중 어떤
것이 사실인가에 따라 매우 다른 기본적 가치와 정책이 지지되는 결과를 가
져올 것이다. 마찬가지로, 영국 법에서 '평가'라는 용어를 환자가 검사뿐 아
니라 단기치료도 받게 되는 기간을 묘사하기 위해 사용한 동기도 질문해 볼
수 있다.

낙인

언어는 중립적이지 않다.[150] 우리가 사용하는 언어는 특정한 행위 양식을
촉진하거나 가치와 태도를 반영할 수 있을 뿐만 아니라, 그 용어로 묘사되는
사람들에 대한 우리의 태도를 형성시키고 행동을 바꿀 수 있다는 점에서
'낙인 효과'[151]를 낳을 수 있다. 특히, 정신질환자로 지명되거나 비자발적
입원이 된 자로 지칭되면 종종 명예롭지 않은 낙인이 찍히게 된다.

게다가 일단 낙인이 찍혀지고 나면, 예컨대 환자를 비자발적으로 입원시
키는 결정이 내려지고 나면, 후속 결정에도 지속적인 심리적 영향을 미치게
된다. 요약하면 독립적인 관찰자가 어떠한 낙인도 찍히지 않은 환자를 대하
는 중립적인 상황에서는, 이미 낙인이 찍힌 환자와는 다른 방식으로 환자를
분류하고 다루게 되는 것이다.

동일한 맥락에서, 의사 결정에 영향을 미치는 그 밖의 언어나 낙인 요소도

---

150) R. Fein, 'What is wrong with the language of medicine?', *New England Journal of Medicine*, *306* (1982), 863.

151) M. A. Somerville, 'Birth technology, parenting and "Deviance"', *International Journal of Law and Psychiatry*, 5(2) (1982), 123.

고려되어야 한다. 예를 들어, 특정 선택안이 80퍼센트의 혜택 가능성이 있다고 말하면, 20퍼센트의 실패 위험이 있다고 말하는 것보다 더 그 안을 선택하도록 의사결정자에게 영향을 미칠 수 있다.

의사소통

언어의 주된 목적은 의사소통이지만, 때로 이와 상반되는 목표를 달성하기 위하여 배타적인 도구로서 기능하기도 한다. 영국과 온타리오주의 정신보건법제 모두 일반 의학의 흐름을 반영하여 이전보다 더욱 확장된 환자의 의사소통권을 인정하게 되었다. 그러나 각 법제에서 증진된 권리가 동일한 것은 아니다.

증진된 권리 중에는 고지에 입각한 동의의 원칙이 있다. 이 권리는 의사들이 환자에게 치료의 결과 및 위험요소에 대해 더 상세히 설명해 주도록 하는 효과를 낳은 것으로 보인다. 관련 쟁점 중 하나는 환자가 자신의 의료기록에 접근할 수 있는 권리다. 온타리오주 법과는 대조적으로,[152] 영국 법은 이와 관련된 규정을 두고 있지 않다. 반면에 영국 법에는 온타리오주 법에는 없는 규정인, 환자 본인 그리고 환자가 달리 요청하지 않는 이상 환자의 최근친에게 영국 법하에서 환자가 갖는 권리를 고지할 의무가 있다.[153] 나아가, 영국 법은 적어도 7일 전에 환자의 최근친에게 환자의 임박한 퇴원을 알려야 함을 규정하고 있다.[154] 마지막으로, 영국과 온타리오주 모두에서 환자와 서신을 주고받는 것에 대한 제한규정이 대부분 사라졌다.[155] 이것은 환자의 의사소통권에 대한 인정을 반영할 뿐만 아니라, 환자의 모든 권리의 이행 및

---

152) MHA(O), s.29.
153) MH(A)A 1982, s.57.
154) 같은 책, s.58.
155) 같은 책, s.52; MHA(O), s.20.

보호에 있어 중요한 보호기제를 제공한다. 실천적인 효과 없이 겉치레에 지나지 않는 권리를 인식하는 것은 쉽다. 단순한 권리의 인식에서 나아가 이를 수행하는 것에 대해 항상 생각할 필요가 있으며, 어떻게 하면 이것을 가장 잘 성취할 수 있는지도 고려할 필요가 있다.

가치와 경제

또 하나 제기되는 질문은 비자발적 입원을 제한하려는 현재의 움직임이 환자의 자유, 자율성과 자기결정권을 존중하려는 의도에서 나온 것인지, 아니면 비용을 절감하고 부족한 자원을 재분배하려는 의도에서 나온 것인지이다. 후자도 적합하고 바람직한 목표이지만, 관건은 이러한 경제적인 목적이 어떤 상황에서 지배적 가치로 여겨져야 하는가다. 게다가 정신질환자를 병원이 아닌 지역사회 내에서 치료하는 것이 더 많은 비용이 들 수도 있다.156) 만약 이것이 사실이라고 밝혀진다면, 비자발적 입원이 다시 쉬워지고 빈번해질 것인가? 만약 탈병원화의 주된 추동력이 경제적인 것이라면 이 질문에 대한 답은 긍정일 가능성이 높다.

가치와 의학

가치판단으로서의 정신질환

무엇이 정신질환인가에 대한 질문의 빈도와 목소리는 점점 커져왔다. 무엇이 정신질환인지를 결정하는 데에는 이에 관련된 과학적·의학적·사회정치학적 판단 등 가치의 요소가 분명 포함된다.157) 이 질문이 더욱 두드러

---

156) 주석 147번, Smith 참조.

지게 된 이유 중 하나는 '치료'가 응용 정치학이 되어 버린 일부 국가에서
처럼 정신의학이 심각하게 남용되고 있다는 사실 때문이다. 그러나 무엇이
정신질환인가에 대하여 의견일치가 이루어진다고 하더라도, 정신질환에
대한 대응방법에 대해서는 의견이 일치하지 않을 수 있다. 어떻게 대응할지
결정함에 있어서는 의사들의 가치만이 아니라 더 광범위한 가치 기반이 필
요하다. 이러한 관점에서, 사회복지사가 구금이 환자에게 가장 적합한 방
법인지를 평가하도록 규정하고 있는 영국 법 조항은[158] '병원 강제입원에
는 의학적 검사뿐만 아니라 사회적 평가도 수반되어야 한다는 인식을 보여
준다.'[159]고 제안된 바 있다.

또한 영국 정신보건법은 온타리오주 법과는 달리 정신질환을 경미한 장애
와 심각한 장애로 분류[160]한 후, 이에 따라 환자의 자유 및 불가침성에의 간
섭의 정도를 다르게 규정하고 있다는 점도 주목할 만하다.[161] 이것은 환자를
분류함에 있어서 그의 행동이나 치료의 필요성뿐만 아니라 그의 질환도 고
려하는 정책을 나타내는 것이다. 상황을 더욱 정확하게 분석하기 위해 추가
적인 분류법이 사용될 수도 있으며, 이로 인해 행동방침이 정당화될 수 있
다. 반면에, 단순히 분류의 낙인에 근거하여 더 간섭적인 접근방법이 승인되
지 않도록 유의하여야 하며, 분류법이 다른 필수적인 정당화 사유의 부재를
감추기 위한 의도로 사용되어서는 안 된다.

---

157) P. K. Bridges, Review of M. O'Callaghan and D. Carroll, *Psychosurgery: A Scientific
    Analysis* (1982), *The Lancet*, I (1983), 962.
158) MH(A)A 1982, s.16 (3).
159) 주석 94번, Gostin, p.1130 참고.
160) MH(A)A 1982, s.1 (2)와 s.2 (1). 이 조항들은 경미한 장애 또는 심각한 장애라는 용어를 사용
    하지 않고 있지만, 고스틴이 그의 논문(같은 책) 제1부에서 그러한 용어의 사용을 제안하였다.
161) 예는 MH(A)A 1982, s.4 (2) 참조.

가치와 보건에 대한 권리

상반되는 쟁점 중 또 한 가지는 보건서비스에 대한 권리이며, 이 쟁점은 특히 비자발적 입원을 논의할 때 두드러질 수 있다. '보건서비스에 대한 권리'는 이 논문에서 이제껏 논의되었던 주제인 '보건서비스 분야 내에서의 권리'와는 구별된다. 나아가, 앞서의 논의가 환자의 동의 없이, 혹은 환자가 거절할 때 정신보건치료를 시행하는 것을 제한하는 데 관계되었다면, 이와 상반된 쟁점은 환자가 요청하는 경우에 보건서비스를 제공할 의무가 있는가다. 캐나다나 영국과 같이 보건서비스가 사회화된 나라에서는 정부가 그에 할당할 수 있는 자원에 한계가 있고, 의료자원 부족 현상이 점차 명백해지고 난해한 문제로 떠오르고 있다. 그러나 사회화된 제도는 미국에서 지배적인 사적인 보건의료 제도와 비교하면, 비록 무제한적으로 인정되는 것은 아닐지라도 보건에 대한 일정 정도의 권한을 인정한다.[162]

보건에 대한 권리와 관련된 쟁점은 자원 배분에만 있지 않다. 비록 자원 배분의 문제가 가장 쉽고 빈번하게 눈에 띄긴 하겠지만, 보건에 대한 권리는 지리학적 그리고 심리학적 접근성에 관한 것이기도 하다. 나아가, 보건서비스에의 접근성은 치료 관계가 성립된 이후에도 문제가 될 수 있고, 이때 환자의 보건서비스 접근성을 결정짓는 주된 요인은 대개 의사다.[163] 앞서 이미 정신질환자들을 탈병원화시키는 주된 동기가 비용 절감에 있는지 아니면 환자의 권리 존중에 있는지에 대하여 논하였다.[164] 그 동기가 무엇이든, 탈

---

162) 퀘벡에서의 예는 An Act Respecting Health Services and Social Services, RSO 1977, c.S-5, s.4 참조. 기본적인 수준의, 또는 적어도 특정한 사회에서 합의적으로 제공 가능한 수준의 보건서비스에의 접근권은 근본적인 인권이라고 주장될 수 있다. 이 주장에 따르면, 보건서비스에 대한 권리는 보건서비스 제도의 성질과 상관없이 그리고 보건서비스의 권리에 관한 성문법이 제정된 여부와 관계없이 모든 사회 내에서 존재하는 것이다.

163) D. J. Hunter, 'The privatisation of public provision', *The Lancet*, I (1983), 1264 at 1267.

164) 이 장의 p. 301 참조.

병원화의 일반적 정책이 낳는 효과 중에는 정신보건서비스에 대한 접근성이
제한된다는 것도 있다.

　현재의 논의와 관련된 쟁점은, 보건서비스의 분배와 접근성에 있어서의
차이는 저변의 가치의 차이를 반영한다는 점이다. 이러한 차이는 사회의 가
장 중요하고 근본적인 가치를 반영할 수도 있는데, 왜냐하면 보건법제에 대
한 태도, 특히 사회에서 가장 낮고 힘없는 위치에 있는 구성원에 대한 태도
는 지대한 영향을 미치기 때문이다.

가치, 그리고 의료서비스 제공 실패에 따른 법적 책임

　앞의 논의가 불러오는 쟁점이 또 한 가지 있다. 그것은 바로 법적 관계에
임하거나 법적 관계를 작용시킬 때 적용되는 원칙 및 활성화되는 가치가 그
러한 관계에 임하거나 작용시키지 않는 행동, 즉 부작위의 경우에서와 다른
지의 문제다. 전통적으로 보통법에 따르면, 선재하는 의무 관계가 없으면 상
황에 관여하게 될 때까지는 어떠한 의무도 지지 않는다. 다시 말해, 단순한
부작위만으로는 도덕적인 비난은 받을 수 있겠으나 법적 책임은 발생하지
않는다. 이에 비해 민법은 순수한 부작위에 법적 책임을 부과하는 경향이 더
많이 있다. 예를 들어, 프랑스 형법[165]은 의사와 환자 사이에 선재하는 치료
관계가 없었을지라도 치료의 부작위가 있었다면 법적 책임을 부과하였
다.[166] 보통법에서는 의사와 환자 사이에 선재 관계가 존재하여야만 부당한
치료 부작위에 대한 법적 책임을 물을 수 있다.

　고대법에는 이 보통법의 접근방법을 뒷받침해 줄 수 있는 선례가 있다. 그
러므로 혹자는 보통법의 접근방법이 역사적인 사건의 결과로 채택되었고,

---

165) Code pénal, art. 63 (2).
166) P. Lombard, P. Macaigne and B. Oudin, *Le médecin devant ses juges* (Paris, Robert
　　Laffont, 1973), Chapter 1.

이것이 현재의 사회적 가치와 일치하기 때문에 변하지 않았다고 주장할 수 있다. 그러나 보통법상에서 작위와 부작위를 구별하는 이유를 심리학적으로 설명할 수는 없을까? 예를 들면, 아무런 개입도 하지 않았던 대상에 비하여 어떠한 방식으로든 개입을 했던 대상에게 더 강한 심리적 유대감을 느끼기 때문이 아닐까? 그리고 이러한 심리적 유대감이 더 큰 개인적인 책임감을 불러일으켜, 법적으로 작위와 부작위에 대한 책임에 차별을 두게 만드는 것은 아닐까?[167] 비자발적으로 입원된 사람들을 어떻게 치료할지 결정함에 있어서 이러한 요인들이 어느 정도로 고려되어야 하는가? 의사가 한 사람을 병원에 입원시켰다는 사실이 그로 하여금 그 환자의 치료를 계속하는 쪽(단지 입원을 유지하는 형태로라도)으로 태도를 기울게 만드는가?

치료로서의 입원

이러한 관점에서 입원 자체가 치료의 일부분이며 따라서 환자의 입원과 관련된 모든 주된 변화는 환자의 설명에 입각한 동의 하에 이루어져야 한다고 제안된다. 이러한 주장은 어려움을 야기할 수 있는데, 더 이상 병원 치료가 필요 없는 환자를 퇴원시키는 법상 권한 또는 유죄판결을 받은 범죄자에게 적용되는 특별규정 등, 입원과 관련된 변화가 있을 때 환자에게 설명에 입각한 동의를 받을 필요가 없는 예외가 존재하기 때문이다. 그러나 이것은 중요한 개념임에는 틀림없다. 왜냐하면 시설에 수용된 사람을 마치 사람보다는 상품처럼 취급하며 그 사람이 점유하도록 허용된 물리적 공간의 개념에서 다룰 때가 종종 있기 때문이다. 입원을 치료의 한 요소로서 바라보는 것은 이러한 태도의 문제를 극복하는 데 도움을 줄 수 있을 것이다.

---

167) 주석 142번, Micetich et al. 참조.

가치와 사회통제 정책

비자발적 입원은 사회통제와 사회순응에 관련된 문제를 제기한다. 통제는 비공식적인 것, 비시설화에서부터 공식적인 것, 시설화에 이르기까지 다양한 범위를 아우른다. 전자는 후자에 비해 통제라는 사실이 덜 분명히 드러날 수는 있지만 여전히 통제의 한 유형으로 작용할 수 있다.

사회통제는 더욱 바람직한 사회현상을 초래하는 수단으로 간주될 수도 있으나, 그 자체를 목적으로 볼 수도 있다.[168] 전자의 경우, 그 목적은 사회구조를 단결시키는 것으로 볼 수 있겠으며, 이러한 목적을 달성함에 있어서 수단이 어느 정도로 효율적인지, 즉 수단의 기능성에 대한 평가가 이루어지게 될 것이다.[169] 사회통제가 그 자체로 목적이 될 경우에는 궁극적인 목적보다는 과정이 정당화되어야 할 것이다. 사회통제 자체가 목적인 경우 사회통제는 권력분배를 동반하고, 사리추구라는 동기가 있으며, 비공식적 기제보다는 공식적 기제를 강조하는 것으로 보일 수 있다고 제안된 바 있다. 또한 통제 전략이 반드시 자애롭거나 개혁적이거나 사회적 합의를 동반할 필요는 없다고 간주될 것이라고 제안되었다.[170]

비자발적 입원은 사회통제의 후자 유형의 한 예다. 따라서 "개인이 정신질환이 있다고 규정되어 시설에 수용되었다면, 그러한 조치와 조치에 따른 결과가 해명될 수 있어야 한다".[171] 이와 대조적으로, 지역사회 정신건강 프로그램 등의 접근방법은 사회통제의 전자의 유형에 속하며, 바람직한 현상을 얼마나 잘 초래하는지의 기능적 측면에서 평가될 것이다. 그러나 무엇이

---

168) 주석 147번, Smith, p. 15.
169) 목적이 반드시 수단을 정당화한다고 주장하고자 하는 것은 아니다.
170) 주석 147번, Smith, pp. 15-6.
171) 같은 책, p. 15.

바람직한 현상인지에 대하여 의견일치가 있어야 하므로, "그러한 사회통제의 관점은 비현실적이라고 주장된 바 있다. 또한 이러한 관점은 '지역사회 정신보건(Community Mental Health: CMH)'과 같은 프로그램이 실현 불가능한 목표를 얼마나 성취했는지 평가하게 만든다".172)

앞에서 개괄한 분석은 정신보건 분야에서 사용되는 특정 접근방법이 권력과 통제와 관련하여 어떤 가치와 정책을 증진시키는지를 밝히는 데 상당히 중요할 수 있다. 어쩌면 더 중요하게도, 이러한 분석은 이 분야에서 피해야 하는 권한과 통제와 관련된 가치와 정책을 밝히는 데 일조할 수도 있을 것이다.

부정적 가치

마지막으로 다룰 일반적 쟁점은 반가치에 대한 것이다. 부정적인 사건은 실제로 일어났을 때보다 실제로 일어나지 않았을 때 더욱 부정적인 가치를 갖는 것으로 간주될 수 있다(즉, 더 부정적으로 평가될 수 있다). 예를 들면, 시력의 상실에 대해서 실제로 그러한 일이 자기에게 일어난 뒤보다 일어나기 전에 이에 대해서 더 부정적으로 평가할 수 있다. 이것은 무능력한 이들을 대신해 의사결정을 내리는 제3자와도 관련된 사안이다. 현재 문맥에서 가장 중요한 점은, 무능력은 무능력한 자보다는 무능력하지 않은 자에 의해서 더 부정적인 가치를 갖는 것으로 평가될 수 있다는 것이다. 요약하면, 우리는 당면한 상황에 따른 우리의 입장에 따라 상황을 다르게 평가한다.

나아가, 보편적으로 부정적 가치를 갖는 요소도 일부 존재한다. 예를 들어, 위험이라는 요소는 나이에 따라 그 가치나 비중이 다르게 평가될 수 있다. 나

---

172) 주석 147번, 같은 책.

이가 많은 사람은 결정 선택권이 주어졌을 때 위험요소가 없는 항목을 선택하는 반면에, 나이가 어린 사람은 더 많은 이득을 약속하지만 위험부담도 동반하는 항목을 선택하곤 한다. 반면 모든 선택 항목에 위험부담이 있는 경우에는, 나이가 많은 사람이나 적은 사람이나 모두 가장 위험부담이 적은 항목을 선택하였다.[173] 즉, 여러 대안 중에서 택일함으로써 드러나는 개인의 명백한 가치는 그에게 제안되는 의사결정의 틀에 의하여 변화될 수 있다는 것이다.[174]

Part III 정신보건 정책이 운용되는 구조

정신보건 정책이 운용되는 구조에서는 정신보건법제가 운용되고 정책으로 실행되는 기본 구조의 몇 가지 축을 살펴볼 것이다. 살펴볼 분야는 의학과 법의 관계, 전문직의 본질, 그리고 의사결정과 관련된 원칙들이다.

의학에 관련한 법의 역할

의학과 법의 관계

호주의 한 저명한 판사는 "법은 의학과 함께 걸어가고 있지만, 의학의 뒤편에서 약간 절뚝거리며 걷고 있다.'[175]고 말한 바 있다. 상당수의 의사가 법

---

173) R. M. Ratzan, 'Cautiousness, risk, and informed consent in clinical geriatrics', Clinical Research, 30 (1982), 345.

174) 주석 36번, Somerville 참조. 또한 이 장의 p. 319 이후 참조.

175) *Mount Isa Mines* v. *Pusey* (1970) 125 CLR 383, 395 (Windeyer J., High Court of Australia).

이 완전히 불구가 되지는 않더라도 조금 더 다리를 절게 되기를 바랐을 가능성이 전혀 없지는 않다. 법은 법의 다른 목적과 더불어 사회의 가치를 반영하고 유지하며 형성하고 변화시키는 수단이다. 이러한 법의 기능은 각각 다른 차원에서 발생한다. 이러한 관점에서 볼 때, 법은 사람의 무의식, 의식 그리고 초자아에 비유될 수 있다. 따라서 법에는 분명하게 규정되지 않고 표현되지 않는 목적이 있을 수 있으며, 때로는 알려지지 않는 목적도 있을 것이다. 'Black letter law'*는 법의 의식적인 기능으로 간주될 수 있으며, 대개의 경우 대부분의 사람이 인식하는 유일한 법의 기능이다. 법의 상징적인 효과도 있는데, 이는 특정 법이 증진시키거나 억제하는 가치를 밝혀내고자 할 때 특히 중요해진다. 이러한 여러 차원에서의 법의 기능은 법과 의학 간의 관계와 연관이 있다.

의학과 법의 관계에 대한 역사적 측면

법이 보건과 정신보건에 더욱 밀접하게 개입하는 것은 보편적인 경향이 되었다. 이러한 경향은 어느 법제에서도 특별한 현상이 아니며, 특별히 어느 한 사회, 직종 혹은 정신의학과 같은 의료 전문직의 문제를 시사하는 것도 아니다. 더 나아가, 정신의학이 19세기 후반과 20세기 초반의 의학교육과정에서 '법의학'의 일부분으로 시작되었다는 사실을 알게 된다면 법이 정신의학에 관여함으로써 야기되는 부정적인 감정에 대한 위안이 되거나 혹은 흥미가 생길 수도 있을 것이다. 따라서 한편으로는 법학 교육이 의과대학에서 정신의학 교육을 시작하게 하였다고 볼 수 있으며, 이러한 역사적인 공생관계는 장래의 유익하고 창의적이며 건설적이고, 적어도 파괴적이지는 않은

---

* 역자 주: 보통법에서 오랫동안에 걸쳐 잘 확립되어 더 이상 논쟁의 여지가 없는 법적 원칙.

의학과 법학 간의 상호작용을 위한 선례가 될 수 있을 것이다. 또한 이러한 접목은 한 방향으로만 이루어지는 것이 아니다. 정신의학적 관점의 교육은 법 교육의 새로운 장을 열어 가고 있으며, 이러한 현상은 특히 현대 형법에서 나타나고 있다.

의학에 대한 법의 개입의 증가

여기서 제기되는 의문은 의학에 대한 법의 개입이 왜 증가하였는가 하는 것이다. 북아메리카의 관점에서 보면, 사회에서의 소송의 일반적 증가, 광범위한 활동의 관료화와 이에 대한 정부의 개입과 규제 등이 모두 법의 이용을 증가시키는 요인이 될 수 있을 것이다. 법의 의학에 대한 개입 역시 이러한 일반적인 경향의 한 예로 간주될 수 있으며, 이러한 시각에 대한 의심의 여지는 거의 없다. 그러나 여기에는 전문직의 본질과 전문가적 관계의 변화를 포함하여 다른 관련 요인들이 분명히 존재한다.[176]

또한 취약성이 높은 사람들과 관련된 법의 보호적 기능과 인도주의적 기능 역시 이와 관련이 있다. 병든 사람, 특히 정신질환이 있거나, 임종을 앞두고 있거나, 혹은 나이가 많은 사람들의 취약성이 높다는 인식은 점점 더 증가하고 있다. 과거의 의사 혹은 보건전문가와 환자 및 그의 가족, 나아가 병원과 같은 시설과 시설에서 보호받는 사람들 간의 개인적 · 전문가적 관계는 현대와는 다르게 보호적이었다. 현대의 전문가적 관계는 친밀한 사람들 사이의 관계라기보다는 낯선 사람들 간의 관계에 더 가깝다고 볼 수 있다.[177] 관료화와 과학기술화의 조합은 탈개인화와 탈감각화, 그리고 이에 따른 비

---

176) pp. 315-319 참조.

177) 예는 R. A. Burt, *Taking Care of Strangers: The Rule of Law in Doctor-Patient Relations* (New York, Free Press, 1979) 참조.

인간화를 야기할 수 있다. 따라서 의학과 법 모두 인도주의적 관점을 다시금 확실히 할 필요가 있는 것이다. 법이 이러한 관점에서 의학에 도움을 줄 수 있으며, 그 역 또한 성립될 수 있다.

더 나아가, 환자의 비인간화에 대한 가능성뿐만 아니라 정신과의사와 같이 환자를 다루는 전문가의 비인간화에 대한 가능성에 대해서도 세심한 주의를 기울일 필요가 있다. 관리자가 의사의 결정을 기각할 수 있거나, 시설의 순조로운 운영이 치료의 효과를 극대화하는 것보다 더 중요하게 여겨지거나, 전문가들이 개인적인 책임감을 가지지 않도록 시설이 조직되어 있는 경우, 이러한 환경에서 일하는 의료진의 비인간화를 가져올 수 있다는 주장이 제기되고 있다.[178] 이것은 의사와 환자 모두에게 심각한 우려가 된다.

법과 의학의 충돌

때로는 의학과 법의 목표가 상충하는 것으로 보인다. 이러한 충돌은 의학이 욕구에 전념하는 것으로 보이고 법은 권리에 전념하는 것처럼 보일 때 발생할 수 있다. 마찬가지로, 법은 주로 피해보상 혹은 피해방지를 위한 기능을 하는 반면에, 의학은 혜택을 부여하는 것을 주된 목표로 한다. 따라서 피해방지와 혜택 부여의 목표가 충돌함으로 인해, 이 두 가지 목표가 모두 성취될 수 없는 상황이 존재하게 된다.[179] 거트하일(Gutheil) 등이 분명하게 밝혔듯이, 우리는 이러한 충돌이 환자의 권리와 욕구가 모두 충족되지 않는 최악의 상황을 만들지 않도록 노력하여야 한다.[180]

---

178) 주석 91번, Many 참조.

179) M. A. Somerville, *The Law and Mental Health Care for Competent and Incompetent Elderly Persons*, forthcoming publication in *Disturbed Behaviour in the Elderly* (New York, S. P. Medical and Scientific Books, 1983).

따라서 먼저 법과 의학이 서로에게 무엇을 가르쳐야 하는지에 집중하고, 그 다음 법과 의학 시이의 충돌하는 목표보다는 공통되는 목표에 집중하는 것이 유용할 수 있다고 제안한다. 예를 들어 권리와 욕구가 충돌할 경우, 어느 쪽을 선택하든 가장 기본적인 목표는 환자의 자율성이 존중되지 못함으로 인해서 발생할 수 있는, 아니면 환자의 자율성을 존중하는 과정에서 그의 욕구가 충족되지 못함으로 인해서 발생할 수 있는 고통을 경감시키는 것이다.181) 이러한 공통된 목표를 설정한다면, 출발점이 완전히 대립되는 위치에 있을 때에 비해, 발생하는 갈등에 대한 보다 나은 해결책에 이를 수 있을 것이다.

법에 대한 의학의 영향

지금까지 법과 의학의 관계에 대한 논의는 주로 법이 의학에 미치는 영향에 대해 초점을 맞추었지만, 의학 역시 법에 직접적으로 영향을 미칠 수 있다. 누구의 가치와 정책이 법으로 제정되는가에 대한 질문이 주어질 때 사회의 개인, 정치가, 법원에서의 판사, 그리고 의사, 시설, 사회 또는 국가와 같은 공통이익집단의 가치와 정책이 고려의 대상이 된다는 대답이 가능할 것이다. 이러한 질문은 법 제정에 영향을 미칠 수 있는 개인 혹은 집단의 능력과 관련하여 그들의 힘과 영향력에 대한 질문으로 발전한다. 대부분의 서구사회에서 의료직종은 이들이 행동을 보이기로 결정할 때 강력한 정치적 압력단체가 된다. 이에 대한 최근의 예로, 영국에서는 경찰형사증거법안(Police

---

180) T. G. Gutheil, H. Bursztajn, A. Kaplan, R. Hamm and A. Brodsky, 'The psychiatrist as guardian *ad litem*: the team approach to cases of suspected incompetence', 6 April 1983 (unpublished).

181) M. A. Somerville, 'Pain and suffering at interfaces of medicine and law' (forthcoming publication).

and Criminal Evidence Bill)이 영국의사협회(British Medical Association)에 의해서 개정되었다. 이 개정은 의료기록의 비밀보장을 위한 것으로, 의료기록은 증거 수집을 위한 경찰의 기록 접근권을 허용하는 개정법의 적용대상에서 제외된다.[182]

더 나아가, 특히 의사결정에 참여하는 이들의 가치 충돌이 있는 경우, 누구의 가치가 법에 명시되어야 할 것인지에 대해서도 질문할 필요가 있을 것이다. 분명한 것은 이에 대해 간단하거나 보편적인 답은 없다는 것이다. 하지만 이러한 충돌이 발생할 때 어떠한 가치가 우선시 되어야 할 것인가에 대해서는 프라이드(Fried)의 의사결정의 단계와 같은 이론이 도움이 될 수 있다.[183] 이 이론에 따르면, 어떠한 상황에서의 의사결정이 개인적인 차원인지, 기관의 차원인지 혹은 정부의 차원인지에 따라 우선권이 부여되는 가치가 달라진다. 예를 들어, '개별적 보살핌'의 의무와 개인의 진실성, 충실과 신뢰의 가치는 의사와 환자의 관계 차원에서 우선하게 될 것이다. 반면에 이익의 극대화, 효율성과 같은 공리주의적 고려사항들은 환자를 보살펴야 하는 의사의 의무와 충돌하는 경우 의사와 환자의 관계 차원에서는 고려의 대상이 될 수 없다. 하지만 이러한 공리주의적 가치들은 기관 혹은 정부 차원의 의사결정에 있어 지배적인 가치가 될 수 있다.

의학, 법 그리고 윤리의 교육

의학은 법학과는 다르게 교육에 있어서 권위주의적 모델을 채택하는 경향

---

182) R. Deitch, 'The Police and Criminal Evidence Bill', *The Lancet, I* (1983), 942 참조. 여기에서 그러한 개정이 바람직하지 않다는 것을 시사하려는 의도는 없다. 오히려 이러한 사항과 이것이 어떻게 성취되었는지를 언급하기 위한 목적이다.

183) C. Fried, *Medical Experimentation: Personal Integrity and Social Policy* Amsterdam, North-Holland Publishing Co., 1974.

이 있다. 의과학생들은 법과학생들에 비해 실제 직업에서 필수적으로 겪게 되는 역설과 불확실성 그리고 갈등에 대처하는 훈련이 부족하다고 한다. 이것은 특히 의학에서 과학적인 요소를 가르치는 경우에 해당되며(비록 요즘은 변하는 추세이지만), 이러한 이유로 의과학생들은 가치의 충돌에 대처하는 것을 어려워한다.

지식의 반감기가 점점 짧아지고 있다는 사실은 잘 알려져 있다. 이에 따라 의과학생들을 교육하는 목표는 그들에게 아주 짧은 기간 동안 기능할 수 있는 지식을 전달하는 것에 그칠 것이 아니라, 그들이 의사로 일하는 동안 장기적으로 도움이 될 수 있는 습관이나 사고방식, 그리고 정보에 접근할 수 있는 능력을 개발하는 데 두어야 할 것이다. 즉, 교육의 목표는 배움에의 욕구와 의지, 배울 수 있는 능력을 쌓고 또한 배움을 계속하게 하는 것이다. 이것은 의과학생들에게 그들이 장래에 의사로서 당면하게 될 윤리적-법적-의학적 딜레마에 대처하는 방법을 가르치는 경우에도 해당된다. 학생들은 이러한 문제를 해결하기 위해 시작점을 잡을 수 있는 틀 혹은 체계가 필요하며, 이것을 단순히 개인적 가치결정이나 직관의 문제로 치부하는 것은 적절하지 않다. 정신보건법제의 몇 가지 변화는 이러한 제안을 어느 정도 반영하고 인정하고 있다.

또 다른 중요한 점은 이론과 실제에서 가르치는 것이 달라서는 안 된다는 것이다. 한 기관의 윤리적 논조에 가장 큰 영향을 미치는 사람은 극소수의 상위 집단이라고 한다. 1,000여 명의 직원이 있는 기관에서 다섯 명도 채 안 되는 상위 집단에 있는 사람들이 그 기관의 윤리적 논조에 지대한 영향을 미칠 수도 있다는 것이다.[184] 따라서 만약 의과학생들이 학교에서 배운 것과

---

184) B. Barber, J. Lilly, J. L Makarushka and D. Sullivan, *Research on Human Subjects* (*A Problem of Social Control in Medial Experimentation*) (New York, Russell Sage Foundation, 1973).

다른 접근법들을 실천 현장에서 감지하게 된다면, 그들에게 윤리와 합당한 가치의 필요성, 그리고 행동의 적법성에 대해 설교하는 것은 아무 소용이 없게 된다. 실천은 의과학생들의 태도를 형성하는 데 이론보다 더 큰 영향을 미치며, 특히 그 실천이 학생들이 존경하고, 의학의 특정분야에서 저명하며, 학생들이 닮고 싶어 하는 사람에 의해서 수행된다면 더욱 큰 영향을 미치게 된다.

전문직과 전문가

신뢰와 권력

앞에서 논의한 것과 같은 이유로 의료직을 포함한 전문직 전반에 대한 신뢰가 감소하고 있다. 또 한편으로 의료 신기술에 힘입어 의사와 보건전문가들의 권력이 대폭 확대되었는데, 기술이란 많은 혜택뿐 아니라 심각한 폐해도 가져올 수 있으며, 이를 인식한 사회 및 사회구성원들은 과거에 비해 그 권력을 어떤 방식으로든 보다 더 제어하려 하게 된 것이다.

가치의 충돌

전문직과 전문가를 통제해야 한다는 필요성의 인식에는 권력의 행사를 통제하고자 하는 욕구 외에도 다른 이유가 있을 수 있다. 임상의사에게는 두 개의 근본적 가치, 즉 사리추구와 이타심이 공존하며, 그 사이에는 내재적 이중성과 갈등이 존재한다는 의견이 제기되었다.[185] 의사는 개인적으로 이러한 갈등에 취약할 수 있으며 그 결과 고통을 겪을 수 있다. 더 나아가, 갈등을 인정하지 않거나, 하나의 동기가 다른 동기와 혼동되거나 혹은 다른 동기로 알려지는 경우 의사결정이 어려워진다. 예를 들어, 대중을 보호하는 것이 의사면허나 병원의 특혜를 제한하는 동기라고 주장될 때, 경제적인 욕심은 이타적인 허울에 가려질 수 있다.186) 또한 자기이익이 개입되지 않더라도 전문가들에게 이해의 충돌은 여전히 존재할 수 있다. 전문가가 스스로를 사회의 대리인으로 여기는 상황에서, 사회의 이익이 환자 개인의 이익과 충돌하는 경우가 이에 해당할 것이다. 일반의학에서 이러한 논의가 특히 중요한 분야는 부족한 의료자원의 배분과 관련된 것이다. 정신의학 분야에는 더 명확한 예가 존재하는데, 이는 정신과 의사가 사회의 한 구성원에 의해 야기되는 위험으로부터 사회를 보호해야 하는 사회의 대리인으로 간주되기 때문이다.

전문가적 관계의 본질

사회의 대리인으로 활동하는 전문가들은 시민자유주의의 문제를 안고 있는 많은 사회에서 더욱더 우려의 중심이 되고 있다. 이러한 주목과 우려는 모두 의학과 관련이 있다. 오늘날, 특히 사회의 젊은 구성원들에게 보건전문가의 온정주의는 예전에 비해 잘 받아들여지지 않고 있다. 여기에는 다음과 같은 다양한 이유가 존재한다. 첫째, 일반 교육의 발전으로 인해 전문가와

---

185) A. Jonsen, 'Sounding board-watching the doctor', *New England Journal of Medicine*, *308* (1983), 1531.

186) 면허를 주는 것이 공익을 위한 것이 아니라고 제시하는 것이 아니라는 점과, 때로는 공익이 면허를 허가하는 진짜 동기가 아닐 수 있다는 점에 주목하여야 한다. 명백하게도, 복잡한 동기를 가진 다양한 상황들이 존재하며, 이타심과 이기심이 같은 결정의 결과를 나타내는 상황도 있을 것이다. 결론은, 이타심과 이기심이 같은 결정의 결과를 나타내지 않는 경우, 어떠한 판단을 내려야 하는지 결정하기 위해 이타심과 이기심을 구별할 수 있도록 반드시 신경을 써야 한다.

그의 도움을 받는 사람들 간의 격차가 줄어들었으며, 양자 간의 관계가 보다 평등해졌다. 둘째, 전문 직종에 대한 신비감이 사라졌다. 셋째, 어떤 전문 직종들은 서구 선진사회에서 상당수의 사회구성원들에 의해 직업으로 선택될 수 있는 가능성이 높아짐에 따라 예전의 지위를 상실하게 되었다. 넷째, 소비자 권리운동의 영향으로 전문직이 다른 상품이나 서비스와 동일한 규칙과 기준의 적용을 받는 상품 혹은 서비스로 여겨지게 되었다.[187] 다섯째, 사회 내에서 권위, 특히 전통적인 권위는 예전에 비해 잘 받아들여지지 않고 있다. 마지막으로, 전문가들이 내리는 의사결정의 불확실성에 대한 인식이 증대되었다.

이 마지막 요인은 보건전문직과 관련된 교육제도와 보건전문가들이 도움을 받기 위해 찾아오는 사람들을 대하는 태도를 변화시키는 주된 동력이 될 수 있다. 의사와 환자의 관계가 전통적인 권위주의와 온정주의 모델에서 더 평등한 모델로 변화한 이유 중 하나는 이러한 불확실성을 인정하고 밝히며 이를 환자에게 전달해야 하는 필요성 때문이라는 것이다. 설명에 입각한 동의의 원칙은 이러한 현상을 발생시킬 수 있는 법적 요구사항의 예가 될 수 있다.[188]

전문직의 본질

여기서 쟁점이 되는 또 다른 사안은 전문직의 본질과 관련된 것으로, 특히

---

187) 이것은 전문가들이 수입을 극대화하기 위해 그들의 전문적인 기술을 파는 사람으로 간주되면서 일정 부분 발생하게 되었다. 이러한 현상은 특정 전문직에서는 허용될 수 있으나 보건직의 경우 대개 부작용을 야기한다. 다시 말하지만, 보건전문가들이 그들의 수입을 극대화하기 위한 노력을 해서는 안 된다고 말하는 것이 아니다. 단지, 주된 혹은 표면적인 목표가 될 수는 없다는 것이다.

188) 주석 67번과 77번, Somerville 참조.

누가 그 직종을 소유하고 통제하느냐의 문제다. 여기에는 적어도 두 개의 서로 다른 시각이 존재한다.[189] 보다 사회주의적인 접근은 직업은 사회의 소유물이라는 것이다. 사회는 전문가의 숙련된 기술로부터 혜택을 받기 위해 전문가의 훈련을 지원하며, 일정한 한계 내에서 전문직에게 실천의 자유를 허용한다. 이것이 사회에 가장 유용하기 때문이라는 것이다. 그러나 근본적으로 전문직은 전문가들이 사회의 이익을 위해 쓰여 질 것이라는 신뢰를 바탕으로 유지된다. 이러한 견해에 따르면, 사회는 전문직에 대한 궁극적인 통제권을 가지며, 필요에 따라 직업의 '법적 소유권'을 가져올 수 있는 권한을 가진다.[190] 이러한 접근방식은 사회가 전문직과 전문가들을 상당 부분 통제하는 것을 가능하게 해준다.

이와 다르게 보다 자본주의적이고 자유기업 체제적인 시각에 따르면 전문가는 자신의 노력을 통해 전문적인 지위와 명성을 얻었으므로 이를 자신의 이익을 위해 사용할 수 있는 재산권을 획득하게 된다. 이러한 접근법에 따르면 전문직의 수행을 규제하고 간섭할 수 있는 사회의 권한은 훨씬 축소된다. 사회는 전문가들의 직업 수행이 공공정책 혹은 공공질서의 일반 개념이나 미풍양속을 위반했을 경우에만 그들을 규제하고 개입할 수 있다. 캐나다와 미국의 이혼법정에서 일방 배우자가 전문적인 교육을 받을 수 있도록 도움을 준 타방 배우자에게 그 교육으로 인한 금전상의 이익을 인정하는 근래의

---

189) P. F. Camenisch, 'Commentary: on the professions', *The Hastings Center Report*, 6(5) (1976), 8.

190) 신뢰의 법적 개념은 주어진 재산의 가상이자와 소유권을 개념화하는 것을 포함한다. 재산은 유형 또는 무형의 재산일 수 있다. 실질적 소유자를 위해 신뢰에 기반하여 재산을 소유하는 기록상의 재산 권리를 가진 소유자가 법적인 이익을 가지는 것(전문가는 전문직의 법적인 소유주가 된다)으로 간주되는 반면, 실질적 소유자가 재산의 공평이익이라 불리는 것을 가진다(따라서 사회는 전문직의 형평법상의 소유자다). 공평이익을 가지고 있는 사람은 법적인 이익을 회수할 수 있으며, 이것은 그에게 재산의 전체 이익, 즉 총 소유권을 주는 것이다.

관행은 전문직에 대한 이러한 접근방식을 인정하는 것이다.[191] 하지만 이러한 경향의 증가가 전문직을 개인의 자산으로 인정한다는 의미는 아니다. 오히려 양 배우자 간의 형평성을 위해 개발된 법적 장치에 지나지 않을 수 있다. 반면에 이러한 법적 장치의 사용은 사회가 전문직의 본질을 바라보는 시각에 광범위한 영향을 끼칠 수 있다.

결론적으로, 앞에서 논의한 바와 같이, 전문직의 본질에 대한 대립하는 시각 사이에서 어떠한 쪽을 선택할 것인지는 처한 상황에 따라 달라질 수 있다. 이것은 상황윤리에서 취하는 접근법과 유사하다고 볼 수 있다.[192] 법이 이런 접근법을 채택하여 모든 상황에 적용되는 기본개념을 바꿀 것인지 그 가능성을 생각해 보는 일은 흥미로울 것이다.

정신보건법제와 관련된 의사결정 원칙들

실체적 규칙과 절차적 규칙

법은 근본적으로 실체적 규칙과 절차적 규칙의 두 가지 유형의 규칙을 통해 운용된다. 양자는 모두 보호적인 장치로 작용하며, 그 과정에서(혹은 그렇게 하지 않는 과정에서) 사회의 가치를 반영하게 된다. 실체적 규칙과 절차적 규칙은 서로 다른 기능을 하지만, 대체로 같은 목표를 달성하기 위해 고안되

---

191) K. Connell-Thouez, 'Matrimonial property regimes in Quebec before and after the reform of 1981: adapting traditional institutions to modern reality', in K. Connell-Thouez and B. Knoppers (eds.) *Contemporary Trends in Canadian Family Law* (Toronto, Carswell, 1984) 참조.

192) 주석 192번, pp. 187-8 참조.

었다. 이러한 규칙 간의 상대적인 기능의 정도는 쟁점 발전의 어떤 단계에 이 규칙들이 적용되느냐에 따라 달라진다. 어떤 실체적 원칙을 적용하여야 하는지 불확실한 경우(이는 의학과 법이 교류하는 다양한 분야에서 일어나는 상황이다), 의사결정을 지배하는 일차적 보호기제는 아마도 절차적인 것일 수 있다. 이러한 절차적 규칙들을 적용함으로써 어떠한 상황에서도 적합한 의사결정이 이루어지기를 기대하는 것이다. 또한 절차적 보호기제의 사용을 필요하게 만드는 불확실성은 실체적 원칙의 부재로 인해 발생하기도 하지만, 실체적 원칙이 적용될 수 있는 상황의 다양성으로 인해 어떠한 원칙이 적합한지 사전에 예측하는 것이 가능하지 않은 경우에도 발생한다는 사실에 주목할 필요가 있다.

의사결정의 균형

정신보건과 관련된 의사결정을 내릴 때에는 그 결정이 법의 형성이나 시설의 규정, 혹은 환자 개인의 문제에 대한 것인지의 여부를 떠나, 의사결정에 있어서 균형의 요소를 포함해야 할 필요성에 대해 지속적으로 인식해야 한다. 왜냐하면 모든 상황을 만족시키는 의사결정이란 존재하지 않기 때문이다. 혜택만을 부여하거나 어떠한 해나 위험도 발생시키지 않는 의사결정이란 없다고 볼 수 있다. 오히려 의사결정 상황에서 경합하는 위해 그리고 경합하는 이익이 존재하게 된다. 결정을 내리기 위해서는 타협이 필요하다고 얘기하기도 한다. 물론 이것은 사실이지만, '타협'이라는 단어를 되도록 사용하지 않는 것이 바람직할 것이다. 이미 논의된 바와 같이 언어는 중립적이지 않으며193) '타협'이라는 단어는 관련된 이익 중 일부를 포기한다는 의

193) 주석 192번, p. 189와 주석 151번 참조.

미를 가질 수 있기 때문이다. 비록 완곡한 표현일지라도 '균형'이라는 단어를 사용하는 것이 보다 바람직할 것이다. 또한 '균형'이라는 단어는 관련된 쟁점을 지속적으로 재평가하고 다시 균형을 잡을 필요성의 개념을 제시한다. 균형이라는 주제를 다룸에 있어서 정신보건제도의 건설적인 비판과 파괴적인 비판 사이의 균형을 잡는 것이 필요하다는 사실에 대해서도 유의할 필요가 있다. 적절한 장소에서 적절한 방법으로 사용된다면 건설적인 비판과 파괴적인 비판 모두 이로운 변화를 가져오는 효과적인 방법이 될 수 있다. 물론 일부의 경우 의도하지 않더라도 양자 모두 위해를 불러올 수 있다. 더 나아가, 비판이 유익할지 해로울지를 미리 밝혀내는 것이 항상 가능한 것은 아니다. 예를 들어, 몰리카(Mollica)는 정신보건시설들이 적절하고 효과적인 케어를 제공할 수 있도록 시설의 인간화를 위해 투쟁하는 과정에서, 이들 시설의 부패한 본질이 드러날 수 있고, 이로 인해 시설의 총체적인 파괴가 발생할 수 있다고 설명한다.[194] 때로는 예기치 못한 갈등과 상반되는 예기치 못한 합의도 있을 수 있다. 서로 다른 정치적 이념을 가진 집단들은 각각 다른 이유로 같은 결과를 얻기 위해 노력할 수 있다. 예를 들어, 시민자유주의자들은 개인의 자유권을 증진시키기 위해, 그리고 보수주의자들은 개인의 책임의 의무를 증진시키기 위해 정신보건제도의 특정한 규정에 대하여 유사한 공격을 가할 수 있다.

추정과 의사결정

최초의 추정

기본적인 가치들 중에서 가장 기본적인 가치가 무엇인지를 반영할 수 있

---

194) R. F. Mollica, 'From asylum to community: the threatened disintegration of pubic psychiatry', *New England Journal of Medicine*, 308 (1983), 367.

는 요소는 결정에 대한 분석을 시작할 때 사용되는 최초 추정의 선택이다. 때때로 이러한 초기의 추정들은 명확하지 않다. 비록 대부분의 상황에서 서로 대립하는 두 개의 최초 추정 중 어느 쪽이 의사결정 과정을 시작할 때 사용되었는지는 결과에 큰 영향을 주지 않지만, 경계선상에 있는 명확하지 않은 상황에서는 다른 결과를 낳을 수 있다.

입법이 어떠한 원칙, 예컨대 자율성을 최초의 추정으로 선호하는 것처럼 보이지만, 사실은 법의 숨겨진 의제나 법이 실제로 적용되는 방식이 다른 원칙, 예컨대 온정주의를 선호하는 것은 아닌지 의문을 가질 필요가 있다. 이론적으로 이러한 상황이 가능한지에 대해서는 여러 추측을 해 볼 수 있겠지만, 상황을 제대로 파악하기 위해서는 경험적 연구가 이루어져야 한다. 예를 들어, 영국과 온타리오주의 정신보건법제를 비교해 보면, 활자상으로는 온타리오주의 법이 영국의 법에 비해 자율성을 더 보호하고 자율성에 대해 온정주의에 기초한 예외가 적은 것으로 보인다.[195] 그러나 실제로 최종 결과는 성문법이나 법제뿐 아니라 법이 운용되는 사회적 맥락과 법을 적용하는 전문가들의 태도와 행동에 따라서도 달라진다. 여기서의 전문가는 보건 분야의 종사자들뿐 아니라 법 위반의 주장이 제기됨으로써 사건에 개입하게 되는 변호사나 법원과 관련 있는 사람들을 모두 포함한다.

상정과 입증

의사결정과 관련하여 매우 중요한, 그리고 가치선택을 반영하는 또 다른 상정은 입증의 책임 및 입증의 기준과 관련이 있다.

만약 최초의 상정이 '시민의 자유'에서 시작된다면, 입증의 책임은 이러한 시민의 자유를 침해하려는 자에게 있어야 한다. 보다 최근의 일부 미국

---

195) 이 장의 '정신보건법제상의 변화' 절 참조.

정부 관계자들의 말을 따르자면, 입증의 기준은 '증거의 명확성과 설득력'의 정도일 것이다.[196] 이 기준은 통상적인 형사 입증 기준인 '합리적 의심의 여지가 없을 정도(beyond a reasonable doubt)'의 기준보다는 덜 엄격하고, 통상적인 민사입증기준인 '모든 증거를 고려하는(on the balance of probabilities)' 기준보다는 더 엄격하다. 이러한 입증 기준을 채택하는 이유는 입증이 과거에 일어난 사실이 아니라 비자발적 입원의 기준을 설립하는 것과 같이 미래의 예측과 관련이 있는 경우, '합리적인 의심의 여지가 없는' 입증 기준을 충족시키는 것은 거의 불가능하기 때문이다. 그러나 미국의 일부 법원은 '모든 증거를 고려하는' 입증 기준이 개인의 자유가 침해될 수 있는 토대를 형성하는 경우 충분하게 엄격한 기준이 아니라는 견해를 취하고 있다.

영국과 온타리오주의 정신보건법은 양측 모두 입증의 책임이나 기준에 대한 규정을 두고 있지 않다는 점에 유의할 필요가 있다. 그러나 법의 해석에 적용되고 여기서도 관련이 있는 일반적인 규칙은 혐의를 제기하는 자에게 입증의 책임이 있다는 것이다. 따라서 비자발적 입원을 위한 조건이 충족되었다고 주장하는 자가 이를 입증할 책임을 지게 된다. 또한 이러한 접근은 자유의 원칙이 일반적 원칙이라는 근거에 의해 지지되며 자유의 침해는 일반적 원칙에 대한 예외에 해당하므로, 예외를 필요로 하는 사람에 의해 침해의 이유가 정당화되어야 한다.

이해의 충돌

의사결정과 관련한 또 다른 쟁점은 이해의 충돌을 식별하는 것이다. 이는

---

196) *State of Texas v. Addington* (1980) 588 S. W. 2d 569.

능력이 없다고 판단되는 사람의 가족, 혹은 의사와 같은 제3의 의사결정권
사에게 해낭뇔 수 있다. 의사는 환자가 치료를 받을 수 있도록 보장하는 기
득권이 있으며, 이러한 경우를 포함하는 다양한 상황에서 이해의 충돌을 경
험할 수 있다. 어떤 의미에서 의사의 돕고자 하는 욕구, 그리고 가능하다면
환자를 치료하고자 하는 욕구는 의사에게 언제나 기득권이 있다는 것을 뜻
하기도 한다. 그러나 여기서는 그 이상의 것이 예상된다. 예를 들면, 의사가
특정한 치료방법에 너무 과도하게 개인적 동질감을 가지는 것과 같은 미묘
한 상황이 포함될 수 있다. 혹은 의사가 되기 위한 수련과정이 성격상 과도
하게 간섭주의적이고, 환자를 완전히 치료하는 것이 항상 가능하지는 않다
는 사실을 충분히 강조하거나 다루지 않기 때문에 미묘한 상황이 발생하기
도 한다. 의사가 더 명백한 이해의 충돌을 경험하는 경우의 예는 의사가 의
학연구를 수행하고 싶어 하는 상황에서 그 연구의 수행여부가 환자의 특정
치료에 대한 동의에 달려 있는 경우다.

해석의 원칙

법 해석의 원칙을 여기에서 언급하는 것도 필요할 것이다. 해석의 원칙은,
일반적 원칙은 가능한 한 넓게 적용하고 원칙에 대한 예외는 가능한 한 좁게
해석할 것을 요구한다. 이 글에서 되풀이하는 바와 같이, 우리의 법이 구현
하는 사회의 기본적이고 일반적인 원칙은 자유의 원칙이다. 따라서 비자발
적 입원을 허용하는 법 규정은 개인의 자유를 보호하는 원칙의 예외가 되므
로 제한적으로 해석되어야 하며, 규정에 명시되어 있는 용어들이 분명하게
나타내고 있는 범위보다 넓게 적용되어서는 안 된다는 주장을 할 수 있을 것이
다.

의사결정에 있어 정신과 의사의 역할

의학과 사회 일반의 의사결정에 있어서 정신과 의사의 적절한 역할에 대한 검토 역시 중요한 쟁점 중의 하나다. 정신과 의사가 수행하는 역할은 정신보건의 가치를 반영하고 형성하며, 이 분야의 정책에 영향을 끼치고, 종종 매우 광범위하고 보다 전반적인 영향력을 행사한다.

정신과적 자문이 의학의 의사결정 과정에서 발생하는 도덕적 딜레마를 감추기 위해서 사용된다는 주장이 제기된 바 있다. "의학과 사회에서 정신과 의사의 적절한 역할에 대한 혼란이 일부 전문가 집단과 대중의 마음속에 생겨나고 있다. 인간행동에 대한 전문가가 되는 것은 어떠한 행동이 도덕적으로 올바른 것인지를 아는 것과 동일시되기 쉽다. 관례적으로, 정신과 의사들은 '윤리적이고 법적인 질문'에 대해 의견을 제시하도록 부름을 받곤 한다."[197]

영국과 온타리오주의 정신보건법제를 비교해 보면, 온타리오주보다 영국의 법제하에서 정신과 의사가 의사결정 과정에서 더 지배적인 역할을 하는 것처럼 보인다. 예를 들어, 영국과 비교했을 때 온타리오주에서는 환자가 내릴 수 있는 의사결정의 범위가 더 넓고 그 범위가 법으로 보장된다.[198] 더 나아가, 온타리오주에서는 환자가 결정을 내릴 능력이 없거나, 환자의 결정을 기각해야 하는 경우, 환자를 대신해서 결정을 내리고 환자의 결정을 기각할 수 있는 사람은 정신과 의사뿐 아니라 다른 이들이 될 수 있다. 반면에, 영국의 법제하에서 의사결정 권한은 정신과 의사에게 국한되어 있다.[199] 이것은 영국이 의사결정과 관련하여 더 의료화 되었음을 반영하며, 개인적 결정뿐

---

197) M. Perl and E. E. Shelp, 'Psychiatric consultation, masking moral dilemmas in medicine', *New England Journal of Medicine, 307* (1982), 618, 620.

198) 주석 198번, pp. 167-8, pp. 172-5 참조.

199) 주석 198번, p. 158 참조.

아니라 정신보건은 물론 그 이상의 영역에 대한 가치와 정책의 전반적 형성에 있어 정신과 의사의 영향력이 더 크다는 것을 보여준다.

형사사법제도에 대한 정신과 의사의 개입에 관심을 돌리는 경우, 의사결정이 책임능력과 관련된 것이든 범죄자에 대한 유죄판결 혹은 형량 선고와 관련된 것이든, 쟁점은 더욱 복잡해진다. 정신과 의사들은 이러한 결정에 대해 그들이 행사하는 영향력을 불공평한 부담으로 여기거나 아니면 특권으로 여길 수 있다. 또한 그들의 전문 분야로 여기거나 전문 분야를 벗어난다고 여길 수도 있으며, 윤리적인 관점에서 정신과 의사에게 적절한 또는 부적절한 기능이라고 생각할 수도 있다. 그러나 어떠한 관점을 취하든 기억해야 할 것이 한 가지 있다. 판사는 결정을 내리는 것을 거부할 자유가 없다는 것이다. 따라서 여기서 고려해야 할 사항은 상대적인 것으로, 판사가 자신의 임무를 완수하기 위해 정신과 의사의 도움을 받는 것이 더 나은지 아닌지에 대한 것이다.

결 론

법률가들은 종종 '보통법의 이음새 없는 그물망(the seamless web of the common law)'을 논하곤 한다. 이 글에서 다루어진 쟁점들의 탐구는 불가피하게 다소 피상적이지만 가치, 정책, 정신의학, 윤리 그리고 법의 광범위하고 복잡한 상관관계를 지적하고 있다. 이러한 상관관계는 또한 '이음새 없는 그물망'을 구성하고 있다. 어떠한 쟁점도 이러한 망에 걸쳐진 다양한 관계를 고려하지 않고서는 적절하게 다루어질 수 없다. 따라서 이 글에서 살펴본 관심 영역은 상당히 복잡하여 포괄적인 결론을 이끌어 내려 하다가는 의미 없는 일반론을 생산하게 될 위험이 있다. 그러나 분명하게 표현할 필요가 있는 한 가지 다른 일반적 결론이 있다.

　혹자는 왜 우리가 정신질환자의 권리에 대해 그렇게 걱정하고 세세하게 규제하며 그들에게 제공되는 보살핌과 염려에 관심을 쏟는지 의문을 가질 것이다. 특히 이 글에서 언급하고 있는 대부분의 행위자들은 적어도 해를 끼치기 보다는 도움을 주려는 동기를 가지고 있기에 더욱 그러하다. 세상에는 악의를 가진 사람들에 의한, 우리의 관심을 끌 수 있는 훨씬 더 끔찍한 참사들이 존재한다. 그럼에도 불구하고, 이 글에서 제기된 것과 같은 문제들을 다루고 관련된 쟁점에 대한 민감성을 키움으로써 더 큰 문제에 대처하는 방법을 발견할 수 있을 것이다.

　의료과학의 발전과 의료상황들이 뉴스거리가 되고 언론과 대중의 한결같은 관심을 불러일으키는 것은 우연이 아니다. 누구나 의료 사안이나 문제에 개인적으로 관련될 수 있다. 따라서 의학적 맥락은 이보다도 더 큰 어려움과 영향력이 있는 다른 분야의 학문에서 필요로 하는 접근법이나 규제들이 인식되고 발전되는 모델 그리고 토론의 장이 될 수 있다. 이와 관련하여 가장 명백한 분야는 핵무기 규제 분야이다.

　이 논문을 위해 많은 공헌을 해 준 나의 연구조교인 앤 크로포드(Ann Crawford)에게 감사를 표하며, 문체의 변화를 위해 조언을 해 주신 캐서린 브라이(Catherine Bry) 그리고 마이클 브리지(Michael Bridge) 교수에게도 깊은 감사를 드린다.

줄임말

주식에서는 다음과 같은 정신보건법 약어를 사용하였다.

MHA 1959: 1959년 정신보건법, 7 & 8 Eliz. II 75장 (영국)

MH(A)A 1982: 1982년 정신보건(개정)법 51장 (영국)

MHA(O): 정신보건법, 1980년 온타리오주 개정법령(RSO), 262장

(역자 주: c.는 chapter의 약어로, 법조항의 형식 중 '장'을 뜻한다. 예를 들어, c.1은 제1장이다. s.는 section의 약어로, 법조항의 형식 중 '조'를 뜻한다. 예를 들어, s.1은 제1조다.)

15

덴마크의 경험:
법정 정신과 증언의 한 모델

빌라르스 룬(Villars Lunn) 저
박숙경 역

여기의 주제인 법정에서의 정신과 증언에 관한 경험은 매우 광범위하고 법의학 전반에서 중요한 분야로, 그 범위를 한정하여 다룰 필요가 있다. 따라서 나는 주제를 나의 조국인 덴마크의 경험에 기초하여 다음과 같은 소주제로 분류하였다.

- 특별 조치나 제재수단이 적용될 수 있는 정신이상 범죄자를 유형화하는 데 도움이 될 만한 검찰청의 일반 지침을 서술한다.
- 덴마크 형법 조항을 시작으로 하여, 형벌을 갈음하는 처벌이 적용 가능한 정신과적 범주를 논한다.
- 덴마크 법정 정신과 증언의 실제 절차와 관행을 검토한다.

역사적 배경

들어가면서, 역사적 배경을 간단히 살펴보는 것이 도움이 되겠다. 덴마크의 작은 규모를 생각하면 허세처럼 들릴 수 있겠지만, 나는 이 영역에 있어 덴마크의 발전이 서구 세계의 발전 전체를 대표할 수 있다고 보며, 따라서 내 논의가 정당화될 수 있다고 본다.

덴마크 형법은 1930년에 근본적으로 개정되었으며, 특히 정신이상 범죄자들과 관련된 조항이 그 개정의 대상이었다. 이 개정이 이루어진 시기는 형벌을 대신하는 심리학적 · 정신과적 치료의 효과에 대한 낙관론과 확신이 만연하던 때로, 재범을 예방하기 위해서는 치료가 가장 적합한 방법이라고 간주되었다. 치료에 대한 이러한 이념은 법정신의학자들뿐만 아니라 상당수의 진보적인 법학자들 사이에서도 지배적인 것이었다.

이러한 사고방식의 결과로 형벌을 대체하는 다양한 제재와 법규정이 도입되었다. 이 중 가장 우선적이고 당연한 것으로 생각된 것은 정신과 치료였다. 정신과 치료는 외래 진료를 통해, 또는 정신병원에 입원하거나 정신결함자들(mental defectives)*을 위한 시설에 입소한 후에 이루어졌다. 그 외에도 예방적 차원에서 구금되거나, 사이코패스를 위한 특별 미결구금 수용소, 소년원, 주취자 보호소 등에 배치될 수 있었다. 여기에서 결정적인 사실은 이러한 방법들이 공통적으로 범죄의 심각성과 관계없이 기한이 정해지지 않은 부정기형이며 처벌의 정지나 취소가 주로 치료결과에 달려 있었다는 점이다.

1930년대와 1940년대 역시 치료 이데올로기가 지배했다. 무엇보다도 특

---

* 역자 주: 이 글에서 사용된 '정신적 결함'은 지적 장애를 의미함.

별 미결구금 수용소들이 폭력범죄 등 강력범죄뿐 아니라 불법적인 이익의 취득과 같은 더 흔한 범죄의 처벌을 위해서도 점차 많이 사용되게 되었다.

예상했던 대로, 이러한 발전은 1950년대와 1960년대에 반작용을 불러 일으켰다. 치료 이데올로기에 대하여 법률가 및 일반 대중뿐 아니라 정신과 의사들 사이에서도 회의적인 시각이 확산되었다. 반치료적 태도의 가장 큰 이유는 부정기 처벌이라는 개념에 대한 반감이었으나, 사소한 범죄에 대해서 긴 기간의 구류를 명하는 등 일부 사례에서 불균형적인 처벌이 내려지자 이도 점차 비판을 받게 되었다. 또한 재범 방지 측면에서 이러한 특별 조치의 효과에 대한 실증적인 평가 결과 역시 실망스럽거나 기껏해야 불확실한 정도에 그쳤다.

이러한 추세의 결과는 다소 극적이었다. 1973년 덴마크 형법 개정은 외래 진료를 통해서 혹은 정신적 결함자들을 위한 시설이나 병원에 강제입원된 후 이루어지는 정신과 치료를 제외하고는, 형벌 대체 수단으로서의 모든 특별 제재와 규정을 폐지하였다. 이 법의 개정은 널리 알려진 허스테드베스터(Herstedvester)의 사이코패스 치료감호소의 폐쇄도 의미했다는 점이 주목할 만하다. 1975년, (정신증의 유무를 불문하고) 정신이상 범죄자들의 법적 지위에 관한 주요 법 조항은 이러한 이념적 발전에 맞추어 재조정되었다.

지난 몇 년 동안은 이 분야의 발전이 다시 반대 방향으로 흐르는 경향을 보였다. 1970년대의 가파른 감소에 이어서 1980년대에는 심리학적·정신과적 관찰의 대상이 된 범죄자의 수가 다시 한번 증가하는 경향을 보였다. 그러나 덴마크 법정신의학의 심리학적 관점의 부활과 맞물려 정신이상 범죄자의 '평등권'이나 '정상화' 이념도 함께 논의되었는데, 특히 명백하게 정신증 증상이 있는 환자의 '처벌받을 권리'와 관련하여 논의되었다.

앞에서 언급한 것처럼, 이와 같이 간략한 역사적 발전 과정을 제시한 이유는 이 분야의 발전과정이 범죄와 형벌의 개념에 대한 좀 더 일반적인 태도의

변화를 보여 주는 단적인 예가 될 수 있다고 보았기 때문이다. 법철학자들은
이와 같은 발전을 소송법의 신고전주의라는 용어로 표현한다. 즉, 개인적인
정신병리학적 특성을 최소화하거나 무시하고, 대신 범죄의 심각성과 처벌의
중대성 사이의 직접적인 비례성으로 특징지어질 수 있는 '고정 비율의 원
칙'을 범죄자의 성격과 관계없이 적용하자는 것이다.

정신과 관찰이 정당화되는 범죄자의 유형

덴마크 사법에 따르면, 정신과 관찰은 다음과 같은 경우에 요구된다.

- 피의자나 피고가 정신이상(정신증)이나 지적장애가 있다고 추정되는 경우
- 우연한 사정으로(예: 범죄의 성격으로 말미암아) 피고의 정신 상태가 비정
  상적이고 비정상 정도가 형벌 대신의 특수한 수단이 필요한 정도라고
  추정되는 경우
- 기소된 범죄가 살인, 경제적 목적 이외의 방화, 중대한 성범죄 같은 흉
  악범죄일 경우
- 알코올 중독이나 약물 중독의 특수 범주에 속하는 경우, 혹은 초범자가
  60세 이상인 경우

처벌 면제의 정신과적 기준

여기서는 다음의 법정신의학 영역에 대한 덴마크의 관점과 조치에 대해
서술하고자 한다.

- 스칸디나비아 형법에 따라 절대적이고 무조건적으로 형벌로부터 면제되는 정신이상자에 관한 법 규정
- 상대적 또는 조건부로 형벌로부터 면제되는 자들을 다루는 법 규정

스칸디나비아 사회가 사회적·문화적으로 상호 밀접하게 관련되어 있으므로, 덴마크의 근본적인 법적 관점에 대한 상황을 서술함에 있어 노르웨이와 스웨덴의 상황도 다룰 것이다. 앞의 첫 번째 쟁점과 관련하여 노르웨이 형법 제44문은 다음과 같이 기술하고 있다.

    행위 당시 정신이상이었거나 의식이 없었던 자의 행위는 처벌되지 아니한다.

여기에 상응하는 덴마크 형법 제16문은 (스웨덴의 형법과 유사하게) 다음과 같이 기술하고 있다.

- 정신이상이나 이와 유사한 상태, 혹은 명백한 정신적 결함으로 인하여 책임능력이 없는 자에 의한 행위는 처벌되지 아니한다.
- 그러나 만약 정신증적 상태가 알코올 또는 유사한 독성 물질의 섭취로 야기된 경우에는 경우에 따라 처벌될 수 있다.

여기서 논의될 바와 같이, 푸펜도르프(Samuel Pufendorf)의 고전인 『자연법요론(Elementorum jurisprudentiae naturalis libri)』(1660) 이래로 정신적으로 비이상적인 사람들의 책임능력과 형벌 면제의 기준이라는 두가지 문제에 대한 논의는 계속되어 왔다. 이와 관련하여 네 가지의 근본적으로 상이한 원칙 또는 시각이 나누어진다.

- 순수하게 생물학적 또는 의학적 기준
- 심리학적 기준, 형이상학적 기준이라고 불리기도 한다.
- 혼합된 또는 결합된 의학–심리학적 기준
- 범죄자의 형벌에의 영향력과 관련된 이른바 개전의 정 기준

노르웨이 형법에서는 생물학적 기준에 관한 표현을 찾아볼 수 있다. 노르웨이 형법에서는 형벌로부터 면제된다는 것은 자동적으로 행위 당시의 정신이상과 관련되어 있음을 받아들이고 있다. 달리 표현하면, 노르웨이 법제에서는 형이상학적 개념인 책임능력과 책임 무능력 관련 표현이 최종적으로 삭제되었다. 이는 만약 법원이 전문가의 진단 결과에 기초하여 범죄자가 행위 당시 정신이상이었거나 의식이 없었다고 판단한다면 그의 정신이상과 그가 기소된 범죄행위와의 사이에 관련이 있는지 여부를 불문하고 유죄로 인정될 수 없기 때문이다. 이와 같은 원칙에 따라 전문가의 과제는 매우 단순하다. 전문가들은 필수적인 검사를 수행한 다음, 행위 당시 형법에 규정된 정신적 비정상이 있었는지 여부만 밝히면 되기 때문이다. 다음과 같은 사항에 대해서는 증언할 필요가 없다. 첫째로 범죄 행위자의 정신 상태와 처벌 가능한 행위 사이의 연관성, 둘째는 행위자가 정신 상태로 인해 행위의 성질, 불법성 혹은 범죄성에 대한 통찰력이 없었거나 인식하는 것이 불가능했는지의 여부, 셋째는 행위자가 자신의 행동을 통제할 수 없었고 정상적인 동기부여 능력이 없었다고 가정할 이유가 있는지 여부, 그리고 넷째는 행위자가 형벌에 민감할 것이라고 가정할 이유가 있는지 여부다.

많은 사람이 급진적이고 도발적이라고 생각할 법한 엄격한 생물학적 기준을 채택하는 이유는 부분적인 정신이상 개념을 원칙적으로 거부하는 데 있다. 이는 정신증 상태가 어디에서 끝나고 정상적인 사고가 어디에서 시작되는지를 파악하는 것이 불가능하다는 관점으로, 특정 상황에서 마음 상태의

일부분은 남겨 놓은 채 나머지 마음의 정신증적 상태만 '부분적으로' 작동할 수 있다는 가능성을 부정한다. 정신병리학적 기제는 피고의 동기 및 행동 전반에 영향을 미치며, 따라서 정신이상과 무관한 범죄행위에 대한 법규정을 제정하는 것은 정당화될 수 없다고 전제된다.

나는 정신의학적 관점에서 합리적이고 현실적으로 보이는 이 논리적인 의학 기준을 추종한다. 이 문제는 이 글의 후반부에서 덴마크 법제를 설명할 때 다시 짚어 볼 것이며, 여기서는 우선 노르웨이의 생물학적 기준 도입의 행정적 결과에 대한 몇 가지 논평을 하고자 한다.

이 원칙을 채택하게 되면 사실상 정신과 의사들이 피고의 유죄 여부를 결정하게 된다는 사실은 어느 정도 정당하게 받아들여져 왔다. 이론상으로는 법원이 피고의 정신 상태에 대한 전문가의 평가를 수용할지 여부를 결정할 수 있다. 그러나 사실상 이 분야에 있어서 비전문가인 판사들은 대체적으로 전문가의 평가를 따를 수밖에 없다고 느낄 것이며, 따라서 막중한 책임이 전문가에게 부과된다. 단순히 의학적 조건에만 기초하여 제정된 법은 정확한 기준이 없고 한계가 매우 불확실한 정신이상이라는 개념에 대해 전문가가 완벽에 가까운 확실성을 가지고 공표하기를 강요하기 때문이다. 이러한 단정적인 요구의 결과로, 노르웨이에서는 반론의 여지가 없는 양성 증상을 통해 피고가 행위 당시 정신증적 상태에 있었다는 것이 '입증되어야만' 정신이상으로 인정될 수 있게 되었다.

이렇듯 단순하고 명확한 경계선에 대한 요구가 정신이상의 개념을 축소시키고 제한하는 것은 분명하다. 또한 이러한 요구가 현대 임상정신의학의 보편적 경향과 갈등을 초래한다는 사실도 부인할 수 없다. 실제로, 이는 불만을 호소하는 편집증과 질투와 같이 기질적 기저에서 발달하는 다수의 편집성 상태가 정신이상 조항의 적용 대상에서 제외되어야 함을 의미하는데, 심리학적 관점에서는 이러한 정신이상과 범죄행위 간에 분명한 연관성이 있는 것이다. 그러나 생물학적 기준의 채택으로 인한 이 같은 결과는 정신이상 범죄자에 대한 구금(custody)을 가능하게 하는 다른 법 조항에 비하면 놀랄 것도 아니다. 구금은 정신이상 조항하에 죄가 없다고 인정되는 대부분의 범죄자들에게 적용되는 제재 수단의 한 유형이다.

생물학적 또는 의학적 기준과는 대조적으로, '심리학적 기준'은 책임능력 개념에 결정적인 중요성을 둔다. 이 원칙에서는 정신이상으로 무죄가 인정되는 것이 '아니라', 피고가 자신의 행위가 법에 위반된다는 것을 이해하고 있었는지 여부가 중요하다. 이 기준의 함의는 맥노튼 규칙(M'Naghten Rules)으로 잘 알려져 있으므로 여기서 상세히 다루지는 않겠지만, 다음과 같은 점은 지적하고 싶다. 스칸디나비아식 사고방식에 따르면, 심리학적 또는 형이상학적 기준은 정신병리학적 기제의 전반적 속성을 이해하지 못했기 때문에 생겨났다. 이에 따라 정신의학 전문가들은 이론적으로 해결할 수 없는 문제에 직면하게 되었고, 그 결과 심리학적 또는 형이상학적 기준은 오래 전부터 쓰이지 않고 있다.

그러나 정신이상 범죄자에 대한 덴마크의 법제는 여전히 '의학과 심리학의 혼합적 기준'에 기반을 두고 있다. 앞서 언급한 바와 같이, 덴마크 형법 제16문은 정신이상 또는 이와 유사한 상태로 인하여 책임능력이 없거나 정신적으로 결함이 있다고 인정된 자들에 의한 행위는 처벌될 수 없음을 밝히고 있다. 따라서 책임능력의 형이상학적 개념은 여전히 존재하며, 이제까지 서술한 내용과 '모순으로 보일 수 있다.' 어찌 되었든, 정신이상에 대한 덴마크의 법 조항에 의하면 정신과 의사는 책임능력 문제에 대한 의견을 진술하지 않아도 된다. 노르웨이에서와 마찬가지로, 이 사항과 관련하여 법정신의학자들의 임무는 진단에 국한된다. 즉, 법정신의학자는 범죄 행위자가 행위 당시 정신이상이 있었다고 추정될 수 있는지, 혹은 현저한 정신적 결함이 있는지만 진술하도록 요구된다. 따라서 의학적 진술에 관한 한, 정신이상자의 법적 지위에 대한 덴마크 법제는 생물학적 기준에 기초하고 있는 것이다.

  그렇다면 왜 책임능력의 개념이 법 문구에 계속 유지되는가? 여기에는 두 가지 이유가 있다. 첫 번째 이유는 법률가들이 형사책임의 문제가 일차적으로 의학적 결정이 되어서는 안 된다는 것을 강조하고 싶어 하기 때문이다. 즉, 법률가들은 법원이 그 진단을 현실적으로 확인할 방법이 없기 때문에 형벌로부터의 면제가 진단에 의존하는 경우가 생길 수 있음을 우려한다. 최종적인 결정은 판사에 의하여 내려져야 하며, 이는 전문가에 의해 비정상 상태가 진단되었을 경우 행위자에게 형벌을 면제하여 줄 것인지에 대한 권한을 판사가 갖고 있어야만 가능하다. 따라서 '책임능력이 없는'이라는 단어는 덴마크 형법 문구에 의학생물학적 관점과 법적 관점 사이의 완충 작용을 하기 위하여 삽입되었다.

  책임능력 개념이 유지된 두 번째 이유는 특정 경우에 있어서 생물학적 기준만을 일관되게 적용하는 것이 너무 교조적이고 융통성 없다는 사실을 인정하기 때문이다. 특히 일정 편집증 유형의 정신이상의 경우에 범죄는 정신장애와의 심리학적 연관성이 매우 낮은 때에도 발생한다. 예를 들어, 상습 절도범이 정신장애의 발병 중에 절도 행위를 또 한다면, 그 원인을 갑자기 정신장애에 두는 것은 부자연스러울 것이다. 마찬가지로, 명백하지만 덜 심각한 정신장애가 있는 자들은 통상 자신의 업무를 지능적이고 책임감 있게 처리할 수 있는 경우가 적지 않으며, 금전상의 이익을 위해 사기 행위를 했을 때 책임을 묻지 않는 것이 비합리적일 것이다. 그러나 법률가들에게 이것을 납득시키는 것은 당연히 쉽지 않다.

  따라서 정신이상자의 형사책임에 대한 덴마크 법제는 의학적 시각과 법적 시각의 타협의 산물이다. 여기에는 난점이 존재하는데, 그 이유는 내 견해로는 노르웨이의 법제가 채택한 것과 같이 생물학적 기준을 일관되게 적용하는 것이 정신의학적 관점에서 볼 때 유일하게 타당한 것이기 때문이다. 그러나 덴마크 법적 용례에 따르면 정신과 의사는 전문가 의견을 제출할 때에 책임능력의 개념을 포함시키지 않아도 되며, 방금 서술했듯이 정신과 의사가 행위자를 정신이상이나 현저한 정신적 결함이 있다고 진단했음에도 불구하고 판사가 그에게 책임능력을 인정하고 형벌을 가하는 것이 아주 예외적인 경우인 것을 고려한다면 좋은 일일 것이다. 모든 점을 종합했을 때, 정신의학적 관점에서 보았을 때 스칸디나비아의 법제는 정신증적 범죄자에 관한 한 만족스러우며 논란의 여지가 없다고 말할 수 있겠다.

그러나 정신증적 증상은 없으나 정신이상이 있는 범죄자의 법적 지위와 관련한 문제는 이보다 훨씬 복잡하고 논란의 여지가 많다. 이와 같이 이질적인 정신적 일탈자 집단에 대해 덴마크 형법 제69조는 다음과 같이 규정하고 있다.

> 만약 행위 당시 가해자의 정신 상태에 발달상 결함 혹은 같은 법 제16조에 규정된 것 외의 성질의 정신적 기능의 손상이나 장애가 있다고 인정되고, 특별조치가 재범 방지에 더 적절하다고 인정될 경우, 법원은 그러한 조치의 적용을 명할 수 있다(형법 제68조에 따라).

법에서 '발달상 결함, 정신적 기능의 손상이나 장애'라고 표현된 상태 중에서는 중간 정도의 정신적 결함과 정신병질이 분명 가장 중요하다. 이에 더하여 분명한 정신병리적 배경이나 결과를 수반한 마약 중독, 만성 알코올 중독의 특별 범주 그리고 (특히 아동에 대한 노인의 강제 추행 관련) 노망의 특정 상태가 포함되어야 한다. 마지막으로, 노출증 등 비정상적인 성범죄자 집단과 경계선 사례의 이질적 집단도 형법 제69조에 포함될 수 있을 것이다.

여기서 언급한 사례들과 같은 경우에 법원은 정신의학적 소견을 참조하여 형벌보다는 정신과 치료와 같은 특별조치가 재범 방지에 더 효과적이라고 볼 수 있는지를 결정해야 한다. 정신병원에서의 구금이 필요하다고 판단되면 법원은 법에 따라 1년의 정기형을 명해야 한다(제68조). 반면에 법 제16조에 따라 형벌이 면제되는 경우, 즉 정신증 환자이거나 심각한 정도의 정신적 결함이 있는 자는 부정기의 처벌을 선고한다.

이른바 제69조 사례에 있어서 법원은 앞서 언급한 바와 같이 두 가지 판결 중 하나를 내릴 수 있다. 즉, 일반 형벌을 명하거나, 형법 제68조상의 특별 조치의 적용을 명할 수 있다. 이 양자택일 대신에 제3의 선택할 할 수 있는 경우, 즉 감형 또는 더 가벼운 형을 선고할 수 있는 경우는 스칸디나비아 법제에서 인정되지 않고 있다. '정신적 기능의 손상이나 장애'가 있는 자에 대해 형을 감경하는 것은 그 유일한 목적이 사회의 보호인 합리적인 형사 법제에서 존재해서는 안 되는 구식의 응보주의적 조치로 간주되고 있다. 다만 이러한 원칙에 하나의 예외가 있다. 만약 처벌 가능한 행위가 극심한 불안 상태나 기타 일시적인 마음의 불균형 상태에서 행해진 경우, 형량은 필요적으로 감형된다. 그러한 일시적인 마음의 불균형 상태가 존재하였는지 여부와 어느 정도로 존재하였는지 여부를 결정하는 것은 법정신의학이 당면하고 있는 가장 어려운 과제 중 하나이다.

마지막으로, 일반 형벌과 특별 조치 중 어느 것을 부과할지 결정함에 있어서 최근 법원의 태도는 병원에서의 치료나 구금보다는 형벌을 내리는 쪽으로 기우는 추세다. 이는 '정상화'의 이념이 반영된 것으로, 앞으로 수년간은 이러한 경향이 지속될 것이다.

덴마크 의료법학위원회

다음으로 논하려는 주제는 순전히 기술적인 것으로, 법원과 정신의학 전문가 사이의 협력을 조직하는 방식에 관한 것이다. 이 주제가 정신의학의 실세 관심사는 아닐 수 있지만, 다음과 같은 문제들은 분명히 법정신의학자들이 소홀히 해서는 안 되는 것들이다.

- 재판에 있어서 감정인으로서의 역할
- 반대심문의 객관적인 가치
- 모든 관할권 내에 통일적인 절차와 지침을 수립하는 것의 중요성
- 전문가의 절대적인 객관성과 독립성에 관한 문제

덴마크에는 70년 이상 이어져 오면서 이러한 문제들을 합리적으로 해결해 온 제도가 있다. 덴마크 의료법학위원회(Medico-Legal Council)의 역사는 300여 년을 거슬러 올라간다. 1650년 무렵, 국왕은 의학 교수진에게 의학적 문제와 관련된 사례에 감정인으로서 출석할 것을 명하였다. 이후 이 기능은 이른바 왕립보건위원회(Royal Health Board)에게 넘겨져, 이 위원회가 1909년까지 법률 사례에 대한 자문위원의 역할 및 보건과 관련된 모든 문제의 행정적 권한을 행사하게 되었다. 1909년 법에 따라 왕립보건위원회는 순전히 행정적인 부서인 정부 산하 국립보건서비스와 보건행정과는 상당히 독립적인 자문 역할을 하는 의료법학 위원회로 나누어졌다. 1935년 특별법의 제정으로 이 위원회의 기능이 명확해졌다. 이 위원회의 임무는 개인의 법적 관계에 결정적인 의학적·약학적 의견을 제공하는 것이었다. 위원회의 의견은 법원 및 공적 권한이 있는 기관만 요청할 수 있으며, 변호사나 피고 변호인은 법원이나 자치주 혹은 검찰을 통해서만 위원회의 의견을 구할 수 있다.

의료법학위원회는 일반의와 약사의 업무를 포함하여 의학의 전 분야를 망라하는 35인으로 구성되어 있다. 이 중 11인은 일반위원으로서 위원회의 주된 부분을 구성한다. 위원회에 사례가 의뢰되면 이 중 적어도 2인이 의견을

제공해야 한다. 11인의 일반위원은 1인의 내과 전문의, 1인의 외과 전문의, 1인의 산부인과 전문의, 1인의 법의학 전문의, 7인의 정신과 전문의로 구성되어 있다. 나머지 24인의 전문가들은 특별위원으로, 종신위원을 대신하여 참여하도록 소환되거나, 사안에 따라 종신위원과 함께 참여한다. 칙명에 의해 임명되는 일반위원과 사법부에 의해 임명되는 특별위원 모두 위원회 위원의 추천을 받아 6년의 임기에 임명된다. 일반위원과 특별위원 모두 자신의 전문 분야에서 활동 중인 자여야 하며 위원회의 업무에는 일시적으로만 참여한다. 마지막으로 한두 명의 법률직 종사자(법률가)가 위원회에 속한다. 이들은 모든 사례를 검토하고 의학 전문가들에게 법적 문제와 관련된 지침을 제공하며 사무적인 업무를 처리한다. 법률 전문가들은 순수하게 자문 역할만 하며 자신의 의견을 제시할 권한은 없다.

위원회 위원들의 급여는 공적 자금(사법부)에서 지불된다는 사실이 강조될 필요가 있다. 종신위원은 매년, 자문 특별위원은 개별 사례마다 급여가 지급된다. 의견을 제공받는 것은 무료이며, 위원회가 당사자와 금전적인 문제로 얽히지 않음으로써 독립적인 자문위원으로서의 지위가 분명히 강화된다. 따라서 덴마크 법정에서 의사가 감정인으로 출석하는 것이 요구되는 경우는 매우 드문데, 의료법학위원회의 권위 있는 의견이 일반적으로 가장 효과적인 증거로 간주되기 때문이다.

대다수의 경우에 위원회는 진단서나 병원 기록, 부검 보고서에 근거하여 의견을 제시하지만, 위원회가 직접 거시적·미시적 표본을 검사하거나 문제되는 사람을 위원회 구성원의 병원에 입원시켜 검사를 실시할 수도 있다.

일반적으로, 문의된 사례는 최소 3인의 위원이 조사하여야 한다. 대부분의 경우 개개 위원은 자신의 의견을 서면으로 표시하나, 사안에 따라 필요한 경우 위원장에 의해 회의가 개최되며 직접적인 토론이 행해진다. 위원회가 의견을 제공해야 하는 사례나 사례 당사자에 대한 지식이 있는 의학 전문가

위원 누구와도 협의가 진행될 수 있으며, 위원회의 소견과 제출된 보고서의 소견이 근본적으로 다를 때 이러한 협의 절차는 필수적이다.

위원회 회의록은 특별 공식 단신으로 출판된다. 원칙적으로 위원회의 의견은 논거에 의해 뒷받침되어야 하며, 위원회가 제출된 의학 보고서와 의견을 달리하는 경우에는 더욱 그러하다.

법원은 위원들을 심문할 수 없지만 공판 전까지 법원, 검사, 피고 변호인은 만족스러울 때까지 위원회에 질문을 제기할 수 있다. 같은 사례가 위원회에 누차 제출되는 경우도 종종 있다.

〈표 15-1〉 1981년에 덴마크 의료법학 위원회에 문의된 사례 수

범주	수	백분율
정신과적 사례	988	38
음주운전	820	31
친부 확인	382	14
의료법학 사례(의료과실 등)	277	11
약물 남용	119	5
행정적 사례	40	1
총계	2,626	100

위원회에 질의되는 사례의 수는 1년에 약 2,600건 정도로(덴마크의 인구는 500만이다), 이 중 약 30퍼센트 정도는 음주운전 사례다(〈표 15-1〉 참조). 음주운전 사례 중 상당수는 운전자가 알코올에 더하여 향정신성 약물을 복용한 상태였다는 사실 때문에 더 복잡해진다. 신경이완제, 항우울제, 약 진정제 모두 알코올의 효과를 직접적으로 증가시키기 때문에 단순한 가중효과의 문제가 아니다.

정신과적 사례는 연간 800~1,000건에 달하며, 이는 대략 전체의 40퍼센

트에 해당한다. 정신과적 사례는 복잡하고 시간 소모적인 속성이 있어서 위원회의 업무 시간 중 상당 부분을 차지한다. 다음 범주에 속하는 경우가 큰 비중을 차지한다.

- 정신적으로 일탈된 범죄자와 연관된 사례
- 법원이 정신병원이나 정신박약자 시설에 구류형이 내려진 이들을 가석 방하는 결정을 내리기 전에, 위원회가 이에 대한 자문 진술서를 제출해 야 한다.
- 자신의 의사에 반하여 정신병원에 구금되어 있는 자는 덴마크 법에 따 라 사법부나 법원에서 자신의 사례가 심사될 것을 요구할 수 있는데, 법 원의 결정에 앞서서 이와 같은 모든 사례는 위원회에 회부된다.
- 위원회의 정신의학 분과는 정신이상이나 정신적 결함이 있는 자의 결 혼과 이혼에 관련된 사례, 비정상적 알코올 반응으로 문제가 제기된 음 주운전과 관련된 사례 등에 의견을 제시한다.

1843년부터 발간된 왕립보건위원회의 보고서에 이어 매년 발간되는 의료 법학위원회의 보고서는 세기에 걸친 의료법학의 진화 과정을 보여 주며, 의 료법학위원회의 실제적 중요성에 대해 설득력 있는 인상을 심어 준다. 그러 나 공적 기관이 늘 그렇듯이 의료법학위원회도 비판을 피해가지 못한 점도 함께 밝혀야 하겠다.

의료법학위원회의 약점으로 주장되어 온 것은 위원회가 사례와 관련된 사 람에 대한 직접적인 지식 없이 문서에만 기초하여 의견을 제출한다는 점이 다. 위원회의 평가가 그 기초가 되는 의료 보고서보다 불확실한 근거에 의존 할 수 있다고 주장되어 온 것이다. 그러나 위원회가 매번 직접 조사를 수행 해야 한다면(사실 이것은 실천 가능하기도 하고, 특정 사건에서는 실제로 수행되기도 한다), 위원회는 실행 불가능한 규모의 업무를 담당하게 될 것이다. 또한 위원회가 직접 조사를 수행하게 된다면, 제출된 의학보고서의 전제와 결론이 타당한지 여부와 제안된 방법이 바람직한지도 검토할 수 있게 되므로, 제출된 의학보고서 자체로 평가되지 못할 것이다. 마지막으로, 제출된 자료가 불충분하다고 생각될 경우 위원회는 자유로이 보충 정보를 요청할 수 있으며, 새로운 검사나 진술서를 요구할 수도 있다. 위원회의 의견이 서면의 형식으로 제출되며 위원회 대변인이 법정에 출석하여 위원회의 의견을 상술하고 관련 질문에 대답하지 않는다는 점도 문제점으로 지적되었다. 그러나 이러한 비판은, 위원회는 단체로서의 성질을 지니고 있으며 개개 위원이나 전문가가 법정에서 독자적으로 행동하는 것은 위원회의 근본 원칙에 반한다는 사실을 간과한 것이다.

반대 의견이 기록되는 일이 드물다는 점도 문제점으로 지적되어 왔다. 일부 사람들이 주장하기로는 과학자들도 의견이 일치하지 않는 경우가 일반적이고 만장일치의 의견은 대조되는 의견 사이에 타협이 있었다는 것이며, 사건 당사자들뿐 아니라 법원도 이러한 상반된 의견을 아는 것이 유용할 수 있다고 한다. 이에 대하여는 우선, 반대 의견이 드물게 일어나긴 하지만, 의견 저변에 깔려 있는 찬반을 진술하는 데에는 다른 방법이 있을 수 있다고 반박할 수 있다. 또한 여러 가지 가능한 대안 중 하나를 위원회가 선택하지 못하면 능력이 부족한 기관에 의뢰되게 되므로, 위원회 내에서 의견의 일치를 보는 것이 필요하다.

이렇듯 일부 측면에서 덴마크 의료법학위원회를 비판할 이유가 있을 수 있으나, 이러한 단점들로 인하여 이 제도 자체의 부인할 수 없는 장점이 경시되어서는 안 될 것이다. 첫 번째로 위원회의 구성은 그 진술서가 일반적·사회적으로 승인된 직업적 전문가의 지식에 기반한다는 점에서 막강한 안전성을 제공하기 때문에, 법원의 결정은 기본적으로 위원회의 자문 진술서에 근거하게 된다. 이것이 의미하는 바는, 법원이 공정성이 의심되는 의사에 의한 반대심문을 사용하여 감정하는 경우가 덴마크에서는 실질적으로 찾아보기 힘들다는 것이다. 따라서 최종적인 자문 진술은 당사자들과 금전적인 이해관계가 없고 독립적인 전문가들에 의해 제공된다는 사실을 재차 강조할 필요가 있겠다. 두 번째로, 의료법학 위원회의 존재는 덴마크 내의 서로 다른 법제에 통일적인 법의학 절차의 지침을 설립하는 데 대단히 도움이 된다. 또한 위원회가 일차적 정신과 검사와 진단서의 질적 기준에 대해 특정 수준을 요구하는 점은 지역 정신과 의사들에게 교육적인 역할을 한다. 마지막으로, 의학 및 심리학적–정신의학적 관점에서 보았을 때 위원회가 수년에 걸쳐 점진적으로 덴마크의 형사–정치적 진화에 영향력을 행사하여 왔다는 점이 확인되었다. 이러한 점은 덴마크 제도의 가장 귀중한 결과로서 간주되어야 할 것이다. 이는 동시에, 다른 나라에서는 지속적인 갈등과 긴장 관계에 있는 법학과 의학 전문가들 사이의 관계를 조화시키는 결과도 낳았다는 점에서 더욱 그러하다.

16

사회, 정신의학, 법을 주제로 한
케임브리지 학술회의 논의 후기

마틴 로스(Martin Roth), 로버트 블루글라스(Robert Bluglass) 공저
서진환 역

정신보건 문제의 불가분성

정신보건의 다양한 측면들이 갖는 불가분성을 마가렛 소머빌(Margaret Somerville) 박사는 '이음새 없는 그물망'으로 표현한 바 있는데, 이러한 특성은 사회, 정신의학 그리고 법을 주제로 한 케임브리지 학술회의의 모든 논의 회기에서 분명하게 드러났다.

수많은 대형 정신병원의 폐지와 지구상의 많은 곳에 아직도 남아 있는 대다수 정신병원이 추구하고 있는 전적인 '개방병동' 정책, 꾸준히 늘어 가고 있는 지역사회 내 정신질환자의 수(이들의 상당수는 노숙인 혹은 사회와 고립된 사람들이다), 정신질환자로 붐비는 교도소와 브로드무어(Broadmoor)*와 같은 특수병원의 병목현상 등은 이러한 문제의 한 단면을 나타낸다. 정신병원 및 여타 시설 그리고 이 시설들이 초래한 비인간적인 결과에 대한 급진파의

---

* 역자 주: 브로드무어 특수병원은 정신장애가 있는 흉악범들을 수용·치료하는 곳으로 잉글랜드 남부에 있음.

비판, 정신과적 치료를 받거나 거부할 권리 및 정신의학의 힘을 빌리지 않고 처벌을 선택할 수 있는 범죄자의 권리를 주장하는 시민권 운동은 또 다른 면을 보여 준다. 여러 국가에서 나타나는 정신질환자 보호에 대한 새로운 법률의 움직임, 그리고 지난 20년간 정신의학과 법조계 간에 점진적으로 발전해 온 공동 각성은 세 번째 부분을 이루고 있다. 이 모두는 서로 밀접하게 엉켜 있는 것으로 보인다.

최근에 정신병원에서 지역사회로 퇴원한 정신질환자의 수가 점점 증가하고 있는데, 이들이 겪는 고통에 대해 미국, 캐나다를 비롯하여 몇몇 유럽 국가들이 보고하는 문건을 살펴보면 지구상의 풍요로운 대다수 국가에서 주요 특징적인 상황이 일치함을 볼 수 있다. 지역으로 퇴원한 사람들의 상당수는 노숙인 대열에 합류하여 대도시의 거리를 배회하고, 기차역과 다리 밑에서 숙식하면서 응급실과 수용센터를 만원 상태로 만들고 있는 것으로 나타났다. 쉼터나 숙박시설에서 기거하게 될 경우 이들이 받는 의료적인 보호의 질은 부적절하고 분절된 상태다. 대다수의 사람들이 실직 상태이며, 직업, 기분전환이나 여가활동의 기회가 거의 없다. 이들이 거주하고 있는 숙박기관이나 주택은 대개 대도시의 최빈민 지역에 위치하고 있으며, 주변 지역으로부터 고립되어 있다. 대형 정신병원의 시설화, 치료감호 그리고 비인간화는 끝난 게 아니다. 이러한 것들이 지역사회로 이동되었을 뿐이다.

지역사회 보호는 자유로우며 진보적인 개념이었고 여전히 그러하지만, 그 범위와 한계에 대해 체계적인 조사가 이루어진 적은 없었다. 숭고한 이상, 이념 그리고 검증되지 않은 이론에만 의존하는 정책은 사상누각처럼 불안정한 상태를 초래할 수 있으며, 이는 사실 정신보건서비스 역사를 통해 누차 깨닫게 된 교훈이지만, 다시 한번 잊혀지고 말았다. 최초의 정신병원을 만들었던 19세기 초의 개혁가들은 '도덕치료'라는 숭고한 개념을 통해 영감을 받았다. 그들은 빈곤한 정신이상자들을 구빈원의 비인간적인 상태에서

구해 주려 하였고, 건전한 원칙에 입각하여 개별화된 환자 보호가 이루어질 수 있는 소규모 기관으로 이동시켜 주려 하였다. 이 운동의 위대한 선각자 중 한 명이었던 존 코널리(John Conolly) 역시 환자들을 단지 한 기관에서 다른 기관으로 옮기는 것에 만족하지 않았다. 그는 재택간호서비스의 기반을 마련했던 사람인데, 이를 통해서 대다수의 정신질환자를 위한 외래서비스가 제공될 것으로 기대했던 것이다. 그는 환자의 친척과 친구들을 치료과정에 관여시키고 보호사 훈련과정을 시작했다.

그러나 초기에 열의를 갖고 선언했던 '치유'는 기반이 부족했던 것으로 나타났다. 그 당시 정신장애에 대한 효과적인 치료란 없었다. 입원환자 수는 급격히 불어났고, 병동은 숨 막힐 정도로 붐볐으며, 정신병원 입원 기준은 점점 더 엄격해져 갔다. 그러나 19세기 말에 이르러 입원이 극도로 심각한 사례만으로 제한되었음에도 불구하고, 병원은 계속 증가 추세를 보이는 빈곤한 만성 환자들을 수용해야만 했다. 1830년대와 1840년대 소규모 병원에서 흔하게 볼 수 있었던 양질의 개별적인 보호와 가족적 분위기는 구속적이고 강압적인 관리체계에 자리를 내주었다. 환자와 몇 안 되는 보호인력은 높은 담장과 창살, 그리고 편견, 두려움, 고립이라는 재료로 만들어진 음침한 문화 속에 갇혀 세상으로부터 단절되었다.

영국에서 현대적 정신보건 시대는 자발적 입원을 허가하고 최초의 외래서비스를 시작한 1930년의 정신치료법(Mental Treatment Act)으로 문이 열렸다. 제2차 세계대전 이후 15~20년은 최고의 낙관주의와 진보가 이루어졌던 시기였다. 병원의 높은 담이 무너졌고 창살이 제거되었다. 고도로 심각한 정신과적 질환에 대한 효과적 치료법의 발견은 정신병원 내의 활동 프로그램, 직업 및 재활 프로그램과 더불어서, 입원한 상당수 사람들의 퇴원을 가능하게 해 주었고, 수많은 만성수용자도 마찬가지로 지역사회로 나갈 수 있게 해 주었다. 그 후 1960년대 초반은 어떤 조사나 계산도 하지 않은 채 급작스럽게 상상의 비약이 일어나더니 무한한 가능성을 앞세우기 시작했다. 보건부는 정책의 원칙으로 대형 정신병원의 전면 폐쇄 및 그 기능을 지역사회서비스와 종합병원의 입원병동이 대체할 것을 명시했다. 대형병원들이 문을 닫았고 유사한 탈시설화 프로그램이 다른 나라에서도 시작되었으며, 미국 같은 경우에는 막대한 규모로 전개되었다.

그러나 지역사회는 퇴원한 이들을 거의 혹은 아예 돌보지 않았다. 역사의 수레바퀴는 상황을 제자리로 돌려놓았다. 얄궂게도 만성 정신질환을 가진 수많은 사람들은, 150년 전 초기 개혁가들의 노력으로 인해서 사회의 가장 밑바닥 계급에 있는 정처없는 극빈자, 부랑자, 만성 알코올 중독자, 고령의 상습범죄자들과 숙식 및 운명을 달리했으나, 이제 또 다시 이들과 이러한 운명을 함께 하게 되었다. 결국, 이 주제가 '이음새 없는 그물망'의 성격을 띠고 있음은 바로 분명하게 드러났다. 정신보건서비스뿐 아니라 사회복지의 전 영역에 걸쳐서 지역사회로의 퇴원율 증가로 인해 나타난 결과를 실감할 수 있게 되었다. 알란 더쇼비츠(Alan Dershowitz) 교수[스톤(Stone) 교수가 인용함]는 감금을 한쪽을 누르면 다른 쪽이 튀어나오게 되는 풍선에 비유하였다. 라이오넬 펜로즈(Lionel Penrose)는 1939년 정신과 병상 수와 교도소 수용실 수 간의 역상관관계를 지적하면서 같은 주장을 했다. 이제 정신질환자들에 대해 보다 더 동정적이고 문명화된 태도를 갖게 된 국가들은, 이전에는 전적으로 죄가 있다고 여기거나 범죄행위라고 여기면서 보호나 치유할 여지를 남겨 두지 않았던 일탈행동에 대해서 새로운 접근을 취하게 되었다.

학술회의 논의의 상당 부분에서 교도소 인구의 꾸준한 증가에 따라 초래된 결과에 관심이 모아졌는데, 이는 수많은 유사 관련 상황이 전개되면서 일어난 것이었다. 지난 25년간 옛날이었다면 정신병원의 입소자가 되었을 사람이 유죄판결을 받는 수가 급등했다. 이러한 판결을 받는 대다수의 사람들은 경미한 범죄행위를 저질렀지만 간혹 중범죄를 저질렀으며 치료받는 동안 보안조치를 요하는 경우도 있다. 그러는 동안 정신병원의 폐쇄, 폐지 혹은 수축으로 인해 병상 수가 줄어들게 되었고, 여전히 새로운 환자들을 입원시키는 병원들은 전적인 '개방입원' 철학을 신봉하였다. 영국에서는 특수병원(Special Hospital)이, 그리고 다른 나라의 경우 이에 상응하는 병원만이 범죄행위로 인한 고발 여부와 상관없이 심각하게 불안정하거나 폭력적인 환자를 입원시키고 보호할 수 있도록 준비되어 왔고, 그러다 보니 이 병원들은 자체적으로 이들을 감당할 수 없는 지경에 이르게 되었다. 이 학술회의의 발표논문 중 특히 건(Gunn) 교수와 해밀턴(Hamilton) 박사의 논문에서 명시되었듯이, 영국에서 현 교도소 인원의 상당수는 정신과적 치료가 필요하며 때로는 이러한 치료가 매우 절박한 상황에 있으나, 현재로서는 제공되지 않고 있다.

위험성

위험성 예측에 대한 대다수의 연구를 수행해 오고 이러한 위험성 예측이 강제입원 결정 및 범죄자에 대한 법원의 처분에 어떻게 영향을 주는지에 대해 가장 철저하게 연구해 온 나라는 미국이다. 미국과 캐나다에서 온 참석자들은 이 주제 및 이와 관련된 주제에 대해 가장 활발한 논의를 펼쳤다.

지역사회를 보호할 필요성과 자유 및 자율에 대한 범죄자의 인권을 존중해야 할 의무가 서로 충돌할 수 있다는 점에서, 범죄자의 처분에 대한 결정에 책임을 맡고 있는 모든 분야의 사람들은 첨예한 딜레마를 접하게 된다. 환자의 안전에 대한 책임을 짐과 동시에 일부 경우에는 이 환자가 지역사회에 가할지도 모르는 위험에 대해서도 책임을 질 것으로 기대되는 정신과 의사에게는, 과거 폭력 기록이 있는 환자가 병원이나 교도소에서 나온 후에 유해하게 행동할 위험성이 50퍼센트라면 이는 용인하기 어려울 정도의 높은 가능성일 수 있다. 반면 위험한 행동을 피할 수 있을 가능성이 두세 번 중 한 번뿐이라고 추정되는 의뢰인의 시민권을 보호하는 변호사의 관점에서 볼 때에는 이 의뢰인의 자유를 박탈하는 것이 정당한 처사가 아닐 수도 있다.

여기에서는 이 논의에서 나온 몇 가지 핵심적인 논점만 간략하게 다루기로 한다. 석방된 지 1년 이내에 폭력 행동 혹은 위험한 행동이 나타날 위험성이 40~50퍼센트라는 것은 범죄 기록이 없는 일반인 중의 개인이 갖는 위험성의 몇 천 배에 달하는 것이다. 지역사회가 이 정도 수준의 내재된 위험성을 견디거나 수용할 각오가 되어 있는가? 수용하지 않겠다고 한다면 이러한 지역사회 구성원들의 태도는 사회적 혹은 도덕적으로 지지할 수 있는 것인가? 시민운동가들은 오늘날 그리고 현대를 살고 있는 이들이 지향해야 하는 문명의 윤리수준과 인류애의 측면에서 지역사회가 그러한 위험을 수용할 준비를 갖추어야 한다고 주장한다. 그렇기 때문에 미국의 대도시에서 퇴원한 환자와 수감자의 소행으로 드러난 많은 폭력과 살인 행위에 대해 분노감을 표현하거나 격렬한 항의를 하면 이를 비문명적이고 편협한 행동이라고 비난하는 것이다.

영국 항소법원의 전(前) 판사였던 패트릭 브라운(Patrick Browne) 경은 한편에서 지역사회의 구성원들에게 해가 될 상당한 정도의 위험성이 있다는 입장과, 다른 한편에서 개인 범죄자가 보이는 위험성은 통계적이며 따라서 불확실한 것이라는 이유로 그에게는 불공평한 처사가 될 위험성이 있다는 입장 간에 선택을 해야 한다면, 판사는 그 개인보다는 지역사회의 편을 들어야 할 것이라고 주장했다. 그는 판사가 통상의 사회적 상황에서 결정을 내릴 때 그가 채택하는 공정성의 기준은 일반인의 바람, 열망 및 논거와 일정 거리 이상 떨어진 것이어서는 안 된다고 생각했는데, 그렇지 않을 경우 법에 대한 지역사회의 신뢰와 존중을 상실하게 될 것이라고 보는 것이다.

어쨌든 비판가들은 과거에 위험한 범죄를 저지른 사람에 대한 예방적 구

금의 타당성과 공정성에 대해 문제를 삼았고, 수많은 철학적 논리의 힘을 빌
려 자신의 사례를 옹호했다. 무엇보다 필요한 것은, 약탈적이고 정당성 없는
공격의 위험으로부터 보호받아야 할 사람들의 권리와 불공평하고 불필요한
자유의 박탈로부터 보호받아야 할 개인 범죄자의 권리 간에 균형이다. 이 원
칙은 폭넓은 동의를 얻어 낼 수 있을 것이다. 그러나 법에 따라 보호받을 권
리를 주장하는 지역 내 개인과 잠재적 범죄자의 인권 각각에 상응하는 가중
치는 관련 사실과 상황에 따라 다를 것이기 때문에 사례마다 다양할 것이다.

　플라우드(Floud)에 따르면, 일부 권위자들은 범죄자가 다른 사람에게 실제
로 해를 가할 것이 확실한 상황에서마저 범죄자에 대한 예방적 구금을 인권
과 인간 존엄성에 대한 불공정한 침해로 간주한다. 잠재적 공격자의 주장과
잠재적 희생자의 주장을 그렇게 균형 없이 다루려는 참가자는 거의 없었다.

　예방적 조치는 좀 더 비난의 소지가 있는데, 위험성의 지각에는 상당한 정
도의 주관적 요소가 있다는 이유, 즉 실제 위험성이 부풀려져 범죄자의 인권
을 불공평하게 침해할 수 있다는 주장이 제기되고 있다. 인간의 두려움에 존
재하는 주관적 요소는 상시적인 것이며 바꿀 수 없는 것이다. 두려움과 불안
을 유발하는 것은 어떤 객관적 기준에 의해 평가되는 위험이 아니라 위험이
지각되는 방식인 것이다. 최근 잉글랜드의 한 주에서 동일 유형의 강간살해
가 다수 일어나고, 다른 지역에서 단순히 강압적인 성교만이 아니라 보복행
위로 드러난 굴욕적인 연속 강간사건이 발생했는데, 이는 각 지역사회의 여
성들에게 전염병 수준의 불안감과 공황을 불러일으켰다. 각 개인에 대한 통
계적 위험성은 아주 미미할 수 있다. 그러나 정확하고 객관적으로 위험을 추
산할 수 있다는 것은 드문 일이며, 그럴 수 있든 없든 이는 (통계적 지식을 갖
춘 사람을 포함하여) 개인이 통제 불능의 위험상황에 노출되었을 때 느끼거나
행동하는 방식과도 관련성이 거의 없다. 일반적으로 단일 살인범에 의해 유
발된 앞과 같은 만연된 공포는 집단적 혹은 개별적인 피해의 위험성과 정비

례하지 않는다. 그러나 그러한 이유로 이 점이 무시될 수는 없다. 지역사회는 실제 물리적 공격뿐 아니라 불안과 불안정으로부터도 보호될 권리를 갖는 것이다.

자신들의 특정한 권리와 자유가 직접적으로 위협당하지 않은 사람들이 집단적 주장을 하게 된 결과로 예방적 조치가 이루어졌을 때 이 조치가 갖는 불공정성은, 드워킨(Dworkin) 교수의 '외부적 선호(external preferences)'*라는 개념에 기초한 것으로서, 지역사회를 위하여 잠재적 범죄자에 대해 취해지는 예방적 조치가 과연 공정한가 하는 문제를 제기하는 또 다른 철학적 논거다. 그러나 위험으로부터의 보호를 원하는 지역사회 구성원에 대한 '직접성(directness)'을 어떻게 객관적으로 평가할 수 있을지는 분명하지 않다.

관념적인 철학적 사법체계는 절대적이고 양도할 수 없는 인권을 그 출발점으로 하고 있으며, 법을 구체화하는 데 있어서 도움이 된다. 그러나 공정성은 그러한 원칙에 기초해서만 확립될 수 없다. 그리고 법률의 집행은 그것이 공정성이라는 이름을 걸고자 한다면 훨씬 더 실용적이고 유연해야 한다.

위험성에 대한 통계적 예측과 임상적 판단

플라우드는 위험성에 대한 통계적 예측과 임상적 판단을 구분하는 선을 그었다. 위험성에 대한 어떠한 통계적 수치에 가려져 있는 개인의 임상적 특징을 확인하기 위해서는 이 둘의 상호 보완이 필요하다는 주장은 일반적으로 수용되고 있다. 비록 이 구분선이 맞다고 해도, 그 방법이 개념적으로 완전히 성질이 다른가 여부는 의문의 여지가 있다. 임상적 판단은 일종의 일반

---

* 역자 주: 민주적인 다수의 선입견이 반영된 결정.

화를 가능하게 해 줄 만큼 충분한 수의 유사 개별 사례를 이전에 경험했을 경우에만 가능한 것이다. 개인의 독특한 특성을 근거로 표면적으로 내린 판단은 대개 보기보다 덜 직관적이며 주관적이다. 위험성과 관련된 특정 면에서 정말로 독특한 개인을 접했을 때, 경험 있는 정신과 의사는 말로 형언할 수 없는 신기함과 당혹감으로 그를 찬찬히 살펴보는 것 외에 할 수 있는 일이 없다.

이 주제는 모순으로 가득 차 있다. 특히 미국의 판사들은 범죄자의 처분 결정을 내릴 때, 위험성을 충분히 예측할 수 없다는 관점의 영향을 점점 더 많이 받고 있음을 보여 왔다. 동시에 정신병원의 강제입원을 정당화하기 위해서 위험성의 입증을 요구해 왔다.

범죄자의 정신이상 유무 혹은 '책임능력'이 쟁점인 재판에서 위험성이 주요 기준이 될 정도로 중요해지면서 이상한 결과를 낳게 되었는데, 레이건 대통령의 암살미수자인 존 힝클리(John Hinckley)*의 재판결과가 그 좋은 예다. 힝클리가 대통령을 쏘았으며 죽이려했다는 것은 의심할 여지가 없었다. 그러나 배심원은 정신이상을 이유로 그에게 무죄를 선고했다. 재판 후 힝클리는 다음과 같은 내용으로 재판 중 제시되었던 정신과적 증언을 설명했다. "변호사측 의사들은 내가 망상적·정신증적·정신분열적이며, 자신들이 검사해 봤던 사람 중 가장 이해하기 어려운 젊은이인 것 같다고 판단했다. 반면, 반증에도 불구하고 검사 측 의사들은 내가 약간의 성격문제가 있을 뿐이며 교도소에 수감되어 처벌을 받을 수준이라고 말했다." 주기적인 재심리

---

* 역자 주: 1981년 3월 여배우 조디 포스터에게 사랑한다는 사실을 알리기 위해 레이건 대통령을 저격하려 했던 사람으로, 그가 쏜 여섯 발의 총격에 대통령은 가슴에 총을 맞았고, 공보비서, 경찰관, 경호원도 각각 총에 맞았다. 죽은 사람은 없었지만, 공보비서관은 반신불수가 되었고 레이건은 심각한 수술을 받았다. 1년 넘게 걸린 재판에서 정신이상에 따른 행동이라는 판단에 따라 무죄 판결을 받았으나 거주지가 정신병원으로 제한되어 정신병에 대한 치료를 받았고, 1999년부터는 그에 대한 감시와 제한의 정도가 다소 느슨해졌다.

가 빈번한 미국의 법률체계에서는 그가 정신이상에서 회복된 후 석방될 수 있을 것이기 때문에, 대중은 대통령이 다시 위험에 처할 가능성이 있다고 불안해했다. 옥스퍼드 대학교의 베일리얼 대학(Balliol College)*의 학장이 자신의 블랙스톤 강연(Blackstone Lecture)(Kenney, 1983)에서 지적한 바와 같이, 이 사건에 대해 미국의 주간지 『뉴스위크(Newsweek)』는 이 분명한 모순을 명료화하는 기사를 쓰지 않을 수 없었다. 힝클리가 정신병원에 수용되고 나자, 그의 변호사들은 이제 그가 더 이상 정신질환이 있는 것이 아니니 석방되어야 한다는 주장을 펼쳤다. 이 주장을 옹호하기 위해 그의 변호사들은 재판 기간 내내 제시되었던 검사 측 증언을 그 증거로 지목할 수 있었던 것이다. 반면, 정부 측 변호사들은 그의 입원 상태가 지속되도록 하기 위해서, 피고가 심각한 정신질환 상태라는 주장을 폈던 피고 측 변호사들의 유창한 변론에 호소할 수 있었을 것이다.

법정에서의 정신과적 증언

힝클리 사건에서 정신이상 평결은 미국 대중을 격분시켰다. 그리고 이어진 최근 사례들에서 각기 다른 전문가에 의해 법정에서 내려진 뚜렷이 모순된 진단은 정신과적 증언의 평판을 떨어뜨렸다. 실제로 케니(Kenny)는 평판 있는 전문가들의 증언이 그렇게 자주 상충되는데 그것이 과연 '전문적인(expert)' 증거의 특성을 갖고 있는가에 대해, 그리고 법정에서 기술된 정신의학이 '과학의 특징을 보이고 있는가'에 대해 의문을 제기한다. 그는 더 나아가 정신과적 진단이, 견고하게 확증된 것이라 해도, 법정이 판결할 것으로

---

* 역자 주: 1263년 창립된 옥스퍼드 대학교의 남자 단과 대학.

기대하는 실제 쟁점에 적절한가에 대해서도 의문을 나타내었다.

국가별로 법정에서 정신과적 증언이 제시되는 각기 다른 방식에 대한 보고서가 학술회의에서 발표되었는데, 이 발표는 정신과적 증언을 통해 제시된 증거가 갖는 모순의 상당수는 대립적 사법체계에 의해 인위적으로 야기된다는 견해를 지지해 주었다. 이와 관련하여 정신과적 양상을 나타내는 사례에 대해서 덴마크의 의료법학위원회가 어떤 역할을 하는지 설명하는 룬(Lunn) 교수의 발표는 특별한 주의를 끌었다. 본질적으로 조직과 그 조직의 절차가 수행되는 방식은 여타의 스칸디나비아 국가들과 유사하다. 법원에 증거를 제시할 책임은 의료법학 위원회의 전문가 3인이 맡는다. 전문가가 판단을 내리는 데 필요한 모든 관련된 증거가 이들에게 제시되기 위해서 엄청난 노력이 기울여지며, 모든 기록은 상세하게 검토된다. 대다수의 스칸디나비아 국가에서 의견 표명은 범죄자의 질병에 대한 정신과적 진단에 대한 진술로 제한된다. 덴마크에서는 공식적 발언의 범위가 좀 더 넓은데, 여기에는 '책임능력'에 대한 진술도 포함된다. 그 이유에 대해서는 룬 교수가 그의 논문에서 적절하게 잘 설명하였다. 전문가에 의한 진단은, 예컨대 '정신증으로 인해 책임능력이 없음'의 식이 될 수 있을 것이다. 이러한 소견에 따라서 법원은 해당 범죄를 '처벌할 수 없음'으로 판단하고 정신병원에 구금할 것을 권고할 것이다.

학술회의에서 주요 관심은 이 위원회가 법정에 제시하는 진단이 거의 언제나 전원일치라는 것, 법원이 결정한 처분이 위원회의 권고와 일치하지 않는 사례는 매우 드물다는 점, 반대심문을 위해 전문가가 실제 법정으로 불려가는 일은 절대 없다는 사실에 모아졌다. 이러한 절차의 수용 여부에 대한 논의에서 다수의 주저함이 나타났지만, 제시된 증언이 명료하며 일관성이 있다는 점, 위원회가 법정과 일반 대중에 대해서 권한과 권위를 갖고 있다는 점은 대다수 학회 참석자들의 경험과 큰 대조를 보였다. 스칸디나비아의 관행 및 경험은 분명히 법과 정신의학 간 접점에서 일하는 사람들이 더 면밀히 검토해 볼 만하다.

일탈행동에 대한 정신의학적 설명과 법

빌라르스 룬(Villars Lunn) 교수는 의료법학위원회가 내리는 '정신증' 진단의 결과가 결정적인 중요성을 갖기 때문에 이 진단이 매우 엄격한 기준에 따라 내려진다는 점을 강조하였다. 극도로 부담이 되는 스트레스 상황을 겪은 후에 발병한 정신증적 장애나 성격장애가 있는 사람에게서 단기간 지속되는 급성질환은 이에 해당되지 않는다. 이 기준을 충족시키려면 반드시 상당히 구체적인 정신증적 특징이 있어야 한다. 여기에는 '일급' 망상, 수동증의 경험, 지각장애, 정상적 패턴과 질적으로 확연히 구분되는 행동 등 개인의 연속적 정신생활에 중단을 초래하는 임상적 특징들이 포함될 수 있을 것이다. 이러한 성격의 심리학적 현상은 야스퍼스(Jaspers)와 딜타이(Dilthey) 등에 의하면 공감되거나 심리학적으로 이해되기 힘든 것이다.

워커(Walker) 교수는 정신과 의사가 일탈행동에 대해 제시하는 설명의 유형을 분석하면서, 범법행위를 설명함에 있어 '이해 가능성(understandability)'이라는 개념이 거의 사용되지 않고 있음을 발견했다. 그는 이러한 개념화가 '가능성' 설명이나 '개연성' 설명의 성격을 갖는다고 판단했다. 다만, '개연성' 설명의 경우 낮은 수준의, 혹은 구체적으로 명시할 수 없는 수준의 개연성을 수반한다는 점에서 의문을 제기하기는 했다. 그는 정서장애와 출산 후 영아살해 현상이 서로 관련성이 있다고 알려졌으나, 그 관련성이 약하다는 것을 입증하기 위해 산후우울증을 가진 여성 전체에서 영아살해 발생률이 낮다는 점을 언급했다.

영아살해를 저지른 여성이 산후 정신증적 우울증이 있었다는 점이 살해의 충분한 원인이나 설명이 될 수 없다는 것은 수긍하기 쉽다. 그러나 영아살해를 저지르는 여성의 상당수가 산후정신증을 앓고 있다는 점에서 그녀의 '질병'은 필수적 인과 요인으로 판단되어야 한다. 이러한 우울증과의 구체적인 관련성에 대한 증거는 항우울증 약물치료의 효과를 통해 제시될 수 있는데, 이 치료는 대개 우울감 및 아동을 해치려는 강력한 충동을 짧은 시간 내에 억제해준다.

산후우울증을 앓고 있는 여성 가운데 영아살해 발생율이 낮다는 것은 그 인과관계가 갖는 문제점을 어느 정도 설명해 준다. 그렇지만 이는 산후정신증을 앓고 있는 여성의 영아살해 발생율과 동일 여성의 정신적으로 건강한 시기, 즉 출산 후와 폐경기 사이 때의 산후 영아살해 발생율과 비교한 것보다는 증거로서의 설득력이 떨어진다. 예를 들어, 30대의 나이에 출산 후 몇 주 이내 기간 중에 일어나는 영아살해는 이러한 환자의 전체 일생을 통틀어 유일하게 나타나는 심각한 폭력 혹은 살인 행위일 것이다.

나이젤 워커(Nigel Walker) 교수는 "만일 망상 때문인 것이 사실이라면 법적으로 정당했을 범죄들……"을 찾아보려 하였으나, 놀랍게도 마땅한 사례를 찾을 수 없었다. 자신의 영아를 살해한 산후정신증 환자들은 또한 자살을 하거나 친족도 살해하는 경우가 종종 있었던 것이다.

한편에서 법률가와 범죄학자들의 사고, 그리고 또 다른 한편에서 정신과 의사들의 사고 간에 나타나는 불일치의 일부는 '이해'라는 용어를 서로 각기 다른 방식으로 해석한다는 점, 그리고 이를 정확한 용어로 정의하기가 어렵다는 점에서 기인한다. '이해 가능성'이란 객관적인 방법을 통해 평가할 수도 없고 신뢰도를 갖고 측정할 수도 없다. 그러나 그렇다고 해서 이것이 애매하다거나 존재하지 않는다는 의미는 아니다. 워커 교수는 편집증적 망상 상태에서 자신의 아내가 부정했다고 믿으며 그녀를 살해한 한 남성에 대한 보고에서, "나는 그가 왜 그랬는지 알겠다."라고 스스로에게 말할 수 있었다고 한다. 정신과 의사들은 일부의 사례에 대해서 그와 동의할 것이다. 그러나 그렇게 해석할 수 없는 다른 사례들에서는 '병적인 질투심'보다는 편집성 조현병이라는 진단을 내리게 되는 것이다. 39세 된 한 남성은 전혀 낯선 사람이지만 자신을 몇 초간 응시한 한 남성의 얼굴에서 자신을 알아보는 듯한 표현을 감지했다. 그는 즉각적으로 그 알아보는 듯하는 모습을, 자신의 아내가 이 남성과 그리고 자신들이 살고 있는 작은 마을의 다른 수많은 남성들과 성적 관계를 가졌으며, 16세 된 자신들의 아들과도 근친상간적인 성교를 했다는, 확실한 증거로 해석했다. 이 남성은 자신의 배우자를 살해한 후에, 상당한 양의 정액 얼룩을 발견했다는 속옷 몇 점과 손수건을 제시했다. 그 얼룩은 다른 사람들에게는 보이지 않았으며, 법의학 조사에서 그의 의심은 근거 없는 것으로 드러났다.

이러한 사례들을 '이해'하기를 바란다면 그건 환상에 불과하다. 개괄했던 사례에서와 같은 '일급' 망상은 추론의 비약, 정상적 지각에서 시작하여 현실과 충돌하며, 그와 반대되는 모든 증거를 거부하는 강력한 확신에까지 이르는 사고과정을 수반한다. 망상의 영향을 받고 있는 중에 살인을 저지른 정신증에서 회복된 환자들은 대개 당황스러워하고 놀라며 자신이 한 일을 이해하지 못한다. 기저의 망상이 실제로 사실이었다면 정신증 중의 범죄가 법으로 정당화 되는 경우에만 '정신이상 항변'이 타당성을 갖는다는 논리에 대해 대다수의 정신의학자들이 터무니없이 엄격하게 간주할 것이라는 점을 덧붙여 말할 필요가 있겠다.

임상 실제 및 지역사회 실천에 미치는 영향

　스톤 교수는 정신과적 치료를 '유죄에 대해 처벌하는 방편으로 삼는 현상 (crmininalisation)'이 지역사회와 병원에서 환자를 치료하는 데 미치는 여러 가지 부정적인 영향에 대해, 그리고 폭력행위를 통제하고 이로부터 대중을 보호하는 일차적 역할을 정신과 의사들에게 떠맡기는 현상에 대해서 기술하면서, 이 일은 '경찰의 역할'이라고 주장했다.

　개인이 공격적 혹은 폭력적으로 행동할 수 있는 위험성을 추정하는 데 있어서, 자해적 행동이 타인에 대한 공격성과 함께 고려되어야 하는데, 이 두 가지 형태의 행동이 어느 정도 상관관계가 있기 때문이다. 개별 사례에서 자살 실행의 위험성은 형량 감소를 모색하고 있는 범죄자에게서 위험한 행동이 일어날 가능성만큼이나 불확실하다. 그러나 우울증 및 여타의 정신과적 환자들의 심리적 프로파일에는 자살의 고위험성을 경고하는 것으로 간주되는 임상적 특징들이 존재한다. 이런 특징을 보이는 사례에서 정신과 의사가 환자의 자기파괴적 행동을 예측하지 못한다면 과실로 소송당할 수 있다. 최근 상당한 양의 배상금이 해당 부양가족 및 친지에게 지급되는 사례가 늘고 있다. 방화, 폭력 혹은 살인의 위험성에 대해서도 유사한 상황이 벌어지고 있다. 자기가 치료하고 있는 환자의 잠재적 위험성을 경고해야 하는 치료자의 책임은 1976년 미국 〈테라소프(Tarasoff) 판례〉에 잘 나와 있다. 그리고 다른 나라 및 영국에서 정신과 의사들이 그러한 사례들에서 과실로 고발되어 유죄판결을 받았다. 그렇지만 임상 실제와 법의학 실제 상황에서 위험성에 대해 타당성 있는 혹은 신뢰할 수 있는 예측을 하는 것이 가능한가 여부에 대하여 최근 들어 여러 차례 의문이 제기된 바 있다. 그러한 이중구속적인 상황[1]에 있게 될 때 정신의학자는 점점 더 방어적 입장을 취하게 될 위험이 있다. 검사

결과 폭력 혹은 충동적 행동이 일어날 잠재 가능성이 보다 높은 사람들의 병원입원이나 치료에 대해 아예 책임을 맡지 않으려 할 수도 있다.

미국에서 온 참가자들은 정신보건 공공서비스 부문에서 최근 일고 있는 서비스 철회 현상에 대해 관심을 환기시켰다. 폭력 자체만으로는 정신과적 진단을 필요로 하지 않는다는 사실에도 불구하고 점점 많은 수의 통제 불가능한 사람이 정신병원에 누적되고 있는데, 이들이 현 법률에 의해 부여되는 제재하에 병원에 입원하여도 치료될 수 없는 것은 매한가지다. 이에 비해 치료를 통해 혜택을 볼 수 있음에도 불구하고 현재의 기준으로는 강제입원이나 비자발적 치료의 자격에 부합하지 않는 수많은 사람이 도움을 받지 못한 채 거리를 헤매거나 병원에서 괴로운 나날을 보내고 있다. 그 사이 그들의 질병은 점점 더 만성이 되어 가고 난치성이 되는 것이다. 여기에서 제기된 쟁점은 마음의 고통을 앓고 있는 사람들의 복지와 정신의학의 미래에 결정적인 중요성을 갖고 있는 문제이며, 향후 보다 광범위한 대표성을 가진 국제 포럼에서 고찰해 볼 만한 주제다.

설명에 입각한 동의를 하기 위한 정신적 능력

고스틴(Gostin)은 치료를 거부할 권리를 양도할 수 없는 인권으로 보았고, 이의 폭 넓은 수용을 인권운동의 성과 중 하나로 간주하였다. 정신적 능력의

---

1) 보다 도움이 되는 예는 잠재적으로 자살 위험성이 있는 환자 관리 방식을 규정하는 독일의 법률에 대한 헬름헨(Helmchen) 교수의 논의에 나와 있다. 1977년 연방대법원에 의해 확정된 프랑크푸르트암마인 지방법원의 결정에 따르면, 그러한 환자의 경우에 그들을 보호하기 위한 절대적으로 구체적이고 개별적인 조치가 마련되어야 한다. 그러나 비자발적 치료(상당히 좁은 의미로 정의된 응급상황을 제외하고)는 판사가 지명하는 법적 후견인의 동의가 있어야만 이루어질 수 있다.

문제에 대한 결정의 책임을 누가 맡아야 하는가에 대해서는 이견이 있었다. 고스틴은 이 책임을 정신과 의사의 전문직 동료가 맡아야 한다는 견해에 반대하며, 심사를 하고 환자의 권리 일반을 돌보는 역할 모두를 일반인 집단이 맡는 것이 낫다고 보았다. 미국 참가자들은 판사와 법정에 책임을 맡기려는 경향이 있었고, 영국과 유럽의 비정신의료 대표들은 이 업무를 하기에 가장 적합한 사람으로 정신보건위원회가 지명하는 독립적인 정신과 자문의를 꼽았다.

　정신적 능력에 관련된 모든 쟁점은 정신과 약물과 관련하여 매우 중요한 의미를 갖는데, 약물치료는 대개 치료거부에 대한 설명에 입각한 동의(informed consent)를 할 수 있는 정신적 능력에 대한 사전 고려 없이 치매 및 섬망 환자 그리고 부분적인 의식이 있는 환자들에게 이루어지기 때문이다. 이 논의는 일반 의약물에 대해서도 매우 광범위한 의미를 갖는데, 블루글라스 교수가 지적했듯이, 신경이완제, 불안완화제 그리고 진정제는 종합병원에서 중병 환자들의 관리에 폭넓게 사용되고 있기 때문이다. 블루글라스 교수는 다음과 같은 질문들을 던졌다. 일반적인 의료적 상황에서 누가 정신적 능력의 평가를 맡아야 하는가? 정신적 와해가 상당히 진척된 사례에서 어떤 것이 윤리적으로 올바른 절차가 될 것인가? 판사, 친지, 정신과 의사 혹은 전문가뿐 아니라 일반인 대표로 구성된 패널이 그 결정을 내려야 하는가? 영국과 유럽 대륙의 참가자들은 대체적으로 판사는 정신적인 능력을 평가하는 데 필요한 지식이 부족하다고 보았다. 북아메리카의 참가자들은 대체로 판사와 법정이 이 역할을 맡는 것을 선호하는 경향을 보였다.

병원 치료를 대신하는 수감

범죄자의 처리에 대한 최근 판결에서 두드러진 특징 한 가지는, 정신이상으로 인한 한정책임능력 때문에 고의살인보다는 과실치사로 유죄판결을 받은 사람의 경우에, 병원 입원 명령 판결이 급격하게 줄고 그만큼 실형 판결 비율이 늘었다는 것이다. 수잔 델(Suzanne Dell)은 1966~1977년 한정책임능력 사례(소수를 제외한 후 최종 253 사례)와 관련된 모든 문건에 대해서 최근의 연구를 마치고 이를 학술회의에서 발표했다. 사례의 90퍼센트에서 의사들이 한정책임능력 문제에 대해 동의했고, 진단에 대한 불일치는 8퍼센트에 머물렀다. 한정책임능력으로 인해 과실치사로 유죄 판결을 받은 사람들의 이환율이 높았음에도 불구하고(절반은 범행 당시 정신질환이 있었고, 1/4은 심각한 성격장애를 갖고 있는 것으로 판단되었다), 병원입원 명령이 권고된 사람들의 비율이 조사기간 중 점진적으로 줄었다. 심각한 수준의 과밀현상을 보이는 특수병원과 지역 정신병원의 '개방병동' 정책이 이러한 부적절한 배치가 일어나는 주요 원인이었다. 이러한 조사결과는 법을 개정해야 할 강력한 근거를 제공하고, 버틀러 위원회의 보고서의 주요 권고안들이 가까운 장래에 시행될 수 있도록 의회가 조기에 이 보고서를 다뤄야 할 이유를 뒷받침해 준다.

학술회의에서 여러 차례 언급되었던 점은 어느 정도의 안전조치가 필요한 지속적으로 불안정하고 위험한 환자들에 관한 것으로, 과거에 이들을 관리하였던 지역 정신병원 시설이 현재는 부재하여 특수병원이 과밀화되면서 위기가 발생하고 있다는 점이었다. 최근 보호병동이 좀 더 설치되어 이 문제의 심각성을 어느 정도 덜어 줄 수 있을 것으로 보인다. 그렇지만 광역별 보호병동이 가까운 미래에 이 문제를 해결할 수는 없을 것이라는 파커(Parker)와 테넨트(Tennent)의 의견에 브로드무어 병원장인 존 해밀턴(John Hamilton) 박사도 동의하는 모습이었다.

교도소 내 정신과적 서비스

　형법체계 내에 정신과적 치료를 위한 시설을 만드는 것은, 사망 당시 많은 이들이 애도를 표했었던 고(故) 피터 스콧(Peter Scott) 박사에게 소중한 일이었다. 그는 생애 마지막 15년간 본질적으로 처벌적일 수밖에 없는 형벌체계의 가혹함을 완화하기 위해 교도소에 보살핌과 치료의 요소가 절실히 필요하다는 견해를 확고부동하게 견지했다. 그러한 혁신이 있었다면 앞 절에서 논의했던 몇 가지 절박한 문제들이 해결될 수 있을 것이었다. 그러나 건 교수가 지적했듯이, 스콧 박사의 견해는 고(故) 트레버 기븐스(Trevor Gibbens) 교수 및 그의 동료 연구자들의 권고와는 상충하는 것이었다. 기븐스 등은 정신이상 범죄자들이 지역사회로 통합될 수 있는 가장 희망적인 접근은 이들을 일반 정신병원 내에서 일반 정신과 환자처럼 치료하는 것이라고 믿었다. 이 견해에 따르면, 대다수의 범죄자들이 일반 정신과 의사나 법의학에 특별한 관심을 가진 일반의에 의해 다루어져야 한다. 건 교수가 예견한 또 하나의 문제는, 교정체계 내에 사회 및 정신과적 서비스를 수립할 경우 법원과 사회가 더 많은 정신이상 환자들을 교정체계 쪽으로 보내 버리도록 유도할 수 있다는 점이다. 이런 사람들에게 교도소는 옳지 못한 환경이 될 것이다. 보호적이고 온정적인 환경 및 치료와 재활이라는 목표는 정신과적 서비스라는 이름에 어울리는 필수불가결한 요소다. 그리고 현재로서는 교도소에 그러한 특성을 빠른 시일 내에 도입하는 것은 불가능하거나 최소한 매우 어려운 일이다.

결 론

논쟁은 앞으로 무한정 계속될 것이다. 케임브리지에서 다루어졌던 쟁점들은 본질적으로 인류 문명 이래로 계속 있었던 문제들이다. 우리는 간단한 해결책을 허락하지 않는 완고하고 골치 아픈 딜레마와 모순들을 다루고 있다. 정신질환자들에 대해 취하는 사회의 애매모호한 태도는 인류 역사의 기록이 시작되던 때부터 이미 자명했는데, 한편에서 보호와 동정 그리고 또 다른 한편에서 박해와 고문을 수반하는 악마학으로 이루어진 똑같은 조합이 이미 분명하게 나타났던 것이다. 반사회적 폭력행동에 관한한 그 양가성은 성격이 달랐다. 성폭행이 그 좋은 예가 되는데, 성폭행은 평화 시에는 모든 문화에서 혐오와 징벌의 대상이었다. 그렇지만 전쟁은 정의와 도덕성의 얼굴을 바꿔 버린다. 젠트-교리(Szent-Gyori, 1963)가 지적했듯이, '겁탈당하는 사빈느의 여인들'*은 고대 로마의 영광스러운 승리의 하나로 그려졌던 것이다.

참고문헌

Kenny, A. (1983). The expert in Court. (Revised version of the Seventh Blackstone Lecture.) *Law Quarterly Review*, 99, 197-216.

Tarasoff v. Regents of the University of California, 551 P.Zd 334 (1976).

---

* 역자 주: 로물루스(Romulus) 형제가 로마를 세운 후 로마에 여인의 수가 부족하자 사빈느 부족의 여인들을 습격하여 강간을 하고 남자들은 내쫓았다. 몇 년 후 사빈느 남자들이 다시 로마를 공격했으나 이미 로마인들의 자식을 낳아 가정을 꾸미고 있던 여인들은 어느 쪽도 다치길 원치 않아 양쪽 군인들 사이로 들어가 화해를 청했다. 훗날 다비드, 푸생, 피카소 등 여러 화가가 이 내용을 소재로 그림을 그렸다.

찾아보기

내용

편저자 소개

故 Martin Roth(1917~2006)
케임브리지대학교 정신의학 교수, 영국 왕립 정신의학협회 초대 회장 역임

Robert Bluglass(1930~   )
버밍엄대학교 법정신의학 교수

역자 소개

권오용(Kweon, Ohyong)
사우스캐롤라이나대학교 사회복지대학 사회복지학 석사
현 한국정신장애연대(KAMI) 대표, 변호사

강희원(Kang, Heewon)
프라이부르크대학교 법학 박사
현 경희대학교 법학전문대학원 교수

권자영(Kwon, Jayoung)
이화여자대학교 대학원 사회복지학 박사
현 세명대학교 사회복지학과 교수

김정진(Kim, Jungjin)
이화여자대학교 대학원 사회복지학 박사
현 나사렛대학교 사회복지학부 교수

김혜영(Kim, Hyeyoung)
연세대학교 대학원 임상심리학 석사
현 임상심리전문가

박숙경(Park, Sookkyung)
성공회대학교 대학원 사회복지학 박사
현 경희대학교 후마니타스칼리지 객원교수

박재우(Park, Jaewoo)
가톨릭대학교 임상심리학 박사
현 한국상담대학원대학교 조교수

변정은(Byun, Jungeun)
연세대학교 법과대학 법학사
현 법률가

서지예(Seo, Jeeyae)
뉴욕대학교 사회복지대학원 사회복지학 석사
현 서울가정법원 조사관

서진환(Suh, Jinhwan)
연세대학교 대학원 사회복지학 박사
현 성공회대학교 사회복지학과 교수

신권철(Shin, Kwonchul)
서울대학교 법학대학원 법학 박사
현 서울시립대학교 법학전문대학원 교수

여기동(Yeu, Kidong)
인하대학교 대학원 정신간호학 박사
현 이주노동희망센터 이사

이선혜(Lee, Sunhae)
캘리포니아 주립대학교 버클리 사회복지대학원 박사
현 중앙대학교 사회복지학과 교수

이수정(Lee, Soojung)
아이오와대학교/연세대학교 사회심리학 박사
현 경기대학교 대학원 범죄심리학과 교수

정슬기(Chung, Sulki)
워싱턴대학교 사회복지학 박사
현 중앙대학교 사회복지학과 교수

조흥식(Cho, Heungseek)
서울대학교 대학원 사회복지학 박사
현 서울대학교 사회복지학과 교수

최명민(Choi, Myungmin)
이화여자대학교 대학원 사회복지학 박사
현 백석대학교 사회복지학부 교수

최희승(Choi, Heeseung)
텍사스 주립대학교 간호학 박사
현 서울대학교 간호대학 부교수

정신의학, 인권과 법률
Psychiatry, human rights and the law

2018년 1월 15일 1판 1쇄 인쇄
2018년 1월 25일 1판 1쇄 발행

편저자 • Martin Roth · Robert Bluglass
옮긴이 • 권오용 · 강희원 · 권자영 · 김정진 · 김혜영 · 박숙경
　　　　박재우 · 변정은 · 서지예 · 서진환 · 신권철 · 여기동
　　　　이선혜 · 이수정 · 정슬기 · 조흥식 · 최명민 · 최희승
펴낸이 • 김진환
펴낸곳 • (주) **학지사**
　　　　04031 서울특별시 마포구 양화로 15길 20 마인드월드빌딩
대표전화 • 02-330-5114　　팩스 • 02-324-2345
등록번호 • 제313-2006-000265호

홈페이지 • http://www.hakjisa.co.kr
페이스북 • https://www.facebook.com/hakjisa

ISBN 978-89-997-1444-3　93330

정가 20,000원

이 도서의 국립중앙도서관 출판시도서목록(CIP)은 서지정보유통지원
시스템 홈페이지(http://seoji.nl.go.kr)와 국가자료공동목록시스템
(http://www.nl.go.kr/kolisnet)에서 이용하실 수 있습니다.
(CIP 제어번호: CIP2017034463)

교육문화출판미디어그룹 **학지사**
심리검사연구소 **인싸이트** www.inpsyt.co.kr
원격교육연수원 **카운피아** www.counpia.com
학술논문서비스 **뉴논문** www.newnonmun.com
간호보건의학출판 **정담미디어** www.jdmpub.com